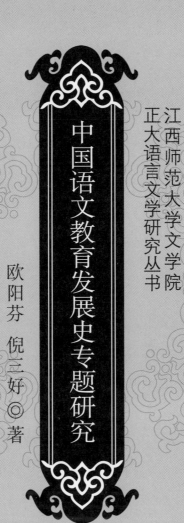

中国语文教育发展史专题研究

江西师范大学文学院
正大语言文学研究丛书

欧阳芬 倪三好◎著

中国社会科学出版社

图书在版编目(CIP)数据

中国语文教育发展史专题研究 / 欧阳芬，倪三好著 . —北京：中国社会科学
出版社，2017. 10

ISBN 978-7-5203-1958-4

Ⅰ.①中…　Ⅱ.①欧…②倪…　Ⅲ.①语文教学-教育史-专题研究-中国
Ⅳ.①H19-092

中国版本图书馆 CIP 数据核字（2018）第 004737 号

出 版 人	赵剑英
责任编辑	任　明
特约编辑	乔继堂
责任校对	张依婧
责任印制	李寡寡

出　　版	中国社会科学出版社
社　　址	北京鼓楼西大街甲 158 号
邮　　编	100720
网　　址	http://www.csspw.cn
发 行 部	010-84083685
门 市 部	010-84029450
经　　销	新华书店及其他书店

印刷装订	北京君升印刷有限公司
版　　次	2017 年 10 月第 1 版
印　　次	2017 年 10 月第 1 次印刷

开　　本	710×1000　1/16
印　　张	22.5
插　　页	2
字　　数	331 千字
定　　价	98.00 元

卷 首 语

历史是陈旧的，也是动人的。有人说：历史有时会惊人的相似；也有人说：历史不会重演。不过，历史是连续的。今天的成就和不足或许都能从最初的发展中找到根源。是的，今天，我们又站在了一个新的起跑线上——21 世纪，这是一个急剧变革的时代，是一个信息技术革命逼迫我们走向现代化的时代，时代在向我们发出挑战，在这样的时刻，我们的教育者、学者，是否还拥有和先祖圣贤、和五四先驱者、和革命先辈们同样非凡的勇气、智慧和胸怀？请驻足倾听一下历史的声音，清理一下自己的记忆吧！

——欧阳芬写于 2011 年 3 月

序

　　江西师范大学文学院的欧阳芬教授要我给她和倪三好的书写一篇
序，我欣然答应了，原因是鉴于我们多年在语文教育理论和实践层面的
思想碰撞。欧阳和三好在语文教育的勤恳耕耘，使他们有了今天的成
果。欧阳芬在江西师范大学这片红土地上的默默奉献，使我们看到了江
西师范大学语文教育研究的进步与成长，她对我们语文教育孜孜追求，
使我们不能忘记语文教育除了要重视文学言语，更不能忘了科学言语的
教育（详见她的论文《科学语言教育不容忽视—不能遗忘的科学语
言》，《中学语文教学》2005 年第 6 期）。她在语文教育领域发表的几十
篇论文和 20 多部著作，都体现了她对语文教育的独到认识。特别是在
教育教学技能方面所取得的研究成果，对基础教育一线的教师影响甚
大，在全国也产生了深远影响。倪三好在语文教育领域的研究也有 30
余年，具备丰富的语文课程与教学论的教学和研究经验，在语文教学方
法和教学过程等方面研究成果颇丰。两位作者对中国语文教育发展的历
史进行了多年的梳理，值得赞赏！

　　中国语文教育有着源远流长的历史，说它"源远"，是因为它的起
源离我们太久远了，语文教育从可供考证的殷商时期甲骨文的"习刻"
算起，已经有了 3000 多年的历史了，这是从狭义而言；如果从发生言
语教学的那时候算起，原始社会的口耳相传即可算为最初的语文教育
了，这是从广义上而言。说它"流长"，是因为远古的言语文字教学始
终受方块字、表意性、单音节等特点所制约，语文教育虽历经漫长历史
时期，却与社会价值体系、思维方式、知识经验、语言符号等息息相
关，记载和传承着我们民族的灿烂文化为重任，表现出了我们汉民族母
语教育独有的特点和传统。因此，从人类语言的产生和甲骨文对中华民

族教育活动的记载开始，中国语文教育史学便开始漫长的孕育时期。

培根曾说，读史使人明智。是的，散见于古代典籍中的教育教学的许多见解、教育的主张、教学的理念都是使我们明智的史料。梁启超说："史料为史之组织细胞，史料不具或不确，则无史之可言。史料者何？过去人类思想行事所留之痕迹，有证据传留至今日者也。"① 研究语文教育，必须研究语文教育历史的演进过程。只有对语文教育的历史发展演进过程有充分的了解和认识，对过去的语文教育的经验和教训加以总结和梳理，才能够准确地把握现实的语文教育和教学的状况，才能够客观地预测语文教育和语文教学未来的发展趋势，"固本然后创新"。

史料是历史研究的应然条件，有其特定的学术价值，但对历史研究者穿透世纪风云的学术洞察力、评断史料真伪和价值的学术鉴别力等方面的反映，显然不足。"史料"不等于"史书"，这个过程是一个质的变化。如果我们从纵向的历史维度来梳理我国语文教育发展的历史进程，对其中标志性事件给予客观的认识、解读和评价，这对掌握语文教育教学的发展规律，指导我们的语文教育实践，会具有怎样重要的价值啊！

一门学科的萌生、发展直至成熟，总有一个过程。一般地说，其成熟的标志主要有三：一是逐步形成了属于自身的特有的概念体系和理论框架；二是为社会提供了一批有学术影响的理论成果；三是对本学科的历史发展有较为全面的开拓，并能从历史的观照中洞察本学科未来发展的方向。② 可见一门学科的成熟必须有自己的理论体系，同时也能从本学科历史研究中得到经验教训，以期更好地促进自身的发展。朱绍禹先生一再呼吁：研究语文教育，必须首先研究历史，"通过对变化历程的了解，认清现状和把握未来趋势"。顾黄初先生也主张，革新的同时，"对传统，要进行深刻的反思"。美国伊利诺斯大学教授哈里·S. 希劳迪说："无知或无视历史是许多教育改革产生的根本原因。"③ 看来，开

---

① 梁启超：《中国历史研究法》，见梁启超《饮冰室合集·专集（七三）》，中华书局1936年版，第36页。

② 刘正伟、顾黄初：《关于中国语文教育史研究的对话》，《中学语文教学》2000年第10期。

③ ［美］琼·K. 史密斯：《将传记作为教育史教研的一种形式》，见［俄罗斯］卡特林娅·萨里莫娃等《当代教育史研究与教学的主要趋势》，方晓东等译，教育科学出版社2001年版。

展历史研究是一门学科成熟的标志。

20 世纪 80 年代以来，在许多语文教育研究工作者的推动下，语文教育史的研究有了更深入的发展，并取得了一些突破性的进展。代表性的成果主要有陈必祥主编的《中国现代语文教育发展史》（云南教育出版社 1987 年版），张隆华主编的《中国语文教育史纲》（湖南师范大学出版社 1991 年版），顾黄初著《现代语文教育史札记》（南京出版社 1991 年版），顾黄初、李杏保主编的《二十世纪前期中国语文教育论集》（四川教育出版社 1991 年版）和《二十世纪后期中国语文教育论集》（四川教育出版社 2000 年版），张隆华、曾仲珊著《中国古代语文教育史》（四川教育出版社 2000 年版），李杏保、顾黄初著《中国现代语文教育史》（四川教育出版社 2000 年版），曹洪顺著《语文教学法漫论·历史借鉴篇》，郑国民著《从文言文教学到白话文教学》（北京师范大学出版社 2000 年版），王松泉主编的《中国语文教育发展简史》（社会科学文献出版社 2002 年版），郑国民、张毅等合著的《当代语文教育论争》，徐林祥主编的《历史追问：语文教育发展篇》（山东教育出版社 2008 年版），靳健的专著《中国语文教育发展史论》（高等教育出版社 2014 年版），等等。

近年来，中国语文教育史的研究呈现出相对繁荣的景象，从深层次上加以审视，是语文教育改革深化的一种体现，也是中国语文教育走向成熟的反映。一方面，人们迫切需要从以往的语文教育发展中了解、寻求、总结可资语文教育改革借鉴的经验与教训，以史为鉴；另一方面，人们越来越充分地认识到，任何改革都不能割断历史。实际上，今天的语文教育和过去的语文教育是一个相互衔接的有机整体，新课程总是在传统的继承中发展的，这也是语文课程自身发展逻辑的必然延伸。

周庆元

（系中国高等教育学会语文教育专业委员会名誉理事长、

湖南师范大学二级教授）

前　言

欲知大道，必先明史；溯其渊源，才能察其流向。

中国语文教育内容博大精深，历史源远流长。

研究历史，有两个方面的问题需要讨论：第一，有没有对中国语文教育的发展历程做出比较合理的分期；第二，有没有在对历史的阐释性框架内，关注其中一些重大事件并做出准确而充分的解释。

历史分期问题是我们首先要研究的问题。语文教育的历史分期应能够充分反映其发展特点和发展规律，揭示其本质特征。故分期是否科学、合理，是研究一门学科历史的重要标志，也是判断一门学科是否成熟的基础。

迄今为止，在语文教育史的分期问题上，较有代表性的意见先后有七种（按王松泉先生等主编的《中国语文教育史简编》一书的提法有六种，加上他本人的分期总共七种）——

第一种以叶苍岑主编的《中学语文教学通论》为代表。叶苍岑将语文教育发展分为三个时期。第一个时期是五四以前的传统语文教学期，第二个时期是五四以后解放以前的新中国成立之前，第三个时期是新中国成立以后的语文教改期。

第二种以陈必祥主编的《语文教育发展史》为代表，陈必祥将清末语文单独设科前定为古代语文教育期，将之后到"五四"运动前定为近代语文教育期，将五四运动后定为现代语文教育期。

第三种以陈学法主编的《语文教育学》为代表，陈学法将语文教育发展分为四个时期。第一个时期是 1840 年鸦片战争前，为古代语文教育期；第二个时期是鸦片战争至"五四"运动前，为近代语文教育期；第三个时期是五四运动至新中国成立前，为现代语文教育期；第四个时期是新中国成立以后，为当代语文教育期。

第四种以顾黄初著《现代语文教育史札记》为代表，以清末语文独立设科为界线，认为语文教育史分为传统语文教育和现代语文教育两大时期，并且将现代语文教育期以新中国成立为界线，分为前后两期。其中前期又以辛亥革命和 1932 年课程标准颁布为界分为三个时期。

第五种以张隆华主编的《中国语文教育史纲》为代表，分为三个时期，第一个时期是鸦片战争前，为古代语文教育期；第二个时期是鸦片战争至新中国成立前，为近代语文教育期；新中国成立为现代语文教育期。

第六种以曹洪顺、冯守仲主编的《语文教育学》为代表，分为三个时期，第一个时期是 1904 年语文独立设科前，为传统语文教育期；第二个时期是新中国成立前，为现代语文教育期；第三个时期是新中国成立以来，为当代语文教育期。①

第七种以王松泉主编的《中国语文教育发展简史》为代表，把整个语文教育史划分为三大时期。第一个时期是从文字产生至 1904 年语文独立设科前，为古代语文教育期；第二个时期是从语文独立设科至 1949 年新中国诞生，为近代语文教育期；第三个时期是从新中国成立至今为现代语文教育期。

以上所有这些分期中，分类标准各不相同，造成研究难以深入，也容易引起教学上的混乱。因此，在本书的开篇，有必要对分期问题做一些讨论，并对本书的分期进行解释。

王松泉先生在《中国语文教育发展简史》中关于历史分期问题提出了"四大原则"：

遵循"自身规律"原则；

---

① 王松泉等主编：《中国语文教育发展简史》，社会科学文献出版社 2001 年版，第 2—3 页。

符合"社会关联"原则;

掌握"注重特征"原则;

遵从"远粗近细"原则。①

我们遵从并基于上述原则,结合具有历史性的标志事件(如语言的产生——语文教育发展的肇始,文字的出现——完备形态的语文教育出现并不断完善,单独设科——古今语文教育发展的分水岭,白话文进入教学——语文教育发展走向现代,确定工具性与人文性相统一的学科性质——语文理论建设的重大突破等),对中国语文教育史的发展做出了进一步的分期。

我们将整个语文教育史划分为四大时期:古代语文教育期、现代语文教育期、当代语文教育期及新世纪语文教育期。解释如下。

从语言产生至 1904 年语文独立设科前为古代语文教育期。自语言产生之后就有了口耳相传的语文教育,虽然并不完备,但出现了语文教育的雏形。从文字的出现到 1904 年语文独立设科之前,语文教育虽艰难前行,但仍然没有独立的语文教育,更没有出现语文学科这一名称。

从语文独立设科至 1949 年新中国成立为现代语文教育期。1904 年 1 月《奏定学堂章程》的颁布,标志着语文学科从文史哲的大综合中分离出来,真正学科意义上的现代语文教育从此确立。

为了突出 21 世纪的语文教育,根据远粗近细的原则,本书特地把进入 21 世纪后的语文教育从当代语文教育期中分离出来,单独列为一个时期(新世纪语文教育期),以便更好地把握时代的脉搏和趋向。

所以,在本书中,从新中国成立至 2000 年为当代语文教育期。这一时期随着"语文"这一名称的确定,语文教育的任务逐渐明晰,语文学科体系逐渐完善。其间语文教育虽几经波折、不断改革,但总体来说,当代语文教育呈现出空前的新气象。

从 2001 年至今(2017 年)为 21 世纪语文教育期。新世纪伊始,即 2003 年教育部颁布了《九年义务教育语文课程标准(实验稿)》,2003 年颁布了《普通高中语文课程标准(实验稿)》,对 20 世纪末语

---

① 王松泉等主编:《中国语文教育发展简史》,社会科学文献出版社 2001 年版,第 3—5 页。

文教育界的大讨论进行了回应，确定了语文"工具性与人文性统一"的学科性质。2011 年又颁布了《九年义务教育语文课程标准（修订版）》，2016 年《普通高中语文课程标准（征求意见稿）》出台（未见到正式出版稿）。因此，新世纪是语文教育前所未有的课程与教学改革时期，具有其特殊性，值得单独分期进行研究。

具体分期列表说明如下：

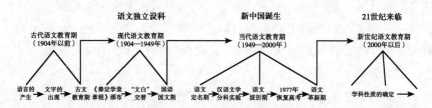

当然，对我国语文教育的历史分期也不是绝对的，不同的分期方法表达了各家对语文教育发展的不同认识。我们应该正视这种差异，求同存异，坚持分期有利于为现实语文教育服务，共同致力于对语文教育史的研究，以期指导当下的语文教育实践，推进语文教育的改革。

在分期之后，我们就以此为基础，对和语文教育息息相关的"语文教育思想""语文课程""语文教材""识字写字教学""口语交际教学""阅读教学""写作教学""语文教育名家"及"语文教育专著"这九大专题分别进行研究，并按照语文教育发展史的阶段进行分节、分时期论述。这样有利于读者无论是从横向（各专题）还是从纵向（各时期）上，全面且清晰地了解我国语文教育的发展历史。

目　　录

第一章

语文教育发展阶段研究

我国语文教育的历史源远流长，其发展历程可分为四个时期，分别是古代语文教育史、现代语文教育史、当代语文教育史和 21 世纪语文教育史。

第一节　古代语文教育

古代语文教育的起点可追溯到语言的产生时期，终点为语文独立设科期（1904 年）。这一时期语文教育主要以儒家思想为主导，以儒家经典为主要教材，学科知识高度融合，教学方法以记诵积累为主。从现代的视角看，应科学认识我国古代语文教育的经验与问题。

远古时期人们的语文教育活动主要通过口耳相传来完成。追溯起来，由于当时语言的发展还处于幼年期，不可能有非常丰富的词汇，所以必然伴有更多的体态语言及只可意会难以言传的东西。经过了漫长的历史后，语言文字从无到有，从少到多，从简单到复杂。社会制度的变化也使语言所承载的思想内容发生巨大的变化。而这些思想内容，主要体现在古代文学、历史、哲学等著作当中。孔子编《诗三百》，明确指出"诗言志"，诗可以兴、观、群、怨。由于孔子的历史影响，使中国先秦语文教育明显染上诗教的特色，而且一直影响至今。除了诗歌外，大量的历史散文、哲学著作等都对语文教育产生了极大的影响。或者可以说，古代的读书人更多的是在学习文、史、哲的过程中，甚至是在学自然、科学的过程中，不自觉地提高了语文素养，语文学习本身好像是一个副产品。因而对古人来说，学语文，就是学思想、学社会、学自然，就是接受人生观、世界观的教育和熏陶。从先秦到 20 世纪初，中国语文教育的内容会因受制度变革的影响而有所不同，但都明显呈现出这样的特点。春秋战国时期出现了百家争鸣的局面，这是中国历史上少有的文化繁荣的时期。从汉代推行"独尊儒术"以后，儒家思想在中国社会的发展中逐渐占据了主导地位。可以说，儒家思想已经渗入我们民族的血液中，一直流淌至今，而且还将生生不息地流淌下去，成为中国人思想、生活、处世的精神向导。但这并不等于说，统治阶级出于统治的需要，以政府的名义推行儒家思想，中国社会就是儒家思想一统天下了。到魏晋隋唐时期，佛家思想一度盛行，而且儒家思想在历史的发展进程中，受到道家、法家、墨家等思想的不断撞击。中国古代很多名人，得志时可以高呼"兼济天下"，失意时也会想到"扁舟弄发"。儒、道思想甚至可以在同一个人身上完美地结合，共同影响人的行为举止。

第二节　现代语文教育

现代语文教育从语文独立设科（1904 年）至新中国成立（1949 年）之初。这一时期以语文教育独立设科为标志，学科名称、学科标准、学科思想均发生了变化。

严格意义上的语文课程是现代教育的产物。1902 年，《钦定小学堂章程》《钦定中学堂章程》的制定，标志新学制的产生——"壬寅学制"，但最后未能实施。1904 年初，颁布了《奏定学堂章程》，指出在中学和小学课程中设立语文科，并改学科名为"中国文学"。北洋政府于 1922 年公布《学校系统改革案》，并建立委员会准备草拟中小学课程体系。1923 年，首次以正式的形式颁布语文课程标准，此次标准是以现代教育学为理论依据的。在 1929 年和 1932 年，课程标准也做了些修正。1932 年，国民政府教育部颁布了中小学各科《课程标准》，并陆续出版与之相配套的新式语文教科书。小学名为"国语"，中学名为"国文"。一套比较成熟和完整的体系在语文课程与教学课程中也逐渐形成。此后的 17 年，受动荡的社会环境影响，加上传统教育思想的约束，语文课程处于反复摸索、艰难前进的时期。

纵观现代语文教育的发展历程，其中重要的内容当属文言文教学向白话文教学的转变。中国现代社会政治经济发展的客观要求，语文课程自身的发展逻辑是这种转变的根源。萌芽、确立、巩固、成熟等是它经历的必要阶段，而且它是以一系列相关的教育法令的颁布和学制的确立为保证的。从这个角度来看，现代语文教育是白话文运动和国语运动的产物。

第三节　当代语文教育

当代语文教育从新中国成立（1949 年）至 2000 年，走过了半个多世纪的征程。1949 年 10 月 1 日，中华人民共和国的成立，标志着中华民族进入了一个新纪元。与此同时，中国的语文教育也开始步入了一个新的发展阶段。当代语文教育与现代语文教育的划时代标志，在于教育思想、教育体制、教育内容、教育方式方法以及教学手段等方面，发生了一系列的巨大变化。这一时期的语文教育又可分为三个阶段。

第一阶段，从 1949 年至 1958 年，为语文定名期。这时期根据原华北人民政府教育部教学改革的经验，中央人民政府教育部接受叶圣陶等人的建议，取消了"国语"和"国文"的名称，统称为"语文"；同时，全国中小学的语文教材，不再使用自编本，一律使用统编本。语文教育在这一时期，根据老解放区的国文教育经验，同时也吸收了国民政府时期的国文教育经验，并向苏联学习了有关阅读教学与写作教学的理论及实践，进而对旧国文教育进行了有步骤的改造。

第二阶段，从 1958 年到 1978 年，为语文教育波折期。从"人民公社化"运动到"文化大革命"的这 20 年，运动一次接着一次，波澜起伏，惊涛骇浪，形成了一个社会"波折"期。语文教育由于受整个社会政治、经济形势的制约和影响，自然也出现了许多"波折"。1966 年 5 月，中国爆发了"史无前例"的"文化大革命"。整个中国陷入空前的浩劫，国民经济也陷于瘫痪，这给中国人民带来了巨大的损失。"文化大革命"一爆发，各级学校原有的组织管理系统完全处于崩溃境地，正常的教学活动遭到严重破坏。语文课完全被作为阶级斗争和政治运动的工具。1976 年 10 月，党中央一举粉碎"四人帮"，使得遭受十年摧残破坏的社会主义教育事业，展现出新的希望。1978 年 4 月，教育部召开了全国教育工作会议，伴随着《中学语文教学大纲》和《小学语文教学大纲》的颁布，语文教育的拨乱反正才真正开始。

第三阶段，从 1978 年 12 月至 20 世纪末，为语文教育革新期。1978 年 12 月，党的十一届三中全会在北京召开，此次会议决定了把全党全国人民的工作重点转移到经济建设上来，对内提倡改革，对外实行开放，开创了一个全面发展的新时期。改革开放思想的出现，迅即影响到学校教育，而其中反应最快的是语文教育。从此，语文教育步入一个改革创新、全面发展的新时期。伴随着高考制度的恢复，中小学十年制学制的实施，新语文教学大纲（试行草案）的颁布和新语文教材的出版，全国范围内掀起了一个语文教学改革的高潮。第三阶段的语文教学改革，在教学方式的变革方面做了较多的尝试。电脑技术突飞猛进，多媒体广泛普及，尤其是多媒体软件的编制等都为实施语文教学手段的现代化创造了条件。国家推行科教兴国战略使学校办学经费有所增加，大中城市和沿海地区一些条件较好的学校教学设备得以更新，也为语文教学手段的现代化提供了现实基础。计算机房、多媒体教室，拓宽了语文教学的场所。新的教学方式为语文教学增添了新气象，同时也提高了语文教学的效率。

第四节　21 世纪语文教育

2000 年，教育部颁布了从小学到高中阶段的《语文教学大纲》（试验修订版）；2001 年，颁布了《全日制九年义务教育语文课程标准（实验稿）》；2003 年，颁布了《普通高中语文课程标准（实验稿）》。这一切都标志着面向 21 世纪的新一轮的语文课程改革正式启动，2011 年，《全日制九年义务教育语文课程标准》正式稿颁布。2016 年《普通高中语文课程标准》征求意见稿内部交流。从此，语文教育走上了新的发展阶段。21 世纪语文教育结合时代的背景和特色，其发展呈现出不同以往的鲜明特色，可用《义务教育语文课程标准》所提出的四条理念加以概括。

第一，"全面提高学生的语文素养"，意味着深刻把握新世纪语文中的语文课程目标。"语文素养"有非常丰富内涵，它既包括道德品质、审美情趣、文化品位、个性人格、思想观念的精神层面，也包括语文学习习惯、语文学习动机、语文学习态度、语文学习方法的过程层面，还包括识字写字、字词句篇的认识、语文感悟、语文思维品质、听说读写能力等知识能力层面。语文素养真正关注的是学生发展的整体性、全面性、持续性。培养语文素养的过程是一个各种要素相互作用、相互影响的过程。它既要求克服片面注重知识传授和技能训练的倾向，也必须克服过分强调思想价值和人文内涵的倾向。

第二，"正确把握语文教育的特点"，昭示着新世纪人们对语文教育规律的高度自觉。语文课程有着丰富的人文内涵，深深地影响学生的情感、态度、价值观。因此，在语文教学中，要重视和发挥好语文课程对学生价值观的导向作用，引导学生既要学语文，更要学做人。同时，在文学、情感诸方面，也要重视和发挥好语文课程的熏陶、感染作用。另外，还要尊重学生的个性感受和独特体验，鼓励学生积极发表富有独创性的见解。它有利于提高语文能力，也有利于形成良好个性、激活创造力。正如常言所说"有一千个读者就有一千个哈姆雷特"。

第三，"积极倡导自主、合作、探究的语文学习方式"，是新世纪语文对学习主体性的充分建构的一种体现。自主学习，做学习的主人，能够激发学生学习的主动意识和进取精神。有利于学生学习目标的明确，学生能自觉意识到学习内容和学习过程，进而选择适合的语文学习方式。合作学习，给学生提供了多向交流、平等参与的机会，有利于扩大视野、增长见识，同时，还有利于培养学生的团结精神和合作意识。探究性学习，代表的是一种新型的学习方式。它更加符合人认知未知世界的规律。相对于接受性学习来说，探究性学习更具有"问题性、实践性、参与性和开放性"。在教学的评价上，"评价"是教师与学生间的自我评价，相互评价。评价贯穿于整个学习过程，而不仅局限在学习总结阶段。在自主、合作、探究的教学模式中，"评价"应成为教学的重要组成部分。从学生学的角度来看，它使学生始终处于对已学内容、方法的回顾和对后续学习的体会、探索之中。积极、主动地去掌握学习的规律，从而成为学习的主人。从教师教的角度来看，学生的自评与互评，更有利于教师从学生实际出发，正确把握每个学生差异，进而有利于调整教学的内容和节奏，有利于检验教学目标的达成。

　　第四，"努力建设开放而有活力的语文课程"，显示出 21 世纪语文在课程层面的长足进步。开放而有活力的语文课程至少包括以下三个层面的内容。其一，丰富的语文课程资源。新课程理念下的语文教师，不能再做照本宣科的教书匠，要具备开发利用语文教学资源的意识和能力。在开发和利用课程资源时，我们要努力融合教材资源和其他资源，共同服务于教学目标的实现。其二，多元的语文课程形态。语文课程应遵循共同基础与多样选择相统一的原则，教学内容要精选，随时调整学习方式，让每位学生都能获取到自己必需的语文素养；同时，在原有基础、自我发展方向和学习动机等方面，学生的个性差异必须充分考虑，以便于增强课程的选择性，进而能够充分激发学生的兴趣和潜能，创设优良的学习条件和更广阔的成长空间，发展每一位学生的特长和个性。其三，多样的语文教材格局。语文教育家夏丏尊在 20 世纪 30 年代就指出："国文科是语言文字的学科，除了文法修辞等部分之外，并无固定的内容的，只要是白纸上写有黑字的东西，当作文字来阅读来玩味的时候，什么都是国文科的材料。"[1] 尽可能与其他学科相联系、与生活相联系，充分利用书本、影视、网络等资源，拓宽学语文、用语文的天地。以先进的课程理论和教育观念作为指导，在校内外、课堂内外营造开放的空间和创新的氛围，建设开放而有活力的语文课程。

---

[1]　夏丏尊：《夏丏尊谈教育》，辽宁人民出版社 2015 年版，第 68 页。

第二章

语文教育思想发展研究

语文教育思想伴随着语文教育的产生而出现。随着生产力的逐渐发展，政治权力的更新换代和文化历史的传承、融合、发展和革新，语文教育思想不断地更新。本章按照语文教育史的分期，从古代语文教育思想、现代语文教育思想、当代语文教育思想及 21 世纪语文教育思想四个部分来介绍我国语文教育思想的演变。

第一节　古代语文教育思想

原始社会没有科学，也没有教育学。随着生产力的发展、文字的产生、知识的积累，到了奴隶社会末和封建社会初才出现了教育学的萌芽。而中国的语文教育正是在教育学萌芽的基础上发展起来的。

一　古代语文教育思想的萌芽

我国古代的语文教育大约初创于先秦，在汉武帝经过独尊儒术后逐渐形成了独特的语文教育体系，经过两千多年封建社会的变迁，我国古代语文教育并无质的变化。

在语文开始独立设科之前，我国没有严格意义上的专业化的语文教育。古代语文教育非专业化的原因是多方面的。首先是由于古人认识的局限，不能将整个文科教育分科进行；其次是由于封建统治者需要用语文教育传递统治思想和传统道德；最后则是由语文教育自身性质决定的。语文教育的特殊性决定它不可能与政治、历史、哲学等完全割裂开来。

二　古代语文教育思想的内容

在我国古代学校中，有一门类似语文的学科，并占据了学校教学的统治地位。《汉书·食货志》述周室先王之制云："八岁入小学，学六甲五方、书记之事……十五入太学，学先圣礼、乐，而知朝廷之礼。"①可见，当时的所谓"小学"教学的基本内容是识字、写字，大致相当于现在的初级小学的语文教学。而太学的"君臣、朝廷王事之纪"，所用的教材和教法是"始乎颂经，终乎读礼"，有点像政治，也有点像语文。汉以后，学校教学，主要是识字、写字、读经、作文，教材是各种识字课本，高年级开始读四书、五经、史书、子书之类。到近古又出现了各种范文选集，如《古文释义》《古文观止》之类。而自然科学很少列入学校教学。在某些朝代，虽有些书院列入了一些算学、历法之类，但很不普遍。由此可见，古代的语文教学理论主要是从这门政治、语文合二为一的学科的教学实践中概括总结出来的。

（一）古代语文教学的指导思想

我国古代语文教学的基本指导思想是重视思想教育，同时注意培养学生的表达能力。

1. 重视思想教育

由于古代语文、政治是合二为一的，所以古代的语文教学对思想教育强调得十分突出。《学记》开篇就说："君子如欲化民成俗，其必由学乎"②，这里说的"学"就是教育教学的意思。荀子说："其术则始乎诵经，终乎读礼，其义则始乎为士，终乎为圣人。"③（《劝学》）所谓圣人，就是那个时代学识最渊博、品行最高尚的人。以颂经、读礼为内容的语文教学的重要目的正在这里。到唐代，韩愈更加强调读书是为了懂道理，他在《师说》中说："句读之不知，惑之不解，或师焉，或不焉，吾未见其明也。"宋代朱熹说得就更加明确，他说："熹窃观古昔圣贤所以教人为学之意，莫非讲明义理，以修其身，然后推己及人。"（《白鹿洞书院揭示》）可见古人在教学中极其重视思想教育。

---

①　金少英集释，李善庆整理：《汉书食货志集释》，中华书局1986年版。

②　李绪坤：《〈学记〉解读》，齐鲁书社2008年版，第9页。

③　（战国）荀况：《荀子》，王学典编译，中国纺织出版社2007年版，第6页。

　　不过，可以看出，古代语文教学中也曾出现过只重句读、不重义礼的倾向。从上文可以看出，韩、朱都是反对这种倾向的。清代的颜元对文与道的关系讲得就更加清楚了，他说：书之文字固载道，然文字不是道，如车载人，车岂是人！这就是说，了解了文字句读，并不能说明就懂得了道理。这犹如今天所说的，讲解了字、词、句、篇等基础知识，并不能说就自然而然地进行了思想教育。这是古代语文教学中的一个重要观点。

　　古代语文教学的思想教育要求是很高的，据《中庸》记载，古代语文教学的过程是："博学之、审问之、慎思之、明辨之、笃行之。"①这就是说，学习之后还要质疑和认真思考，还要按学过的道理去实践，使书中的道理成为个人行为的准则。荀子也特别强调这一点，他说："君子之学也，入乎耳，箸乎心，布乎四体，形乎动静。端而言，蠕而动，一可以为法则。"②（《劝学》）清代的颜元也特别指出了只讲空道理而不身体力行的严重危害。他严厉地批判了汉、宋诸儒只注重空谈而不注意行为的坏学风。

　　毋庸讳言，古代语文教学的思想教育，就其目的来说，是培养封建地主阶级的卫道士；就其内容来说，是用地主阶级的道德标准教育学生，这和今天语文教学中的思想教育目的和内容根本不同。

　　由此可见，我国古代语文教学重视思想教育，且有两条经验可资借鉴。其一是语文课在学习句读的同时，要有意识地、自觉地阐发教材的思想内容，从而提高学生的思想觉悟，培养学生高尚的道德情操，使他们成为符合时代要求的人才。这正是今天的语文教学的实践中，如何把字、词、句、篇等基础知识的教学和社会主义思想教育有机结合起来的问题。其二是思想教育中的言行一致的问题。我国古代的语文教学中的思想教育，不仅要求"明辨"，而且要求"笃行"。这是当前语文教学很值得借鉴的一个观点，特别是在当前，应试教育笼罩着语文教学的情况下，强调语文教学的实在性和实践性有其特别重要的意义。

　　2. 重视培养能力和发展智力

　　古人在语文教学中，很注意培养学生的语文能力和发展智力。具体

---

① （战国）子思：《中庸》，刘强编译，哈尔滨出版社 2007 年版，第 191 页。

② （战国）荀况：《荀子》，王学典编译，中国纺织出版社 2007 年版，第 7 页。

表现在以下几个方面。

（1）重视培养学生的记忆能力。古代的语文教学强调背诵，这是人所共知的。多亏了这种背诵的功夫，秦代焚书后许多经书才得以流传到汉，形成了强大的"今文经学"派。人所共知，古代的学校常是一入门就是记、背各种启蒙读本，然后就是熟读背诵令人望而生畏的"五经""四书"和其他许多诗文。今天看来，这实在是太单调了。然而，古代许多学者，几乎都经过这个阶段。但是，不仅是古代的思想家、政治家是这样成长起来的，现代的思想家、政治家也有许多是这样成长起来的。就连近现代我国的许多自然科学家也有不少人受过这样的教育。他们概是通过记、背在头脑里积累了大量资料，而这些资料变成了他们思索的素材。在今天的语文教学中也应当适当要求记和背。

（2）重视教育学生对客观事物的观察和了解。表面看来，这个观点似乎和语文教学关系不大，实际上却是古人语文教学的一个重要指导思想。古人认为，要使学生的学识渊博，品德高尚，在教学中就要注意引导学生观察了解客观事物。孔子说过："盖有不知而作之者，我无是也，多闻，择其善者而从之，多见而识之，知之次也。"①（《论语·述而》）在这里他给观察事物安排了一个顺序，即见闻阶段和了解阶段。荀子也说："闻之不见，虽博必谬；见之不知，虽识必妄。"（《荀子·儒效》）他强调了对事物的深入了解。王充也说过："不徒耳目，必开心意。"②（《论衡·薄葬》）可以看出，所谓"闻见"的过程也就是今天所说的对客观事物观察的过程。可以说古人在语文教学中十分注意培养学生的观察能力，这在今天语文教学改革中也有极其重要的参考价值。

（3）重视培养学生思维能力。古人非常注重学习、思索并重的教育思想。孔子说："吾尝终日不食，终夜不寝，以思无益，不如学也。"③（《论语·卫灵公》）表明他非常重视"学"，认为"思"不能离开"学"而得到发展。儒家又认为，一个人的成长，需要经过博学、审问、慎思、明辨和笃行。审问、慎思和明辨都是"思"的过程，从

---

① 陈国庆、王翼成注评：《论语》，陕西人民出版社 2006 年版，第 135 页。
② （东汉）王充、陈蒲清点校：《论衡·薄葬》，岳麓书社 1991 年版，第 357 页。
③ 陈国庆、王翼成注评：《论语》，陕西人民出版社 2006 年版，第 293 页。

而肯定了"思"的地位。"学而不思则罔，思而不学则殆"，①（《论语·为政》）非常简洁地说明了"学"与"思"之间相互促进、不可分割的关系，这种学思并重、相辅相成的观点是我国古代语文教学中颇具特色的经验之谈。

综上所述，我国古代的语文教学，重视思想教育，重视记忆积累，重视观察了解和思维能力的培养，从而培养学生的能力，发展学生的智力，这在今天的语文教学改革中，有相当重要的借鉴意义。

至于怎样达到上述目的，古人也采用了相应的教学方法。

（二）古代语文的教学方法

考察古代语文的教学方法是很困难的，既没有实地考察的可能，也没有系统的文字记载，只能通过古籍中的只言片语去探查。下述方法是古人经常使用的。

1. 熟读精思

古代语文教学家非常强调读。荀子说："诵数以贯之"（《劝学》），他勉励学生读书要读够遍数。张载说："书须成诵"（《义理篇》）。朱熹说："今所以记不得，说不去，心下若有若亡，皆是不精不熟之患。"还说："学者观书，读得正文，记得注解，成诵精熟，注中训释，文意、事物名件、发明相穿纽处，一一认得，如自己做出来的一般，方能玩味反复，向上有通透处。若不如此，只是虚设议论，非为己之学也。"②可见，古人教学十分强调熟读。在熟读的前提下还要精思。古人有"学则须疑"的说法。提出疑问，当然就要精思。

2. 启发式教学

这是我国传统的、行之有效的教学方法。我国当代的各科教学大多都在某种程度上在使用着这种方法。这种教学方法，最早提出的是孔子。他说："不愤不启，不悱不发，举一隅不以三隅反，则不复也。"③（《论语·述而》）朱熹解释说：愤者，心求通而未得之意；悱者，口欲言而未能之貌。启，谓开其意；发，谓达其词。物之有四隅，举一可知其三。反者，还以相证之意；复，再告也。盖言之，所谓启发式，就

---

①　陈国庆、王翼成注评：《论语》，陕西人民出版社 2006 年版，第 32 页。

②　程端礼：《朱子读书法》。

③　同上书，第 123 页。

是先给学生制造一个"愤悱状态",使学生陷入思考。到了学生想不通、说不出,感到憋得慌的时候,再给以"启发"。启发,也就是给学生牵头,"举一隅"令学生"以三隅反"。如果学生不能以此类推,就教学生继续思考。

3. 概括总结,导以规律

古人在语文教学中很注意概括和总结。孟子说:"博学而详说之,将以反说之约也。"① 这就是说在广博的阅读、详细的讲解基础上提炼出反映知识的本质的规律来。我们可以说在一个比较长的教学过程中这两个阶段是不可分割的,也是不可或缺的。没有"博学详说",所谓"约"只能是一个空洞的教条;而没有"约",知识就是一些死的、孤立的、零散的知识。如果在以后较长的教学过程中,两个阶段配合得当,学生就会得到举一反三、闻一知十的能力,便会"若挈裘领,诎五指而顿之,则顺者不可胜数也"的效果。

三　古代语文教育思想的特点

(一) 古代语文教育是传"道"的教育

1. 文本内容均涉及"道"

汉字是世界上最特殊的文字,每一个汉字都有独特的字形和字义。每一个汉字的发明都离不开当时独特的文化环境、历史背景和时代缩影。所以,学汉字的过程就是在接受当时独特的文化底蕴,接受"道"的过程。离开了这些"道",你就无法理解这些字。为此,古代解字的书籍不少都蕴含着"道"的思想。

相应地,由文字组成的文章更是与"道"紧紧结合。为此古代语文教育实质上就是一个"传道"的过程。读《论语》就是在理解孔子的"道",看《庄子》就是在学习庄周的"道"。教师在教一篇篇文章的过程,实质上就是一个个传递作者"道"的过程。

2. 阐释也是传道

教师在讲学时肯定都会带些自己的色彩去阐释原文。这些独特阐释可能符合作者的"道",也可能偏离甚至背离原作者的"道",但是无

---

① (战国)孟轲:《孟子》,杨伯峻、杨逢彬注译,岳麓书社2000年版,第140页。

论教师对同一文章的理解如何，只要他对学生阐释了自己的理解，他就是在进行一个"传道"的过程。

3. 传道是统治阶级的需要

语言和思想是互相依存的，由于这个独特的性质，封建社会的统治阶级往往会抓住语文教育独特的思想性，来宣扬自己的思想和道德观念。因此古代的语文教育是为封建统治阶级传"道"的思想武器，如传统的"天地君亲师"的思想，就是统治者在向被统治者传递自己的"道"。

（二）古代语文教育重视诵读和写作

古代语文教育的第一个特点是重视诵读。几乎所有的古代教育家都强调"熟读成诵"，靠反复读来达到意会的境界。古代的语文教育也以先生教学生背诵为主，为此常出现学生捧着书摇头晃脑却"不求甚解"的现象。这种不求理解的机械背诵虽然利用了少年记忆力强的特点，但是完全忽视了学生对文本的理解和学生的学习兴趣。这种教育模式可以说是封建社会的大背景下的必然产物，带有鲜明的时代局限性和不科学性，为此我们应该加以批判并以此为戒，为当下语文教育提供警醒。

古代语文教育的另一个特点是写，也可以理解成为应试而写。隋唐兴科举之后，科举成为社会下层人士做官的主要途径，也成为无数读书人实现理想抱负的"阳光大道"。在这种背景下如何通过科举考试成了读书人学习的重中之重，而考试主要凭写文章论成败，语文教育中的写又成了重中之重。古代语文教育中的写有两方面内容：练习写字和练习写文章，而这两者可以说又都是为科举服务的。值得一提的是，对写字教学的重视虽然为科举服务的，但也由此产生了无数杰出的书法家。关于写作教学，目前可考证最早出现在汉代。汉代的启蒙教育就已经将写作教学与识字习字教学结合起来，在学童还小的时候就教给学童炼字、炼句、属对、押韵等写的基本训练，随着年纪的增长，学童学习的难度和深度也渐渐加大。值得注意的是，隋唐开科举之后还出现了指导学生应考的写作指导书。这种书分为两类，一类是为考生提供历史典故等写作素材的材料参考书，如唐代的《类林》。另一类是为考生提供写作模板的范文集，如已失传的《兔园策府》。科举虽然促进了写字和写作教学的发展，但是到了明朝以后八股文大行其道，教条的写作方式和没落的统治思想极大地束缚了读书人的思维发展，对我国古代的写作教学造成了极坏的影响。

（三）古代语文教育对听说教育不够重视

文字的出现是晚于人类的听说活动的，而且文字的教学也离不开听说活动，但是在我国古代并没有专门对听说教育的研究，也没有听说这一门课程。听说教育可以说是完全放在日常生活中凭借生活经验来完成的。可以说古代语文教育对听说教育重视严重不足，甚至可以说是忽略了听说教育。

第二节　现代语文教育思想

一　现代语文教育白话取向的萌芽

古人口语用白话，做文章用文言文。古代学者因为尊奉儒家经典，所以一直以儒家经典为书面语典范，尽管口语发展变化很大，但书面语依然用文言文，这就造成了中国古代文白分家的现象。五四新文化运动中，胡适率先提出用白话文代替文言文，这给当时的语文教育带来了深远影响。这种转型无疑是历史的必然。

首先，这个转型符合当时时代的发展和变化。当时的中国可以说是内忧外患，从政治上说，封建统治阶级的没落和资本主义在我国的崛起导致文言文和白话文的矛盾日益尖锐；从经济上说，民族经济的发展和外国经济的冲击使得文言文越来越跟不上时代的潮流；从文化思想上来说，进步的民主思想的传播需要更便捷的途径，文言文显然不符合这个要求。与之相对的，白话文是人们日常生活所使用的语言，应用范围大，普及面广，更容易为人们所理解和接受，自然也就更符合当时的时代潮流。

其次，这与当时注重实用的教育思潮紧密联系。鸦片战争时英国用坚船利炮轰开中国大门后，各国列强在中国领土上为所欲为。这时能够面对现实并且能够解决国家现实问题，发展好工业的人才成为社会的需要。而传统的以传授知识为主的教育显然不符合时代发展的需求。具体到语文这个学科上来说，注重实用的语文教学理念也得到了大家的重视。在一些有先进思想的学者的努力探索和积极倡导下，讲求实用、面向生活、为现实服务的语文教育思想成了清末民初教育宗旨的重要内容。并且这种思想深深地渗透到了具体学科之中，为推翻清政府的统治和抵御外强的侵略做了突出贡献。对语文学科来说，"国语国文之形式，其依准文法者属于实利，而依准美词学者，属于美感。其内容当占百分之十，实利主义当占其四十，德育当占其二十，美育当占其二十五，而世界观则占其五"①。可见，从内容到形式，实利主义都是语文学科的重要组成部分。

白话文运动使我国得语文教育体系发生了重大变化，我国的语文教育也自此步入了现代学科的历程。语文教育的变化不仅仅体现在文言文向白话文的转变上，还体现在语文教育的教育思想、教育指导方针、教学形式等方面。这个时期，新式学校开始陆续出现，古代的私塾教育逐渐被取代；教育的指导理念也从重"道"的传播变为实用主义。但是这种变化是不全面、不彻底的变化，仅仅局限于形式的变化。从教学内容层面来看，这个时候的教学内容依然是传统教材——四书、五经，并不完全具有科学性；从教学方法层面来看，这个时候的教学方法依然以死记硬背为主，并没有考虑到儿童的心理特征；语文教育现代化日趋成熟的来临是在五四运动之后。五四运动不仅使白话文一举取代文言文成为新式语文教育的发展潮流，而且为语文教育带来了更先进的理念和思想。这个时候写好白话文才开始成为一种新的社会时尚和教育目标。

二　现代语文教育思想的演变

语文教育思想在现代社会发生了极大的变化，这种变化不仅有时代赋予的新意，更有语文自身发展规律所带来的变化。语文自身发展带来的变化可以分为两个时期：一个是以"传道"为目的、以传统文化为载体的旧时期；二个是以语言文字应用能力的培养为主体的新时期。现代语文教育作为两个语文教育时期的节点，上承语文教育的旧时期，下接语文教育的新时期，内涵了语文教育体系的一系列变化。研究现代语文教育对我们研究中国语文发展史，探索中国语文发展规律有极大的借

---

① 蔡元培：《对于教育方针之意见》，高平叔编《蔡元培教育文选》，人民教育出版社1980年版。

鉴意义。

　　语文科被称为"百科之母"，一直是古代教育的主体。但是作为一门传统的学科，古代的语文始终没有成为一门独立的学科，而是融于经、史、哲等综合课程之中，带有极深的封建烙印。教学材料的学习也只是要求记住内容，而不求甚解；写作教学也只是注重文章形式，而不注重文章抒发情感的功能；接受教育主要为博取功名，个体的自我提升则不是主要目的。因此，古代语文教育常常被束之高阁，不被普及于大众，亦不能为现实服务。现代将中国社会带入了一个革故鼎新、热血沸腾的时代，五四新文化运动高扬"民主"与"科学"两面大旗，各种思想急剧碰撞，新的思潮和观念不断涌现，这就给语文教育提出了新的要求。相应的，新时期的语文学科意识、语文教育目标、语文教育内容以及语文教学方法不断改变，语文教育观念由此得到了新的认识和解读。

　　（一）"语文"学科意识的明晰

　　作为一门传统的学科，语文学科的独立设科进程不可谓不缓慢。由于封建社会的意识形态，语文学科的学科意识一直模糊不清，在很长的时间里都是以大语文的形式体现出来的。语文教育融于文、史、哲等学科中不利于语文学科的健康发展，也不利于社会的发展。首先，大语文观要兼顾的东西太多，不利于语文科自身的发展；其次，大语文观下的语文教学，内容多而杂，不具有系统性、科学性；最后，语文教育附庸于科举制度，脱离了社会实践。1904 年癸卯学制的颁布，确立了"语文"这门独立学科，规定了其学习内容为中国文字和中国文学，为中国具有学科意义的语文教育拉开了序幕。其后，语文教育的现代化进程又一步步推进，总体呈现了螺旋式上升的过程。辛亥革命后改名为"国文"，并对其学习内容等进行了规定。在后来的壬戌学制中，语文学科在小学、初中被称为"国语"，在高中被称为"国文"。新中国成立后，接受叶圣陶等人的提议，将名字改为"语文"，并沿用至今，至此语文学科才真正定名。语文学科在学科名称的一次次变化中，学科界限也渐渐清晰，学科目标渐渐明确，学科内容渐渐系统。语文教育开始从古代的混乱状况中走出来，逐步构建语文教育自身的体系，一步步走向完善。

（二）语文教育目标的转换

古代封建统治者为了宣传自己的思想，进行更好的统治，往往会选有知识的人治理国家。为此读书往往就成了做官的主要途径，这种情况在科举制确立后更为明显。为此虽然古代社会教育没有普及，只有少数人才能够接受教育，可是依然有很多人前赴后继。在这种大的时代背景下，读书的目的主要是为了做官，而教育的目的则主要是为了培养合格的官吏。早在春秋时期孔子便提出教育的目的是为了培养"贤才"，后世的王充更将培养的人才细分为"通才""文人""鸿儒"。虽然名称有了变化，但实质上都是具有治理能力的官吏。后来的语文教育目标则转变为培养"善于运用国文这一工具来应付生活的公民"。此时的语文教育目标更具有人文性，强调的是实实在在的"人"的能力的发展。这些转变无一不体现现代语文教育目标价值取向转向了"育人"。

（三）语文教育内容的更新

自汉代儒家正统地位得到确立以来，古代语文教育的主要内容便变为"尊孔读经"。而在科举考试制度开始后，语文教学的内容更是变为了枯燥的读经、习字、写八股文。这使得语文教育完全成为科举制度的附庸，教学内容也变成了一篇篇"死"的典籍，完全脱离了实际。伴随着封建社会末期，我国国门被西方列强打开，现代社会新思潮涌入我国，进而影响到语文教育领域。这时期我国的语文教育不仅教育理念等发生了变化，教学内容也有了巨大的改变。语文教学从读经、写八股文，变为了学习、理解和运用祖国的语言文字，培养写作简易、实用文章的能力。从这个变化可以看到语文教育的实用性得到加强；而随着心理学等的引入，语文教育的科学性得到了加强；语言学、修辞学、注音符号学等语文学科的相关内容的加入完善了语文学习的系统性。思想的转变和新的内容的加入为语文教育开辟了新的天地，使得语文教育向着更适应社会的方向不断发展。

（四）语文教学方法的改变

我国古代语文教育的教学方法比较单一，主要以教师简单指点，学生诵读为主。学生在诵读的过程中不需要明白文本的意思，只要能够认识书中的文字即可。写作教学方面则只要求学生会写应付考试的八股文，同时在教学过程中还会出现体罚学生的情况。这样的教学方法

"教"与"学"是分离的，老师的教不考虑学生的情感和兴趣，不培养学生的思维能力和实践能力；"学"也只是单纯的接受、牢记，不用去分辨所学内容当中思想的好坏或是否适用于实际生活。这种僵化、呆板的教学方式，实难达到好的教学效果。

语文教育进入现代阶段后，为改变这种"教""学"分离的现象，众多教育家进行了研究，并出现了许多这方面的专著。其中影响最大的是王森然著的《中学国文教学概要》，它是"中学语文教学法的学科发展史上最早出现的一部内容全面，材料翔实，体制完备，观点新颖的教学法教材"①，这些专著为我们的语文教学实践提供了科学的依据。同时，受西方教育科学的影响，我国开始重视教学过程中学生的主体地位，出现了一系列的教育方法和教育理念，其中比较有特色的有"渐明法""自主学习""学生本位主义"等。在经过大量教学实验后，陈鹤琴提出在"做中教，做中学，做中求进步"的思想，撰写出《活教育要怎样实施》这一论著，给"教"与"学"提供了全新的发展思路。现代教育学、现代语言学、现代文艺学、现代心理学等相关学科的新成果也逐步运用到语文教学中，这使语文教学方法更科学，语文教育的研究也更加深入、科学。从古代语文教育到现代语文教育的演变中，我们应该认识到，要批判地对待古代教育，以全新的视角发展教育，更好地发挥好教育先行的作用。

三　现代语文教育方法之嬗变及特征

我国语文教育的发展不应该仅仅局限在思想、观念的发展上，更应该将发展带到新的语文实践中。语文教育思想得到转变，相应的语文教育方法也应该有所进步。达尔文曾说最有价值的知识是关于方法的知识，中国现代语文教育方法的演变也印证了这一命题。

（一）讲解法

1904 年，语文单独设科，开设了读经讲经与中国文学课程，讲解法开始悄然兴起。讲解法在讲授经典及文言文教材上有诸多优势，如节省时间、内容系统、活动方式简单等，这种方法一度很受欢迎。可当

---

① 顾黄初：《语文教育论稿》，人民教育出版社 1995 年版，第 318 页。

白话文进入教科书后，人们发现讲解的顺序、内容和重点往往很难确定，导致讲解法成为众矢之的。并逐步演变为影响语文教学改革的障碍。

（二）自学辅导法

自学辅导法大约是在民国初由欧美传入我国，它的基本实现形式是老师提供学习计划，学生进行自学，从而完成学习目标。自学辅导法主要是为了针对讲解法而引进的，目的是为了激发学生学习的主动性和尊重学生的差异性。

（三）分组教学法·道尔顿制

分组教学法（Group method）也是由欧美传入我国的。其操作方式是按照兴趣、能力等将学生分成若干小组，能力大致相当的学生在同一小组。教师根据不同组的差异性制订不同的教学计划和辅导计划。分组教学法考虑到了学生间的差异，这个方向是正确的，但是由于其对教师的要求较高，且在我国的实验效果一直不好，最终不了了之。

（四）精读与略读

我国20年代的《新学制初中国语课程纲要》里最早出现了精读与略读的概念。精读与略读主要指阅读教学的两种方式，前者的重心在课内，目的是追求读书的质量；后者的重心在课外，讲求的是读书的积累。抗战后期，朱自清、叶圣陶二先生著《精读指导举隅》和《略读指导举隅》，从读法上对二者作了经典研究，从而逐渐使精读、略读演绎成包含一系列具体阅读方式的方法意义上的概念。

（五）问题—思维教学

法国20年代问题—思维教学法开始在我国传播，这是杜威倡导的一种方法。核心是以问题为中心，引导学生扩展经验，展开思维。杜威把问题教学的过程和结构分作五步：（1）创设问题；（2）确定问题；（3）假定解决方法；（4）选择解决方法；（5）尝试解决，验证方法。这种方法也曾对我国语文教育产生较大的影响，胡适、叶圣陶等都曾对这种方法进行过论证和研究。

总而言之，这一时期不同的语文教学法争奇斗艳，各放光彩。它们彼此之间互相吸收，借鉴，采纳对方的长处，都获得了一定的发展，也都为后人研究语文教育提供了大量的宝贵的材料。

综观现代语文教学方法的历史演变，我们可以发现 20 世纪前 20 年教学方法的改革种类繁多，异常活跃，影响甚广。这是因为此时社会激荡多变、教育文化氛围自由活跃，各种外来思潮和流派的涌入为我国传统的语文教育提供了新的研究视角，给当时的语文教育发展提供了动力，所取得的成绩也是值得肯定的。

第三节　当代语文教育思想

一　当代语文教育思想的发展

（一）国语改造、汉语规范的建立与语文教育的苏化

20 世纪 50 年代初，"以老解放区新教育经验为基础，吸收旧教育有用的经验，借助苏联经验，建设新民主主义教育"，是改造与建设语文教育的总的指导思想。

从 1949 年下半年开始，语文课课程正式定名为"语文"，次年，中央人民政府统编全国通用教材。叶圣陶先生对"语文"最初的定名作过这样的解释：语就是口头语言，文就是书面语言。把口头语言和书面语言连在一起说，就叫语文。这段话几乎成了解释当代语文教育的原概念。对国文教育进行改革的最突出表现就是白话文完全取代文言文而在教材中占绝对地位。为了改变新中国成立初期我国语言使用不规范、文白夹杂的现象，1951 年 6 月 6 日，《人民日报》发表了《正确地使用祖国语言，为语言的纯洁和健康而斗争》，号召建立语法规范，拉开了推广简化汉字、使用普通话的序幕。由于语法规范教学的缺失，建立语法规范成为当时语文教育界的头等大事。吕叔湘、朱德熙等语法专家的语法修辞讲话成为人们解析语言现象、掌握语言规律的必备工具。在时代的号召下，语法知识很快进入语文课堂，成了教学的重要内容，这也加强了语文学科的科学性。但是，文字虽然是静态的，可语法却是动态的，不断变化的，建立一套适合我国民族语言的语法体系依然可以说是任重而道远。

由于新中国与苏联有着紧密的合作，新中国成立初期的语文教育也极大地受到了苏联教育的影响，甚至可以说新中国成立初期我国的语文

教育模式就是苏联教育模式的翻版。苏联教育家凯洛夫"教育五环节"的教育模式成为我国语文教师的主要教育模式。吸收了苏联俄语和俄国文学分开的模式后，我国的汉语文学也进行分科教育。文学教材的编写在体系上是对传统的"文选式"的一次革命。它以文学史为经选择历代文学作品，并以专题和概论的形式为中学文学教育构建了文学史与文艺理论的知识体系。情节、结构、主题、思想乃至文章的开头、结尾、过渡、照应、叙述、议论、抒情等大量的文学理论和写作学理论知识从此进驻中小学语文课堂。不得不说，苏联的教育模式是有其先进性和科学性的，我国的积极采用反映了建国初期我国教育家希望改变语文教育无序状态、科学性不足状况的美好凤愿。

从 1958 年开始，"大跃进"及"左倾思想"等接踵而至，肆虐我国政治、经济、文化、思想等各个方面。在这种时代背景下，语文教育沦为思想政治教育的工具，语文学科的本体功能在政治力量的扭曲下假大空现象大行其道，甚至语文教育变为政治斗争的工具。总之，20 世纪 50 年代的语文教育烙上的那个时代烙印，是政治、经济、思想、文化等多种原因共同影响的结果。从语文教育自身发展来看，国语改造、西式语法和苏化教育思想使得五四以前的国文教育的血脉从此基本断流了，语文教育开始了对科学体系现代历程的探寻。

（二）"工具论"的提出、"文革语文"的异化及语文教育的科学化追求

20 世纪 60 年代初，为纠正当时语文教育"务虚"的倾向，叶圣陶先生曾告诫语文教师"勿舍本文于一旁而抽出其政治道理而教之，或化作品之内容为抽象概念与述语而讲之也。苟如是讲课，学生即完全领会老师之所讲，而于本文尤其生疏，或竟不甚了了，此与练习读书之本旨不合，故务必戒之也"[①]。语文是一门工具学科，它所要达到的目的无非是让学生掌握语言这种"为人生"的实用工具。这便是对中国现代语文教育影响至深的"工具论"思想。语文工具论思想的集中体现是1963 年国家颁布的《全日制中学语文教学大纲草案》。"工具论"对语文教育的积极影响在于它正确认识了语文基础知识教学和基本能力训

---

① 叶圣陶：《叶圣陶语文教育论集》下册，教育科学出版社 1980 年版，第 717 页。

练，正确还原了语文学科的性质，将语文学科从政治斗争中解放出来，还语文教育以本来面目。但是，语文"工具论"的提出没有深入哲学的层面考察语言与人的本质联系，语言和文字作为承载我国几千年思想文化的载体，它也具有其独特的人文性，甚至文字本身也是一种文化，语文工具性的提出从某种意义上说遮盖了语文本身具有的人文性。

这样的思考也给我们启示：从语言与人的关系出发，我们不难发现，除了工具属性之外，语言还具有其他的属性，比如社会性、人文性等，由于语言和文字本身也是一种思维过程、心理过程，它也具有心理属性。而这些属性又必然会受到政治经济的影响和社会文化的制约。

语文"工具论"提出不久，"文革"开始了。语文学科刚刚走上正确发展的道路又被中止了，"文革"中，语文教育沦为了阶级斗争的工具。庆幸的是，经过"十年动乱"后我党立即纠正了曾犯下的错误，将我国的发展又引上了正确的道路，语文教育也将迎来新的发展。70年代末、80年代初的语文教育又恢复了活力。1978年，教育部颁发了《全日制十年制学校中学语文教学大纲试行草案》，与1963年的大纲相比，这个大纲只是在内容上做了简单的修订，语文教育再次走上"工具论"为引导的正确道路。

当时，受西方"第三次浪潮"的影响，我国许多语文教育者纷纷踏上语文科学化的道路。实验者的思路大体是这样的：既然语文是一种工具，要想熟练地掌握工具就要经过具体的训练，而科学的程序是具体的训练必不可少的。汉语知识的教学已经有了严格的体系，相应的，是不是也可以建立与阅读、写作教学相匹配的训练体系呢？建立语文知识的教学体系和语文能力的训练体系，成为第一代语文改革者的梦想。这一时期涌现出诸多科学体系与模式。如魏书生的"四遍六步"读书法、陆继椿的"一课一得、得得相联"的教学法、钱梦龙的"三主四式"导读法、上海育才中学的"八字教学法"等。这些实验的经验从一定程度上提高了语文教学的效率。但是，这些探索大多是立足于方法论层面，专门的语文教育理论的创新几乎没有。与语文教育科学化相关的是语文教育的现代化问题。在现代化的口号下，语文标准化命题在20世纪80年代应运而生。语文标准化命题直接导致语文"工具论"在实践中的严重异化，语文学习变成了没有情感、没有想象、没有文化的"技巧之学"，语文教育在"少、慢、差、费"的怪圈里举步维艰。

（三）人文的呼唤、世纪末的责难

以"工具论"为指导的语文教育思想在新中国成立初期对改变我国当时语文教育的无序状态有着突出贡献。但是随着时代的发展，人们思想的变化，以工具性为语文主要性质的思想暴露出了它的局限性，已经不再适应语文教育的发展。20 世纪 80 年代语文教育对人文性的呼唤愈来愈引起人们的重视。彼时的语文教学被分解成孤立的语文知识点和能力训练点，完全成为应试教育的模式。为了不让语文教育走"科举考试"的老路，语言学界有人首先提出了汉语的人文性问题。受语言学界的启发，语文教育界由上海的陈钟梁首先提出"科学主义"与"人文主义"两个概念，对中国现代语文教学存在的科学主义思维方式提出了批评。

1991 年，青年教师程红兵发表《语文教学"科学化"刍议》，从"人文性"这个角度提出了与魏书生老师的科学管理不同的意见。1993 年，韩军老师的《限制科学主义，弘扬人文精神》甚至直接将"人文精神"当成了语文教学的基本属性。1995 年，钱梦龙老师发表了《期待目中有人的语文教学》，强调语文教学要塑造健全的人格。1996 年，于漪与程红兵在上海的《文汇报》发表了《关于语文教育人文性的对话》。作为老一代特级教师，于漪指出："语文教育不仅应注意语言工具训练，还要贯彻人文教育思想。"此间，张志公、刘国正等老一辈语文教育工作者也相继发表了他们对科学与人文、语文教育的工具性与人文性的诸多看法。提出语文教育的人文性，是对语文语言训练陷入工具操作困境的全面反思结果，是关于语言与人、语文教育与人的精神培养思考的结果，也是人文教育思想影响的结果。人文的核心在人，强调人的尊严、人的价值、人的生存意义和个性自由，这些都符合语文教育的教育意义。因此，人文教育的目标就是希望人的和谐发展。

由此，我们可以清晰地看出，强调语文教育的人文性与 20 世纪 50 年代强调语文教育的思想性不是相同的概念。语文教育的人文性比思想性的内涵要丰厚得多，它的要旨在于理解语文教育的文化内涵，充分实现语文教育的人学价值。

针对世纪之交的全国语文教育大讨论，《新华文摘》发表了王松泉的《论语文教育中的四大关系》，提出在语文教育中应正确处理语言与言语（知识与能力）、内容与形式（人文与工具）、思维与语感（理性与感性）、教法与学法（课堂与生活）等的重要关系，这是该刊在大讨论期间发表的唯一一篇语文教育论文，因而被视为对大讨论的总结性文章。

二　当代语文思想的特点

（一）　语文教育语感化

叶圣陶先生是我国著名的教育家，对我国语文教育产生了不可磨灭的影响。他提出的"知识中心论""训练主线论"和"工具本质论"对我国的语文教育度过新中国成立初期的混乱状态有着指导意义，但是随着时代的发展，其局限性也逐渐暴露出来。忽视了语文的人文性及语感的培养，语文教育就注定是在错误的道路上渐行渐远。这个时候如何拨乱反正成为语文教育界亟待思考的问题。在这个探索时期，王尚文先生的"语感中心说"为语文教育界指点了新的方向。经过深入的研究和实践的检验，"语感论"逐渐为语文教育界所接受。何谓语感？在王尚文看来，语感就是社会人对语言的感觉，是在视听过程中不假思索、本能地理解语言意义的能力。这就要求我们不能简单僵化地要求学生死记硬背，或者给学生灌输语文知识而忽略运用。我们要用规范化的"选文"作为例子，培养学生对语言的感受能力，从而促使语文学习者更好地用语言进行交流。我们要培养的是使用汉语的人而不是汉语言学家，是能"用汉语交际"的人而不是"谈论汉语"的人。

（二）　语文教育个性化

"一统性"教育是我国古代教育的一个突出特点，语文教育也是如此。语文教育思想单一、内容统一、材料划一、方法唯一，由此培养出来的学生也只有"共性"，没有"个性"。我国古代的教育无视学生的兴趣、心理特征和个人特点，对不同的学生用相同的方法教相同的教材，完全无视语文学科的特点，严重违反了语文教育的规律，这是极其错误的。为了改变这种"一统性"的教学模式，我国教育界对"个性化"教学作了深刻的探讨和实践。语文教育个性化除了学生的个性化，还表现为语文教师教学艺术的个性化，即语文教师在讲课过程中充分展示自己的长处，发挥自己的个性，追求教学风格的多样化，形成丰富多彩的语文教学课堂。经 20 世纪 80—90 年代的实践探索，我国众多语文教师形成了自己独特的风格，并且还形成了影响较大的语文教学流派，如以钱梦龙为代表的"导读派"、以陆继椿为代表的"得得派"、以于漪为代表的"情感派"、以魏书生为代表的"自学派"、以段力佩为代表的"茶馆派"，等等。

（三）语文教育学法化

"教学生学会学习"，这一思想我国早就形成。在语文独立设科之初，示范学校中开设了"教授法"这门课。陶行知先生经过深入的思考认为教育应该含有教和学两个层面，为此提议将"教授法"改为"教学法"，得到大家的一致认同。于是，直到今天，师范类学校还保留有《语文教学法》这门课。20 世纪 60 年代叶圣陶提出了"教是为了不教"的教学论断，这一论断为发挥学生积极性、指导学生"自学"、形成"学法指导"观念指明了方向。20 世纪 80 年代素有"南钱（梦龙）北魏"之称的魏书生更是明确提出了"语文教学的主要任务是培养学生的自学能力"的主张，由于影响很大，效仿者无数，逐渐形成了当代语文五大流派之一的"自学派"。授之以鱼，不如授之以渔。语文教学何尝不是这样，只有教授方法，指导学习，学生才会"学会学习"。这是联合国教科文组织"教育宣言"的宗旨，也是我国实行素质教育的要求之一。

（四）语文教育"大语文"化

张孝纯在 20 世纪 80 年代初就提出了"大语文"的观点。所谓"大语文"是指语文教学领域、范畴的扩大化和宽泛化。用张孝纯的话来说，语文教学是"一体两翼"。"一体"是指课堂语文教学为主体，"两翼"是指社会语文教育和语文课外学习。具体地说"大语文"教育从横向看，包括学校语文教育、家庭语文教育、社会语文教育；从纵向看，包括学前语文教育、学校语文教育、毕业后语文教育。也就是说，大语文教育是全方位的、多角度的、终身的语文教育。

第四节　21 世纪语文教育思想

20 世纪末语文教育界的大讨论引发了人们对语文教育的反思和检

讨，这个时期语文教育界暴露的许多问题都亟待解决。2000 年秋季的新大纲和新教材是对如何解决这些问题作了深入思考之后的一次积极尝试。这次的语文教学大纲正面地对语文性质做了界定：语文既是交际工具，又是文化载体。这就等于对 20 世纪语文的工具性和人文性的论证作了正面的解答。这次大纲的颁布还对 20 世纪的许多问题作了积极的回应，比如，强调语文教育的人文性、实践性，淡化知识的系统性，在新教材中大量增加了文言文和文学作品，提出知识与技能、过程与方法、情感态度与价值观三维教学目标等。这些都为语文教育迈入 21 世纪之后的道路如何走指明了方向。

一　21 世纪语文教育思想的转变

（一）语文教育素养化

通过对我国语文教育史的总结，我们可以看出我国语文教育经历了"知识教育——能力、智力培养——非认知因素发展——提高素质"四个阶段。20 世纪 80 年代末我国提出了"素质教育"的理论，这一理论指导了我国此后 20 多年的教学实践。到了 2016 年 9 月，随着《中国学生发展核心素养》总体框架的发布，"素养"一词被提到了前所未有的高度，这也是新世纪语文教育的发展趋势之一。对于语文学科来说，语文学科核心素养包括语言建构与应用、思维发展与提升、审美鉴赏与创造、文化传承与理解四个方面。语文素养从低到高可分为六个层次：第一，必要的语文知识；第二，丰富的语言积累；第三，熟练的语言技能；第四，良好的学习习惯；第五，深厚的文化素养；第六，高雅的言谈举止。可以说，语文教育应该对人的素质进行全方位的教育，这是由语文的人文性决定的。语文教育不仅是文化知识教育，也是文化、精神教育。因此，语文教育除了知识教育外，还应该进行思想教育、审美教育、学习习惯教育、个性培养，促进人素质的全面发展。

（二）语文教育终身化

我国的传统教育主要是学校教育，是"正规教育"，而对家庭教育、社会教育等"非正规教育"的忽视也是我国传统教育的一大特点。20 世纪 60 年代保罗·朗格朗提出"终身教育"的观点，这是对信息社会审视的结果，是立足于人的全面可持续发展得出的观点。衡量当代教育是否符合社会发展的重要指标就是终身教育思想的普及程度和终身教育制度的完善程度。进入 21 世纪后，我国与世界的联系日益紧密，现代化的进程不断加快，在这样的情况下，只重视学校的正规教育是跟不上时代潮流的，如果不重视学校教育之外的再教育过程必然会被时代淘汰。语文教育更需终身教育，这是由语文学科特点所决定的。语文学习无时不在无处不在，为此，在学校教育之后也不能放松自我学习，自我提高。

（三）语文教育生活化

语言产生于社会实践的需要，反过来又能更好地提高人们的社会实践能力，从这个角度可以说语文教育是与人类的生活息息相关的。在语文教育得到充分发展的今天，语文也依然与人类的生活紧密相连，生活中时时有语文，处处用语文。语文教育的这一特点使人们可以随时随地地提高自己的语文能力。语文教学不应局限于学校课堂的教育，更要面向社会，联系生活，走"开放性""多师性"的道路。我们还需要注意的是生活中处处可以学习语文，语文课堂也应该处处渗透进生活。事实上，语文教学的方方面面都离不开生活：教学内容来源于生活中的实践和感触，师生交流也是生活的一方面，学生写作写的也是生活……不胜枚举。语文教育生活化的重要标志是语文活动课的出现。这个课程与我国传统意义上的课外活动不同，与美国教育家杜威所倡导的"活动中心课程"也不同，语文活动课是在学科类课程之外"通过一定的活动项目和活动方式，综合运用所学知识，以学生为主体，由学校有目的、有计划、有组织地开展以实践性、创造性、趣味性为主要特点的含有多种活动内容的课程"。目前我国语文活动课种类丰富，形式多样，与生活紧密相关，为增强语文教育的实践性、趣味性、生活化提供了良好的契机，对提升语文教学质量有着无法替代的作用。

（四）语文教育审美化

语文教育审美化的概念就是在语文教学活动中渗透进美的教育。具体来说，就是在语文教学过程中挖掘艺术美、自然美、人文美和社会美等美的因素，培养学生对美的感知能力、理解能力、欣赏能力、创造能力，树立正确的审美观念，陶冶学生的情操，建立学生健全的人格。语文美育本身又对语文教育有着积极的影响，通过语文美育可以激发学生的兴趣，调动学生的积极性和创造性，使学生真正学好语文。可以说，要让学生对语文感兴趣，要提高语文教学的水平，语文教育非走审美化、艺术化道路不可。

（五）语文教育网络化

21 世纪语文教学的一个重要特征即现代媒体的使用。投影仪、摄像机、计算机、语音实验室，以及后来的多媒体网络教室，是语文教学现代化的重要手段。同科举考试引导教学内容以写字写作为主一样，语文教育网络化也带着这个时代深深的烙印。随着信息化、数字化时代的到来，语文教育网络化也成为了必然。现代化教学手段能够提高语文课堂教学的信息传播的质量和效率，能够丰富学生的语文学习资料，还能够突破时间和空间对课堂的限制，最大程度地为语文学习提供便利。语文教育本身的特点也决定语文教育需要网络化，语文教学是情景教学、语文课是审美课，语文教育需要形象、直观演示，网络化教学能够很好地创建教学情境，为当下语文教育提供便利。可以说，在这个信息时代，语文教育的"网络化"势不可当。

二　21 世纪语文教育思想的特点

自进入 21 世纪以来，语文教育实现了以下几个观念的转变。

一是实现了学生观的转变。每个学生都是一个独立的个体，他有着自己的优点和缺点，有自己的兴趣和爱好，它与其他任何一个学生的都不同。在学习活动中，每个学生都是一个学习的主体，我们要充分尊重学生学习的主体性，尊重每一个学生的独特创造力和个性理解力。因此在制定学习目标和学习方法时我们要充分考虑到学生之间的差异性，根据学生的不同特点采用合适的教学方法，因材施教。改变以教师为主体的错误观念，做学生学习的指路人，建立平等和谐的师生关系。

二是实现了教学观的转变。这个时期的教学要求教师将教学重点放在学生能力的提高上，而不是单纯的灌输。为了这个教学目标的实现，教师应该改变教学观，引导学生主体自身探究性地、创造性地学习。在21 世纪教学观的指导下，教师所扮演的角色应该是学生学习活动的引导者，而不是单纯的知识传递者。从这个意义来说，教师与学生是共同的学习合作者。

三是实现了教学价值观的转变。以往教学价值观唯一的体现方式是学生对于知识的接受程度，而最直观反映学生学习程度的指标就是考试成绩，但是这造成教学价值观的僵化，妨碍学生能力及学习者自身的发展。在 21 世纪教学观的指导下，我们应由重知识转为重能力，由重结果转为重过程，由重单一评价转为重多元评价。在学习过程中不仅要教给学生知识，更要培养学生的能力，养成学习的习惯和陶冶情感。要使学生不仅学习知识，更要热爱学习，热爱祖国，养成一个合格的学习者。

三　21 世纪语文教学方法的转变

（一）语文教学方法的多样性

随着经济的发展、政治的稳定和文化的繁荣，21 世纪的教育获得了前所未有的发展，相应的语文教育也步入了繁荣时期，其中一个突出的表现就是语文课程教学内容的多样化。课程内容的丰富必然会带来语文教学方法的多样性。传统的语文教学方法是单一注入式的教学方法。这种教学方法与生活脱节，枯燥无味，必然会抑制学生的思维，扼杀学生的学习兴趣，导致教师把教视为固定不变的工作量，学生更是苦不堪言。21 世纪的语文教育方法一改过去单一、单调、枯燥的教学模式，呈现出开放、多样性的特点。语文教学方法的多样性是语文课堂教学科学化、现代化的必然要求。

（二）语文教学方法的综合性

语文课程的分化和综合也是新世纪语文教学的必然趋势。随着教育学的深入发展和细化，对语文课程的划分也越来越专业化。随着新的知识的发现，语文学科的综合性也越来越强。这些转变也就要求语文教学方法变为多样化的教学方法的交织使用。21 世纪语文教育的目的和任务是多方面的，教学过程的环节是丰富的。不同的教学目标和教学环节就需要教师采用合适的教学方法，单一的语文教学方法已经不适合于 21 世纪语文课程，这也是语文课程发展的综合性决定的。

（三）语文教学方法的双重性

教学方法，按其本义理应包括教的方法和学的方法双重意义，但从前我们只注重教的方法，忽视学的方法。21 世纪语文教育强调学生的主体地位，只关注老师的教法而不关注学生的学法已经远不能适应当今的课程教学的要求。这也对当今的教育工作者提出了新的要求，即把研究学生的学习方法，培养学生的自学能力放在前所未有的突出地位。从教的角度看，21世纪语文教师在教学中应该扮演一个"活动组织者和教学引导者"的双重角色。从学的角度看，学生应该是学习的主人而不是知识的被动接受者。学生在日常的学习活动中应该逐步培养出"自主学习的意识"，养成自主学习的习惯。

（四）语文教学方法的科学性

随着教学研究的一步步深入，教育的科学化也越来越明显。科学指导下的课程改革使语文课程的结构更加合理并趋于优化。与之相匹配的教学方法也应该科学而优化。纷繁复杂的语文教学活动带来了语文教学方法的复杂化。但是从来没有一种普适性的教学方法能够适合于所有的语文教学活动。如何科学地选择一种最适合语文教学活动的教学方法是每个教师都应该掌握的技能。事实证明，科学地选择最合适的语文教学方法能够最有效地实现语文教学目标，使学生获得最大的发展。

第三章

语文课程发展研究

中国语文课程的独立设科始于 1904 年颁布的《奏定学堂章程》，但在此以前的教育无不呈现出语文课程正在逐渐萌芽的态势。本章将语文课程的设置发展分为古代语文课程、现代语文课程、当代语文课程、新世纪语文课程四个时期来进行论述。

第一节　古代语文课程

中国古代的教育在 1904 年以前虽然没有正式的"语文课程"名称的提法，但是所有的教育却是以语文课程内容的教学为基础的。本节将根据历史时期的发展以及不同历史时期对于语文课程方面的重视，将"古代语文课程"分为先秦时期、秦汉时期、魏晋南北朝时期、隋唐时期、宋元时期、明清时期六个阶段进行审议，以期展现我国古代语文课程从萌芽期到确立期的全貌。

"课程"最早出现于唐宋年间，在《朱子全书·论学》中，朱熹就多次提到了课程。如"小立课程，大作工夫"，"宽着期限，紧着课程"等，朱熹的课程指的是功课及进程。

一　先秦时期的语文课程

（一）文字出现与语文课程的发展

原始社会时期的教育始终与生产劳动紧密结合在一起，其教育的方式主要是借助榜样的形式进行劳动技能以及生活技能的教育。但从原始记事方式（符号记事、结绳记事、图画记事）、原始雕刻绘画艺术以及祭祀的资料中，我们还是可以发现语文课程教育的萌芽之势。

文字的出现加速了语文课程的发展，也使书面教育成为可能。在夏、商时期，一些学校已有文字的认读、刻写内容。特别是西周时期的"六艺"（礼、乐、射、御、书、数）教育，将教育的内容分门别类地进行，加速了语文课程的进程。"书"的教育以识字、写字为主，这种专门以识字、写字为主的课程教育内容对语文课程教育向着大众普及打下了坚实的基础。《史籀篇》是中国历史上记载的最早的儿童识字课本。

（二）"百家争鸣"与语文课程的发展

春秋战国时期，随着官学的衰落和私学的兴起，士作为一个特殊的社会阶层开始崛起，地位和社会影响逐步扩大。加之诸侯之间的争雄加剧，养士之风盛行。

作为活跃的士级阶层成为战国时期私学以及思想学术发展的坚实而广泛的社会基础，同时也成为百家争鸣的人才供应地。

"百家争鸣"始于春秋战国之际的儒墨之争，形成争鸣的局面是在战国时期。在"百家争鸣"中，代表着不同阶级或阶层利益的各个学派提出了许多的教育治国方案。特别是私学的发展极大地促进了语文课程的发展，尤以孔子创办的私学为盛。孔子创办的私学课程仍以"六艺"为主，教材主要以《诗》《书》《礼》《乐》《易》《春秋》为主。为了教学的需要，孔子很注意对这些历史文献的搜集、整理和删定。从一定程度上说，《诗》《书》《礼》《乐》《易》《春秋》是语文教材的雏形。"百家争鸣"，对教育理论的发展也起到极大的促进作用，口语交际也在此时期有了一定的发展。

二　秦汉时期的语文课程

关于秦汉时期语文课程的设置，现有的历史留存资料甚少，只能从一些古代著作以及著名的人物事迹中对秦汉时期的语文课程设置进行观照和推测。

（一）注重识字、写字的语文课程设置

在秦代，李斯等人编写了童蒙识字课本《仓颉篇》。《说文解字·序》说："学童十七以上，始试，讽籀书九千字，乃得为史。"可以看出汉初以此作为法律条文固定下来，对后来的识字、写字教学的发展起到很大的促进作用。

王充在《论衡·自纪篇》中，描述过一段自己的学习情况：八岁出于书馆。书馆小僮百人以上，皆以过失祖谪，或以书丑得鞭。充书日进，又无过失，手书既成，辞师受《论语》《尚书》，日讽千字。

从上段文字的描述中，我们可以看出：书对于经典著作学习的重要性，识字、写字的环节是必须经历的，初入馆时的学习重在讽、书（讽、读、书、写），初期的语文课程教学内容就是以识字、写字为主的。

（二）注重行为规范、伦理道德的课程内容设置

东汉时崔寔的《四民月令》对于课程的设置也有所论述："（正月农事未起）命幼童入小学，学篇章。八月退暑，命幼童入小学，如正月焉。冬十一月，砚冰冻，命幼童入学，读《孝经》《论语》篇章。"①

从《四民月令》中的论述可以看出，对儒家经典的学习更多的是注重对行为规范以及伦理道德的教育。汉代学校的教育有官学和私学之分，二者在教育的发展中体现出一种互补的态势，在教育的发展史中，二者互相促进。到西汉末年，研究五经的学者增多，从汉代始，语文教育成为经学的附庸。

三　魏晋南北朝时期的语文课程

魏晋南北朝时期，时局动荡不安，国家分裂，战乱连年，政权更迭频繁。但社会的不安并没有阻止新事物的萌生。范文澜称魏晋南北朝时期为"继汉开唐"② 的时代。魏晋南北朝时期，经济中心开始出现南移倾向，思想学术、文学艺术异常活跃，教育内容有了一定的变化。这一时期的教育主要由私学和家学分担。"私学蒙学教育，大致可分为两类：一是书馆，其课程主要是识字、写字与算术，教师称为书师；一是乡塾，其课程主要是读一般经书，教师称塾师。家学主要是家人父子间的传授，如东晋王羲之一家的书法，北魏江式一家的文字学，梁萧统一家

---

① 严可均：《全上古三代秦汉三国文朝·全后汉文·崔寔》，中华书局 1965 年版，第149 页。

② 范文澜：《中国通史简编》第二编，人民出版社 1965 年版，第 412 页。

的文学等。"① 作为一部系统而又完整的家庭教育教科书——《颜氏家训》，内容丰富，包含了关于作者的立身、治家、处事、为学的经验，被誉为"家教规范"，在传统中国家庭教育史上。在魏晋南北朝时期，玄学可以说是此时期的显学。

（一）玄学思潮兴起

魏晋南北朝时期，玄学思想迅速兴起，冲击了儒术独尊的局面。玄学家们进行的"才性之争""自然与名教之争"对口语交际的发展起到了很大的推动作用，可以说口语交际的迅速发展是这一时期语文教育的一大亮点。

（二）玄学对教学方法改革的促进

魏晋南北朝时期，玄学家崇尚清谈，剖析名理；佛教聚徒讲经，析义精微。玄学家的清谈和佛教徒的讲经风尚，影响了当时"魏晋经学"的讲经。后来的自由争辩、探求义理的新的教学方法在一定程度上与魏晋经学探求义理的教学方法是分不开的。

四　隋唐时期的语文课程

隋唐时期是中国封建社会的繁荣时期。文教政策改革显著，经历过魏晋南北朝时期一度衰微的儒学，在隋朝时又开始了复兴。特别是佛教的传入和道教的崛起，极大地刺激了中国儒学的发展，引发了唐代大规模的儒学复兴运动。在韩愈等人的大力倡导下，儒家经学再次成为学校的主要课程。科举取士对以文言型为主的语文课程体系建设起到了很大的推动作用。

（一）课程设置与学校建设

私学在隋唐时期主要承担着蒙学阶段的教育任务，在蒙学教育阶段设置的主要课程有识字、写字、算术，偶有读诗。在州县设置地方设置了官学，主要课程是经学、书学以及科考预备课程。隋朝中央官学，设有国子学、太学、四门学、书学、算学、律学；隋朝教育制度的另一个创造是设置总管学校的专门教育行政部门。唐代学制从类别上大体可划分为专门学校和兼职机构两大类，从层次上可分为中央和地方两个

---

① 张中原、徐林祥：《语文课程与教学论新编》，江苏教育出版社 2007 年版，第 330 页。

层次。

隋唐学校制度逐渐完备。隋设国子学管理教育，唐国子监下设国子学、太学、四门学、书学、算学、律学等六学。地方学校，州设有经学和医学。在必修课程以及公共必修课程的设置上，唐代就早有尝试。在公共必修的课程设置上，更加注重行为规范以及伦理道德的教育，《孝经》《论语》是公共必修课程。国子学、太学、四门学的课程总体设置如表 3-1[①]：

表 3-1

课程	内容	修业年限
公共课	《论语》《孝经》《老子》	共 1 年
专业课	《尚书》《春秋公羊传》《穀梁传》	各 1、5 年
	《周易》《毛诗》《周礼》《仪礼》	各 2 年
	《礼记》《春秋左传》	各 3 年
选修课	隶书、时务策和《国语》《说文》《字林》《三苍》《尔雅》	空闲时习之
备注	1. 《周易》《尚书》《春秋公羊传》《春秋穀梁传》为小经，《毛诗》《周礼》《礼仪》为中经，《礼记》《春秋左传》为大经。《论语》《孝经》《老子》作中经看待。 2. 学生一经未习完，不得改习他经。 3. 每旬放假一天。每年五月放田假、九月放授衣假。 4. 正课之外，还需学习吉礼、凶礼。	

从课程总体的设置中，我们可以看出，唐代关于课程设置方面的经验，在今天仍有很大借鉴意义，特别是课程的类型上。

（二）写作与书法教学

科举制度促进了隋唐时期的写作与书法教学。在写作教学方面，训练内容主要有属对、吟诗和应用文写作。教蒙童学属对，最初大概是以写作骈文和近体诗为目的的，后来发展成为启蒙之后的一种必修课。张志公先生曾在其《传统语文教育教材论》中论述道："属对是一种实际的语言、语汇的训练和语法训练，同时包含修辞训练和逻辑训练因素。可以说是一种综合的语文基础训练。"属对训练的重视，也为诗歌的写作发展奠定了坚实的基础。

---

① 池小芳：《中国古代小学教育研究》，上海教育出版社 1998 年版，第 155 页。

　　隋代书法融合南北书风，为唐代书法全面的繁荣奠定了基础。唐代书法课程贯穿于官学和私学之中。唐代科举考试中专设明书科，吏部以书判定考生。这一切的举措对书法教学都起到很大的促进作用，为了使书写更加规范正确，学生还要兼习《说文》《字林》《三苍》《尔雅》等书。

五　宋元时期的语文课程

　　宋代一直处于多政权并存的状态，以其软弱的外交政策换来了安定的政治局面。其安定的政治局面，为学术思想、科学技术、文化教育的发展提供了前提条件，也为学校教育的改革和发展提供了良好的外部环境。北宋时经历了庆历兴学，熙宁、元丰兴学以及蔡京推行的第三次兴学，三次兴学建立了完整的官学体制。理学在宋代得到了快速的发展，对学校教育产生了重大的影响。理学是在儒、道、佛结合的基础上创立的一种新儒学，因其阐释义理，兼谈性命为主，故有"理学"之名。"理学教育旨在重新点燃道德的火把，以指示人类的前程。"[①] 理学以探讨"道体"为核心，以"穷理"为精髓，以"存天理、灭人欲"为存养功夫，以"修齐治平"为己任，以"学以为圣"为目的，成为我国治国、齐家、育人的标准。南宋朱熹是理学的集大成者，他将《大学》《中庸》《论语》《孟子》合称为"四书"，并为之加注。"四书""五经"成为封建社会后期学校的标准课程和教材，以及科举考试的唯一凭借。

　　元朝是中国古代史上第一个少数民族入主中原的朝代。精明的蒙古族统治集团，一方面继承、发扬历史上少数民族建设政权的经验，推行"汉化"，采用"汉法"统治各地区的汉人，推崇理学，积极以儒家伦理道德教化人民，培养官吏；另一方面，又努力保持自己的民族特性，保存、发扬蒙古族的语言文字和文化。这二者的结合反映在教育制度上，也呈现多元性的特性。

---

　　① 张惠芬、金忠明：《中国教育简史》（修订版），华东师范大学出版社 2001 年版，第 257 页。

六　明清时期的语文课程

每一次政权的更迭，紧接着伴随而来的都是文教政策的改变。统治者为了维护封建政权的稳定，都在一定程度上对文教政策进行改革，以安抚、教化人民。明清时期总的文教政策是尊经崇儒，以程朱理学为文教的指导思想，实行文化专制，大兴文字狱。

明代教育体制承袭宋元，整个教育体制没有多大的变化。明代官学的教育系统，以中央官学、地方官学和社学为主体，组成较为完整的学制体系。明代官学课程以儒家经典为基本内容，以《孟子》《大学》《中庸》《论语》"四书"以及《诗》《书》《礼》《易》《春秋》"五经"为基本教材。私学主要为蒙馆和家塾。王守仁在其《训蒙教约》中说"每日工夫，先考德，次背书诵书，次习礼或作课仿。次复诵书讲书，次歌诗"①，对蒙学每天的功课顺序给予了明确的规定。这种讲学宣传思想的形式可以说是当今的"知识讲堂、讲座"的雏形。

写作课程是教学的重点。明代写作课程，蒙学阶段主要是属对，此后便是八股文。八股文是比较程式化的写作训练，张志公先生曾指出："程式化的作文训练渊源于唐代的帖经和应举诗。唐代以诗赋取士，作应举诗有'破题''额比''颈比''腹比''后比''结尾'一些名目格局。到了宋代，罢诗赋，以经义策论取士，于是作文有了程式，逐步有了'冒、原、讲、证、法'，'义头、原题、入腹、引证、结题'等种种说法。大致从宋代起，经元代至明初，训练作文一直是采用这种五段的程式。到了明代，程式越变越严、越变越死，明代中叶以后，终于变成为八股文，一直流行到清末。"② 明清科举以八股文取士，其考试有着严格的程式，反映在写作教学上，八股文写作遂成为写作教学的重要内容。

清代是我国历史上少数民族第二次入主中原，也是封建统治者建立的最后一个王朝。清代统治集团和元代统治集团所采取的政策有一定的相似性，在采用汉法、尊孔崇儒的同时，也竭力保持着自己的民族特性。官学和书院是清代教育的重要场所。清代在写作教学上更为重视八

---

① （明）王守仁：《王阳明全集·上》，中国文史出版社 2015 年版，第 78 页。
② 张志公：《传统语文教育教材论》，中华书局 1992 年版，第 130—131 页。

股文。

1840 年鸦片战争，中国逐渐沦为半封建半殖民地社会，西学思想伴随着西方的坚船利炮进入中国封建王朝。随着社会的发展，科举制的弊端日益暴露，教育内容僵化无用，而此时进入中国的西学思想给科举制进行了无情的鞭笞。同时，光绪年间，出现了许多新式书院，倡导经世致用的实学精神，培养目标、课程与教学内容与科举时的要求有着重大的改变。据民国《上海县续志·风俗志序》记载："同治中叶，大乱初平，当道注意教育，主讲席者，皆当代硕儒，士风丕变，咸知求有用之学，不沾沾于帖括。当时以广方言馆，龙门书院为盛。"① 从地方志中可以见得新式书院经世致用的实学精神。

随着社会的发展，科举制再也不能适应社会发展的需要，为了缓和社会矛盾，1901 年清政府下诏科举不准用八股文程式，预示着八股文即将走到了时代的尽头，接着 1902 年颁布《钦定学堂章程》，将官学和书院统称学堂。1904 年，颁布了《奏定学堂章程》推行新学制，规定小学开设"中国文字"，中学开设"中国文学"，掀开了语文课程与教学的新篇章，语文课程开始独立设科，结束了语文课程融于蒙学教育、经学教育的历史。1905 年，废除了延续 1300 多年的科举考试制度，中国语文教育完成了由古代向现代的成功转换。

第二节　现代语文课程

在 1904 年颁布《奏定学堂章程》以后，语文课程开始单独设科，我国语文教育的现代化历程由此开始。本节将现代语文课程发展时期从 1904 年语文独立设科时算起到 1949 年新中国成立止，考虑到在此期间语文课程的发展状况，特将此节分为独立设科初期的语文课程、五四运动后 30 年的语文课程两个阶段来对现代语文课程发展进行梳理。

一　独立设科初期的语文课程

在新旧两股实力的争斗中，这一时期的语文教育是在艰难中前行。

---

① 上海市文史馆文史资料工作委员会编：《上海地方史资料》（四），上海社会科学院出版社 1986 年版，第 14 页。

在语文教育问题上，文化教育思想和激烈的政治斗争表现充分，给语文教育带来了多方面的经验与教训。

（一）《奏定学堂章程》

1. 《奏定学堂章程》概述

1904 年 1 月 13 日，清政府颁布《奏定学堂章程》以取代《钦定学堂章程》，《奏定学堂章程》又称"癸卯学制"。该学制的制定借鉴了日本中小学课程的基础，受日本学制的影响，对于传统的读经、讲经教学只是进行了解，"语文"学科成为独立的课程，其中"中国文字"与"中国文学"单独设科；与此同时它并没有完全与科举时代的"读经、讲经"摆脱联系。在这种情况下，语文教育呈现出新旧杂糅、良莠不齐的现象。

《奏定学堂章程》中的《奏定初等小学堂章程》《奏定高等小学堂章程》《奏定中学堂章程》规定：初等小学堂设 8 门课，其中与"语文"相关的有"读经讲经""中国文字"[①]；高等小学堂设 9 门课，中学堂设 12 门课，其中与"语文"有关的有"读经讲经""中国文学"[②]。《奏定学堂章程》还对修业年限有着明确的规定，在第二章的第四节中还详细规定了各门课程的教学内容和教学方法，学科有："修身""读经讲经""中国文学""外国语""历史""地理""算学""博物""物理及化学""法制及理财""图画""体操"12 门。[③]

2. 《奏定学堂章程》颁布的意义

"癸卯学制"在 1904 年的颁行，标志语文课程的正式设科，语文正逐步走向独立化、学科化的道路，这是古代封建传统语文教学走向现代化语文教育的重要一步。

（1）"癸卯学制"的颁行改变了传统语文教育与文、史、哲教育的混合，以及语文教育渗透于各类教育的局面，使其由混合到独立，向科学化方向发展，这是语文教育的重要一步：向现代化和科学化方向发展。

---

① 课程教材研究所：《20 世纪中国中小学课程标准·教学大纲汇编·课程（教学）计划卷》，人民教育出版社 2001 年版，第 21 页。

② 同上书，第 32—42 页。

③ 吕达：《课程史论》，人民教育出版社 1994 年版，第 158 页。

（2）"癸卯学制"的颁行促进了语文教育思想的更新。以读经讲经伦理道德为中心的封建教育的目的是培养维护封建统治的各式人才，并为封建专制而服务。语文的单独设科虽然没有摆脱封建性的专制，但是使其开始注重"应用"。

（3）"癸卯学制"的颁行促进了教学内容的变革和新型教科书的编写。传统语文教育主要是学习儒家经典，其教材主要是"四书""五经"等儒家经籍以及一些古文选本。语文课程独立设科后，语文教学的内容有了一些变化，开始出现了一批官方和民间编写的新型语文教科书。

（4）"癸卯学制"的颁行还促进了语文教学方法的进步。在传统的语文教育下，儿童学习都是深奥、繁杂的知识，不易被儿童理解，因此要求儿童反复诵读，死记硬背；在新学制下，则强调了"讲解""启发""循循善诱"的方式。

（二）民国初的语文课程

1912 年，南京临时政府教育部成立，蔡元培担任总长。当年临时政府颁布了《中学校令施行规则》，规定中小学开设"国文"课，这是我国历史上语文学科从古代传统教育独立出来的第一个正式名称。此外，1912 年 11 月教育部制定了《小学教则及课程表》，1913 年 3 月教育部又公布了《小学校令》《中学校令》《小学校教则及课程表》《中学校课程标准》《师范学校规程》《高等师范学校规程》等十几个法令规程。特别需要指出的是，《中学校课程标准》是我国历史上第一个课程标准，在课程标准与教学大纲史上具有划时代的意义。

二　五四运动后 30 年语文课程的发展

（一）五四运动与语文课程发展

在五四运动的影响下，各种革新思想纷纷出现，在语文的课程上有所表现，当然也富有创意。例如：选取当时的报纸杂志或者白话小说、诗歌、语录等；或选取能够反映新的教育思想的文章；或选取内容上切合人生态度，形式上又有艺术价值的文学作品。

（二）五四运动对语文课程发展的推动

五四时期的国语运动，对国语教育起着巨大的推动作用。1920 年受新文化运动和五四运动的影响，北洋政府通令全国，规定中小学一律改"国文"为"国语"。小学开设"国语"，主要教白话文，这是白话文在中国教育史上第一次进入语文教材，在语文教学中取得了合法地位。黎锦熙在其《改学校国文科为国语科》一文中引用胡适的话说："这个命令是几十年来第一件大事。他的影响和结果，我们现在很难计算，但我们可以说：这一道命令，把中国教育的革新，至少提早了二十年。"① 可见语体文进入语文教材的影响是积极而深入的。对语文教育影响较大的就是白话文运动，其刚起步的时候面对的是语言的荒芜，也许大家会认为那时只要把话记下来就可以了，实施上却是很困难的事。鲁迅曾说："现在的文学家，哲学家，政论家，以及一切普通人，要想表现现在中国社会已有的新的关系，新的现象，新的事物，新的观念，就差不多人人都要做仓颉。这就是说，要天天创造新的字眼，新的句法。实际生活的要求就是这样。"② 当时的白话文的传播对于小说的发展有着很大的推动。邹恬先生指出：五四小说的语言和传统的语言是两种极不同的小说语言。五四小说的语言是通俗易懂的，其意义在于让读者接受。此外，五四小说还实现了一个变革，就是使书面语言代替口头语。传统的小说受到说书的影响，这就便于讲述和理解。然而五四小说语言所传递的内容是更加精致、更含蓄，机构更复杂，层次更加分明，所以需要读者反复仔细地思索及领略其中的滋味。总之，五四时期的白话文运动使得语文教育突破了封建的礼教束缚，使得语文教育走向了开放。

五四运动以后，因白话文的进入导致语文教材的内容有了不小的改变。白话文进入语文教材，有文白合编的语文教材；有文白分编的语文教材；还有专选现代白话文的语文教材。其选文的思想也有着重大的变化，一些反映新时代、新思想、新文化的优秀作品被选入了语文教材。特别值得一提的是文学巨匠鲁迅的白话小说，以及李大钊、陈独秀、胡适等作家的富有时代气息的作品都入选语文教材。外国的优秀文学作品也进入了中国语文课本。

---

① 黎锦熙：《黎锦熙论语文教育》，河南教育出版社 1990 年版，第 20 页。
② 鲁迅：《二心集·关于翻译的通信》，人民文学出版社 1932 年版。

（三）《中小学课程标准纲要》与语文课程发展

五四前后，西方教育思想大量传入中国，改革旧学制的呼声日益高涨，各地开展了一系列的课程改革。在全国教育联合会的推动下，1922年 11 月 1 日公布了《学校系统改革案》，这就是"新学制"。1923 年 6 月又刊发了《中小学课程标准纲要》，"这是我国首次制定课程标准"①，此后经多次调整，一直沿用到新中国成立前夕，是我国现代教育史上的一座丰碑。

《中小学课程标准纲要》将"语文"课程的名称由"国文"改为"国语"。《小学国语课程纲要》《初级中学国语课程纲要》《高级中学必修国语课程纲要》以及胡适起草的由《文字学引论》和《中国文学史引论》组成的附件是国语课程纲要的四个组成部分。其中《初级中学国语课程纲要》和《高级中学必修国语课程纲要》比较完整地提出了语文课程的目的、任务、教学内容和原则，对以后的语文课程设置产生了重大的影响，具体表现在以下三个方面。第一，在教学中注意精读与略读结合，讨论与自学并举。第二，确立语文教学目的重在培养学生"运用文字的能力""自由发表思想的能力"和"欣赏文学作品的能力"，尤其重视口语交际能力的培养，贴合社会发展的需要。第三，教学内容的选择注重课内外的结合，并切合学生的实际，内容编排遵循由浅入深的原则。

（四）《中学语文科课程标准》的价值

《中学语文科课程标准》是叶圣陶 1949 年亲自拟定的，其基本内容分为语文教学目标、语文教材、语文教学要点三个部分②。

中学语文科课程目标有两个。第一，从感性的认识出发，通过语言文字的学习，在情操和意志方面提高学生的素养。热爱劳动人民、忠诚祖国、意志力、集体主义精神是这个素养包含的四个方面。第二，通过学生身心的发育和生活经验的不断扩展，逐步培养他们的能力，凭借我国语言文字吸收经验、表情达意，初中听说读写的能力培养尤其要注意，要在初中的基础上，加强高中文言文阅读教学。初中、高中教学既

---

① 中央教育科学研究所编：《中国现代教育大事记》，教育科学出版社 1988 年版，第 68—69 页。

② 魏本亚：《叶圣陶"私拟"语文课程标准的当代价值》，《语文建设》2008 年第 1 期。

有联系又有区别，呈现阶梯状。

中学语文教材的编写要符合三点要求。第一，就精神说，要符合目标所规定的第一项要点；就内容来说，必然地会涉及各科，以各科的内容为内容；就品质来说，要朴实、精确，足以为目标的第二项模范；就体裁来说，要包含众人在生活上所触及的各种各样的文字，高中要选读若干明白易晓的古文，从而能够解释普通文言为目标。第二，除单篇文字外，兼采书本的一章一节，高中阶段兼采现代语的整本的书。第三，教材的性质要求同于样品，熟悉了样品，也就可以理解同类文章。

实施课程标准的关键是中学语文教学，叶圣陶提出了十条建议，概括起来主要反映在四个方面。第一，在课堂教学中，学生尽量自求了解，课堂上多讨论。第二，培养学生的听说读写能力是语文教学中的主要任务，这种培养贯穿语文教学的全过程。第三，作文教学要密切联系学生的实际生活，提供学生写作的条件。第四，注重培养学生的自学能力，尤其是学生修改作文的能力，让学生把修改看成一种思想过程。

虽然叶圣陶拟定的这份语文课程标准没有付诸实践，但是其凝聚了他的教育智慧，仍不失为一笔财富。对语文课程标准的制定者、修订者以及语文教育的改革者仍然具有借鉴意义。

1. 发展的基础在于继承

中国语文教育有着悠久的历史，德行、言语、政事、文学四科是孔子设定的，其中言语、文学与今天的语文学科内涵十分相近；孔子的语文教育目标是培养温柔敦厚的君子，这与今天的语文教育目标仍有相通之处。经过五四新文化运动的影响，传统的语文教育受到了冲击，但是语文教育的文化血脉还在延续。1923 年叶圣陶在《新学制课程标准纲要初级中学国语课程纲要》中提出语文教学的目的是："（1）使学生有自由发表思想的能力。（2）使学生能看平易的古书。（3）引起学生研究中国文学的兴趣。"1924 年黎锦熙提出语文教育有四个目的：自动的研究与欣赏、社交上的应用、艺术上的建造、个性与趣味的养成。1948 年国民党政府教育部的语文课程标准提出：训练听讲及阅读语体文与明易文言文之能力；培养运用国语及语体文表情达意之能力，以切合生活上之应用；培养阅读之兴趣与习惯；从民族辉煌事迹有助于国际了解之优美文字中，唤起爱国家爱民族意识，发挥大同精神。在 1949 年，叶圣陶私拟的中学语文课程标准中提到语文教学目标有二：第一，通过语言文字的学习，从感性的认知出发，在学生的情操和意志方面，培养学生的人格情操；第二，顺应学生身心发展和生活经验的扩展，逐渐培养他们吸收我国语言文字的经验和情意表达的知能。从叶老的这两个目标来看，1923 年以来的语文教育目标是得到了继承。但是，叶老又根据当时的需要，对语文的情意目标进行了补充：语文教育要培养学生对劳动跟劳动人民的热爱，对祖国的无限忠诚，随时准备去克服困难战胜敌人的决心和勇气，服从公共纪律、爱护公共财物的集体主义精神。

2. 引进的目的是消化

在发展过程中，中国现代语文一直就没有停止过引进工作。1919年，我们引进了美国的新学制；1920 年，我们引进了美国的道尔顿制；1922 年，我们引进了设计教学法；1928 年，我们引进了文纳特卡制教学法；1934 年，我们引进了合科教学法；1940 年以后，我们又引进了赫尔巴特的"五段教学法"。叶圣陶就始终保持清醒地认识：先进的东西我们要吸收，不合中国实际的理念要改造，引进不是为了哗众取宠，而是为了消化，为了促进中国教育的变革。1933 年，国民党政府教育部在修订语文课程标准时取消了选修课程，叶圣陶在《新课程标准与中学生》一文中就明确指出："选科制是'花旗货'，民国七八年间才由留美教育学者输入……选科制本身确自有它的教育上的价值……取消选科制，使课程硬性化，只是表示思想的落后和复古而已。"面对外国新的教育理念，叶圣陶始终是"洋为中用"的实践者。大家知道，"教育即生活"是杜威的教育主张。我们在叶圣陶私拟的中学语文课程标准中看到了消化的杜威理念："出题练习时诱导发表的途径，目的在达到自由发表，要就学生的实际生活出发，出各式各样的题（题虽然由教师出，仍是学生本身所固有的材料），不勉强学生写他们所没有的材料。"写作文就是认识生活，就是自己对生活的认识能力的提升，叶圣陶没有用"语文的外延与生活的外延相等"的时髦词语，但是叶圣陶时刻关注教育与生活的联系，这就是最好的消化。

3. 理想的土壤是现实

语文教育不能没有理想，但是理想不能空洞，它必须根植于语文教育的现实土壤里。一方面，语文课程标准要展示国家语文的教育政策、语文人才的标准，另一方面又要展示语文课程标准制定者的理想。叶圣陶是一位关注语文现实的教育家，他的教育理想与现实总是靠得那么近。第一，教师是课堂讨论中的主席。叶圣陶一贯主张要打破教师课堂教学的一言堂局面，要给学生发表意见的机会："课内多采用讨论的方式，教师也是一个会员，至多处于主席的位置。""课内讨论以'提示'或'纲要'所列的各项目为中心，最后由教师作总结。也可以由学生作总结，教师看情形予以承认或订正。"① 第二，学生是语文学习的主人："要使学生尽量自求了解"，"要强调预习，预习是自求了解的重要步骤"，"语法、修辞法、作文法、思想方法要从实际的听、说、阅读之中多多提出实例，让学生自己去发见种种的法则"，"自己修改不限于课内作文，要使学生养成习惯，无论写什么都要修改，把修改看作一种思想过程"。第三，文学不能等同于语文教学。面对语文教材文学化倾向，叶圣陶明确指出："中学语文教材不宜偏重文艺，虽然高中有文艺欣赏的项目。语文的范围广，文艺占其中的一部分。偏重了文艺，忽略了非文艺的各类文字，学生就减少了生活上的若干受用，这是语文教学的缺点。"第四，学习明易文言文，传承民族文化。大家知道，叶圣陶是一位明智的语文改革家。在林纾、汪懋祖等人提倡"读经"复古的主张面前，叶圣陶旗帜鲜明地反对"读经"复古。但是，叶圣陶又一再指出学习文言文和读经不是一回事，学习文言文就是学习民族传统文化。在新中国成立前期，叶圣陶对这个问题的认识更加清晰。在这份课程标准中，他还对学习什么样的文言文作了具体说明："所谓普通文言文就是明白易晓的古文。为接受以前的文化，为参考需用的书籍，高中学生有通解普通文言的必要。"②

第三节　当代语文课程

中华人民共和国在 1949 年成立，揭开了语文教育的新篇章。纵览当代语文教育的发展，当代在坎坷波折中一步步走向成熟。

---

① 叶至善、叶至美、叶至诚编：《叶圣陶集》第 16 卷，江苏教育出版社 2004 年版，第 495 页。

② 同上书，第 114 页。

一　20 世纪 50 年代的语文课程

(一) 关于"语文"名称

新中国成立初的语文课程，取消了此前小学的"国语"以及中学的"国文"，均改成"语文"。最先给"语文"定义的是叶圣陶，他说："什么叫语文？平常说的话叫口头语言，写到纸面上叫书面语言。语就是口头语言，文就是书面语言。把口头语言和书面语言连在一起说，就叫语文。这个名称是从一九四九年下半年用起来的。"① 从叶圣陶对"语文"的界定中可以看出语文教育应该是听说读写的教育，对于传统的脱离口语实际的教育进行了很好的纠正，这对于学生语文素养的提高有着很大的帮助，对后期语文教育的发展无疑有着重要的意义。

中央人民政府出版总署编审局编辑的 1950 年语文课本的《编辑大意》中说："语文教学应包括听、说、读、写四项，不可偏轻偏重。"这话是有针对性的，主要是针对过去的"国文"教学只重"文"，忽视"语"，言文不一致说的。据考查，"无视口耳训练，这个传统有一千多年历史，到了白话文时代，仍旧不重视口语训练"②。全面训练四项，这是历史上语文教育经验教训的科学总结。

从贯彻听说读写的全面训练出发，新编的语文课本对一些老教材作了修润或修改；有些古代寓言则用口语作了改写；有些练习既有读写训练，也有听说训练；有些小学的作文改写成了"写话"。

这一时期的语文课程，从课程目标的设计到内容，都突出了思想教育，并强调了全面教学听说读写，对改变以前脱离生活实际，脱离口语实际的语文教育发挥了重要作用，为语文教育的工具性和人文性有效的融合提供了客观的教材文本。

(二) "《红领巾》教学"与语文课程的发展

1. "关于《红领巾》教学"的讨论

1953 年 5 月，北京师范大学教育系学生在教育实习中举行了一次语文教学观摩课，当时在该校指导工作的苏联教育专家普希金教授也应邀参加。教学内容是初中语文课本中的一篇小说《红领巾》，教师采用

① 叶圣陶：《叶圣陶语文教育论集》，教育科学出版社 1980 年版，第 138 页。

② 张志公：《语文教学需要大大提高效率》，《中国语文》1987 年第 1 期。

的教学方法是当时比较盛行的讲述法，也兼用了讲解法。这节课的结构是由凯洛夫的五个环节组成的。

在课后的评议会上，苏联专家普希金教授作了总结发言。他先是肯定了这节课的一些优点，然后主要提出了几点不满的意见。第一，不满七页的一篇课文，用了四个小时尚未教完，估计还要讲两小时。"这样不合理地使用时间，是把宝贵的光阴浪费了。"① 而且，这样分段讲解，"把课文逐字逐句地咀嚼得像粥一样烂，然后喂入学生嘴里"②，"不可能让学生对整篇作品获得完整的印象"③。第二，每课时 45 分钟，教师的讲述都在 40 分钟以上，学生的活动不足 5 分钟。普希金教授提出，组成语文课的因素是：(1) 朗读，(2) 复述，(3) 分析课文。分析课文"也应该让学生做，让学生形象地描述人物的性格，教师予以启发、引导、补充和提高"④。但是，我国语文教学中，这些工作都由教师来做了，"教师过高的积极性，使学生的思维处在睡眠状态中"⑤。最后，是思想政治教育的问题。普希金提出，语文课变成政治课，妨碍了语文的发展，而且"进行思想政治教育不应当形式地要求每堂课都是一样的"⑥。北京师范大学中文系的学生依据普希金的意见对《红领巾》重新进行了教学设计，5 月 27 日在北师大女附中再次试教，获得了听课专家们的高度评价。

1953 年 7 月，《人民教育》发表了叶苍岑教授的《从〈红领巾〉的教学谈到语文教学改革问题》，文中详细介绍了普希金的意见和中文系学生试教的经过和体会。该刊同时发表题为《稳步地改进我们的语文教学》的短评，指出"普希金给我们指出了改进语文教学的方向，北师大中文系学生已经打响了'第一炮'，希望全国中等学校的语文教师能以此改进语文教学的工作，再推进一步，推向新的发展方向上去"。之后，语文教育界开展了对"《红领巾》教学法"的学习，许多学校都组织了学习讨论和观摩教学，进行教改实验，全国掀起了学习"《红领巾》教学法"的热潮。

---

① 叶苍岑：《论语文教学改革问题》，大众出版社 1954 年版，第 93 页。

② 叶苍岑：《从〈红领巾〉的教学谈到语文教学改革的问题》，《人民教育》1953 年第 7 期。

③ 叶苍岑：《论语文教学改革问题》，大众出版社 1954 年版，第 2 页。

④ 同上书，第 1 页。

⑤ 叶苍岑：《从〈红领巾〉的教学谈到语文教学改革的问题》，《人民教育》1953 年第 7 期。

⑥ 叶苍岑：《论语文教学改革问题》，大众出版社 1954 年版，第 78 页。

2. "《红领巾》教学法"讨论的影响

《红领巾》观摩教学引发的这场语文教学改革,对我国语文教育改革的推动主要表现在以下两个方面。

第一,"《红领巾》教学法"推动了教学方法的改革。该教法改变了传统的教师教、学生听的教学法,注重从学生的实际情况出发,合理安排教学时间,注意了教师和学生互动,调动学生的主体性和积极性。

第二,"《红领巾》教学法"的讨论促进了现代文教学模式的建立。在凯洛夫"五个环节"教学模式的基础上,逐步建立了语文教学特别是现代文教学的基本模式。(1)题解:介绍作者、时代背景等。(2)范读:讲解生字生词,学生质疑问难等。(3)分析课文:结构分析、人物形象分析、重点难点分析等。(4)总结主题思想。(5)研究写作特点。"五个环节"的教学模式建立,在语文教育史上有着重大的意义。

(三)"汉语""文学"分科时期的语文课程

1. "汉语""文学"教学分科实验

新中国成立后,语文课程的设置出现了将"汉语""文学"分科的局面,此次分科教学的尝试,是为了追求语文教育的高效率和进一步的科学化,同时也是受了苏联俄语与文学分科教学的影响。分科教学指语文课程内部的语言和文学分立为两科,其分科设置主要是为了避免汉语、文学混合教学所产生的弊端,是为了建立语言和文学各自的科学体系。1955年秋,分科教学在部分中学试点;1956年秋,实行了汉语与文学分科教学的实验,并编写了初中汉语、初中文学与高中文学三套课本;1958年,分科教学受"整风""反右"运动的影响而停止。

2. "汉语""文学"教学的分科影响

语言教学和文学教学得以集中力量进行是分科教学的积极意义,但在实际操作中,易走两个极端:汉语课过度强调"工具性""知识性""系统性",从而形成了枯燥无味的教学方式,形式呆板的教学内容,概念较多的术语,不能很好地学以致用;文学课分量太重,难度较大,对字、词、句等实际语言能力的训练重视不足,过度强调"鉴赏性"忽视"语言的工具性",导致学生语言能力的下降。因为汉语言有特性,它既不像拼音文字那样形式单调且易遵循科学化模式,或用理性分析的方法来使学生掌握规律，之后，虽然出现了《文学读本》《文化读本》等分科教材，但课程设置仍是融合在一起的。

二　20世纪六七十年代的语文课程

（一）六七十年代语文课程的特点

十年"文化大革命"使得语文教育遭受到了严重的破坏，无论在教材的选文、教学的形式还是在教学的活动上，无一例外地以"阶级斗争""路线斗争"为纲。"文化大革命"时期，由于受极"左"思想的干扰和破坏，语文教学把双基训练和思想政治教育根本对立起来，把思想政治教育作为语文教学的主要的乃至唯一的任务，因此，语文课上成了政治课是理所当然的。选取课文，只要政治标准，而且对政治标准的理解十分狭隘，强调配合一时一地的时事政策或政治运动。谁抓双基教学，谁就是走"白专道路"，就会受到批判和打击。这种使人成为工具的"政治主义的教育"（钱理群语），一味强调语文教育的思想性，结果学生只会喊几句空洞的政治口号，语文素养几乎没有得到什么发展。

（二）六七十年代的语文教材

六七十年代的语文教材始终贯彻阶级斗争的思想，突出教材的政治性。语文教材的选文主要为革命领袖著作、鲁迅作品、样板戏选场等。有的地方将语文改为革命文艺课，片面地强调语文学科的思想性、政治性，把语文当作阶级斗争的工具，完全不顾语文教学的规律以及学生学习的规律和实际，强调语文要为无产阶级政治服务，置语文教学规律于千里之外，导致了语文教学质量和学生水平能力的全面下降。语文教材的政治意味太浓。

三　20世纪八九十年代的语文课程

（一）《全日制中学语文教学大纲》述评

1986年以后，根据中共中央《关于教育体制改革的决定》和《中华人民共和国教育法》，语文课程的改革开始重点转向对素质教育的探索。为此，1986年《全日制中学语文教学大纲》在前言中增加了"语文学科对于提高学生的思想道德素质和科学文化素质，培养有理想、有道德、有文化、有纪律的社会主义公民，具有重要意义"这段话，后大纲继续

沿用这一提法。国家教委颁布的《全日制中学语文教学大纲》其宗旨是
"降低难度，减轻负担，明确要求"，进一步强调语文的工具性，第一次
强调语文教学的重要意义从素质教育及培养"四有"公民的高度来看，
说明思想政治教育必须"渗透在教学过程中"；在教学目的中还增加了
"开拓视野、发展智力、培养健康的审美观"的要求。虽然这个大纲是新
中国成立后颁布的第一个"正式"的大纲，但是由于语文教学改革的深
入发展和九年义务教育的全面实施，1990 年国家教委又颁布了修订本。
然而，这个大纲仍然是个过渡性的，现在语文教学迫切期待九年义务教
育初中语文教学大纲和与之相适应的高中语文教学大纲。

（二）世纪之交的语文教育大讨论述评

《北京文学》1997 年刊登的三篇文章——小学生家长邹静之的《女
儿的作业》、中学语文教师王丽的《中学语文教学手记》和大学文科教
师薛毅的《文学教育的悲哀》，引发了这场语文教育世纪大讨论。

这一场语文教育大讨论可分为三个阶段：第一阶段，批评与辩护
期；第二阶段，学术讨论与思想批判期；第三阶段，学科建设与讨论
期。这场语文教育大讨论是由外而内、从下到上的，它所揭示的语文教
育问题具有深刻性、严重性。从实质上来说，这是一场语文教育的性质
之争、观念之争，是"人文论"对"工具论"观念及其危害的强烈抨
击，是百年中国语文教育史上的一次"人本主义"的思想启蒙运动。
这次大讨论，把语文教育与"人的发展"紧密联系在一起。语文教育
经历了若干次激烈的大讨论，但只有这一次"工具论"与"人文论"
的大讨论才真正逼近了这个最根本的问题：语文教育与"人的发展"。
这次大讨论，推动了《教学大纲》和《课程标准》对语文性质的修订，
促进了一些创新，同时，考试制度的改革，并没有清晰地呈现，以至于
考试还在沿着原来的老路在慢慢探索之中。总之，此次的讨论对语文教
育的发展起到了积极的作用。

（三）语文课程改革的探索

"文化大革命"的结束，使语文教学迎来了改革的春天，改革教学
方法则是首当其冲。教学方法的改革与一大批语文教师的辛勤的钻研是
分不开的。例如，钱梦龙、蔡澄清、潘凤湘、蔡明、陈军、邓彤、洪宗
礼等。这些老师在教学方法上的改革具有以下的共同特点：（1）重视

对学生学习方法的指导；（2）注重语文课内外的结合；（3）重在培养学生的语文能力。随着信息技术的发展，语文教学方法以及凭借也有了较大了改变，突出地表现在以下三个方面：第一，现代信息技术被广泛地应用到语文课堂教学，借助信息技术进行语文教学改革也有了长足的发展；第二，"整体感悟""体验式"教学活动逐渐地取代题海战术的训练，"学法"有了很大的改进；第三，"自主、合作、探究"的学习方式以及对话教学理念运用到了具体的学生学习过程中。通过这些改革探索，语文教学正在沿着科学化与人文化相融合的道路前进。

第四节　21 世纪语文课程

一　关于语文课程的性质

语文课程的性质是什么？这是一个历史性的难题。从某种意义上说，语文课程性质的争论主要是与语文课程的取向有着密切的关系。关于语文课程取向的争论，在语文教育百年史上曾出现了 20 世纪前 50 年的"文言"与"白话"之争；新中国成立后十七年的"文"与"道"之争；70 年代末至 90 年代初的"工具性"与"思想性"之争。2001年的《全日制义务教育语文课程标准（实验稿）》和 2003 年《普通高中语文课程标准（实验稿）》则对语文课程性质的定义是一致的："语文是最重要的交际工具，是人类文化的重要组成部分。工具性与人文性的统一，是语文课程的基本特点。"着力培养学生语文运用能力的实用功能和课程的实践性特点是语文的工具性；着力培养学生思想情感的熏陶感染的文化功能和课程所需要的人文科学的特点是语文的人文性。指明语文课程的人文性和工具性有利于课程目标的展开和实施。

二　语文课程理念及教学建议

（一）《全日制义务教育语文课程标准（实验稿）》的基本理念

《全日制义务教育语文课程标准（实验稿）》中提出义务教育阶段的语文课程理念有四个方面：（1）全面提高学生的语文素养；（2）正确把握语文教育的特点；（3）积极倡导自主、合作、探究的学习方式；

(4) 努力建设开放而有活力的语文课程。

(二)《全日制义务教育语文课程标准（实验稿）》的教学建议

本着上述教学理念，课程标准提出了以下建议。

1. 充分发挥师生双方在教学中的主动性和创造性

语文教学应在师生平等对话的过程中进行。语文学习的主体是学生，语文教育应激发学生的兴趣，培养学生自主学习的意识和习惯，尊重学生的差异性并鼓励学生选择自己的学习方法。语文教学的主导是教师。教师应转变观念，更新知识，提高自身素养。创造出适合学生学习的环境，深入研究及使用教材，积极开发课程资源；灵活运用多种教学策略，积极引导学生在实践中学会学习。

2. 在教学过程中努力体现语文的实践性和综合性

努力改进课堂教学，考虑整体的知识与能力、情感与态度、过程与方法，提倡启发式、讨论式的教学。

3. 重视情感、态度、价值观的正确导向

语文教学的重要内容是培养学生高尚的道德情操和健康的审美情趣，形成正确的价值观和积极的人生态度，不应把他们当作外在的附加任务。应该注重熏陶感染、潜移默化，把这些内容贯穿于日常的教学过程之中。

4. 正确处理基本素养与创新能力的关系

语文教学要注重语言的积累、感悟和运用，注重基本技能的训练，给学生打下扎实的语文基础，同时要注重开发学生的创造潜能，促进学生持续发展。

5. 遵循学生的身心发展规律和语文学习规律，选择教学策略

对于丰富、多样的语文教学，教师应该注意学生的生理、心理以及语言能力发展的阶段性特征，要根据学生的不同特点，采用不同的教学方法，促进学生语文素养的整体提高。

从课程理念和教学建议中，我们可以看出科学主义与人文主义是融入语文新课程中的。在语文教育领域，陈钟梁早在 1987 年就曾预言："现代语文教学的发展趋势，很可能是科学主义思想与人文主义思想的结合指导改革开创一个新局面，以实现语文教学科学的艺术化与语文教

学艺术的科学化。"①

顾黄初先生认为这是"一个带有根本性的研究命题"②。所谓科学主义与人文主义的融合，就是语文教育中追求教学的科学理性和语文的人文精神。科学理性的表现行为有自我反思和批判精神、怀疑精神和科学方法等。人文精神表现的行为有对生命的关切、对个人的尊重及对自然和文化传统的关怀等。这两大思潮的融合，促进人们对语文课程性质的重新定位。目前的语文课程设置和目标方面的改革，也正是在这一思想指导下探索前行的。

三 选修课程与必修课程的建设

（一）必修与选修相结合

"为了适应高中教育发展的趋势，适应社会对人才的多样化需求和学生对语文教育的不同期待，高中语文课程必须体现时代性、基础性和选择性，既要在义务教育的基础上，使学生的语文素养普遍获得进一步提高，同时也要为具有不同需求的学生提供更大的发展空间。因此，需要建设一个新的高中语文课程结构和实施机制。"③ 高中语文课程实施必修与选修课程相结合。必修课程由"语文1"至"语文5"五个模块组成；选修课程由五个系列构成，即诗歌与散文、小说与戏剧、新闻与传记、语言文字应用、文化论著研读。要积极探索完成语文选修课的设计开发的新课题，创造性地组织语文选修课的教学，合理地进行选修课的课程与教学评价。要把握"必修课程"和"选修课程"的总体目标"积累整合、感受鉴赏、思考领悟、应用拓展、发现创新"；明确"必修课程"关于"阅读与鉴赏""表达与交流"两个方面的具体课程目标和"选修课程"关于五个系列的具体课程目标；要正确处理课程目标与教学目标、共性目标与个性目标、显性目标与隐性目标、即时目标与长效目标等的关系。正确处理必修课程与选修课程的关系，合理地利用

---

① 陈钟梁：《是科学主义？还是人文主义？——语文教学的哲学思考》，《语文学习》1987年第8期。

② 王乃森、徐林祥编：《继承·耕耘·创新：顾黄初语文教育思想研究》，社会科学文献出版社2003年版，第375页。

③ 谢奇勇：《中小学语言知识教学研究》，湖南师范大学出版社2014年版，第384页。

二者，对提高学生的语文素养有着重大的促进作用。

　　21 世纪的语文课程改革改变了以前单一的课程设置，提出"建设开放、多样、有序的语文课程体系"①。选修课程的实施是此次新课程改革的一个重点，实施选修课程是为了适应 21 世纪对人才的需求，满足高中学生对语文学习的不同兴趣爱好和学习需求、生存与发展需要，为培养实践能力，实现有差异的发展和有个性的发展创设空间；也为更好地实现语文教学的综合效应和整合功能提供了可能。语文选修课程建设的创新给教学模式也带来了一定的变革，突出地表现在以下几个方面。第一，教师教学方式的变革。因为教师对于选修课程的教学是针对选修该课程的学生来进行设计的，不是针对固定的班级学生来进行教学的，学生往往都是跨班、跨年级的，这就要求教师要探索用新的方式方法来展开语文教学。第二，学生的学习方式也是变化较大的。选修课程的实施首先就要求学生学会选择，选择对自己发展有帮助的课程，要有合理的学习方式来作为学好课程的保障。第三，选修课程的实施对学校的教学管理也带来了一定的挑战。

　　（二）课程目标——"三维目标"

　　世纪之交的语文课程改革形成了更加完善、更加细化的目标体系。正如后现代课程理论家多尔预言的："今日主导教育领域的线性的、序列性的、易于量化的秩序系统——侧重于清晰的起点和明确的终点——将让位于更为复杂的、多元的、不可预测的系统或网络。这一复杂的网络像生活本身一样永远处于转化和过程之中。"②《全日制义务教育语文课程标准（实验稿）》立足于培养学生的语文素养，明确提出了三维目标："知识和能力""过程和方法""情感态度和价值观"。每个阶段目标则都是从"识字与写字""阅读""写作""口语交际""综合性学习"五个方面横向显性展开，与"三维目标"的纵向隐性线索构成了完整的目标框架，而语文教学内容也有完整的网状目标体系。

　　从新课程实施的状况来看，"三维目标"是凸显"情感态度和价值观"，关注"过程与方法"，但这并不等于轻视乃至放弃"知识和能力"。相反，对于"情感态度和价值观""过程与方法"的重视，就是

---

① 王家洋主编：《当代教育》（2013 第 4 册），西南交通大学出版社 2013 年版，第200 页。
② ［美］小威廉姆·E. 多尔：《后现代课程观》，教育科学出版社 2000 年版。

为了更好地落实"知识与能力"这一维度。

1. 知识与能力目标

为了运用是学习语文知识的目的，也只有在运用知识的过程中才能将知识的理论与实践很好地结合，运用知识解决问题则是一种重要的能力。语文课程中的五个板块的目标是整合在一起的，而不是把知识和能力分开的。

例如在第四学段（7—9 年级）"阅读"部分的目标：在阅读中了解叙述、描写、说明、议论、抒情等表达方式。"写作"部分的目标：根据表达的中心，选择恰当的表达方式。

"阅读"与"写作"部分相互照应，知识与能力整合在一起，有利于知识的理解、掌握和运用，避免了知识、能力脱节的状况。知识是能力发展的基础，能力的展现要以知识的掌握为前提。

2. 过程与方法目标

语文学习是一个体验的过程，语文能力往往体现为听说读写的恰当方法。"过程与方法"对于掌握"知识和能力"是一个很重要的保证，在以前的语文教学中，一些教师忽视"过程与方法"，而一味地追求结果性的东西，甚至将学生培养成标准答案的记忆工具，却忽视得到结果的过程以及方式方法的引导，学生学习处在"只知其一不知其二"的境地。新课标则很关注这一维度目标，十分重视"过程与方法"目标的培养。第四学段关于文学作品阅读的目标就很能证明这一点："欣赏文学作品，能有自己的情感体验，初步领悟作品的内涵，从中获得对自然、社会人生的有益启示。对作品的思想感情倾向，能联系文化背景作出自己的评价，对作品中感人的情境和形象，能说出自己的体验；品味作品中富有表现力的语言。"①

3. 情感态度和价值观目标

情感态度和价值观是语文知识、技能中同时所包含着的两个内容，而且后者往往更为关键。"通过语文教学，从小就应培养少年儿童通过听说读写主动获取信息，并能分辨正误、好坏，在日常言语交际中做到互相理解和关心；学习摆事实讲道理，独立思考，不屈从也不固执；确

---

① 中华人民共和国教育部：《义务教育语文课程标准》，北京师范大学出版社 2011 年版。

定文责自负、言而有信的基本态度，等等。这类目标已不单单是技能培养，而是一代好文风、一代好人风的培养。"① 事实上也只有树立了正面的情感态度和价值观，学生才能在知识和能力上获得长足的进步，知识和能力的培养才适得其所。

《义务教育语文课程标准》在知识与能力、过程与方法、情感态度与价值观三个维度的融合上，做出了很大的努力。

四　校本语文课程的发展

2003 年，教育部颁布了《普通高中课程方案（实验）》（以下简称《方案》）。《方案》强调，要使每所学校成功，要让每位学生成功。为了很好地落实这一理念，《方案》突出强调，要赋予学校合理而充分的课程自主权，为学校创造性地实施国家课程，因地制宜地开发学校课程，为学生有效选择课程提供保障。校本语文课程根据当地社会、经济发展的具体情况，结合本校的传统和优势、学生的兴趣和需要，开发或选用适合本校的课程。可以做到有针对性地弘扬地方文化，提高学生的语文素养。校本语文课程的开发还要处理好与高考的关系，注意如何满足学生和社会的需求。对于校本语文课程的开发，还存在着一定的问题。

校本课程的发展还处在一个发展探索期。要想使校本课程发展顺利提高学生的语文素养，必须改革评价方式以及考核办法，建立一个比较健全的校本课程开发制度，让校本课程的发展有着制度上的保证，培养一批致力于研究校本课程的教育工作者，为高质量的校本课程开发提供人力上的保证；还应建立课程资源地方的协调和共享机制。

五　21 世纪语文课程发展的特点

21 世纪语文课程的发展趋向于课程的生活化、综合化、实践化、开放化、跨学科化。

（一）语文课程的生活化

语文课程的生活化是指语文与生活的密切联系。语文是生活中重要的交际工具，是人类文化的重要组成部分，是用来反映并服务于生活

---

① 雷实：《语文科目标的再认识》，《教育研究与试验》1998 年第 1 期。

的。《语文课程标准》指出语文学习要"关注人类,关注自然,理解和尊重多样文化","关心当代文化生活,吸取人类优秀文化的营养"①,也就是说语文学习要关注人类本身的发展,关注人类社会的存亡,关注大自然的变化,关注人与自然的和谐共存。那么,学生的社会"生活"包括哪些方面?语文课程标准所开列的"教科书、工具书、其他图书、教学挂图、报刊、电影、广播、网络、报告会、演讲会、辩论会、戏剧表演、图书馆、博物馆、纪念馆、展览馆、布告栏、报廊、各种标牌广告……"以及"自然风光、文物古迹、风俗民情、国内外的重要事件、学生的家庭生活以及日常生活话题等"都可以成为语文课程的资源。

(二)语文课程的综合性

科学知识综合化的明显加强是现代科学最突出的特征,而语文课程的综合性指语文课程的简化头绪,加强综合,使学生的综合语文能力得到全面的提高。语文课程的综合性表现在以下两方面。

1. 改变以往语文教育中过于追求科学化的倾向,加强语文听说读写的整合。

口语交际是听说的整合,而口语交际和写作整合在阅读和综合性学习中。通常的语文课,一般分为阅读、写作、口语交际、汉语知识和语文实践活动等若干个子系统,优点是线条分明,便于教学。但是其缺点在于片面追求科学化,大量的训练,相互之间缺乏联系。

2. 整体考虑知识与能力、过程与方法、情感与态度的综合,大力提倡综合性学习。在综合性学习中,可以使学生综合运用语文知识,整体发展听说读写能力,沟通语文课程与其他课程,并把书本学习与实践活动紧密结合起来,全面提高学生的语文素养。

(三)语文课程的实践性

语文课程要加强实践性,而实践性主要表现在语文教学的活动中。这个观点的提出是针对过去语文教学严重脱离实际、只重知识轻能力、死记硬背等问题。目的是联系课内外,开发语文教学资源,使学生在生动活泼的语文课堂中全面提高语文素养。因为语言是交际工具,学生要掌握好这个工具,单纯的口耳相授是不行的。学生语言能力的获得,还

---

① 中华人民共和国教育部:《义务教育语文课程标准》,北京师范大学出版社 2011 年版。

需要通过实践的自悟和自得。《语文课程标准》提出："语文是实践性很强的课程，应着重培养学生的语文实践能力，而培养这种能力的主要途径也是语文实践，不宜刻意追求语文知识的系统和完整。语文又是母语教育课程，学习资源和实践机会无处不在，无时不有。因而，应该让学生更多地直接接触语文材料，在大量的语文实践中掌握运用语文规律。""沟通课堂内外，充分利用学校家庭和社区等教育资源，开展综合性学习活动，拓宽学生的学习空间，增加学生语文实践的机会。"这两段话体现了语文课程标准对语文实践的重视度。

（四）语文课程的开放性

语文课程的开放性是教师引导学生在生活中学习语文、运用语文。教师能开展语文课外活动，使语文学习由课内走向课外，形成课内外相结合的、开放的、富有活力的语文实践活动。语文课程开放性表现在以下两方面。

1. 沟通教材内外、课堂内外和学校内外，使语文学习和其他课程的学习，书本学习和实践活动紧密结合起来，以培养学生的语文综合素养。阅读由选文扩展到其他文章，甚至课外，引导学生有条件地进行课外阅读；在写作和口语交际方面，既要重视课内练习，也要重视课外练笔和课外口语交际活动；综合性学习一般提供的方向和参考资料很少，大量的具体学习任务是由学生自主、合作完成。

2. 由于教材是开放性的、向着深广的时空延伸的，所以对教师来说，教材绝不是"圣旨"，它只是给教师的教学提供思路，其中许多地方需要教师作出灵活处理，或增或删，当然最主要的是对教材内容进行整合、充实。新型教材的开放性特点，则使教师的知识和能力受到前所未有的考验。

（五）语文课程的跨学科性

语文课程的跨学科性指语文课程与其他课程相互渗透及融合。提出这一概念的背景是过去的语文课程过于强调学科中心，和其他学科相隔离，为语文而语文，湮灭了语文课程的综合性和工具性特点。提出这一概念的理论依据在于：语文本来就是反映并表现大千世界的，当然也反映其他课程的内容；"生活处处有语文"中的"生活"，其他课程当然也包含在内，只要有听说读写的地方，就会有语文。新教材编写会尽力体现跨学科这一思想。

第四章

语文教材发展研究

我国语文教材的发展经历了从语文教育产生之初的不完全意义上的教材到 21 世纪之初的 "一纲多本" "百花齐放"，有几千年的历史。本章按照语文教育史的分期，把这漫长的语文教材发展历程分为古代语文教材、现代语文教材、当代语文教材和 21 世纪语文教材四个阶段，在概述该时期的语文教材特点的基础上，选取了一些较为经典的教材进行详细分析。

第一节　古代语文教材

语文独立设科之前的古代语文教育是与文、史、哲等教育融合在一起的。要认识古代语文教材变化和发展，我们需要以多个方面对之进行分析。

一　古代语文教材的类型

由于视角的不同，我国古代的语文教材可以分为多种类型，但最典型、影响最大的主要有三种。

第一种是经史类教材。经史类教材是以孔子为代表的儒家经典，在我国古代语文教育史上一直占据着主要地位。这类教材中影响最深远的当属 "四书" "五经"。"四书" 指的是《大学》《论语》《孟子》《中庸》；"五经" 指的是《诗》《书》《礼》《易》《春秋》。另外，北宋司马光主编的《资治通鉴》也是一部较有影响的经史类教材。

第二种是文选类教材。我国古代的文选类教材，以南北朝梁昭明太子萧统编选的《昭明文选》和清朝吴楚材、吴调侯编选的《古文观止》

为典型代表。此外，影响较大的文选类教材还有宋代真德秀所编著的《文章正宗》、谢枋得所编的《文章轨范》，清代姚鼐所编的《古文辞类纂》、孙洙所编的《唐诗三百首》等。各类文选教材的选文大都是历朝历代的名家名篇，有利于学生的阅读和作文。

第三种是蒙学类教材。中华民族自古以来就非常重视儿童的蒙学教育，流传最广、历时最久、影响最大的蒙学类教材是《三字经》《百家姓》《千字文》，合称为"三、百、千"。还有南宋刘克庄编选的《千家诗》，最初是作为蒙学诗歌读本，后来经过发展又成为蒙学识字课本。所以人们将《千家诗》与《三字经》《百家姓》《千字文》合称为"三、百、千、千"。这些蒙学类教材，主要是运用韵语化的方式集中识字。此外，较有影响的蒙学类教材还有西汉史游所编的《急就篇》和南宋朱熹于淳熙十四年编成的《小学》。到了 19 世纪末则开始出现进行新思想、新文化启蒙教育的《蒙学课本》和《蒙学读本》。

二　古代有代表性的语文教材

（一）"五经"

"五经"是《诗经》《尚书》《礼记》《周易》《春秋》的合称，如果加上由于秦始皇焚书而亡佚的《乐经》，则为"六经"。"五经"至今一直被奉为儒家经典，曾是孔子教授弟子所用教材。《庄子·天运篇》里记载孔子见老子时说："丘治《诗》《书》《礼》《乐》《易》《春秋》。"① 《史记·孔子世家》也说："孔子以《诗》《书》《礼》《乐》教，弟子盖三千焉。"② 这些资料都说明"五经"是孔子整理用以教授学生的教材。西汉时期，汉武帝采纳董仲舒"罢黜百家，独尊儒术"的建议，因此，"五经"成为神圣的经典。"五经"包括古代政治、教育、文化、哲学和伦理等多方面的内容，在封建社会产生了巨大的影响。

1.《诗》

又称《诗经》，是我国古代最早的诗歌选集，有风、雅、颂三种类

① （战国）庄周：《庄子》，曹础基注说，河南大学出版社 2008 年版，第 237 页。
② （西汉）司马迁：《史记·世家》，于童蒙编译，中国纺织出版社 2007 年版，第275 页。

型，共 305 篇，遂又称"诗三百"。风包括 15 国的民歌，主要反映各个地区平民及贵族的习俗、风情，其中以抒情诗居多，是《诗》中最有价值的篇章；雅是西周的宫廷诗歌，多反映贵族生活及政治情况，对后世来说具有很高的历史参考价值；颂为庙堂的诗歌，是歌颂祖先功业、格调庄严肃穆的祭祀歌辞。孔子认为《诗》在思想教育方面有四种作用："可以兴""可以观""可以群""可以怨"。①

2.《书》

又称《尚书》或《书经》，据说是孔子将春秋时代流传的《夏书》《商书》《周书》等历史文献收集汇编而成，目的是要学生学习、恢复先王的文武之道。《尚书》本有百篇，经秦焚毁后至西汉初年伏生所传仅存 29 篇，是用当时通用的隶书书写而成的，所以称《今文尚书》。除此之外，还有晋代梅赜伪造的《古文尚书》25 篇。如今流传的《尚书》，就是后人把《今文尚书》和《古文尚书》合编而成的。

3.《礼》

又称《士礼》或《仪礼》，孔子极其注重礼，将"礼"视为立国的根本，在社会生活中有重大的作用，知礼是立足于社会的重要条件，子曰："不学礼，无以立。"② 于是，他以周礼为依据，从春秋的社会现实出发加以改良，编成一部士君子必须掌握的教材，称之为《礼》。

4.《易》

《易》本来包括古代的《连山》《归藏》和《周易》，但是《连山》和《归藏》早已失传，现在所说的《易》指《周易》。《周易》以"--"象征阴，以"—"象征阳，由阴爻、阳爻两种基本符号配合组成八卦，象征天、地、雷、风、水、火、山、泽，再将八卦两两相重组成六十四卦，象征宇宙中万事万物之间的关系，借由阴阳交替的变化来描述宇宙间万物的变化。《周易》体现了中国古典文化的哲学和宇宙观，被誉为"大道之源"，是我国古代帝王、军事家、政治家等的必修课。

5.《春秋》

中国现存最早的一部编年体史书，具有极高的史料价值，相传经孔子修订。又称《麟经》或《麟史》，是鲁国的编年史，记载了从鲁隐公

---

① 杨伯峻等译注：《论语译注》，岳麓书社 2009 年版，第 214 页。

② 同上书，第 207 页。

元年（前 722 年）到鲁哀公十四年（前 481 年）的天文、地理、历史、政治、经济、军事、灾异等多方面材料，计 1232 条。孔子在《春秋》中维护名分，寓意褒贬，贯注他的学说，后来有人对其进行阐释和补充并形成著作，流传至今被称为《春秋三传》，即《春秋左氏传》《春秋公羊传》《春秋穀梁传》。

《诗》《书》《礼》《易》《春秋》各有特点，对人的思想教育具有重要的价值。

(二)"四书"

"四书"是儒家经典的代表性著作《论语》《孟子》《大学》《中庸》四部书的合称。宋代著名的思想家、教育家朱熹撰写的《四书章句集注》（简称《四书集注》或《四书》）就包括《大学章句》《中庸章句》《论语集注》和《孟子集注》。其中《论语集注》和《孟子集注》于淳熙四年（1177 年）编成，《大学章句》和《中庸章句》成书更早，只是直至淳熙十六年（1189 年）才改定。这四部书于绍熙元年（1190 年）首次刊刻，"四书"之名从此确立。《四书集注》刊印后不久就风行天下，成为各级学校的必修教材和科学考试的标准答案，其地位甚至高于"五经"，影响封建社会长达数百年之久。

1.《论语》

《论语》是一部记录孔子及其弟子问答对话的语录体著作；是孔子死后，他的弟子、门人编纂而成的。《论语》是儒家学派的代表著作，其内容十分广泛，涉及哲学、政治、伦理道德和教育等多个方面。孔子学说的核心思想是"仁"，《论语》始终如一地贯穿了他的这一思想。《论语》成书于战国初期，后因秦始皇焚书坑儒而造成多种版本：鲁人口头传授的《鲁论语》20 篇，齐人口头传授的《齐论语》22 篇，从孔子住宅夹壁中发现的《古论语》21 篇。现存《论语》共 20 篇 492 章。

2.《孟子》

《孟子》是记载孟子及其学生言行的一部书。孟子曾带领学生周游列国，由于他的政治主张不被重视，所以便回乡聚徒讲学，与学生万章等人著书立说，"序《诗》《书》，述仲尼之意，作《孟子》七章"①

① (西汉) 司马迁：《史记·列传》，于童蒙编译，中国纺织出版社 2007 年版，第 138 页。

(《史记·孟子荀卿列传》)。如今我们读的《孟子》七篇，每篇分为上下，约三万五千字，一共二百六十章。孟子是先秦儒家的主要代表之一，他发展了孔子关于"仁"的思想，在《孟子》中提出了"仁政"的主张和"民贵君轻"的民本主义思想，传达了一种天人合一的世界观。

3.《大学》

《大学》是《礼记》中的一篇，是论述大学教育的一篇论文，着重阐述了大学教育之纲领，它在开篇就说"大学之道，在明明德，在亲民，在止于至善"①，这就是被称为"三纲领"的"明明德""亲民"和"止于至善"。为了实现三纲领，《大学》又具体化为格物、致知、诚意、正心、修身、齐家、治国、平天下八个步骤，即"八条目"。至于《大学》的作者，传统上认为是孔子的弟子曾子，这是朱熹的论断，而据郭沫若的考证，却认为是孟子的弟子乐正所作。《大学》的特点在于强烈的人文色彩和其中表现出的较强的逻辑性。《大学》在宋代受到理学家的高度重视（把它列为"四书"之首），朱熹亲加整理，并且将其和《中庸》一起从《礼记》中抽出来，与《论语》《孟子》合称"四书"，成为宋朝以后我国封建教育的基本教材之一。

4.《中庸》

《中庸》也是《礼记》中的一篇，汉代伟大的文学家、史学家司马迁认定其作者是孔子之孙子思②。首先，《中庸》论述了教育的作用，它在开篇就说"天命之谓性，率性之谓道，修道之谓教"③。其次，它在孔子中庸思想的基础上阐发了"中庸之道"。孔子以中庸为最高的道德准则，说"中庸之为德也，其至矣乎"④。《中庸》继而发展其意为既无过，也无不及，不偏不倚，两端执其中。最后，《中庸》还有一突出之处是对学习过程的阐述："博学之，审问之，慎思之，明辨之，笃行之"⑤，即学习有学、问、思、辨、行五个步骤。《中庸》里的基本精神

---

① （战国）曾参：《大学》，刘强编译，中国纺织出版社2007年版，第2页。
② （西汉）司马迁：《史记·世家》，于童蒙编译，中国纺织出版社2007年版，第282页。
③ （战国）子思：《中庸》，刘强编译，哈尔滨出版社2007年版，第2页。
④ （春秋）孔丘：《论语译注》，杨伯峻等译注，岳麓书社2009年版，第72页。
⑤ （战国）子思：《中庸》，刘强编译，哈尔滨出版社2007年版，第191页。

与《大学》相一致，即人借助学习与修养，充分发挥自身的天赋与善行，进而由己及人，推行于天下。《中庸》经朱熹整理列为"四书"之一，对中国知识分子的个人修养和为人处世均有重要影响。

（三）《昭明文选》和《古文观止》

1. 《昭明文选》

《昭明文选》又称《文选》，是我国现存最早的诗文总集，由南朝梁太子萧统所编。萧统（501—531），字德施，南兰陵人（今江苏常州西北），是梁武帝萧衍的长子。他从小就智慧过人，武帝天监元年被立为太子，但还未即位就英年早逝，谥为昭明太子。萧统在东宫做太子时，东宫藏书近 3 万卷，一时"名才并集，文学之盛，晋宋以来未之有也"①。《昭明文选》就是在这样的情况下编纂而成的。

《昭明文选》30 卷，共收录作家 130 家，上起子夏、屈原，下迄当时。全书收录作品 514 题，编排的标准是"凡次文之体，各以汇聚。诗赋体既不一，又以类分。类分之中，各以时代相次"②。全书 752 篇作品，分为辞赋、诗歌、杂文 3 大类，大类以下又分赋、诗、骚、七、诏、册、令、教等 38 个小类。赋、诗所占比重最多，又按内容把赋分为京都、郊祀、耕籍等 15 门，把诗分为补亡、述德、劝励等 23 门。《文选》的选录标准以词人才子的名篇为主，以"能文为本"③，经、史、子的著作一律不选。但是史传中的赞论序述部分却可以收录，因为"赞论之综辑辞采，序述之错比文华，事出于沉思，义归乎翰藻"④，合乎"能文"的选录标准。

《文选》问世后，注家蜂起，学者文人从各种角度对《文选》进行研究，唐初诞生了"文选学"这一名称。唐高宗时代的李善所作的《文选注》影响最为深远。李善学识渊博，注释《文选》用力至勤，将原书 30 卷析分为 60 卷，注释征引书籍达 1689 种，淹贯古今，释义精当。

《文选》以文体为类，兼顾作品的时代而编排，开我国文选类语文

---

① （唐）姚思廉：《梁书》第一册，中华书局 1973 年版，2014 年 5 月重印，第 167 页。
② （梁）萧统编：《昭明文选》上卷，中国戏剧出版社 2002 年版，序第 2 页。
③ 同上。
④ 同上。

教材的先河，比同类的其他诗文总集影响更为深广。由于唐代以诗赋取士，《文选》成为人们学习诗赋的范本，其地位甚至与经传并列。宋初承唐制，《文选》仍是士人必读的书目，甚至流传"《文选》烂，秀才半"① 的谚语。到了王安石当朝后，以新经学取士，《文选》才不再是士人的课本。然而，在语文教材的发展史上，其历史价值和资料价值功不可没。

2. 《古文观止》

《古文观止》由清人吴楚材、吴调侯在康熙三十三年（1694 年）编定，刊行于康熙三十四年（1695 年）。吴楚材、吴调侯为叔侄二人，生于浙江山阴（今浙江绍兴市）。据曾经官至两广总督的吴兴祚为《古文观止》所作的《序》介绍，吴楚材是他的侄子，吴调侯是他的堂孙："会稽章子、习子，以古文课余子于三山之凌云处；维时从子楚材实左右之。楚材天性孝友，潜心力学，工举业，尤好读经史，于寻常讲贯之外，别有会心。与从孙调侯，日以古学相砥砺。调侯奇伟倜傥，敦尚气谊。本其家学，每思继序前人而光大之。二子才器过人，下笔洒洒数千言无懈漫，益其得力于古者深矣。"②

《古文观止》中的"古文"是指制义文（八股文）与骈文之外的文言散文，体裁完备，有传、记、诏、策、书、表、赞、寓言、祭文、碑文等等。书名《古文观止》中"观止"二字来自《左传·襄公二十九年》中的"季札观周乐"："观止矣！若有他乐，吾不敢请已。"③ 其意思是：这乐舞达到了至高境界，如果还有其他乐舞，我不敢再请求观赏。可见，"观止"有观赏到了极致的艺术的含义。书名借"观止"一词表达编者对书中所选古文的艺术境界和思想内涵的高度欣赏。

《古文观止》中编选了自周代至明代万历间各个时期脍炙人口的名著选段和名家作品 222 篇，分为 12 卷。在编排上，全书按时代分为七个时期，每个时期都有重点作家和作品，以便纵观古文发展的源流，还可分析各个作家的不同风格。所选的文章的体裁多样，少有派别偏见，

---

① （宋）陆游：《老学庵笔记》，李剑雄、刘德权点校，中华书局 1979 年版，第 100 页。

② （清）吴楚材、吴调侯编：《古文观止》，史礼心等注，华夏出版社 1998 年版，原序第 1 页。

③ （春秋）左丘明撰：《左传》，蒋冀骋标点，岳麓书社 1988 年版，第 253 页。

且每篇都有简要的评注，有助于读者理解文义和掌握行文的章法。可以说，《古文观止》是广收博采又繁简适中。

《古文观止》以前的古文选本，大多依据《文选》的体例，分类烦琐，常以条目为线索，阅读使用不简便。《古文观止》则以时代为纲，作者为目，将作者的各类文体的作品集萃于一处，阅读方便，查看快捷，使读者对清代之前的散文史有个清楚、深刻的了解。所以，在《古文观止》问世后的 300 多年里，其一直是最为流行、最有影响的初学古文选本。

（四）"三、百、千"和 19 世纪末的蒙学读本

1.《三字经》

《三字经》相传是宋末王应麟所编（一说为宋末区适子编）。全书共 356 句，1100 字，基本上由六个部分组成。第一部分讲的是教育的重要性："人之初，性本性。性相近，习相远。苟不教，性乃迁。教之道，贵以专。……养不教，父之过。教不严，师之惰。子不学，非所宜。幼不学，老何为。"① 第二部分是讲封建道德教育的基本纲领（"三纲五常"）："三纲者：君臣义，父子亲，夫妇顺。……曰仁义礼智信，此五常，不容紊。"② 第三部分是四时、五行、六畜名物："稻粱菽，麦黍稷，此六谷，人所食。马牛羊，鸡犬豕，此六畜，人所饲。"③ 第四部分是介绍小学、四书、六经等基本知识。第五部分介绍历史知识。第六部分是介绍古人发愤读书的故事，如"头悬梁，锥刺股。彼不教，自勤苦。如囊萤，如映雪。家虽贫，学不辍"④。使读书的儿童从古人勤奋、好学的榜样中受到激励，获得丰富的知识。

在编制方面，《三字经》采用三字一句，通俗易懂且句句成韵，读起来朗朗上口，易于背诵。而且其中所用文字简练，善于概括。所以，《三字经》从宋末开始，经元明清，直到近代仍广为流传，家喻户晓。

2.《百家姓》

《百家姓》成书于北宋初期，其作者不详，全书原收录 411 个姓氏，

① （宋）王应麟：《三字经》，王永宽评注，中州古籍出版社 2004 年版，第 1—5 页。
② 同上书，第 12—17 页。
③ 同上书，第 18 页。
④ 同上书，第 118—119 页。

后补充到 504 个。其作者将这些姓氏编成韵语，四字一句，二句一韵，使人读起来顺口且易于记忆。如"赵钱孙李，周吴郑王。冯陈褚卫，蒋沈韩杨"①。

《百家姓》虽无文理，但因为隔句押韵，读起来和谐流畅，易于记诵。因此在南宋时就已十分流行，成了农家子弟在冬学中的识字课本。

3.《千字文》

《千字文》相传由南北朝的周兴嗣所著。相传梁武帝为了让他的儿子临摹王羲之的字，遂令大臣殷铁石从王羲之的字帖中拓出 1000 个不重复的字，可梁武帝又觉得这些字太零乱，就召见当时的文学侍从周兴嗣，说："卿有才思，为我韵之。"②周兴嗣一夜之间撰成，而后鬓发全白。

《千字文》全书共 250 句，每句有四字，恰好 1000 字。两句为一联，双句即押韵，上下对仗工整。如："天地玄黄，宇宙洪荒。日月盈昃，辰宿列张。"③ 其作用不止让儿童识字，也介绍了有关教育、天文、历史、博物、人伦、生活等多方面的知识。《千字文》在隋朝就开始流行，到宋朝已被广泛使用。

"三、百、千"在我国古代语文启蒙教育中的至高地位，不仅源于它们各自的优势，更主要的是因为它们优势的互补。明代思想家吕坤曾说："初入社学，八岁以下者，先读《三字经》以习见闻，读《百家姓》以便日用，读《千字文》以明义理。"④ 可见，这一配套教材中的每一本是承担了不同任务的。三本书的总字数达 2700 多，不计重复的，单字在 2000 个左右，刚好达到初级阅读所需要的基本识字量。"三、百、千"一直被当作集中识字教材沿用至清代末年兴办学堂前。此外，在明清时期，《龙文鞭影》《幼学琼林》和《弟子规》等蒙学教材也被广泛使用。

---

① （宋）佚名：《百家姓》，张新斌注解，中州古籍出版社 2004 年版，第 1—10 页。

② （宋）李悼编：《尚书故实》，中华书局 1985 年版。

③ （南北朝）周兴嗣：《千字文》，范志亭译注，中州古籍出版社 2004 年版，第 1—2 页。

④ 古敏编：《中国古典文学荟萃　百家姓·三字经·千字文·弟子规》，北京燕山出版社 2001 年版，序言第 1 页。

4. 19 世纪末的蒙学读本

我国自行编写教材始于 1897 年，这一年南洋公学师范学院的师生率先编写出了一套《蒙学课本》。这套教材以"德、智、体"教育为纲的思想为指导，按照我国传统的蒙学教材形式编写而成，是一种新式的中西结合的蒙学教材。

1898 年，俞复、丁宝书等人经过五年努力，编成了《蒙学读本》七编。这套《蒙学读本》的前三编主要写一些简单的事物，目的是引起儿童读书的兴趣，对浅显的中外物理、历史、地理等方面的知识也有所涉及；第四编是作为修身课本，编写的重点放在德育；第五编偏重智育；第六编则注重作文修辞；第七编选编了一些《史记》《汉书》、诸子以及唐宋名家的文章。全书的编制由浅入深且内容丰富，还附带文法和教学法，曾盛极一时。

《蒙学读本》在编辑体例和适应语文教学的要求等方面在当时已算先进，但还是不按学制、不详教法，只能说是现代语文教材的雏形与过渡。而且这一时期的蒙学教材，课文基本上全是文言文，不利于儿童阅读理解。

第二节　现代语文教材

语文单独设科之初，新式教材的编纂大都限于小学。1906 年清政府曾编纂过一套小学国文教材，这是清朝末年唯一的一套由政府编制的教材。中学则仍沿袭旧制，采用各种现成的选本。直到 1908 年，商务印书馆编译馆才正式编印出版中学的国文教材。此后，语文教育研究者和研究团体在教材编写方面进行了种种探索和尝试。到 1949 年中华人民共和国成立以前，先后有 100 多套语文教材问世，对语文教育的发展起了很大的作用，也为新中国成立以后的教材建设积累了丰富的经验。

一　现代语文教材的发展阶段

（一）文学设科期

1904 年，"癸卯学制"的颁布和实施，标志着"中国文学"正式设科。我国正规化的中小学教材的编写也就开始了，官方设立编译局"专司编辑教科书"，并且准许民间的书局学堂按照官发的目录编写教科书，但是民间的教材需要送官方审定，经准许方可出版。按照新学制最早编写出版的是蒋维乔等人编的《最新小学国文教科书》（商务印书馆出版）。1905年，清政府学部设立编辑图书局，编写中小学教材。其中《初等小学教材》比较出名，其对发展新教育的问题有所顾及，但其取材没有照顾到儿童的心理发展阶段且仍因循守旧，坚持"尊孔读经"，故而颇受批评。此外，当时新编的教材，还有顾倬编的《高小国文读本》（商务印书馆出版），江楚编的《高等国文教材》（编译馆译书局出版），朱树人编的《初小国文读本》（中国图书公司出版），华国铨编的《高小国文课本》以及由任琪编写的女校课本《初等女子小学国文教材》等。这些综合型教材的编著都遵循清末"端正趋向，造就通才"教育宗旨。

中学的语文教材的出版则晚于小学语文教材。新学制颁行以来我国最早的中学语文教材是吴增祺编的《中学国文教科书》5册，在1908年由商务印书馆出版，这套教材可以说是我国早期中学语文教材之代表。吴增祺所编《中学国文教科书》选择有代表性作家的作品作为选文，其编排按文学史的顺序分期逆推：第一册为清文，第二册为金元明文，第三册为五代宋文，第四册为晋唐宋文，第五册为周秦汉魏文。教材里虽然没有编入语文基础知识，但有提示、评点及文章作法。这一时期，中学较为出名的语文教材还有：商务印书馆出版的林纾评选的《中学国文读本》10册；国学保存会印行的刘师培编《中国文学教科书》，这套教材比较重视国学常识；章士钊编的《中学国文典》，是介绍汉语语法知识的教材；廉泉选评的《国粹教科书》，则注重"甄辑平时经史读本，附以姚刘曾吴诸家圈识，缮写成册"①，它的选文都是古文，与奋翮生编辑的《祖国文范》（新华书局出版）一样采用圈点法进行批注，"取秦汉唐宋最佳之文，严加选择，存百余首，简要精核，专备教科之用"②，编排上由浅入深分为四卷，"卷一以平畅为主，卷二以谨严为主，卷三以渊雅为主，卷四则选史记及最佳辞赋数篇以备研究高

---

① 颜禾：《我国近现代语文教材编写史略》，《教育评论》1988年第1期。
② 同上。

深之助"①。这一时期的国文教材，因为要切合封建的教育宗旨，未能完全脱离传统文选教材的模式。总体来说注重古文的教学，范文多采用古今名家的文章；选文范围受限，无法使学生了解各种文体；评点方式趋于传统，编写体例上则有评无注，导致教学不便；且内容老套，需要革新。

直至 1912 年陆费逵和沈知方创办了中华书局，陆费逵在《中华书局宣告书》中称："国立根本，在于教育，教育根本，实在教材，教育不革命，国基终无由巩固，教材不革命，教育目的终不能达到也。"他的一番话道出了教材革命的必要性和重要性。于是，中华书局成立不久就出版了《新中华教材》，这套教材适合当时的政治局势，很快被采用。同年，刘法曾、姚汉章编辑了《中华中学教材》，这套教材开始一举打破选文按时间逆推编排的习惯，开始斟酌选文的深浅，并以此作为编排的依据，对课文进行分段并标注大意，末尾附总评。1913 年，商务印书馆出版了许国英、张元济编辑的《共和国教材国文读本》，这套教材文字浅显，并在内容选取上注意接近中小学生生活的特点。

总之，辛亥革命胜利后，语文教材的编写出现了一些新的革新，但仍是文言文居多，教材的选文也主要是分段注释评点、说明文章作法。

（二）白话文教材萌芽期

白话文教材的产生源于近代的国语运动，那时候，人们为了开启民智、宣传维新，将摒弃文言，采用白话当作当务之急。南洋公学最早编写的《字义教材》《蒙学课本》等教材为切合儿童学习的实际，都一定程度上采用白话文。1904 年出版的《绘图识字实在易》将字分为实字、虚字两大类，白话解说和文言解说双管齐下。1905 年的《绘画蒙学造句实在易》则全书均采用白话进行解说。

尽管如此，白话文教材的发展也不是一帆风顺，在推行的过程中还是遭到了重重阻碍。1916 年前后，白话文教材的发展才再次出现转机，由俞子夷主持下的江苏省立第一师范附属小学率先自行采用白话文编教材并自行油印，用以教授初等小学低年级学生。而后，中华书局正式出版了《新式教材》，每册的国文后都附四篇白话课本。

---

① 颜禾：《我国近现代语文教材编写史略》，《教育评论》1988 年第 1 期。

当然，五四运动之前，推行白话文的主张还仅限于小学，完全意义上的白话文教材还未出现。在"国语研究会"成立后，北京的孔德学校开始自行编写白话文教材。至此，完全意义上的白话文教材呼之欲出。

（三）国语国文期

在这一时期也陆续涌现出一些被广泛接受的教材，前期的教材以《共和国新国文教材》和《新法国语教材》为代表。《共和国新国文教材》是民国初年一直到五四运动之前经过审定的小学语文教材中影响最大的一套。这套教材的文字较为浅显，符合儿童的认知水平和学习规律。如开头几课为：人、手、足、刀、尺；山、水、田；狗、牛、羊……但美中不足的是这套教材仅从汉字笔画的简繁着眼，编排上没有顾及汉字的音和义。《新法国语教材》则是在北洋政府时期（1919—1927年）的小学语文教材中最有特色的一套教材。这套教材的编排上以白话文文章为主，将白话文课文都排在前面，夹杂有文言文的课文则排在后面；教学上以拼音和生字为主。1929—1936年，教材多数是民间学堂编写的，政府部门负责审查，通过审查的教材学校可自行选用。其中影响较大的有：夏丏尊和叶圣陶合编的《国文百八课》（共六册）；叶楚伧主编的高中《国文》（共六册）；沈百英、沈秉廉编小学《复兴国语教材》（共八册）；傅东华编的《复兴初中国文》和《复兴高中国文》（各六册）；叶圣陶编《开明国语课本》等。

在整个20世纪30年代，中小学语文教材的内容和编排有特色的还有许多。一些教材对生字有注音，内容的编排能照顾到儿童的学习心理和认知规律，有的教材注重陶冶民族精神，训练儿童大脑；有的教材选文前面有"前言"，选文后面有"问题"或"作家小传"，文间有文法知识，旁边有注释，结构上与当今的教材已有相似之处。

在当时艰苦的战争年代，苏区政府也相当重视语文教材的编制。教育人民委员部部长徐特立亲自兼任教材编审委员会主任，领导编写了百余种国语教材。苏区的国语教材编写的指导原则是教育"社会化、政治化、劳动化、实际化"，并且要结合革命事业和生产劳动实际，考虑当时的斗争要求和政权建设的需要。难能可贵的是，苏区国语教材关注了学生语文能力的训练和语文知识的知识的系统性，如《列宁初级小学国语教材》。

　　从 1938 年到 1948 年，人们逐步意识到小学语文教材不应被过分政治化，逐步纠正并注重课文的科学性、趣味性和文艺性。1945 年，陕甘宁边区的《中等国文》纠正了偏重"直接应用"的应用文和偏重文艺文和古文的偏向。这套课本每组课文大致有一个中心，各课和组之间多少有一定联系。

　　后来，陕甘宁边区教育厅编审室拟订了《初中国文课程标准草案》，《草案》提出："国文选材除了以语文规律为主要着眼点外，必须同时注意文章思想内容与知识内容。"于是，在 1948 年，解放区重编了《初中国文》和《高中国文》，这套教材选文力求立场、观点、思想方法正确；文体形式和写作技巧广泛，中外古今兼有；按内容分编教学单元，附录相关的语法和作法知识，篇末附注释、习题及参考资料。此外，各解放区还编制了用于成人进修的教材，其特点是通俗、实用、浅近。比如抗大中级班曾经用过的《干部文化课本》和《中级国文选》等。

二　现代有代表性的语文教材

（一）第一套正式的语文教材——《小学国文教材》

　　1903 年，商务印书馆聘请高凤谦、蒋维乔等为编辑，日本人长尾、加藤等协助，开始编写第一套小学用的最新教材，历时两年完成。《小学国文教材》分《初等小学国文教材》和《高等小学国文教材》，分别供初等小学堂和高等小学堂使用，每年两册，共十八册。

　　《初等小学国文教材》的主编是庄俞、蒋维乔和杨瑜统，该教材的编辑注意到了学生认知的发展，由浅入深、由近及远，旨在使人们先懂得普通的道德知识，再追求古圣贤之道。书中行文平实而又不失活泼，穿插游戏、歌曲来激发儿童的学习兴趣，这是这套教材的进步之处和亮点。《高等小学国文教材》由蒋维乔、高凤谦、张元济合编而成，此教材较好地反映了当时的国内外科学、经济、政治等多方面情况，其内容颇见新意。如：第一册的第 1—5 课为《预备立宪》《君主立宪》；第 55 课为《水患》；第 12 课为《声光》；第 43 课为《巴津西》等。这些教材都是编者自写，一改过去按现成文章选辑的做法。此外，其每册均另撰教授法，按课数编次。

（二）文学设科期中学教材代表作——《中学国文教科书》

　　商务印书馆发行的《中学国文教科书》（吴增祺选编）于 1908 年

出版，全书分五编，按文学史时期由近及远逆推式选文 700 余篇。它不选藻美的辞赋，而选应用之韵文；不拘泥于文以载道之说，而扩充采辑之范围，注重经世之文字。在编写体例方面，在每编之中，书眉加以细批，题下略述评语，概言其命意所在，间及其经营结构执法，则不过于刻画，旨在启发学生实际有所受益。每集之首，有例言一篇，总论文学之渊源，文章之优劣，以指导学生的学和教师的教。这套教材的一个明显的缺点就是材料过多，学生在五年的时间内是无法完成的。

（三）单元组合教材的成熟之作——《国文百八课》

1935 年，开明书店出版了夏丏尊和叶圣陶依据他们往日教学的经验和个人的信念编成的《国文百八课》。这套教材的出版（实际上只出版了六册中的前四册）标志着教材中课文按单元组合的进一步完善。《国文百八课》因全套有 6 册，每册有 18 课，合计 108 课而得名。这是一套初级中学国文科教学自修用书，其编辑最重要的一点就是给国文科注入了科学性，一改从前国文科玄妙笼统之风。

《国文百八课》在编排上有以下几个特点。

第一，课文选材面广，能够照顾到各种文体。叶圣陶、夏丏尊在《关于〈国文百八课〉》中主张把材料的范围放宽，洋洋洒洒的富有趣味的固然选取，零星的便笺、一条一条的规则，朴实干燥的科学的记述等也选取。《国文百八课》中文言、白话混合编制，以白话文为主。在白话文中，除了选编五四以来新文学创作中的佳作以外，还有一些国外名著的优秀译作。

第二，按照单元组织教材，打破了从前的教材选文与选文之间各不相关、无系统性的传统编辑模式，创制了这种尽可能体现语文教学科学程序的编辑体例。《国文百八课》每课包括文话、文选、文法和修辞、习问四部分。文话是每一课的中心，讲的是文章知识，108 文话就代表了文章知识的 108 个方面；文选是每一课的范文；文法和修辞是每一课的知识系统；习问则是助学系统，是用来对所学知识进行复习和巩固的。纵向来看，四部分各自都有一定的系统；从横向看四部分都服从于本课的"教学目的"。学生就这样循序渐进，逐步跨过 108 个"台阶"，从而达到预定的教学目标。从《国文百八课》中我们可以看出一个较完整的、具有一定科学性的初中语文教学体系。

第三，每个单元都有明确的目标。叶圣陶先生对《国文百八课》曾这样解说："我们以为杂乱地把文章送给学生读，不论目的何在，是从来国文教学的大毛病。文章是读不完的，与其漫然的瞎读，究不如定了目标来读。本书每课有一目标，为求目标与目标间的系统完整，有时把变化、兴味牺牲亦所不惜。[①]"

第四，纯化了语文教学的内容。叶圣陶先生主张把学习国文的目标侧重在形式的讨究。比如说《项羽本纪》，虽然是历史科的材料，但在语文课堂上要把它当作文章去求理解，引导学生学习章句间的法则才算是语文科的工作。

第三节　当代语文教材

1949 年中华人民共和国的成立，开创了我国现当代语文教育的崭新局面。从 1949 年到 21 世纪初，中国现当代语文教材在探索中前进，经历了曲折发展的道路，一步步走向成熟，逐步呈现出繁荣的景象。

一　当代语文教材的发展阶段

为了理清我国当代语文教材的发展脉络，熟悉当代语文教材的编制历史，我们可以粗略地把当代语文教材分成六个发展阶段。

（一）新中国成立初期的语文教材：1949—1955 年

1949 年 8 月，上海联合出版社出版了一套《初中国文》和《高中国文》的中学临时课本。它是以原陕甘宁边区的初、高中《国文课本》为基础，进行适当修改而成的。初中全是白话文，高中选取了少量文言文，课本不分单元，只有简单的注释和习题。1950 年 6 月，中央人民政府出版总署编审局又在临时课本的基础上，改编出版了《初中语文》和《高中语文》。这套课本选文数量较少，且缺乏序列性，基础知识偏轻，练习题少。

1951 年 1 月，人民教育出版社出版了游国恩、周祖谟等主编的《高级中学语文课本》，全套六册。1951 年 7 月，人民教育出版社出版

---

① 夏丏尊、叶绍钧：《国文百八课》，生活・读书・新知三联书店 2008 年版，第 39 页。

了宋云彬、朱文叔、蒋仲仁等主编的《初级中学语文课本》，全套六册。经过 1953 年的修订，这两套教材一直使用到 1955 年汉语、文学分科教材开始使用为止。这套《初级中学语文课本》是人民教育出版社出版的第一套全国通用的初中语文教材，选材内容包括议论文、诗歌、小说、童话、故事、新闻通讯、书信、历史知识和科学知识等，内容丰富，形式也较为多样；编排上的突破是除选文外，还附有作者介绍、材料出处、注解、注音等，课后有帮助学生思考的若干要点，语法知识结合在听说读写中进行，应用文融合在各单元中进行。《高级中学语文课本》的编选方式与《初级中学语文课本》略有不同，它除了选取单篇文章之外，还有著作的章节节选，以及中长篇小说和长篇报告等，并选有若干文言文，没有注释和练习。

综观新中国成立初期的中学语文教材，突出特点是高度重视思想政治教育。如在初中语文编辑大意中强调说："无论哪一门功课，都有完成思想教育政治教育的任务。这个任务，在语文科更显重要。"但是，这一时期的教材也存在一些明显的不足之处，如选文数量少且不够典范，各类文章混编，没有系统的语法、修辞、逻辑等语文知识。

（二）汉语、文学分科教材：1955—1958 年

汉语、文学分科是我国当代语文教材发展史上的一次开创性的改革之举。1951 年 3 月，时任中宣部部长的胡乔木在第一次全国中学教育工作会议上提出"语言与文学教育分开"的设想；1953 年 12 月，中央语文教学问题委员会给党中央提交了《关于改进中小学语文教学的报告》，这份报告分析了语言文学混合教学的弊端，强调语言、文学务必分科；到 1954 年 2 月，毛泽东主席主持的中央政治局扩大会议上讨论并批准了这一报告，正式决定中学语文实行文学、汉语分科教学。紧接着，教育部就制定了分科教学大纲，人民教育出版社根据教学大纲编写了分科教材。1955—1956 年度，初中一、二册文学和汉语分科教材在教育部指定的 74 所中学试教；1956 年秋季起，分科教材在全国推广。

汉语、文学分科教材共三套。分别是《初级中学汉语课本》，张志公等主编，共六册；《初级中学文学课本》，张毕来、王微、蔡超尘主编，共六册；《高级中学文学课本》，张毕来、王微、蔡超尘主编，原计划编写六册，只出版了四册。

汉语、文学分科教学上得快，下得也快。但就它短短三个学期的试验，可以看出它的突出优点是试图建立明确的语文知识体系和教学序列。当然，它的匆匆收场除行政命令外，其自身的问题也是不容忽视的，如难度太大，严重脱离师生的实际水平，重知识体系而忽视教学体系等。

1958 年 3 月，中宣部宣布停止使用汉语、文学分科教材，恢复语文课。

(三) 曲折发展的中学语文教材：1958—1976 年

1958 年开始的三年"大跃进"运动，使语文教育受到严重影响。之后 1966 年爆发的十年"文化大革命"，更是使得语文教育几近瘫痪。这一时期，中学语文教材就是在这种艰难曲折中发展的。1958 年秋，在废止汉语、文学分科教材而新学期又开学在即的仓促情况下，人民教育出版社出版了一套《语文》课本。这套课本有六册，选文数量较少，没有名家名篇，也极少文言文，但增加了政论文和新民歌。

1958 年 9 月，教育部发出通知，各地可以自编教材，教育部不再颁发教学用书表。一时间，各地纷纷自编教材。他们大都是从"三面红旗"教育的需要出发，积极选录"紧跟形势"的时文，增添了许多无关的政治内容，即后来所批判的"形式主义""贴标签"。此外，语言粗糙，文风不正，完全无视语文教育的本质规律。

1963 年，人民教育出版社根据新的正式大纲，编写并出版了一套供全国统一使用且相对稳定的语文教材。1961 年夏，中央文教小组指示教育部编写十二年制中小学教材。教育部在广泛调查研究的基础上，历时两年，编完小学和初中教材，高中教材编出初稿。1963 年秋季开学，全国十二年制学校的小学一年级和初中一年级统一使用新教材。这套教材的主线是培养学生的阅读能力和写作能力，编排由浅入深，循序渐进，既批判借鉴了古代语文的经验，又注意学生的接受心理，具有较明显的优点。

1966 年 5 月，"文化大革命"爆发，全国内乱，教育陷入无政府状态。统编教材被废止，全国没有统一的教育要求。各省市自编的教材大都按"政治观点和思想内容"组织单元，语文教材变成政治教材，忽视了语文教学的规律，而且完全体现不出语文学科的特点。

综观 1958—1976 年的教材，其最大特点就是与政治密切相关，呈现较大的反复。

（四）走向改革的中学语文教材：1977—1992 年

1977 年，"十年动乱"结束，我国的中学语文教育经过拨乱反正，进入了全新的时期。

1978 年，教育部颁发了《全日制十年制中小学教学计划》（草案）和《全日制十年制中学语文教学大纲》（试行草案）。根据教学计划和教学大纲的精神，教育部中学语文教材编写组在 1979 年 6 月编写出了全日制十年制学校中学语文教材试用本。1981 年经过修订，成为正式本。到 1983 年，又新编了高中语文教材的第五、六册，形成了一套完整的初中六册、高中六册的全日制六年制中学语文教材。

1983 年版的这套中学语文教材既保留了 1963 年版教材的优点，又比其更趋成熟。1987 年和 1988 年，根据国家教委 1986 年修订的《全日制中学语文教学大纲》的精神，这套教材又做了较大幅度的修订。

除此之外，这一时期另一套很有特色的教材是重点中学使用的阅读和写作分科教材。这套分科教材是根据教育部在 1982 年颁发的《全日制六年制重点中学教学计划》（试行草案）的精神，为了适应四化建设的需要而编写的。初中语文教材定名为《阅读》《写作》，于 1982 年到 1985 年编出试教本；经过 1986 年到 1989 年三年的修订成为试用本，定名为《阅读》和《写作·汉语》。高中语文教材于 1985 年到 1988 年编写试教本，阅读教材有《文言读本》《文学读本》《文化读本》，每个读本都分为上下两册，分别用于高一、高二、高三的阅读教学；写作与听说训练的教材有《思维与表达》（1—6 册），每学期一册。

这套重点中学的语文教材有许多优点，如对阅读、写作分开进行强化训练。但是，也存在一些问题，像阅读教材与写作教材如何融会贯通，在课本的分量和难度上如何恰当处理等。

（五）改革创新的语文教材：1992—1997 年

1986 年，国家颁布了《中国教育改革和发展纲要》，《纲要》规定："中小学教材要在统一基本要求的前提下实行多样化。提倡各地编写适应当地农村中小学需要的教材。"同时，国家教育委员会成立了中小学教材审定委员会，其宗旨是"为了在统一教学基本要求的前提下，有领导、有计划地实现教材的多样化，以适应不同地区的需要"。于是，各地都根据初中语文教学计划、教学大纲和高中教学计划、教学大纲的精神，开始自编教材。长期以来人教育版教材全国通用的局面结束了，教材建设百花齐放的时代到来了。1992 年，全国就有九套义务教育初中语文教材经全国中小学教材审定委员会审查通过，被批准在全国试用。这些教材都体现出锐意改革的精神，其优点表现在四个方面：对旧的中学语文教材做了大胆的改革尝试；着眼于全面提高学生的语文素养；着力于读、写、听、说能力的全面训练；注意学生自学能力的培养。

二　当代有代表性的语文教材

（一）1956 年的汉语、文学分科教材

根据教育部颁布的《初级中学汉语教学大纲（草案）》（1956 年 5 月）、《初级中学文学教学大纲（草案）》（1955 年 7 月）、《高级中学文学教学大纲（草案）》（1955 年 7 月）等文件，人民教育出版社编辑并出版了汉语、文学分科教材。初中阶段的教材分汉语、文学两科，高中阶段只文学一科。分科教材经过 1955—1956 年度的试教，于 1956 年秋季开始在全国推广。

《初级中学汉语课本》：张志公等主编，全套六册。根据《初级中学汉语教学大纲（草案）》的要求，教学内容的安排如表 4-1 所示：

表 4-1

册别	教学内容
第一册	绪论、语音
第二册	文字、词汇
第三册	语法（上）
第四、五册	语法（下）
第六册	修辞、总复习

此外，每章后面都附有练习题目。

《初级中学文学课本》：张毕来、王微、蔡超尘主编，叶圣陶、吴伯萧、朱文叔校订，全套共六册。初一"着重培养学生观察和叙述客观事物的能力，逐渐扩大学生对生活的认识"；初二"着重培养学生分析理解

比较复杂事物的能力，借以开拓学生的思想领域"，"使学生对我国文学的发展有大致的了解"；初三"除了继续提高学生认识生活和分析事物的能力，还要比较有系统地介绍文学作品的各种体裁，使学生对各种体裁的特点获得基本知识"。具体各册教学内容的安排如表4-2所示：

表4-2

册别	教学内容	单元组织方式
第一册	民歌、民间故事、寓言、叙述和描写、对话、写人的文学作品	按思想内容
第二册	民间口头文学、童话、人物、作品的思想内容、怎样看作品的好坏	
第三册	鲁迅、杜甫、文学作品结构分析、文学作品的语言	按作家、作品的年代顺序
第四册	屈原、我国的古典文学、瞿秋白、我国的现代文学	
第五册	诗歌、散文、小说、剧本的一般特点	按体裁
第六册	从文学获得的知识、从文学受到的陶冶	

《高级中学文学课本》：张毕来、王微、蔡超尘主编，叶圣陶、吴伯萧、朱文叔校订。它按文学史的顺序进行编排，前两册由一系列的"专题"和文学史概述组成，专题以作家或作品为中心，每个专题选一至多篇代表作，共有30个专题；第三、四册则只选名家的单篇代表作。具体教学内容的安排如表4-3所示：

表4-3

学期	教学内容
高一（上）	先秦文学、两汉魏晋南北朝文学
高一（下）	唐代和宋代的文学
高二（上）	元、明、清文学
高二（下）	五四以来的文学
高三（上）	批判现实主义的文学
高三（下）	以苏联为代表的社会主义现实主义文学

汉语、文学分科教材是我国语文教学改革的重大尝试。其成果主要表现在以下两个方面。第一，把汉语知识系统地编成一本教材，是我国语文教育史上的创举，解决了我国古代语文教育中语言训练片面、不系统的问题。《暂拟汉语教学语法系统》（中学汉语课本的理论基础）对

我国汉语语法的学科建设和学科教学，具有极大的促进和推动作用。第二，文学课本中有许多名家名篇，堪称文章典范，给教师、学生留下极深的印象。同时，分科教材也暴露出许多问题：汉语教材过于强调知识的系统性，忽视对一般语文能力的培养，混淆了语文基础教育与语文专业教育。文学教材按文学史的顺序编排，与从易到难的学习规律相矛盾。此外，选文分量太重，难度太大；教学中从内容到方法都有纯文学的倾向，应用性的文章遭到排斥。文学教学、汉语教学、作文教学三者未能很好地协调、配合。

（二）1963 年的全日制十二年制学校中学语文教材

1961 年后，语文教育界明确提出加强基础知识和基本能力（"双基"）的口号。张志公先生在 1963 年发表的《说工具》一文发展了"工具说"理论，深刻地阐述了语文学科的工具性。同年 5 月，教育部就颁布了《全日制中学语文教学大纲（草案）》，明确提出：语文的根本性质是"学好各门知识和从事各种工作的基础工具"，语文的教育目的是"教学生能够正确地理解和运用祖国语言文字，使他们具有现代语文的阅读能力和写作能力，具有初步阅读文言文的能力"。1963 年秋季，根据新大纲的精神编辑的综合型语文教材在全国十二年制学校的小学一年级和初中一年级推广使用。

1963 年的新教材"以培养学生阅读能力和写作能力顺序为主要线索，组成由浅入深循序渐进的体系"，既批判吸收古代语文的经验教训，又注意学生的学习心理。具有以下明显的特点。

1. 强调语文学科的工具性，明确了语文教学的主要目标为培养语文能力。教材在编排单元、组织课文、安排语文知识等方面，都力求体现语文的工具性和培养语文能力的教学目的。

2. 按照记叙、说明、议论的顺序安排各年级的教学重点，体系比较科学。如在初一要重点培养记叙能力，初一的教材中就多选各种体裁的记叙文，占年级课文量的六成，还安排了记叙文训练重点单元。

3. 课文数量较多，每册平均有 30 篇课文，全套共 360 篇。选文除要求文质兼美、具有积极的思想内容和优美的艺术形式外，还要求是经过教学实践证明的具有良好效果的课文，此外，教材中还安排了应用文。

4. 采用单元形式，把课文及有关的语文知识短文、注释、练习题组合在一起，重视多读、多写、多背的语文教育传统，训练较为科学。教材编写中非常强调基本训练，仅初中的第一册就编入了 110 道练习题，其中有八成是基本训练。

（三）1982 年的重点中学的阅读、写作分科教材

人民教育出版社 1982 年编写的这套教材以能力训练为主线，以阅读训练和写作为重点（同时兼顾听说训练），实行阅读教材和写作教材分编，两种教材各成体系却又相互照应。

1. 初中阶段教材

1982—1985 年编辑出版了试教本，名为《阅读》《写作》，两本各 6 册，全套共 12 册；1986—1989 年修订为试用本，定名为《阅读》《作文·汉语》。这套教材有四大特点。

（1）教材分为《阅读》《作文·汉语》两本，可以说是初步建立了阅读教材、写作教材和汉语知识教材的体系。与我国在 1956 年出版的汉语、文学分科教材不同的是，这套教材不但把汉语知识单独编成教材，而且还相当重视写作教学，并进行单独编写。这套分科教材把一种语文教材分成阅读、写作、汉语三大体系，比传统的综合型教材更便于进行系统的教学。比如写作教材的第一、二、三册重点训练学生的记叙能力，第四册重点训练学生的说明能力，第五册重点训练学生的议论能力，第六册则进行记叙、说明、议论三种能力的综合运用，这样的设计有很强的系统性。并且，新的写作教材中修改训练贯穿全书，可以说符合学生的写作习惯和写作特点，有利于切实提升学生的写作水平，具有很高的实用性。

（2）教材中有计划地安排了各种练习，训练的意识明显加强。这套教材按照听、说、读、写的要求设计了系统的分解训练项目。在练习设计方面，根据学生的心理特点，遵循由浅入深、由简到繁的顺序进行设计，既顾到全面，又突出各阶段的训练重点。如各年级的阅读课文分为"讲读课文"和"自读课文"。"讲读课文"前面安排有"提示和思考"，对文中的重、难点发问，启发学生思考，提升学生阅读的目的性和效果；课后安排有"课堂练习"，有助于学生对课内学习的巩固和加深。"自读课文"旁有"自读提示"，后有"阅读练习"，有时还在课文旁边加上旁批或是提出问题。除课文的前后安排了练习外，每一个单元的前后也设

计了"单元要求"和"单元练习"。"单元练习"有四个部分，分别是"比较·思考""推敲·琢磨""读写技巧"和"书面表达"。

（3）初步建立了阅读训练的顺序。与写作教材相同的是，阅读教材中的阅读训练也是分阶段循序渐进的，初一的阅读教材重字、词、句的训练以及篇章结构和写作方法等方面的训练；初二的阅读教材继续进行字、词、句的训练，同时进行句与句、段的层与层之间关系的训练；初三则着重进行篇章结构和写作方法等方面的训练，再加上段与段之间关系的训练。

此外，这套教材的选文思想比较解放且恰如其分，课本的体裁多样，符合学生的年龄特点，与认知能力相符。

2. 高中教材

1985—1988 年编辑出版了试教本，有《文言读本》（上下册）、《文学读本》（上下册）、《文化读本》（上下册）供高一至高三课内阅读使用，有《现代文选读》（上下册）、《文学作品选读》（上下册）、《文化著作选读》（上下册）供高一至高三课外阅读使用，另有《写作与说话》三本供高中三个年级使用。这套高中教材的特点如下。

（1）根据阅读能力由低到高的发展规律安排阅读训练（具体安排见表4-4）。根据实际应用和由易到难、由简到繁的顺序安排写作训练和听说训练。

表 4-4

	年级	高一	高二	高三
课内	教材名称	《文言读本》上下	《文学读本》上下	《文化读本》上下
	训练内容	文言阅读训练	文学作品鉴赏训练	文化著作研讨训练
	训练要求	在继续提高文言认读能力的基础上，着重培养释义能力	在继续提高释义和解析能力的基础上，着重培养文学鉴赏能力	在继续提高解析和鉴赏能力的基础上，着重培养文化著作研读能力
课外	教材名称	《现代文选读》上下	《文学作品选读》上下	《文化著作选读》上下
	训练内容	各体文章自读训练	文学作品自读训练	文化著作自读训练
	训练要求	以自学为主，着重提高现代文的解析能力	以自学为主，着重提高文学作品的鉴赏能力	以自学为主，着重提高文化著作的研读能力

（2）尝试新的阅读训练的安排。既不是选文式安排，也不局限于单元式安排，而是根据阅读对象的特点，把阅读训练分为文章阅读训练、文学阅读训练、文化阅读、科学著作阅读训练四大类，每类训练又自成系统。

（3）课本分量重，提高了学生语文能力培养的要求。阅读、写作方面，借鉴了传统的多读、多写经验，三年内要读完15本课本，同时进行大量的训练。关于语文能力培养的高要求方面，以《文化读本》为例，该读本提出"研究性阅读"：通读与查考、析义与批注、质疑与参读、比照与思辨、逻辑与辩论，其对应的能力分别是初步理解、整体把握、发现问题、深入思考和推理评断，一步比一步的要求高。

（四）1993年的人教版九年义务教材

1986年4月，我们国家颁布了《中华人民共和国义务教育法》，规定义务教育是我国适龄儿童和少年必须接受的，国家、社会、学校、家庭必须予以保证的国民教育。1988年6月，国家教育委员会颁布了《九年义务教育全日制初级中学语文教学大纲》（初审稿）；经过修订后，在1992年6月颁布了试用稿。根据义务教育法和教学大纲的精神，人教社编辑出版了适合全国大多数地区和学校使用的义务教育"六三"制和"五四"制初中语文教材。从1993年秋季起，全国大多数省、直辖市、自治区的中小学开始正式选用人教版义务教育语文教材。

虽然"六三"制和"五四"制的年限及各阶段的编排方式、教学重点不尽相同，但其编辑指导思想一致："联系生活，扎实、活泼、有序地进行语文基本训练，培养学生正确理解和运用祖国语言文字的能力；在训练的过程中，传授知识，发展智力，进行思想教育。"这套义务教育的教材主要由课文、基础知识、读写听说能力训练三大块组成，每一单元都是这三块内容的综合。每个单元之前，都有对单元教学要求进行简要说明的一则短文。课文分为教读和自读两类，每册有30篇课文左右，其中基本课文16课左右，非基本课文14课左右。基础知识和能力训练结合课文同时进行。

义务教育语文教材进行了许多重大的改革，具有非常鲜明的特点。

1. 教材总体结构突破了传统的框架，将学生的学习过程分为三个阶段，尊重了学生的学习规律。具体情况见表4-5：

表 4-5

阶段	教学要求	单元组织方式
第一阶段 （第 1 册）	使学生认识语文的运用与生活的关系，着重培养一般的吸收与表达能力	按课文所反映的生活内容
第二阶段 （第 2—4 册）	联系生活，着重培养学生的记叙、说明、议论的吸收和表达能力	按记叙、说明、议论三种表达方式
第三阶段 （第 5—6 册）	培养学生在日常生活实践中运用语文的能力，培养初步欣赏文学作品的能力	按实用体裁和文学体裁

2. 教材体现了较为先进的语文教育思想，强调语文与生活的密切联系。重视培养学生观察、认识、分析生活的能力，培养学生在生活中运用语文的能力。

3. 教材的弹性进一步被增强。首先，教学时间的安排留有余地。除每学期 18 周教学时间，有两周的机动外；每两周教学时间也有两个课时的机动。其次，教材中的课文分为教读、自读和课外阅读三类，练习题分为必做题和选做题两类，充分体现了教材的张力和弹性。

4. 练习分层次，活泼但又扎实、有序地训练学生的语文能力。教读课文后面的练习有三个层次。第一层，"理解·分析"：引导学生理解和分析课文的语言含义、思想内容和篇章结构。第二层，"揣摩·运用"：在理解的基础上，让学生推敲遣词造句、布局谋篇的精妙所在，并进行相应的表达练习。第三层，"积累·联想"：在前两项的基础上，进行熟读和背诵练习，积累丰富的语言材料，并通过比较阅读，开拓思维，加深理解。这三个层次的练习，可谓是由浅入深、由表及里、由内而外。这样既稳扎稳打地训练了语文能力，又重视了学生兴趣的激发，让学生自主地、活泼地得到了发展。

第四节　21 世纪语文教材

一　21 世纪语文教材概说

2000 年 9 月，我国义务教育阶段各学科的课程标准研制工作正式启动。2001 年 7 月，教育部颁布了《全日制义务教育语文课程标准》（实验稿）；同年 9 月，按《语文课程标准》编写的语文教材进入 30 多个实验区进行实验。2003 年，教育部又颁发了《普通高中语文课程标准》（实验稿）。新一轮的语文课程改革正式启动。新课标的颁布，掀开了语文教材建设的新篇章，呈现出百花齐放的局面。现行的最有代表性的教材分别为人民教育出版社、江苏教育出版社和语文出版社出版的中学语文教材。

这三套教材基本是按照人文主题以选文为主组织单元，人教版选文大都是文质兼美的名家名篇，苏教版选文则遵循"文质兼美，适合学生阅读"的原则，语文版的选文特色是"努力开发新选文"。三套教材各有千秋，本书主要对人民教育出版社（以下简称人教版）出版的中学语文教材进行详细分析。

（一）语文教材的构成

现行的语文教材主要由五个部分融合而成：选文、语文知识、练习、助读和符号。

1. 选文部分

选文部分是语文教材的主体部分，指根据教学大纲或课程标准的要求选取的文质兼美的范文，是教师进行语文教学的主要凭借。

2. 语文知识部分

语文教材中的语文知识含义甚广，主要指字、词、句、篇、语、修、逻、文这些语文的基础知识，还包括在运用语言进行听、说、读、写、思时所需要的其他语文知识。

3. 练习部分

这部分又称作业或思考与练习，其形式有口头练习和书面练习两种，指为了帮助教师检测教学的效果、帮助学生巩固语文知识、培养和提升学生语文能力，有计划地根据大纲或课标要求设计的习题，一般放在语文教材选文后面。

4. 助读部分

助读部分指的是语文教材的编者为帮助学生阅读课文、培养和提高学生的自学能力而提供的学习目标、学习要求、学习重点难点、课文提示、注释和作者介绍等一系列材料，在教材中以单元导语、课文导读、知识短文、作者简介和文下注释等形式体现。

5. 符号部分

此部分指的是字体、字号、符号、色彩、插图等的运用；其贯穿于语文教材的始终，有助于增强语文教材的形象性和直观性，能有效地提高教师教学效果，激发学生的学习兴趣，是教材的重要组成部分。

（二）语文教材的功能

语文教材具有多方面的功能，主要包括德智启迪功能、语文历练功能、语言积累功能和知识扩展功能。

1. 德智启迪功能

语文教材中的选文都反映着作者鲜明的世界观、人生观和审美观，学习这样的语言作品，学生的思想品德会受到潜移默化的影响。教材中的典范文章，也总是反映出作者睿智的思维，精辟的分析，奇特、丰富的想象，巧妙的构思、表达等，教学这样的语言作品，学生的智力会得到开发、磨砺。

2. 语文历练功能

叶圣陶先生曾说："国文教学悬着明晰的目标：养成阅读书籍的习惯，培植欣赏文学的能力，训练写作文章的技能。"[1] 这些都得有所凭借，课本或选文就是这个凭借。所以，语文教材的作用就是作为语文历练的凭借。

3. 语言积累功能

自古我国的语文教育就有着重视朗读、背诵的传统，其作用在于通过反复诵读来积累语言，丰富语汇，掌握渊博的知识，以供日后的写作运用。

4. 知识扩展功能

人们知识的获得有直接经验和间接经验两条途径，后者是主要渠道。语文教材不仅包括关于语文的知识，还含有丰富的社会、自然领域的百科知识，这些知识通过优秀的语言作品表达出来，显得更为生动、有趣，能激发学生强烈的感情，给学生留下深刻、鲜明的印象。

（三）人教版义务教育语文实验教材（七至九年级）

义务教育的语文教材编排分为三个阶段，由易到难，由低到高，阶段分明。第一阶段（七年级）按主题编排单元，文学作品与一般文章混编，诗歌与文章混编，文言文与白话文混编；第二阶段（八年级）按主题兼顾文体（记叙、说明、议论）编排单元，文言文与白话文分编；第三阶段（九年级）按照主题兼顾文学体裁（戏剧、诗歌、散文、

---

[1]　叶圣陶：《阅读与讲解》，生活·读者·新知三联书店 2012 年版，第 10 页。

小说）编排单元，文言文与白话文分编。

（四）人教版普通高中语文实验教材

高中的语文教材分为必修、选修两部分，按照模块编排组织学习内容。必修有五个模块（语文1—语文2—语文3—语文4—语文5），模块之间是连续递进的关系。必修教材包括"阅读与鉴赏""表达与交流"两个方面的目标，每册（模块）的内容分为阅读鉴赏、表达交流、梳理探究、名著导读四个部分。阅读鉴赏部分是教材的主体，课文分单元编排，每册由四个单元组成，单元的组成兼顾文体和人文内涵。表达交流部分的设计注意突出应用与探究，内容与阅读鉴赏紧密结合，以体现读与写的联系。表达交流包括写作与口语交际两个部分。梳理探究部分每册安排3个专题，共有15个专题。这些专题，有的侧重对以前所学的语言、文学、文化等方面的知识进行梳理和整合；有的则通过自主思考或合作研讨，培养探究能力。名著导读部分以课程标准"关于课外读物的建议"涉及的中外名著为范围，同时有所扩展补充；共选取了10部中外名著，每册安排2部。

二　21世纪具有代表性的语文教材分析

（一）人教版义务教育语文实验教材（七至九年级）

2001年7月，教育部颁发了《全日制义务教育课程标准》（实验稿），根据课程标准编写的七至九年级语文实验教材于2001秋在全国八个实验区投入实验。

人教版义务教育语文实验教材的编排分三个阶段，由低到高，由易到难，层次分明。

第一阶段：七年级上、下两册，按主题编排单元（见表4-6）。文言与白话混合编排，诗歌与文章混合编排，文学作品与一般文章混合编排。

表4-6

主题＼单元／册数	一	二	三	四	五	六
上册	人生	人生	大自然	科学	亲情	想象
下册	成长	祖国	杰出人物	文化艺术	探险	动物

第二阶段：八年级上、下两册，按照主题兼顾文体（记叙、说明、议论）编排单元，文言与白话分编（见表4-7）。

表4-7

主题 单元数 册数	一	二	三	四	五	六
上册	战争	爱	建筑园林、名胜古迹	科学	文言文（古诗文）	文言文（古诗文）
下册	人生历程	散文诗	大自然	民俗	文言文（古诗文）	文言文（散文、诗）

第三阶段：九年级上、下册，按照主题兼顾文学体裁（诗歌、散文、小说、剧本）编排单元，文言与白话分编（见表4-8）。

表4-8

主题 单元数 册数	一	二	三	四	五	六
上册	赞颂大自然（诗歌）	关注人类（演讲、书信）	少年生活（小说）	求知（随笔、杂文）	古代白话小说	历史著作（古文、词）
下册	爱国思乡（诗歌）	文学作品（小说）	生命（散文）	戏剧	先秦诸子散文	先秦诗文

人教版义务教育语文实验教材是在认真总结新中国成立以来的语文教材编写经验基础之上，根据《全日制义务教育语文课程标准》（实验稿）的精神，构建出的一种新的语文教材体系。这套教材有如下特点。

第一，注意梯度，循序渐进。教材的编排由易到难，由低到高分为三个阶段。第一阶段（七年级），按主题编排单元，文言文与白话文混编，诗歌与文章混编，文学作品与一般文章混编；第二阶段（八年级），按主题兼顾文体（记叙、说明、议论）编排单元，文言与白话分编；第三阶段（九年级），按主题兼顾文学体裁（诗歌、散文、小说、戏剧）编排单元，文言与白话分编。

第二，重点突出，加强整合。每个单元主要有阅读与综合性学习两部分内容。语文课程标准在"教材编写建议"中指出："教材内容的安排应避免烦琐化，简化头绪，突出重点，加强整合。"根据新课标精神，新教材改革了旧教材分裂成"阅读""写作与口语交际""语文实践活动""汉语知识"几大块的做法，每个单元都主要由"阅读"和"综合性学习"两部分组成，写作、口语交际、语文实践活动等则整合于阅读和综合性学习之中，使之有了言语实践的扎实基础。

第三，加强语文与生活的联系。新教材在"写在前面"中指出："生活有多广阔，语文就有多广阔。不仅要在课堂上学语文，还要在生活中学语文。"语文课程标准也强调要加强语文学习的实践性，拓宽语文学习和运用的领域，建设开放而有活力的语文课程。联系生活学习语文的理念渗透在这套教材的每个编写环节之中，全套六册教材均按照反映生活的主题来编排的，适当兼顾了文体。

第四，设计综合性学习，提倡在实践中学语文。语文课程标准在设计思路部分指出："'综合性学习'是和'识字与写字'、'阅读'、'写作'、'口语交际'相并列的五项目之一，用来加强语文课程与其他课程以及与生活的联系，促进学生语文素养的整体推进和协调发展。"由此可以看出，综合性学习有利于学生的听说读写能力的全面发展，体现了语文与其他学科的沟通以及课堂学习与实践活动的密切联系。

第五，语文知识随课文分散练习。新教材改革了以往教材集中安排语文知识的这一做法，把语文知识结合在课文后面的"研讨与练习"中进行，使之有了扎实的语文实践基础。如七年级上册第十一课《春》课后的"研讨与练习"第三题就安排了比喻的学习内容。这道题目先是点明了课文中多处运用了比喻，然后是解释、介绍比喻的相关知识，最后让同学们学习运用比喻。这样学习语文知识，就比旧教材生硬地把它们列在一起来学效果要好得多。

（二）人教版普通高中课程标准实验教材

2003 年 3 月，教育部颁发了《普通高级中学语文课程标准》（实验稿），人民教育出版社根据新课程标准编写的实验教材于 2004 年秋投入实验使用。

这套实验教材分为必修和选修两个部分，按照模块编排组织学习内容。必修包括五个模块（语文 1—语文 2—语文 3—语文 4—语文 5），模块之间是连续递进的关系。必修教材包括"阅读与鉴赏""表达与交流"两个方面的目标，每册（模块）的内容又分阅读鉴赏、表达交流、梳理探究、名著导读四个部分。

阅读鉴赏：阅读鉴赏是教材的主体，课文分单元编排，每册有四个单元，单元的编排兼顾文体和人文内涵。（五册各单元的编排情况见表4-9）

表4-9

内容 单元数 册数	一	二	三	四
第一册	现代诗歌（情感与意象）	古代叙事散文（提要钩玄）	记叙散文（品人与品文）	新闻、报告文学（博观约取）
第二册	中外抒情散文（情趣与理趣）	诗经、楚辞、汉魏六朝诗歌（含英咀华）	古代抒情散文（情景交融）	演讲词（对话与交流）
第三册	小说（人物与环境）	唐诗（感受与共鸣）	古代议论散文（质疑解难）	科普、科幻（启迪与想象）
第四册	中外戏剧（性格与冲突）	宋词（情思与意境）	杂文、随笔（理解与领悟）	古代传记（知人论世）
第五册	小说（情节与结构）	古代抒情散文（披文入情）	文艺学论文（概括要点）	自然科学论文（筛选信息）

表达交流：表达交流的设计，注意突出应用与探究，内容与阅读鉴赏紧密结合，以体现读与写的联系。表达交流分写作与口语交际两个部分。写作这部分有20个专题，每册4个，每个专题设有一个相对集中的写作话题和相应的写法指导。每个写作活动有三部分：话题探讨、写法借鉴、写作练习。口语交际共设计了五次活动，每册围绕一个重点进行。每次口语交际分指导与探讨、实践与交流两个步骤。（五册各单元的编排情况见表4-10）。

表4-10

内容 单元 册别	写作1	写作2	写作3	写作4	口语交际
第一册	心音共鸣：写触动心灵的人和事	园丁赞歌：记叙要选好角度	人性光辉：写人要凸显个性	黄河九曲：写事要有点波澜	朗诵
第二册	亲近自然：写景要抓住特征	直面挫折：学习描写	美的发现：学习抒情	想象世界：学习虚构	演讲
第三册	多思善想：学习选取立论的角度	学会宽容：学习选择和使用论据	善待生命：学习论证	爱的奉献：学习议论中的记叙	讨论

续表

内容\单元\册别	写作1	写作2	写作3	写作4	口语交际
第四册	解读时间：学习横向展开议论	发现幸福：学习纵向展开议论	确立自信：学习反驳	善于思辨：学习辩论中的分析	讨论
第五册	缘事析理：学习写得深刻	讴歌亲情：学习写得充实	锤炼思想：学习写得有文采	注重创新：学习写得新颖	访谈

梳理探究：共设有 15 个专题，每册 3 个（见表 4-11），有的侧重于梳理和整合以前所学的语言、文学、文化等方面的知识；有的专题则通过自主思考或合作研讨，培养探究能力。

表 4-11

内容\册别\专题	一	二	三	四	五
专题1	优美的汉字	成语：中华文化的缩微景观	交际中的语言运用	逻辑和语文学习	文言词语和句式
专题2	奇妙的对联	修辞无处不在	文学作品的个性化解读	走近文学大师	古代文化常识
专题3	新词新语与流行文化	姓氏源流与文化寻根	语文学习的自我评价	影视文化	有趣的语言翻译

名著导读：名著导读以课程标准"关于课外读物的建议"涉及的中外名著为范围，同时有所扩展补充。共选取了十部中外名著，每册两部（见表 4-12）。每部名著的导读都包括背景介绍、作品导读和思考与探究三个部分。

表 4-12

内容\单元\册数	一	二	三	四	五
名著1	《论语》	《家》	《红楼梦》	莎士比亚戏剧	《三国演义》
名著2	《大卫·科波菲尔》	《巴黎圣母院》	《高老头》	《谈美》	《堂·吉诃德》

人教版普通高中实验教材的特点如下。

第一，按模块组织学习内容。无论是必修和选修教材均按模块组织学习内容。必修课程包括五个模块（语文 1 至语文 5），每个模块编成一册，共五册；模块之间是连续递进的关系。选修课程也有五个模块：从系列 1 到系列 5 分别是诗歌与散文、小说与戏剧、新闻与传记、语言文字应用、文化论著研读，模块之间是并列的关系。这样按模块设计，采用以特定主题或话题（兼顾文体和人文内涵）为主线组合模块单元的结构方式，突破了从前的高中语文教材以知识和能力为主线或以文体为主线切分组合单元的局限。

第二，必修课程与选修课程相辅相成。高中语文课程设为必修课程和选修课程。必修课程主要突出课程的基础性和均衡性，有"阅读与鉴赏"与"表达与交流"两个方面的目标，组成"语文 1"到"语文 5"五个模块。每个学期又分为两个阶段，每一阶段（约 10 周）完成一个模块的学习，这样下来，必修课程的五个模块在高一至高二两个学期半的时间内学完。选修课程也具有基础性，但更主要的是致力于让学生有选择地学习，促进学生的个性发展；它也分为五个模块，从系列 1 至系列 5。

精练必修课的学习内容和削减必修课的学习时间，提供丰富而有弹性的选修课程，这给教师和学生提供了极大的选择空间。《普通高中语文课程标准》（实验稿）的"教材编写建议"指出："教材应有开放性，在合理安排课程计划和课程内容的基础上，给地方、学校和教师留有开发和选择的空间，也要给学生留出选择和拓展的余地，以满足不同学生学习和发展的需要。"

第三，教材突出综合性。教材的综合性体现在以下方面：知识与能力、过程与方法、情感态度与价值观三个维度目标的综合；语文学科内各种要素的综合，以及语文知识与跨领域学科知识的综合；学生学习方法的综合；课程实施与教材呈现方式的综合，教学的编排适应课程实施。

第四，注意语文与生活及其他学科的联系。这套教材有效地引导学生关注社会生活，开发和利用各种语文学习资源。此外，教材还沟通了语文学习与其他学科之间的联系。如第五册的梳理探究部分设计了"有趣的语言翻译"，渗透了现代信息技术，注重开发信息化的语文教育资源，将现代信息技术引入语文教学与学习。

第五，倡导自主思考、合作研讨，培养探究能力。这套教材注意鼓励学生思考和发现问题，培养创新精神，发展学生个性。教材中梳理探究板块为学生开展探究与研讨活动搭建了平台。单元的设计也联系高中学生常见的社会现象和热点、焦点问题，培养学生的问题意识。此外，培养探究能力还体现在课后的研讨与练习中。教材把过去的"练习"改为"研讨与练习"，题少而精，意在淡化训练，倡导一种研讨、探究的语文学习理念。

三　21世纪语文教材发展特点

综观我国新时期语文教材改革和建设的繁荣局面，体现出以下发展特点。

（一）突破单一版本教材一枝独秀的局面

我国长期以来实行的是"一纲一本"制，即全国颁发统一的教学大纲和使用统一的教材。这种局面一直持续到改革开放以后才有所改变。1986年国家颁布《中国教育改革发展纲要》，同年国家教委成立"中小学教材审定委员会"，明确提出教材的编写要实行"编审分开"，引入竞争机制，做到"一纲多本"，甚至"多纲多本"，从而提高教材质量。2001年和2003年，教育部又分别颁布了《全日制义务教育语文课程标准》（实验稿）和《普通高级中学语文课程标准》（实验稿）。根据这些文件的精神，各地纷纷自编实验教材。于是，我国长期以来中小学教材一枝独秀的局面宣告结束，教材建设呈现出异常繁荣的局面。

（二）改革单一的文选型体系，构建新的教材体系

考察教材的编排体系，我国传统的文选型教材已沿袭几千年。这种教材体系虽有其优点，即使现在仍不能忽视优秀范文在培养语感、进行语言的积累和应用等方面的价值，但是，它自身的缺点也是十分明显的。在各种实验教材中，构建了以能力训练为主的多样化的教材体系。有综合型的，也有分科型的。综合型有的以读写能力训练为主，有的以读写听说能力训练为主，有的还以语文知识训练为体系；分科型有的以读写分编，有的是读听、写说分编，有的是课内、课外分编。单元组合的方式也是多种多样，按生活内容、按体裁、按语言能力训练、按学习方法与习惯等。

（三）重视语文实践活动，致力于全面提高学生的语文素养

在此之前，我国的中学语文教材或侧重思想政治教育，忽视语文能

力训练和语文知识传授；或干脆不提思想政治教育和文学教育。实验教材根据课程标准的精神，充分体现全面提高学生语文素养的要求。如苏教版语文实验教材设计了"合成单元"，围绕一个主题把读、写、口语交际加以优化整合，使之彼此渗透，相互联系。又如人教版语文实验教材每个单元的主题都具有丰富的人文内涵，使得在教学中达到工具性与人文性的统一成为可能。语文素养要在语文实践活动中才能提高。苏教版语文教材设计了"综合实践活动"，在课文学习的基础上，通过某一主题活动把读写听说结合起来，集实践性、知识性、趣味性于一体。语文出版社的语文实验教材设计了"口语交际""综合性学习"板块，人教版实验语文教材设计了"综合性学习·写作·口语交际"板块。

（四）教材编写策略的革新

此类革新具体表现在三个方面。1. 由以陈述性知识为主到以程序性知识为主。陈述性知识又称描述性知识或记忆性知识，侧重对知识作表态的描述和记忆，主要回答"是什么""为什么"和"怎么样"。与此相对，程序性知识又称步骤性知识或过程性知识，主要用来解决"做什么"和"怎么做"的问题。从前的教材只重陈述性知识，使得学生学习的语文知识呆板，不能应用到语文实际活动中。现在的实验教材意识到了程序性知识的重要性，安排了语文综合实践活动，让学生在言语活动中真正提高语文素养。2. 由文体循环转变为能力递进。传统的语文教材的编写体例，通常是按"记叙文—说明文—议论文"三大文体循环设计的，有明显的不足。实验教材打破了这一传统模式，按照言语技能的不同层次，由低级到高级逐步递进安排教学内容。3. 从讲读中心转变为言语实践。传统的语文教材以文选为主，这是与范文讲读的教学方式相匹配的。老师搞"满堂灌"，"一言堂"，学生没有真正参与到听、说、读、写的言语活动中。而语文能力的形成和发展，只能在言语实践活动中进行。实验教材十分强调语文实践活动的设计安排，这些成系列的、优质高效的言语实践活动为学生语文能力的形成、发展创造了优越条件。

第五章

识字写字教学发展研究

识字写字教学是语文教学中重要的一环，特别是在小学低年段，识字写字教学占有至关重要的地位。我国的识字写字教学从先秦时期就已出现了，可以说识字写字教学历史悠久，源远流长。本章把我国识字写字教学的发展分为古代识字写字教学、现代识字写字教学、当代识字写字教学及新世纪识字写字教学这四个时期，并分别从思想、内容、方法和特点方面进行介绍。

第一节　古代识字写字教学

一　先秦时期的识字写字教学

先秦是我国古代历史上一个重大的历史转折时期，这个时期中华民族由原始氏族社会向奴隶社会转变，并向封建制过渡，这个时期也是我国古代教育的孕育和奠基时期。在这期间，出现了文字。从结绳记事开始，中华先民开始了漫长的创造文字的过程。

（一）先秦时期识字写字教学的思想

人类社会由原始社会进入奴隶社会，社会生产和生活在不断变化，教育也因之起变化。文字是语文教育的重要工具，这个时期识字写字教学的思想内含在歌谣、祝词、神话、传说以及后来的"德""书""射""礼""乐"之中。

（二）先秦时期识字写字教学的内容

在原始社会单靠有声语言交流思想是不够的，所以文字（语字）的创造就成为迫切的需要。上古先民用结绳的方法记事，随着人类社会生活的复杂化，记录语言光靠结绳或画画不能满足现实的需要，于是渐渐使用刻契。到了新石器时代则出现了陶器刻画的符号。中国汉文字的基础是象形，除象形字以外，还创造了象事字、象意字、象声字。比如表示上下二字，就以一横线为标志，在横线上画一短杠者为"上"字，在下面画一短杠者为"下"字；表示声音之不同的同类事物，用象声的办法，如江、河、湘、渭（即长江、黄河、湘水、谓水）。既不能象形，又不能象事、象意、象声的，后来就造出了假借字、转注字。这也就是许慎在《说文解字·序》中所概括的"六书"：象形、会意、指事、形声、假借、转注。许慎又说："周礼八岁入小学。保氏教国子，先以六书。"① 随着社会的进步和生产的发展，文字教育的出现，专门教育的场所——学校的出现，语文教学活动的正式开始，识字教学就成为语文教学的一项重要内容。

识字写字教学主要有以下几种。

1. 刻画符号

我国古代记事方法有三种，其中之一是符号记事。而刻画符号是符号记事的主要形式。此外，古籍所载的"刻木为契"或"书契"记事，也属于符号记事。这些符号是当时原始先民共同使用的，在其使用过程中存在着有关的教育活动。从这个意义上说，这些材料是后世文字教学的先导。

2. 甲骨卜辞

古时通过在龟甲兽骨上刻画符号来记录占卜祭祀的结果，这些符号慢慢地变成了有固定意义的"文字"，而这些记录在龟甲兽骨上的符号被后世称为甲骨文。它是祭祀天地、祷告鬼神的卜辞。这些卜辞从甲子开始，十日一组，按照完整的《干支表》，排列整齐。这种记录的方法，类似于今天的日历。经过研究，科学工作者认为这种日历卡也是当时识字教学的一种教材。

3. 《史籀篇》

我国有文字记载的第一部识字教学的启蒙读本是《史籀篇》。《史籀篇》为史官教学童书，其大致是按照汉字之间的意义关系编排，四字

---

① （东汉）许慎：《说文解字》，（宋）徐铉校订，中华书局 2004 年版。

一句，两句一押韵，便于学童习诵。经过考古研究，可把它看作中国小学语文教材发展史的源头。另外，西周时学习的内容还有"德""书""射""礼""乐"等，这些分科都是与语言、文字教育紧密相连的。春秋战国时期的识字课本，就是沿用成书于西周的《史籀篇》。

（三）先秦时期识字写字教学的方法

1. 临摹法

古时教师教学生就是指导学生学习刻契，教学生在骨片、龟片上刻契文字，如同今天老师教小学生练字描红。学书契，就是学书写、学雕刻、学语言文字，同今天的习字课、写字课有渊源关系。

2. 集中识字法

西周识字教学主要以"六书"为主。"六书"的内容为象形、会意、指事、形声、假借、转注，要求学生掌握每个汉字的字音、字形和字义。"六书"所概括的造字和用字法则，也是借鉴了殷商的甲骨文和商周的金文的。

3. 分类法

春秋战国时期的识字教学是从字形、字音和字义三方面进行的。辨认字形，就是对字形进行分析，它是运用"六书"分类施教的一种识字教学的方法。从甲骨文、金文到战国文字，汉字的形体发生了很大的变化，为了便于认识和记忆，就必须对字的构成进行分析。

（四）先秦时期识字写字教学的特点

书写工具及其材料：考古学者发现甲骨文，既有刀刻的，也有笔写的，由此可以看出，西周以前的书写工具既有"刀"，也有"笔"。殷墟考古发现的甲骨文中有"册"字，其形状像一长一短的竹木简扎在一起，即简册，用竹板制成。《周书·司书》上有"掌邦之版"的语句，由此可推测，最晚在西周时期就有"版"，"版"即版牍，用木板制成。春秋以后，形成了"语言异声，文字异形"的局面。这个时期，由于诸侯割据，各国使用的文字都不相同，识字教学使用的字体也呈现出多样化。现发现的春秋战国文字材料，有金文、玉石文、简牍文、货币文、古玺文、陶文等，形成了"文字异形"的局面，进入战国以后，逐渐演变成为小篆。此时书写的主要材料是用竹木制作的简册和版牍。还有一种记事书写材料是帛书。帛是白色的丝织品，汉代总称丝织品为帛或缯，总称缯帛，也称缯书。帛书和简册在当时是并行使用的，都是一种书写材料，我国古代书籍发展到竹帛时期，才算出现了正式的书。此外，战国时已有用来写字的毛笔。

二　秦汉时期的识字写字教学

（一）秦汉时期识字写字教学的思想

秦汉时期的识字写字教学主要是为了让学童获得一些名物知识，但也没有忽视思想教育。鼓励学童要努力学习，砥砺品行，做到"智能通达"，告诫要"谨慎"，不要触犯刑律，不要贪污。同时也向学童宣传爱国主义、读书做官、学优则仕的思想。

（二）秦汉时期识字写字教学的内容

秦汉时期识字、写字的主要教材有《仓颉篇》《爰历篇》《博学篇》《凡将篇》《急就篇》《元尚篇》《训纂篇》《滂喜篇》《劝学篇》等，到现在完整地保存下来的只有《急就篇》。《急就篇》内容甚是丰富，正如颜师古《急就篇注叙》所说，"包括品类，错综古今"，全书都是实词，把当时各种知识的有关词汇都收集进来，有姓氏、多种器物名称、动植物、人体部件器官、疾病药物名称，还有官名、与生活相关的知识等，可以当作一本日常应用的小百科全书。由此我们可以看出，秦汉时期识字写字的教学内容还是很丰富的。

（三）秦汉时期识字写字教学的方法

秦汉时期的识字教学，已有分析汉字的方法。譬如将汉字分为若干类，同类的字放在一起教。《仓颉篇》《急就篇》中，多是按事物分类，将意义相近的字编在一起；有时也按字形分，将偏旁相同的字编在一起。如《仓颉篇》中的"而乃之於""困窬廪仓"以字形分类；有时也按事物类别分类，如《急就篇》中的"量丈尺寸斤两铨"。像《仓颉篇》中的"魇黯黜"是形旁相同的字编在一起的，"赏勤向尚"是声旁相同的字编在一起，这就分得更细了。还有，把汉字按形体和使用分为指事、象形、形声、会意、转注、假借等几大类，这也是分析方法。另外，秦汉时期识字写字教学的方法还有集中识字、读写结合。如现存最早的识字课本《急就篇》中有 2144 个字，只重复 335 个字，生字的密度很大，学童在不太长的时间里集中学习教材中的生字就可以掌握近

2000 个字。《急就篇》既是识字学习的材料，又是进行写字学习的材料，读什么就写什么，读与写紧密结合。

（四）秦汉时期识字写字教学的特点

1. 秦汉时期的识字写字教学有一定的独立性

识字写字教学的独立性主要体现在它以蒙学为存在形式。在汉代，识字写字学习受到进一步重视，属于小学程度的私学，第一段就是蒙学，主要即是学习识字写字。当然其识字写字的根本目的不在于认识和书写文字，而是为读经服务的，但是在一定程度上识字写字的学习是作为一种独立形态存在的。识字写字学习依赖于一定独立的学习场所是其独立性的另一表现。在汉代学习者进行识字写字学习的场所主要是"书馆"，也称之为"学馆"。这样就将识字写字的学习纳入制度化，体现出计划性、组织性和目的性。在"书馆"里，既有指导学习的"书师"，也有进行学习的独立学本（教材）。

2. 秦汉时期的识字写字学习以"篇章"型教材为学习内容

"篇章"是秦汉识字写字学习所用的教材，这种教材大都取名叫"篇"或"章"。秦代的识字写字教材有《仓颉篇》《爰历篇》《博学篇》。

汉代的识字写字教材有《仓颉篇》《凡将篇》《急就篇》《元尚篇》《训纂篇》《滂喜篇》《劝学篇》等。其中《仓颉篇》是汉代主要的识字写字教材，它将事物性质相同的字编在一起，四字为一句，每两句为一韵，学习者易读易记。《急就篇》是现存最早的习字课本，"类而韵之"的编写体例即把一些事物相近的字，以类相从，编在一起，并且押韵，便于记诵。学习《急就篇》，集中识字是其主要方式，同时它也是写字教材，做到读写结合。《急就篇》中字都是"正字"，即常用字，而且全书都是实词，把当时各种有用知识的词汇都收集起来，知识的密集度和容量都是比较大的，包括日常器物、动植物、人体器官、药物、政治、法律、地理知识等。由此，学习者在进行识字写字学习的同时提高学习的实用性，掌握日常知识，拓宽知识面。另外，在进行识字写字学习的同时也接受勤俭节约、努力学习、不要触犯法律等思想教育。总体看来，以"篇章"为学习内容的识字写字学习，不但学习了识字写字，又可供辞赋作者选词炼字参考，同时也可获得知识，以及接受思想教育。

　　3. 秦汉时期的书写工具

　　东汉和帝以前，书写用竹简和帛绢帛。当时把用来书写的绢帛叫作"纸"。另外，木牍也作为书写工具被使用。竹简、木牍的缺点是很笨重，不方便携带和使用。绢帛的缺点则是价格昂贵，不利于普及。到蔡伦发明用树皮、麻头、烂布、渔网等原料造纸的技术，这些问题才得到解决，可惜这种造纸法当时没有广泛推行。学习者大都用竹简为书写工具，很少采用纸。

　　毛笔是秦汉时期学童学书的工具，而且墨砚在汉代也都已经使用，这些都为识字写字学习奠定了基础，提供了发展的条件。

三　魏晋南北朝时期的识字写字教学

　　魏晋南北朝是我国历史上处于长期动乱和分裂状态的时期，这一时期的教育，总的来说，呈现出衰落的趋势。但是，这个时期的私学办得很有成绩，特别是家学盛行成为这阶段教育的一个特点，而且在语文教育中这种家学更为普遍。另外，这一时期清谈玄学的风气十分盛行。这种清谈风气，不可避免地对语文教育产生一定的影响。

　　（一）魏晋南北朝时期识字写字教学的思想

　　这个时期的识字写字教学所用的教材涉及天象、岁时、名贵物品、品行修养、伦理道德、地理、历史知识等，其中还包含勉励士子爱惜时光，抓紧学习；同时获得知识教育和学习态度、立身行事的思想教育。

　　（二）魏晋南北朝时期识字写字教学的内容

　　魏晋南北朝时期的语文教育虽然受到时代以及社会玄学风气的影响，但识字写字的学习仍是蒙学语文教育的主要内容。其内容上的承接同时离不开学习材料教材的沿用，这类蒙学教材有《三仓》《坤苍》《急就篇》《吴章》《小学篇》《少学》《始学》《劝学》《发蒙记》《启蒙记》《启疑记》《千字文》《始学篇》《悟蒙章》等，其中《三苍》《急就篇》都是汉代常用的教材。这一时期为了适应教学的需要，还新编了一些童蒙教材，有《吴章》《小学篇》《少学》《始学》《劝学》《发蒙记》《启蒙记》《启疑记》《千字文》《开蒙要训》。像《千字文》，就是我国使用时间最长的一本识字写字教材。直到19世纪末

（清朝末年），我国农村还把它当作蒙学课本，一共使用了将近 1500 年。

（三）魏晋南北朝时期识字写字教学的方法

1. 六书法

魏晋南北朝的识字教学继承和借鉴了古代的"六书法"，只要求知道读音，认识字形，对它的意思及运用则不作要求。老师通过熟读、诵读来指导学生认读识字课本，培养学生认读的能力。另外，魏晋南北朝时期，发明了反切和汉字的四声读音，这极大地推进了识字教育的发展进程。反切在注音字母出现之前，一直是汉字注音的主要工具。反切出现的意义不仅仅在于能够对汉字进行注音，更重要的是反切在一定程度上起到了统一读音的作用。加上南齐的沈约又明确提出平上去入四声，使得汉字的注音更加准确。如《千字文》等一些识字教材就是利用声韵，才会朗朗上口，通畅可读。

2. 字书

魏晋南北朝时印刷术还没有发明，文字的应用都靠手写，这就难免会出现错误，出现许多异体字、错别字。为了改变文字书写的混乱状况，许多学者文人都致力于字书的撰写，以求为世人的识字写字树立标准。魏晋南北朝时期编写的字书比较多，有张揖著的《古今字诂》《广雅》，吕忱著的《字林》，颜之推的《训诂文字略》，等等，据史书记载，这些字书都是当时比较流行的。它们的作用，一方面可以帮助书写的人正确写字，减少错误；另一方面是帮助阅读的人识字和了解词义，扫除读书的障碍。所以，字书也是用来辅助识字教学的重要工具书。

（四）魏晋南北朝时期识字写字教学的特点

1. 写字艺术化

魏晋南北朝时期对写字学习有所重视，汉字书法是语文教育的内容，也是艺术教育的内容。从汉字书法的发展上看，魏晋是完成书体演变的承上启下的重要历史阶段。一个显著的特点就是请善书的人写成范书，供学习者临摹。比如《急就篇》，就有临摹的范本。学习者在学习识字、接受思想教育和知识的同时，还把写字作为日常的主要作业。虽然写字训练与识字教学是否同步的问题没有确切的考证，但是加强写字训练肯定有利于学童对汉字的学习与巩固，而且在写字中融入书法艺术，既是文化审美的熏陶，又能培养儿童对汉字的感情，让他们热爱祖国语言文字。对书法的教学多采用言传身教的方法，言传就是教师讲述运笔的规则，讲授写字的知识；身教就是教师进行书写示范。在这时期的书法学习中积累了一些经验：（1）善于欣赏作品、勤于临摹；（2）专心致志、反复练习；（3）讲究笔法。

2. 家学盛行

家学盛行是这时期教育的主要特征，在书法学习上表现更为突出。以家族为中心的书法学习，教的人倾筐倒箧，无所保留；学的人朝夕相处，易受濡染，这样学习的效果自然会好些。当然，也不只局限于家族，有的往往转益多师，兼收并举。

四　隋唐时期的识字写字教学

隋朝的建立，结束了魏晋以来400年的分裂动乱的局面，但隋朝很快就被唐所更替。唐朝吸取隋朝的教训，采取利民的政策，发展经济、文化、教育，在巩固其自身统治的同时也推动了社会的发展，当然对语文教育也产生了重要影响。

（一）隋唐时期识字写字教学的思想

隋唐时教育者对学习者进行封建思想教育，以道德说教为主，但这种思想教育伴随识字写字的学习，是以进行识字学习为基础的。另外，以《蒙求》为代表的识字写字学习教材，也收录历史典故，供蒙童学习。这类识字教材除进行识字学习外，还能激发学习者的学习兴趣，让学习者了解一些历史故事知识。

（二）隋唐时期识字写字教学的内容

隋唐学校制度逐步走向完善，隋设置专门管理教育的中央机构国子寺（后改为国子监），唐代国子监下设国子学、太学、四门学、书学、算学、律学等六学，其中书学就是以识字写字的学习为主；除此以外，较为发达的私学也把识字写字学习列为主要内容。隋唐时期的蒙学教育，仍然是以识字写字的学习为主的，识字写字教材也仍然沿用以前的识字教材，如《急就篇》《开蒙要训》《千字文》等。这段时期还有新编写的识字教材，主要包括训诫类知识读物、历史故事书、杂字书和常识问答书。

1. 训诫类知识读物

训诫类知识读物是对学童进行识字教育和封建思想教育的，由一些名言谚语编成。如《太公家教》是现存最早的这一类识字教材，训诫类知识读物的目的侧重于封建思想教育和做人的品德，所以它的内容大多是讲为人处世之道的。

2. 历史故事书

这一时期出现了一些历史故事书，如《蒙求》《兔园册》《籯金》等。这些书的作者沿用南朝隶事的做法，将典故编成对偶押韵的句子，以供蒙童学习。在学习这些教材的过程中，蒙童除识字外，还获得历史故事知识。这类知识读物的出现不是偶然的，而是我国古代蒙学进一步发展和深化的结果。

3. 常识问答书和杂字书

在隋唐时期还有《杂抄》《俗务要名林》等字书和常识问答的一类教材，主要目的是供学童随身携带，临时查阅，进行识字学习和知识学习。这些书的内容包括当时学习和生活中一些实际有用的知识，十分符合当时一般读书识字的人的需要。

（三）隋唐时期识字写字教学的方法

1. 集中识字

集中识字是前人遗留下来的宝贵经验，其做法是在儿童入学前后用比较短的一段时间集中认识一定量的字。这是传统的识字教学的基本方法，千百年来，前人一直采用这个方法，不肯放弃。

2. 把识字教育与初步的知识教育以及封建思想教育相结合

在经过集中识字后，前人就采用了上述第二种方法，让儿童在学习《太公家教》《蒙求》等韵语知识读物的同时继续接受识字教育。采用这个方法，儿童可以巩固已识的字，还可以继续学习新字和一些必要的常识，同时受到思想教育，为下一阶段的学习打下基础。

（四）隋唐时期识字写字教学的特点

隋唐时期重视写字学习，在教材的编写中将写字教材独立出来，以专供蒙童写字用。识字写字学习教材的完备是这时期主要特点之一。在唐以前，《仓颉篇》《急就篇》《千字文》等，既是识字学习的课本，也是写字的范本。这样，蒙童刚刚发笔就要写一些笔画多的字（如"颉"

"急""就""黄""荒"），这对初学写字的小孩来说，确实有些为难。所以，有人就选一些笔顺简易的常用字，让儿童学写，这就是与识字学习教材同时使用的写字教材。比如，刘复《敦煌掇琐》中记载："上大夫丘乙己化三千七十二女小生八九子牛羊万日合屯"，这就是那时民间的用于写字学习的教材。从可以认清的这 24 个字来看，笔画三画的 9 个，二画、四画的各 5 个，五画、六画的各 2 个，一画的 1 个。这些都是常用字，又编成语句，好记易写，体现了由易到难、循序渐进的原则，便于学童发笔写字。日后这种教材逐渐定型。另外，也有采用其他笔画少的字编成的语句做写字教材的。唐代的书法学习达到了一个新的高潮，唐中央学校六学（国子、太学、四门、书、算、律）和两馆（弘文、崇文），都有书法学习的内容。国子、太学、四门的学生，除了要完成日常的学经课程外，还要进行写字练习和作文练习，写字每天习纸一幅。同时为了使书写符合规范，还要学《说文》《字林》《三苍》《尔雅》等；除了四门的学生，弘文、崇文两馆的学生也要进行书法学习。地方学校和私学，学生除了诵习五经外也还要学习书法。另外，在写字方法、书法理论上也有所发展，唐人在书写时，遇到文字需要增删改动或重文省写，已经有约定俗成的处理方法。

五　宋元时期的识字写字教学

宋朝立国总共 320 年，元朝 98 年，可以说是"源远流长""盛况空前"。举其要者来说，宋朝的学术思想是异常活跃的，科学技术也是非常发达的，这些都极大地推动了社会的进步和教育的发展。元朝，是我国历史上少数民族威震天下的特殊时期，它的建立和发展，对于促进国内民族大融合和中外文化大交流，都起到了不可磨灭的作用。宋元理学发达，特别是两宋的理学对语文教育产生很大的影响。著名的《三字经》《儿童识字课本》《百家姓》等，都是这一时期知识分子编辑使用的识字课本，极"一时之盛"。

（一）宋元时期识字写字教学的思想

宋元时期的教育为了识字，兼及初步的道德行为教育和最基础的文化知识学习，同时宣扬封建的伦理关系以及修身教育。封建伦理、忠孝节义作为思想教育的内容是此时期的主线，如三才、三纲、五常、十义等。

（二）宋元时期识字写字教学的内容

经过对前人经验的总结和发展，宋元时期识字教学的理论和实践都达到了高峰。其特点是识字、写字开始较早，都包含在"小学"语文教学中。同时，识字教学不再与其他教学内容割裂开来，识字、习字、阅读、写作等紧密结合在一起，修身教育也贯穿其中。宋代的识字教学可分为集中识字和分散识字两个阶段。与之相对应的，识字教材也可分为两类：一是集中识字教材，主要包括《三字经》《百家姓》《千字文》和杂字类课本；二是分散识字教材，如《性理字训》《名贤集》及各种"蒙求"读物。

1. 集中识字教材

集中识字教学的教材主要有"三百千"，即《三字经》《百家姓》《千字文》。《百家姓》通篇由作者搜集的姓氏组成，单字之间并没有意义联系。《百家姓》共收集 507 姓，其中单姓 446，复姓 61。采用四字一句，隔句押韵的形式。通篇语调和谐，读来顺口，听来悦耳。这本书可以说是识字教材中最具传奇性的书。《三字经》是一本特色鲜明的蒙学识字教材，在内容上和其他蒙学识字教材有很大的不同：其编写目的在于宣传正统的历史观念，有"以史为鉴，可知兴替"的意思。《三字经》还特别注意从"学"的角度教育学生，这些既适应启蒙教育发展的需要，也契合当时办教育的目的。而且《三字经》包含内容丰富，有利于学生的进一步学习。《千字文》从大处着笔，内容丰富且编排有序。从形式上看《千字文》，全用四言，整齐押韵，语言通俗易懂。从用字上看的《千字文》所选。字均为当时的常用字，基本不重复；从用句上看，《千字文》多数是常见的并列、偏正等结构，字词句都属于当时书面语常用的范围；再者，在韵律上，《千字文》基本隔句押韵，读起来铿锵有力，便于记忆；而且其语言也有文采。

2. 分散识字教材

宋代的学童在学完"三百千"后，理论上可以记住两千多汉字，但这两千多字是在不完全理解意义的情形下死记硬背的，很不巩固。加上此时的学童年龄尚小，对经书的内容无法理解，所以，在"三百千"和读史读经两个阶段之间，需要有一个巩固的过渡阶段。这个阶段的主要目就是巩固和扩充已有识字量，并学习新的知识。主要教材有《性理字训》以及各种"蒙求"教材。在介绍理学概念和基本观点的识字教材中，以《性理字训》的影响最大，流传最广。这本书的篇幅不大，每句四字，但不求音韵和谐，不宜于儿童记诵。内容上专讲性理，晦涩难懂，从内容到形式都不适合儿童学习。《蒙求》在蒙学史上开以历史典故为内容的蒙求书之先河，具有开创性。《蒙求》的内容分为三个部分：（1）人物故事；（2）神话故事和古代寓言；（3）纯知识性的材料。在宋代传授博物常识的识字教材中，最著名的是《名物蒙求》，介绍自然和社会的各种名物知识。其内容相当广泛，包括天文、地理、鸟兽、花木、服饰、器物、日用工具、建筑和耕种技术，以及社会、家庭、人事关系等。全书是用四言韵语，通畅易懂，很适合儿童学习。这一时期的"蒙求"教材还有《历代蒙求》《十七史蒙求》《史学提要》等。明朝朱升将《名物蒙求》《历代蒙求》《性理字训》《史学提要》并称为"小四书"，成为蒙学必读书之一。

（三）宋元时期识字写字教学的方法

宋元蒙学对启蒙教育、识字教学非常重视，认为识字不仅是读书的基础，也是满足日常生活的需要。但是，识字教学的要求普遍不高，学童只要认清字的模样就行，不用掌握字的含义、用法、写法。识字教学的基本方式方法有以下两种。

1. 集中识字教学法

识字教材中，每字每句的读音，都是通过蒙师领读，学童跟念，反复训练而掌握的。不仅要认识每个字的字形，掌握其读音，而且还要把每个字编成韵文形式的语句背熟。

2. 分散识字教学法

学童通过集中识字掌握一定数量的汉字之后，就开始读书，扩大识字量。为了方便学童在巩固阶段的学习，还专门编写了一些适合儿童的读物，内容包括韵对、诗歌等。这些教材内容丰富且富有趣味，有利于学童过渡阶段的学习。

在写字教学方面，宋元非常重视写字教学，尤其重视写字教学初期的楷书训练，规定凡儿童入小学发蒙，重要的一步是练习楷法写字。楷，有楷模、楷式的意思。楷书写字，须经把腕、描红、影写、临帖几个阶段，有人把这四法称为作字四法，把笔四要等。这是一项非常重要的语文教育的基本功训练。

（四）宋元时期识字写字教学的特点

1. 识字学习的教材内容有所改进

宋代的蒙学教材（包括识字学习之用）在继承前代的基础上，有较大的发展。其中"三百千"，是宋元时期代表性识字学习课本。宋项安世在《项氏家说》中说："古人教童子多用韵语，如今《蒙求》《千字文》《太公家教》《三字训》之类，欲其易记也。"① 学童学习这类教材，主要的目的是为了识字，同时兼及初步的道德教育和最基础的文化知识学习。这类识字学习之用的教材已经在内容上有所改进，不再是局限于封建伦理思想教育，在知识上也有很大的拓展。

2. 写字学习的独立性进一步加强

写字学习经过唐朝的发展，到宋元时期已成为蒙学的一个重要内容。此时，"凡儿童入小学发蒙"，重要的一步是练习楷法写字。楷法写字，须经"把腕""描红""影写""临帖"几个阶段，这是一项非常重要的基本功训练。基本功训练之后，再要求更高级的创造性写字艺术即书法的学习。

3. 学校教育力求普及，学习内容注重实用

随着科举制度的发展和经济的回复，这个时期创办和恢复了各类专科学校，如武学、律学、医学、算学、地学、书学、画学等。书学就有习篆、隶、草三体，兼习《说文》《尔雅》《论语》《孟子》等，这对识字写字的学习产生一定影响。还有，宋元两代理学的发展，为当时的社会培养了大批知识分子。这些知识分子除了"学而优则仕"外，主要出路就是教私学，办蒙养教育，这就为学童的识字写字学习提供便利，从而推动了识字写字教育的普及。

六　明清时期的识字写字教学

明朝经历一个相当长的历史阶段，从宏观来看它有高度专制的中央集权，有比较繁荣的经济和比较发达的科学技术；特别是在明朝中、后

① （宋）项安世：《项氏家说》卷七《用韵语》，转引自朱瑞熙《宋代社会研究》，中州书画社 1983 年版，第 92 页。

期，工、农业生产水平有相当快的发展，各地区出现了不同程度的资本主义萌芽；在对文化教育的影响方面，体现在此时的文化教育已经开始渗透反封建的民主精神。清王朝也是我国历史上一个比较特殊的时期。清朝的建立对于中国文化教育史的进程具有特殊意义，满汉文化的交流推动清代文化的繁荣，特别是经过康熙、雍正、乾隆三个时期，政治稳定，经济兴旺，与各国交流日益频繁，科学技术与文化也得到快速的发展。这两个朝代，保守派与革新派围绕经儒、理学等展开论争影响到政治和文化、教育。另外，科举制度越来越僵化，教育内容越来越空疏；但私学、义学越来越普及，书院讲会越来越昌盛，搜书、藏书、编书之风越来越风行，这些都对这一时期的语文教育产生重要影响。

（一）明清时期识字写字教学的思想

明清时期的识字、写字教学思想主要是集中在对蒙童进行生活上、学习上的指导，此外还向蒙童进行封建道德教育。

（二）明清时期识字写字教学的内容

识字和写字教学是我国蒙学教育的精华，也是传统语文教育最成功的地方。这一时期的学者努力汲取前人成功经验，吸取前人失败的教训，在识字习字教学方面作了大量的探索和实践。如识字教材方面，新编了几本很有影响的寓识字和提高文化修养于一体的韵语知识读物。习字训练方面，把识字教学与习字训练分开进行，并编纂了具有完整体系的习字训练教材。

当时的学者们借鉴前代识字教学研究的成果，重新编写了大量《三字经》《百家姓》和《千字文》的改编本和续编本。《三字经》出现的改编本有：清初黄周星的《新编三字经》、道光年间连恒的《增补注释三字经》、光绪年间江翰的《财务三字经》等。这些书有的是增加了思想教育的内容，有的偏重于专业词汇的学习，当时都有一定的社会影响。《百家姓》的改编本有：明朝刘仲质的《皇明千家姓》，清朝张榆笺的《御治百家姓》。这些改编本扩充了原书的内容，明显突出了思想政治教育的内容。这一时期也出现了《千字文》的多种改编本：主要有明周履靖的《广义千字文》、李登的《正千字文》、清何桂珍的《训蒙千字文》，这些改编本大多都是在封建统治者的管理下编制的，注重封建思想的灌输。这一时期学者们最大的贡献不是对识字教材的改编，而是对韵语知识读物的编写。这些融识字、伦理道德教育和知识教育为一体的蒙学教材各具特色，但都为当时蒙童从识字阶段顺利过渡到阅读阶段提供了良好的过渡。其中具有代表性的有《龙文鞭影》《幼学琼林》《弟子规》等。《龙文鞭影》是明朝蒙学读物，到清中叶以后更为流行，这是一本介绍自然知识、历史典故的蒙学读本。全书四言成句，上下联句；逐联押韵，流畅顺口；两句对偶，易于记诵。《幼学琼林》是整个清代风靡全国的名物常识类蒙学教材，对此后的教育特别是语文教育产生了深远影响。此书取材广泛，涉及面广，综合性强，语言两两相对，朗朗上口，非常适合学童学习。《弟子规》是清朝中叶以后流传最广、影响最大的三言读本，在当时的影响甚至超过《三字经》。该书为康熙年间李毓秀编著，面世不久就受到了封建统治者的重视，被官方确定为各类学校的必读蒙学教材。《弟子规》全文共 1080 字，分五个部分，对《论语》中的"弟子入则孝，出则悌，谨而信，泛爱众，而亲仁，行有余力，则以学文"做了通俗解释。该书的主要特点是内容精要，语词浅近。该书通过学规、学则的形式，对蒙童的学习、生活等方面进行指导，并向蒙童进行封建道德思想教育，属于伦理类蒙学读物。因此这本书既是童蒙的识字课本，又是进行思想道德教育的好材料。以上这些蒙学识字教材，是古人留给我们的宝贵精神财富，很有研究价值。在运用韵语、对偶，简化语言，综合识字教育、知识教育、道德教育等方面，为我们提供了很好的经验。

（三）明清时期识字写字教学的方法

1. 识字教学方法

识字教学是蒙学教育的开端，蒙童在入学之初用 1—2 年的时间集中识字，一般要求达到 2000 字左右的识字量。当时使用的识字教学方法大致有如下几种：指物识字、六书识字、卡片识字、圈列识字、拆字识字、带读识字、对比识字、析义识字等。上述各种方法均有其长处，也有其不可避免的短处，在实际的教学应用中，单一的识字教学方法难以符合要求，为此往往需要兼用多种方法。

明清时期的识字教学善于利用汉字的特点，尽量通过对字形、字义的剖析来帮助学生学习，使识字教学呈现出一种"文"和"意"结合的趋势。同时当时的识字教学也能结合蒙童的心理特点，强调记忆在识字教学中的重要作用。为此在进行识字教育时力求把常用字变为有意义的韵语，不主张单独识字。在进行识字写字教育的同时也尽可能地把知识教育内容和道德教育内容融合在一起。

2. 习字教学方法

科举考试对考生的书法要求很高，故蒙师对学生的习字训练要求很严，几乎每天都有习字课。蒙童在入学不久，就在集中识字过程中但稍晚于识字就开始进行习字训练。明清重视写字教学主要表现在以下两个方面：（1）识字与习字的教学方法各成体系，主张把识字与习字分开进行教学和训练，各有一套独特的教学方法和训练程序；（2）习字训练需从基本笔画、字形、间架结构等基础练起，先练笔画稀少、易写易认的字。用这些笔画稀少、书写简单的汉字进行习字训练，既符合学生的能力水平，又能与集中认字相配合。同时规定了习字训练的一般步骤：先扶手润字，继而描红，描影，跳格，最后临帖。原则是先大后小，先慢后快。

（四）明清时期识字写字教学的特点

1. 改编以前识字、写字课本

对以前识字写字课本的改编是明清时期识字写字教育的主要特征之一。随着私学、义学、社学的普遍发展，识字写字学习所用的教材也多样起来，过去所广为流传的《三字经》《百家姓》《千字文》，以及《诗经》《蒙求》《神童诗》和《四书》等仍然是重要的蒙学教材，不过明清时期对《三字经》《百家姓》《千字文》的改编本、续编本也是这时期的主要学习材料，但这些都没有以前使用广泛。《三字经》改编本，有清初黄周星改编的《新编三字经》，道光年间连恒改编的《增补注释三字经》，光绪年间蕉轩氏著，王晋之、张谐之重订的《广三字经》等；《百家姓》改编本，有明初洪武年间吴沈、刘仲质改编的《皇明千家姓》，康熙年间张瑜笺注的《御制百家姓》，还有流行的《蒙古字母百家姓》、《女真百家姓》等；《千字文》的改编本，有周履靖编的《广易千字文》，李登编的《正字千文》，清何桂珍编的《训蒙千字文》。

2. 识字学习与阅读结合进一步强化，其本身独立性、目的性有所下降

明清时期，把思想教育作为蒙学教育最主要内容，因而识字学习本

身的独立性被融合到封建道德、伦理等思想和知识、故事读物等学习中，再加上这时期诗文发展已到达一个很高的水平，识字学习与诗文阅读的紧密结合是不可避免的。以《弟子规》《龙文鞭影》和《幼学琼林》为代表的读本就体现上述特征。

3. 写字学习趋于成熟

明清时期在承接宋元的基础上进一步重视写字的学习，而且对写字学习研究逐渐深入，为学童进行写字学习提供有益的指导。明末清初，顾炎武、王夫之等倡导汉学，开清代研究"小学"之风。乾嘉年间，汉学鼎盛，在小学研究方面，名家辈出。当时最有名的文字学家段玉裁、桂馥、朱骏声、王筠，被称为《说文》四大家。其中，王筠《文字蒙求》是专为儿童初学文字而编写的，很注意儿童的语言文字的基本训练。这时期，关于写字学习的基础知识和基本训练方式的研究趋于深化，划分了写字与书法的界限。

第二节　现代识字写字教学

一　独立设科初期的识字写字教学

独立设科初期的语文学习内容主要还是习字、读经、作文等。辛亥革命后，临时政府教育部于1912年颁布了《中学校令施行规则》，规定中小学一律开设"国文"课，这样"国文"就成为语文学科从古代传统教育的综合性社会学科中独立出来后的第一个正式名称。五四运动使现代文在语文学习中取得合法地位，并逐步占主要地位，克服传统语文学习脱离语言实际、脱离应用实际等困难。这个时代的语文教育特征必然影响到作为语文学习基础的识字写字学习。

（一）独立设科初期识字写字教学的思想

独立设科后，语文学科被定为"中国文学"，要求学生读的、写的仍然是文言文。识字、写字教学在学习文章时同时进行，"中国文学"明确提出了要"启发智德"，重视文中的思想道德教育和美育。

（二）独立设科初期识字写字教学的内容

1902年清政府颁布《钦定蒙学堂章程》，该章程对蒙童识字开始进行改革，废除读"《三字经》《百家姓》《千字文》"，规定"第一年，字课（实字，凡天地人物诸类实字皆绘图加注指示之）；习字（即用所授字课教以写法）。第二年，字课（静字，动字，兼教以动静字加于实字之上之方法）；习字（同上教法）。第三年，字课（虚字）；习字（同上教法）。第四年，字课（积字成句法）；习字（同上教法）"①。这些做法都比过去学习"三百千"有了很大的进步。1904年清政府颁布《奏定学堂章程》，规定初等小学设"中国文字"课，教"习字成章之法"，这是我国在全国范围内开设小学语文科的第一名称。民国成立后，又有了许多版本的国文教科书，如商务印书馆编辑的《共和国国文教科书》，南洋公学的《新订蒙学课本》等。辛亥革命之后，1912年教育部颁布了《普通教育暂行办法》，提出废科举，兴新学，废除读经讲经，将"中国文字"科改为"国文"科。就这样，在国家的支持下国文教科书逐渐取代了"三百千"等识字教材。但是，民间蒙童识字仍然还使用"三百千"作为教材。

晚清的国语运动在制订"注音字母""切音文字""观音字母"等方面已取得了不小的成绩。五四前夕，由于革新思潮的影响，文化教育界许多人士开始再度注意到统一国语的问题。国语统一运动，推动了国语教育的发展。

（三）独立设科初期识字写字教学的方法

独立设科初期的识字方法仍以集中识字为主，从看图识字开始，课数多，课文短，识字学习变为一边识字一边阅读。从1902年开始，小学前四年的识字学习有了很大的改进。此时的识字、写字学习方法，对传统蒙学先识字后读书的学习方法进行了革新，采用识字读书结合的方法，如1902年的《便蒙丛书》中的《识字贯通法》和《文话便读》蒙学课本，就采用随课文识字的教学方法。学习时，先教给学生生字，再教给学生字词义及语句，最后让学童用生字造句。这就是分散识字方法的启蒙。但是此时的课堂仍保留着传统的集中识字的教学方法，如以"实字"为主，采用看图识字教学等。

---

① 耿红卫：《科学主义视野下的中国近现代语文教育改革研究》，博士学位论文，华中师范大学，2008年。

（四）独立设科初期识字写字教学的特点

独立设科初期十分重视识字与写字的学习。在 1907 年清政府《学部奏定女子小学章程》中，设置国文科，其中初小的"国文"内容为"日用必须之文字及浅显普通文之读法、书法、缀法"；高小的"国文"内容为"用必须之文字及普通文之读法、书法、缀法"。可见，识字写字学习在语文学习中的地位和作用。"三百千"识字教材，逐渐被国文教科书所代替。但在这个时期，民间蒙童识字，仍然还使用"三百千"作为教材。"三百千"抛除多处内容宣扬封建伦理道德、遣词用语较深外，其自身的优点也很明显：（1）识字量比较适当；（2）识字任务集中，学习目标明确；（3）韵语形式，便于儿童诵读、背诵、记忆；（4）边识字边学知识。[①]

二 20 世纪 20 年代的识字写字教学

五四运动前夕，由于革新思潮的影响，文化教育界许多人开始再次注意统一国语的问题。国语统一运动推动了国语教育的兴起。

（一）20 年代识字写字教学的思想

这个时期注重运用通常的语言文字，使学生人人能看懂应看之书，能用国语或浅近的文言，并培养感情、德性。

（二）20 年代识字写字教学的内容

五四以前的中小学国文教科书一般都是文言文，在 1922 年实行新学制后，许多中小学校采用了白话文作为教材。其中有的用白话文编教材；有的教材把白话文和文言文合编在一册中；有的则将白话文和文言文分编为两套课本。小学国语科教学的改革，最突出地反映在识字学习方面的变化，如采用分散识字方法，识字、阅读相结合，每课的识字量减少。如复兴《国语课本》的第一册共有 40 课，169 个生字，长课文只有 76 个字。这套教材的特点是每课识字量少，字词重复率高。一边复习旧字词，一边学习新字词，学生容易巩固。从句子开始识字，注重口语训练；从内容上重视儿童的生活，注重儿童用语和白话文。[②]

---

① 张隆华、曾仲珊：《中国古代教育史》，四川教育出版社 2001 年版。
② 舒新城：《中国近代教育史资料》（中），人民教育出版社 1961 年版，第 399—400 页。

（三）20 年代识字写字教学的方法

20 年代主要采用分散识字方法，边识字边阅读，二者并进，且每课的生字量减少。

（四）20 年代识字写字教学的特点

五四运动之后，随着新文化运动的发展，小学的国文教学也发生了很大的变化。此时识字写字教学过程中呈现的特点有：

1. 废除小学读经科；

2. 将文言文变为语体文，将国文科改为国语科；

3. 识字习字教学开始与生活紧密结合，注重儿童文学及日常用语，以增进儿童读书的兴趣和学习汉文的实用性。

三 20 世纪 30 年代的识字写字教学

（一）30 年代识字写字教学的思想

30 年代，我国处于抗日炮火纷飞的时期，识字写字教学没有大的改变。

在国统区，相对有一个较正规的环境。当时实行的《小学国语暂行课程标准》在教学目的中对识字写字的规定是："练习书写，以达于正确、清楚、匀称和迅速的程度。"在解放区，抗日军民结合实情，十分重视识字写字教学，主要学习实用文化和大众语文，以提高广大军民的语文水平。

特别值得一提的是，马若谷、李訾不、程粟一于 1936 年合写过一篇名为《三种现行初级国语教科书的评论》的文章，他们提出了 13 条编好国语教科书的建议，其中就有和识字写字有关的内容①："低年级国语读本须用较少之字汇，用反复方法编成有情趣的文字，并注意训练儿童运用文字的能力"；"生字分量及排列须合乎儿童学习能力"；"选注生字须以词为单位，避免将词语分割为单字的弊病"；"要尽量采用简字及带国音的汉字"。这些可以看作识字写字经验的概括。

（二）30 年代识字写字教学的内容

从 20 年代后期起直到 30 年代，小学国语教材的编写，越来越多的

---

① 马若谷主编：《三种现行初级国语教科书的评论》，见《小学教科书评论》，正中书局 1936 年版。

人主张采用含有艺术意味的"故事教材"，即追求艺术化和儿童文学化。这种追求，应当是受"儿童本位主义"的教育思想影响，与唤起儿童阅读兴趣以发展儿童的想象力和语言能力的教育目标有关。当时的小学国语《课程标准》，强调在教材编写问题上要"依据增长儿童阅读能力的原则，想象性的教材（如寓言、物语等）和现实的材料（如自然故事、生活故事、历史故事等）应调和而平均"，"根据增长儿童阅读趣味的原则，尽量使教材富有艺术兴趣"。因此，"人手刀尺"的枯燥的教科书固然不能再用，"大狗叫，小狗跳"的单调乏味的教科书也不能满足需要，新编教科书应别创新貌。以陈鹤琴与盛振声合编的初级《儿童国语教科书》为例，这套课本于1931年由上海儿童书局出版，共8册，供小学一年级到四年级用。陈氏在"编辑大意"中写明，这套课本是"参照教育部最近颁布的小学课程标准，并根据儿童心理、儿童生活编辑"而成，主旨有三："一、引起儿童阅读的兴趣；二、培养儿童自动的能力；三、启发儿童正当的思想。"[1]

（三）30年代识字写字教学的方法与特点

此时的识字写字教学，依据当时的教材来看，有如下的方法与特点：

1. 注重发展儿童的口语表达能力，文字表述全用标准口语；

2. 为了与儿童原有的说话能力相适应，识字写字不再以单字或单词起首，开始就学成句的话；

3. 重视激发儿童的阅读兴趣、发展儿童的想象能力。

四　20世纪40年代的识字写字教学

40年代前期处于抗日战争时期，后半期处于革命战争时期，办学的外部条件极为困难，干部、群众的文化水平普遍较低，为此当时的教育方针是集中力量抓好文化教育中的基础知识和迫切需要的课程。在这个教育系统中，红军教育主要抓军事教育，干部教育主要抓政治教育，同时也注意文化教育。工农业余的教育繁多，如各种夜校、半日校、识字班（组）等。在整个抗日战争时期，根据地的中小学教育大刀阔斧

---

[1]　马若谷主编：《三种现行初级国语教科书的评论》，见《小学教科书评论》，正中书局1936年版。

地进行改革，着重联系实际、培养能力，在现代教育史上有许多灿烂夺目的建树。而识字写字教学在这期间也有独特的教学方法。

（一）40 年代识字写字教学的思想

苏区当时的识字写字教学以国语教材为课本，而国语教材非常强调革命斗争和生产劳动的密切结合，着眼于培养学生拥护党、拥护红军、拥护苏维埃政府的感情；以及热爱人民、热爱劳动、热爱科学，憎恨帝国主义、国民党反动派和封建地主的压迫剥削的品格；增强政治觉悟，培养高尚的革命品德等。

陕甘宁边区于 1937 年冬即着手编写初小国语课本，于 1938 年 2—8 月陆续出版。由于当时处在抗战初期的艰难环境和抗日情绪的高涨中，在指导思想上过分强调了教材的"抗日化"，三句不离"抗日"。1942 年经过改编，出版了第二套国语课本。第二套国语课本改变了第一套教材过度进行思想宣传的弊病，宣传鼓动性的课文大大减少，增加了许多科学方面的知识。

（二）40 年代识字写字教学的内容

这个时期处于战争年代，识字写字的形式和内容都有所变化。在新民主主义教育体制下，老解放区课程设置力求实际、精简、集中、连贯。当时国语教材有很多种，如《列宁小学国语课本》《国语教学法》《劳动小学国语课本》等，此外，还有《共产儿童读本》《识字课本》《看图识字课本》《儿童读物》《群众课本》等。苏区的国语教材是根据"社会化、政治化、劳动化、实际化"的指导原则编写的。既适应当时斗争要求，又合乎政权建设的长远需要。在语文知识要求和编排体系上，则强调注意教材的系统性、科学性和实用性。

从抗日战争时期到解放战争时期的 12 年中，国家一直处于危急存亡的关头，教育条件极差，这个时期编制教材的工作可以说是在夹缝中进行的。根据地和解放区小学国语教材中比较有代表性的是 1938—1943 年陕甘宁边区进行三次改编的全套初、高小《国语课本》和 1938—1948 年晋察冀边区教育部门七次改编的全套小学课本。中学国文教材主要有 1946 年陕甘宁边区教育厅统一审的《初中国文》，此外还有适合干部教育的《干部识字课本》《干部文化课本》以及适合工农业余教育的《农民冬学课本》《农民识字课本》等。

抗日根据地和解放区的中学语文教材，同小学语文教材一样，也是在反复的改革和摸索中逐步建立起来的。抗日战争和解放战争时期，各种干部学校和训练班的语文教材大多是各根据地和学校自己编的。为了大力提高在职干部的文化水平，各解放区先后都编了干部文化课本。这些文化课本，实际上主要还是语文课本。下面介绍 1948 年陕甘宁边区编的《干部识字课本》。《干部识字课本》全书 60 课，共用生字 700 多，主要供干部扫盲学习用。从内容看，除对识字的具体指导外，对学习态度、工作作风、思想方法、政治认识以及简易应用文的学习都做了一定的要求，配备了相当数量的课文。如《天下无难事》《学习要踏实》《专心学习》《乡村好干部》《工作要经常》《工作要细密》《劳动创造世界》《挖穷根》以及《介绍信》《收据和便条》《自传》《家信》等，都是文化低、经验多的基层干部最迫切需要的。在写法上，尽量把课文写得文字简短而含义丰富，避免"娃娃话"。在文体上，则多采用歌谣、谚语、格言等形式。总之，这个课本具有"言近旨远""文浅意深"的特点。

（三）40 年代识字写字教学的方法与特点

1. 识字教学的方法与特点

在革命战争时期，中国共产党始终把教育事业置于重要地位。党内涌现了一批马克思主义的无产阶级教育家。在老解放区，徐特立、程今吾等著名教育家，对当时的国语国文教育改革，做出了不可磨灭的贡献。

徐特立对苏区识字教育有过实际建树，他曾提出了"识字运动办法"，其基本特点是："识字的教不识字的，识字多的教识字少的。"他从当时的实际出发，采取类似小先生制的办法广泛进行识字教育，甚至施行新文字实验，"只需学习三百小时即可利用新文字学科学及学汉字"，逐步取得丰硕成果，这无疑是极为艰巨而又富有意义的。

2. 写字教学的方法与特点

程今吾对解放区国语国文教学革新做出过很大贡献。在《延安一学校》中，他详细介绍了在八路军抗属子弟学校小学国语教学改革中采取的许多措施并总结了经验，颇具新意和实效。八路军子弟学校的"国语课"是文化课的主要课程，它还包含"语文""写字""作文"。对于写字课：一年级开始学写字，用铅笔石笔、沙盘木笔等硬笔练习，二年级学用毛笔。二、三年级写字时间逐渐增多，教学也要加强。经过三年写字教学，学生懂得一般写字法则，中字、小字也写得端正清楚，打下初步的基础。四年级以后没有写字课，完全让学生在作文、笔记、记录、写报告等实际应用中学习。除了要求端正、清楚以外，并练习写得迅速，及格式行间的排列适当等。

第三节　当代识字写字教学

一　新中国成立 30 年的识字写字教学

（一）新中国成立 30 年识字写字教学的思想

1958 年的"大跃进"运动，使以高目标、瞎指挥、浮夸风为主要标志的"左"倾错误思潮严重泛滥于全国各行各业。在语文教育领域，语文教育沦为了政治宣传的工具，甚至认为每教一篇课文都要解决学生一定的思想问题，这就把语文教学中的思想教育任务提到了极不恰当的地位。1963 年，教育部制定了《全日制中学语文教学大纲（草案）》，《大纲》明确指出了语文学科的性质是"学好各门知识和从事各种工作的基本工具"。同时，也阐明了中学语文教学的目的是"教学生正确地理解和运用祖国的语言文字，使他们具有现代语文的阅读能力和写作能力，具有初步阅读文言文的能力"①。

（二）新中国成立 30 年识字写字教学的内容

新中国成立前中小学语文学科分别为"国文"和"国语"，刚解放时，教材只能采用"临时课本"，中学沿用"国文"，小学仍沿用"国语"这一名称。新中国成立后，50 年代初期，就发现了小学语文教学中识字和阅读的矛盾，并对低年级是否以识字教学为重点展开讨论。1956 年颁布的《小学语文教学大纲》（草案）（以下简称"大纲"）反映了这次讨论的结果。"大纲"明确提出："识字是阅读的基础。目前汉字还不是拼音文字，识字教学不能在短时间完成，所以教学大纲里规定小学第一、二学年的阅读教学以识字为重点，在这两年里比较集中地

---

① 李伯棠：《中学教材语文简史》，山东教育出版社 1985 年版，第 63 页。

教会儿童认识必要数量的（不超过 1500 个）常用汉字。有了这个基础，小学语文科的阅读教材才不致处处受生字的限制，而有可能做到内容丰富，语言精确生动；小学语文科的阅读教学才有可能提高质量和效率。"① 这对识字教学的历史经验进行了深刻的总结。1963 年，教育部制定了《全日制中学语文教学大纲（草案）》，对教材的编写要求是选材面广，课文量多，文质兼美。《大纲》反复强调多读多写，无论"识字、写字、用词、造句、布局谋篇种种基本训练都要在多读多写的实践中反复进行"。教材中课文的内容，字、词、句、篇都成为教学的重点。然而，识字教学改革刚刚开始不久，就遭到"十年动乱"的破坏。

（三）新中国成立 30 年识字写字教学的方法

在教学必须改革的形势下，不少地方进行了识字教改实验，主要的教学法有以下几种。

1. 速成识字法

新中国成立以后，人民解放军西南军区某部文化教员祁建华，总结了老解放区扫盲经验，并充分研究、分析了汉字的特点，创造了一种"速成识字法"。"速成识字法"主要是借助注音符号为各种辅助识字的工具，结合群众路线的教学经验，采用联系实际的教学方法，展开群众性的识字运动。运用"速成识字法"，可以短时间内改变我国存在大量文盲的状况。在 150 小时左右的教学时间内，"速成识字法"可使文盲和识字少的人初步会认、会讲 1500—2000 个汉字（离开注音符号）。实践证明，运用"速成识字法"是可以加速扫除文盲的。虽然这种识字法主要针对成人，但对我们的中小学识字写字教学有着重要的启迪。

2. 集中识字

从 1958 年 9 月到 1960 年 5 月，辽宁省黑山县北关小学进行集中识字教学改革，北京景山学校于 1960 年加入。"文化大革命"后中央教育科学研究所对这两所学校的集中识字教学经验投入研究，形成"两山"一所的集中识字教学流派。这时的集中识字继承了古代蒙学识字教学的成果。改革思路是通过一二年级快速大量识字，尽快使学生做到能大量阅读，解决学汉语和识汉字的矛盾。教学改革在拼音、识字、阅读、写

---

① 王思中：《徐特立文集》，湖南人民出版社 1980 年版，第 322 页。

作等方面，都初步积累了一些经验。

集中识字主要利用形声字在汉字中占有很大比例的规律，以字形为中心组织识字教学。由于带出的形声字具有声旁表音、形旁表义的特点，且字串之间有着一定的规律，因此便于掌握。这些字串中都有一个共同部件（基本字），所以识字过程的迁移比较方便，可以在短时间内扩大识字量。由于带出生字的基本字大多是熟字，在识字时学生可以充分结合已有的知识经验，以已经掌握的基本字为支点，能够化难为易。为了使基本字带字顺利进行，在识字起始阶段要先学一批构字率高的基本字，打好汉语拼音、笔画笔顺、偏旁部首、间架结构等识字基础，是十分重要的。

3. 分散识字

分散识字是江苏南京的斯霞老师于 1958 年实验成功的一种注重音、义联系的识字教学方法，它的主要特征是"字不离词、词不离句、句不离文"。与集中识字以字形为核心从汉字本身找规律不同，分散识字强调结合具体的语言环境来感知、理解和掌握生字词。分散识字的第一个步骤是先教授汉语拼音，然后采用看图识字等方式教授一些独体字。当学生打好识字基础后就采取"多读课文多识字"的方法，随课文识字，要求能在两年内掌握课文近 180 篇，识字 2000 多个。

（四）新中国成立 30 年识字写字教学的特点

1. 字词的学习依字词在课文中出现的顺序，边读文边识字。

2. 先学课文中的重点字词，其他的随课文讲读时再学。

3. 识字写字与课文学习分开，先学字词后读课文。

4. 注重反复学习、巩固，在理解课文以后再学生字词。

这种识字方法立足于改革识字与阅读的联系，将识字与阅读结合起来。此外，分散识字的主张和实施要点还包括：强调打好识字基础，注重激发识字兴趣，重点教给识字方法，突出培养识字能力。

二　20 世纪八九十年代的识字写字教学

随着改革开放的开始和深入，我国的教育科学研究活动逐步开展，汉字认读教学研究也日益深入，20 世纪 80 年代时已呈现出一派繁荣兴旺的局面。

繁荣兴旺的表现为识字写字教学的研究活动越来越频繁，研究成果越来越多。各种汉字教学实验的蓬勃开展，极大地推动了识字写字教学发展。

（一）八九十年代识字写字教学的思想

中小学的语文教学，经历了"文化大革命"的十年浩劫，在文和道、教和学等关系上造成了极大的混乱，导致教学质量的严重下降。到70年代末，随着"四人帮"的覆灭和政治上、思想上的拨乱反正、正本清源，人们关于社会主义中国的经济腾飞的愿望越来越强烈。经济的腾飞离不开技术的飞跃，而为了技术的飞跃必须要提高全民族的科学文化水平，这就把语文教学重新摆在了基础地位、突出地位。而语文教育则必须把提高中小学生运用语文工具获取知识、发展智力、传情达意的能力放在基础地位。

（二）八九十年代识字写字教学的内容

我国的教育再次步入正轨离不开1978年的拨乱反正，更离不开80年代的深化探索。1978年颁布的《全日制十年制学校小学语文教学大纲》，在识字教学方面做出了明确规定，为随后识字写字学习的发展奠定了基础。在随后这种宽松的教育教学环境下，我国语文教育家的积极性和热情得到了前所未有的释放，小学语文教学改革得到了极大的发展，汉字教学研究非常活跃，识字教学的改革也取得了丰硕的成果。

在这期间，一个重要方面就是在加强识字的同时进一步加强中小学生的写字学习，提高中小学生的写字水平。1990年10月29日，国家教委办公厅发出"关于加强义务教育阶段中小学生写字教学的通知"。通知着重阐述了进行写字学习的作用、意义，指明当时写字学习的现状、困境等，并提出了具体的实施建议，如"全日制五年制或六年制小学，要采取有力措施，切实贯彻执行教学计划，保证上好写字课，进一步提高写字教学水平"；"为了加强写字教学，各地区和学校，可以从实际出发，将写字教学穿插在语文课中进行，也可在自习或课外活动中安排"；"小学和初中各学科的教师，对学生的写字都要严格要求，加强领导，使学生养成良好的书写习惯"；"根据'一纲多本'原则，有条件的省、自治区、直辖市或其他部门可编写义务教育阶段的写字教材及教师用书"等。《九年义务教育全日制小学义务教学大纲》对写字学习也作了明确详细的规定，如"写字是一项重要的语文基本功，是巩固识字的手段，对于提高学生文化素养起着重要作用，必须从小打好基础"。"学习用铅笔写字，写得正确、工整"，"逐步做到铅笔字、钢笔字写得正确、端正、整洁，行款整齐，有一定速度……从描红、仿影到临帖，逐步做到写得匀称，纸面干净"等。① 由此看出，对写字学习的认识和实施也是在不断深化。1992 年国家教育委员会制定了《九年义务教育全日制小学语文教学大纲》（试用），对小学识字、写字教学作了以下规定："识字是阅读和作文的基础。在小学阶段，要使学生学会常用汉字 2500 个左右。要能读准字音，认清字形，了解字义，并能正确地书写、运用。前三年完成大部分识字任务。识字教学要教给识字方法，培养识字能力。要教给学生一些汉字的基本知识，使学生在识字的过程中，逐步掌握汉字的基本笔画、笔顺规则、偏旁部首和间架结构。"

（三）八九十年代识字写字教学的方法

1978 年颁布的《全日制十年制学校小学语文教学大纲》在识字写字教学方面强调要改进教学方法，提高教学质量，根据学生认识事物的规律、学习语文的规律和汉字本身的规律，采用合适的识字方法，培养学生识字能力。据统计，识字教学方法有 30 多种，主要有肖长杰、魏大义的汉标识字法，黑龙江省的注音识字法，谷锦屏的听读识字法，王桐生、张俊蘅的猜认识字法，张继贤的字根识字法，李卫民的奇特联想识字法，赵明德的立体结构识字法，双辽县老师们的字谜识字法，姜兆臣的韵语识字法，郭洪的趣味识字法，贾国均的字理识字法，上海市实验学校的辅助学习汉字法，何克抗的四结合识字法，香港谢锡金的多媒体电脑辅助识字法，看图识字法等。②

1. 注音识字

这种识字法是 1982 年在中国文字改革委员会和一些专家的指导下，黑龙江首创的识字教学方法。这种识字习字教学法对以往的集中识字和分散识字进行了补充，从另外一个角度开展教学。注音识字从发展语言入手，力求解决识汉字和学汉语之间的矛盾。这样就能够减轻儿童的识

① 沈红：《语文课程与教学研究》，浙江大学出版社 2009 年版，第 147 页。
② 康丽红：《掌握识字教学方法提高汉字教学效果》，《都市家教（下半月）》2014 年第 1 期，第 272 页。

字负担，不损害儿童的学习兴趣，同时保障儿童语言能力的发展，并使学生语言和思维得到及时的训练。具体地说，以学好汉语拼音为阅读服务为前提，以识汉字与学汉语相交融为原则，在儿童学业刚开始的情况下，借助汉语拼音这种辅助工具，使听说读写同时起步，共同促进，达到语言、思维、识字能力共同提高的目的。

2. 字族文识字

字族文识字法是四川省井研县鄢文俊等于 1960 年开始探索、1980 年成型并进行实验的一种识字教学方法。在 20 年的摸索探究中，他们对汉字进行深入研究分析，认为汉字几乎可以分为"母体字"和"子体字"。"母体字"指汉字中有一定数量且具有派生能力的字，"母体字"几乎可以衍生出所有的常用字，这些被衍生出来的常用字则被称为"子体字"。而后，每篇课文以一个字族中的汉字为主，这些用来编写教材的文字称作"字族文"。利用编就的一篇篇字族文来识字，是字族文识字的主要方式。

3. 字理识字

字理识字是湖南省岳阳市教育科学研究所贾国均于 90 年代初提出的。所谓字理，顾名思义就是指汉字的构字依据和组成规律。字理识字就是依据汉字的构字规律，运用汉字形、音、义的关系进行识字教学的方法，也就是说通过对象形、指事、会意、形声、转注、假借等造字法的分析，运用直观、联想等手段识记字形，以达到识字的目的。这种识字方法以揭示和解析字理为基础，以使学生牢固建立汉字的形、音、义之间的联系为核心，对学生思维能力进行训练，有利于启发学生展开想象和联想，是基本和有效的方法。

4. 双脑识字

双脑识字是 1991 年上海市实验学校引进"智能双拼"编码后创造的一种新型的识字教学方法。它结合新的时代背景，改变了以往先学汉语拼音再识汉字的传统做法，将学习双拼码、识汉字与打电脑结合起来，学生在认读字、词、句的过程中巩固双拼字母的拼读，在进行文字输入的过程中复习认读的生字词，实现了电脑、双拼、识字的同步学习。这一识字法把学习语文和普及计算机技术结合起来，利用电脑学习语文，利用电脑开发人脑，迎合了未来时代信息化的趋势，具有广阔的发展前景。

（四）八九十年代识字写字教学的特点

20 世纪 80 年代以来，对传统的汉字认读、书写的研究具有如下的特点。

1. 对识字、写字有了全面的、客观的、辩证的认识。既看到优点，又看到缺点；既研究了官方课本的一条线，又研究了民间杂字的一条线；不夹杂个人的好恶，而是历史地辩证地去分析。

2. 密切联系现实去研究。结合字的音、形、义，在具体的语言环境中教识字；将识字和认识事物结合起来，引导学生通过观察具体情境，联系实际生活识字；结合识字教学和听说教学，学过的字力求在语言训练中反复运用；结合识字和写字教学，在识字的过程中重视写字的指导。

3. 重视写字的教学。写字是巩固识字的重要手段，是重要的语文基本功。做好识字教学在提高学生文化素养方面起着重要作用。从一年级开始就要严格要求，严格训练，逐步提高学生的写字能力。

第四节　21 世纪识字写字教学

21 世纪以来，识字教学方法改革取得的成绩最大，汉字教学研究也非常活跃。目前，汉字教学呈现出百花齐放的大好形势，共有 40 多种识字教学方法。小学语文界对识字教学也越来越重视，多种识字方法，各具特色，形成了方法不同、风格各异的教学体系，使汉字教学走向一个新阶段。

一　新课程改革背景下识字写字教学的思想

新课标从"知识和能力、过程和方法、情感态度和价值观"三个维度，提出"识字与写字"的学习目标，并注意了目标的全面性，要求学生能认识 3500 个左右常用汉字，会写其中的 3000 个。在总结识字学习各项改革的成败得失的基础上，更加强调它的学习语文的基础地位，更加注重识字和写字学习的科学性，这在 21 世纪的《全日制义务教育语文课程标准》中就可以清楚地体现出来：注重培养学生热爱祖国语言文字的感情，培养主动识字的愿望和主动识字的习惯，使学生具有较强的独立识字能力，能把字写对、写美观等。

二 新课程改革背景下识字写字教学的内容

从 80 年代到现在，识字写字的学习与教学不论在理论建设上还是在实践探索上，都取得很大的成就。其中，形成比较完备的识字写字学习方法体系就是改革与探索的表现之一。在 2000 年"小学语文识字教学交流研讨会"上就征集了 40 多种，主要有集中归类识字法、分散识字法、注音识字法、字族文识字法、韵语识字法、字理识字法、电脑识字法等七种识字方法。

三 新课程改革背景下识字写字教学的方法

新一轮课改下识字写字学习方法体系的日益完备，尤其表现在识字学习方面，到目前已有多种识字方法，如以形声字归类、基本字带字为主的集中归类识字法，字族文识字法，韵语识字法，部件识字法等。依据其特点又可概括为集中式与分散式。集中式学习方法能体现汉字、汉语特点。《语文课程标准》要求低年级有 2000 个左右的常用字的识字量，而且识字量逐年减少，以适应逐年提高的读、写要求，为中、高年级的阅读和写作打下基础；分散式学习方法是在课文内随课文识字或"注音识字、提前读写"等，各年级的识字量逐步增加，到高年级仍有大量的识字任务。集中与分散这两种的区别在于：二者对于在低年级完成识字学习和发展语言的任务侧重点掌握不同，集中识字法以汉字规律为切入点，主张学生掌握汉字的规律，在识字过程中提高学生的语文能力；分散式则以语言规律为切入点，主张在发展语言过程中识字。不过两种方法最终的结果都是要完成识字学习和发展语言的任务，可以说是殊途同归。此外，语文教育家通过研究还发明了许多适用于集中与分散各种类别的识字学习方法，如字理识字、电脑识字、联想识字、循环识字等。

当今，识字写字教学已取得了很大的成就，最突出的是运用汉字构字规律来学习汉字。汉字的构字方法是有规律可循的，在识字学习中充分运用汉字构字规律，就会大大降低学习汉字的难度。汉字的总量多，但常用字只有 3000 左右。只要选好字种，分最常用字、次常用字，以在儿童生活、学习中高频字的学习为主，就能达到识字的目的。另外，汉字自身也是有规律可循的，形、音、义之间联系密切。每个汉字都是音、形、义的统一体，因而，识字教学就要充分掌握汉字的规律，运用汉字的形声联系、形义联系、声义联系。此外，汉字字形结构有规则。将汉字的结构形象化、系统化也能够提高识字教学的质量。掌握规律不仅会降低识字、写字的难度，而且因汉字具有高度逻辑性和包容性，好的识字教学方法还能够提高学生的逻辑思维能力和形象思维能力。凡是识字写字的学习方法，其中都有一个共性即是遵循汉字的构字规律。在识字写字教学过程中注意识字写字学习与发展语言紧密结合，要能读、能写、能书（书法），要遵循语言规律运用汉字，将字放在语言环境中去理解、去运用。

四　新课程改革背景下识字写字教学的特点

在"识字与写字"教学方面，相比以往的教学大纲，新课标呈现出以下特点。

1. 准确定位汉语拼音目标，适当降低汉语拼音教学要求。把汉语拼音定位为辅助认字和学习普通话的工具，而不重汉语拼音掌握熟练程度的考察。①

2. "识""写"分开，提出"认识"和"学会"两种目标旨在避免因"四会"而造成的互相掣肘的现象。同时也可以降低学生学习的负担，利于提高其识字的积极性和学习效率。②

3. 在书写中体验汉字的优美，养成良好的书写习惯，并在书写中识认汉字和巩固所学的汉字。③

4. 分层级的汉字识字量和会书写的量，有利于提高学生识字的兴趣，为及早大量的阅读作准备。④

---

① 耿红卫：《我国百年汉字识字教学改革述评》，《中学教师培训》2006 年第 10 期，第 33—36 页。

② 同上。

③ 同上。

④ 同上。

　　贯彻新课标语文教学需要注意的问题是，拼音教学要求的降低，并不代表不要"拼音教学"。如何发挥拼音教学的辅助认字作用，还值得在实践的层面上研究。再者，识字学习提倡在具体情景中识字，在实际生活中识字。根据儿童已有的经验，用自己喜欢的学习方式识字。这就为教师搞好识字学习的指导提供了广阔的舞台。

　　经过语文教育家呕心沥血的研究，中国的识字教学取得了瞩目的成果。识字教学的改革方兴未艾，正在深入发展。各种识字学习方法不仅对我国传统汉字教学作了很好的继承，而且有了极大的发展和创新，提高了识字学习的科学性和语文学习的水平。更为可喜的是，21世纪不少识字教学流派开始从自我封闭的状态走向互相学习共同提高的开放状态，在向别人学习的过程中认识到自身的不足与局限。就整个汉语文学习来说：一方面我们要看到识字教学的重要性，因为它是进一步进行语文学习的基础；另一方面更要明白识字不是目的，而是一种手段。尽早突破识字关，才能更早、更好地进行阅读，以便能够自由地吸纳有用的信息，提高学生的素质。识字教学在实际操作过程中要处理好量与质的关系。我们相信，在今后的教学改革中，中国的识字写字教学一方面会继续呈现百花齐放的局面，各种识字教学方法会日臻完善；另一方面会涌现出更能体现汉字规律和识字教学规律，综合体现汉字、汉语优势的新的识字教学方法。我们期待这一天的早日到来！

第六章

口语交际教学发展研究

口语交际能力是现代公民所必须具备的能力之一，所以口语交际教学在语文教学中的地位是毋庸置疑的。本章按照语文教育的发展史，把语文口语交际教学从古至今分为古代口语交际教学、现代口语交际教学、当代口语交际教学及 21 世纪口语交际教学四个阶段进行研究。

第一节　古代口语交际教学

研究古代口语交际教学，必须对口语交际有一个大体的认识。口语交际教学，以前叫作听说教学，改称口语交际教学是 2000 年正式开始的。当然听说教学与口语交际在内涵与外延上还是有区别的。这个在后面稍作叙述。根据湖南师范大学教育科学学院院长周元庆教授的研究，口语交际教学可分为"聆听教学"和"述说教学"两大块，"述说教学"训练又分为"诵读训练""独自训练""对谈训练""论辩训练"四部分，其中"诵读训练"分为三种：朗读、朗诵、背诵。① 据他的观点我们可以在古代语文教学论著中摘取一些信息加以研究。

一　先秦时期口语交际教学

（一）《学记》与古代口语教学

我国古代的语文教育在语言和文字的关系上，是重文轻语的。古代语文教育基本是学习文言文，是经过雕琢加工而成的"书面语"，连"三百千"之类的童蒙、识字教材，也是非常书面化的文学。所以当张

---

① 周庆元：《语文教育研究概论》，湖南人民出版社 2005 年版，第 297—305 页。

隆华等先生请教语言家、语文教育家吕叔湘先生有关古代语文教育时，吕老说过："……所提三点——重道、重文轻语、重教——基本如此。鄙见尚需补充一两点：不但轻'语'，根本上不想到'语'，孔门四科之言语，所指是应对（包括外交）辞令，不是日常说话……"①

我国古代教育史上出现最早、内容最为详备的教育论著是《学记》，它是先秦时期教育思想的总结，其中也涉及了我国古代语文教育的若干问题。《学记》所记载的思想、方式、方法、原则等有很多值得借鉴之处，其教学方法中的"问答"可以看作当代口语交际教学的雏形。

《学记》中说："善问者如攻坚木，先其易者，后其节目。及其久也，相说以解。不善问者反此。善待问者如撞钟，叩之以小者则小鸣，叩之以大者则大鸣，待其从容，然后尽其声。不善答问者反此。此皆进学之道也。"② 对"问答"法有如此精妙之比喻，足见当时问答法运用之成熟，只是他们问答之语言是书面语、文言文，而不是与生活接近的口头语言，所以《学记》上的内容从形式上、方法上看似乎是对口语训练的记载，其实内容相差甚远。

（二）《论语》与古代口语教学

西周时期唯官有书，而民无书；唯官有器，而民无器；唯官有学，而民无学。③ 春秋中叶，地主阶级迫切需要掌握文化的新人才，以新的思想理论为之统治服务。这就为私学的兴起创造了条件。春秋末期私学处于初步繁荣阶段，孔子就是众多私学中的一家，是当时许多学派中对后世影响较大的一派。孔子的口语交际教学方法可简单概括为以下两点。

1. 启发诱导式

从孔子说的"不愤不启，不悱不发。举一隅不以三隅反，则不复也"④ 中我们可以看到孔子主张教师在教学中通过几句话点拨思维或者在学生的对话中开阔学生的思维，开启学生的思路，而不是直接诉于答案。孔子认为让学生在老师帮助下通过自己的思考掌握知识，明白道理

① 吕叔湘：《中国语文教育史纲》，湖南师大出版社 1988 年版，序第 3 页。
② 思履主编：《四书五经详解》，中国华侨出版社 2013 年版，第 504 页。
③ 孙培青主编：《中国教育史》，华东师范大学出版社 2009 年版，第 31—32 页。
④ 东篱子解译：《论语全鉴》第 2 版，中国纺织出版社 2014 年版，第 306 页。

才是正确的教学形式。这种老师在点拨的过程中与学生进行对话的模式其实就是我们现在的口语交际教学形式。

2. 因材施教

因材施教的前提是了解学生的个性特点，孔子了解学生的方法之一是谈话法。有目的地找学生谈话，有时个别谈，有时二三人或四五人聚集一起谈，方式较为灵活，通过自由交谈，沟通了解学生的个性差异。这也是口语交际教学的一种直接反映。

孔子的两种教学方法能有效地强化学生的语言表达能力，训练学生的思维。与现在的口语交际相区别的是当时的老师在交流中使用的语言是文学化的语言，而不是口头化的语言。

二　秦汉时期的口语交际教学

秦汉是我国封建制度形成与确立的时期。秦统一六国后，以法治思想指导教育，教育变为维护国家统一和君主集权统治的工具。秦朝统一了文字，严禁私学，实行以吏为师，取消专职教师，实行了"焚书坑儒"，这无疑是教育发展史上的一次重大倒退。

汉朝的文化教育政策与秦朝截然不同。汉朝几代皇帝都重视知识分子作用，提高他们的地位，给予施展宏图的机会，允许开办私学。私学在培养人才、传播文化、发展学术上起到了重要作用。汉朝废除了秦朝的"挟书律"，从法律上为汉朝学术的繁荣和教育的发展撤销了人为障碍，也为学术繁荣、教育发展提供了较为宽松的环境，尤其是汉武帝推行"罢黜百家，独尊儒术"的文教政策，让儒家学说得到前所未有的传播与发展，学校教育规模得到大的拓展，文人学士地位得到极大提高。

汉代的学习以治经为主要内容，守师法，重依据，给语文教育思想带来较大影响。表现为以下几个方面：其一，语文教学依附于经学，学语文只是治经手段而已；其二，重视识字、写字教学；其三，重视教师的讲解，汉代经书学习看重师法，不同的经师有不同的讲解内容。"汉代的语文教育思想，把语文教学看成经学的依附，而且以后的语文教学只重视古典书面语言的传习，不重视甚至不考虑当代口语的心得。"①

---

① 张隆华、曾仲珊：《中国古代语文教育史》，四川教育出版社 2000 年版，第 28 页。

不过经学中的师生问答、生生讨论的治学方法对现在口语交际教学是很好的方法借鉴。

虽然当时普遍对口语教学不重视，甚至不考虑，但也出现了一些口语交际教学方面的著作，《方言》是其中杰出的代表。《方言》（多数学者认为为扬雄所撰）一书的出现为口语教学的发展做出一定的贡献。这是一本方言和"普通话"互相对照的书，是我国第一部比较方言词汇的重要著作。这本书对推行"普通话"，促进语言的融合发挥重要作用。如果书面语中也大量吸收"普通话"语言，缩短书面语与"普通话"差距，口语教学就必然能迅速发展起来。

研究秦汉时期口语交际教学的发展史，以下几位对语文口语教学有较大影响的人物是必须提及的。

（一）司马迁的口语交际教学思想

司马迁，汉左冯翊夏阳（今陕西韩城）人，字子长。10 岁开始读古文典籍。因李陵事受宫刑后著成了"穷天人之际，通古今之变，成一家之言"的《史记》，《史记》既是历史著作（"史家之绝唱"）又是文学名著（"无韵之离骚"）（鲁迅之《汉文学史纲要》）。《史记》的语言生动，重视文采，富有表现力，时平铺直叙，如潺潺流水，时论叙抒情，似大海之滔，汹涌澎湃，对我国散文发展起着重要作用。《史记》运用当时通行的书面语进行写作，还运用了一些富有表现力的汉代民间口语和谣谚，对民族语言的发展和缩短书面语与口语的距离发挥了重要作用。

司马迁对后世语文教育的重要启发之一是重视说话，对口头表达能力很重视。《史记·滑稽列传》有一段话："孔子曰：'六艺于治一也。《礼》以节人，《乐》以发和，《书》以道事，《诗》以达意，《易》以神化，《春秋》以义。'太史公曰：'天道恢恢，岂不大哉！谈言微中，亦可以解纷'。"这一段话就讲了口语表达能力的重要性。

口头表达能力强，虽不至于达到"三寸之舌，胜过百万雄师"之地步，但也可以解决许多问题。淳于髡"滑稽分辩，数使诸侯，未尝屈辱"，优孟"多辩，常以谈笑讽谏"，优旃"善为笑言，然合于大道"。这些小人物凭借三寸不烂之舌在外交中发挥了巨大作用，司马迁为他们立传，足见司马迁对说话的重视。

（二）王充语文教学思想中的口语教学

王充的《论衡》一书反映出的语文教育思想有许多借鉴之处，其中也有许多关于口语教学的论述，如"以舌论讼，犹以剑戟斗也。利剑长戟，手足健疾者胜；顿刀短矛，手足缓留者负"①。这是说，语言像刀剑一样，善于使用，使用得法、得当，可以在为人处事中常处于不败之地，这里突出了口语表达的重要性。又如《问孔篇》云："言出于口，文立于策，俱发于心，其实一也。"②《宝贤篇》云："夫笔之与口一实也。口出以为言，笔书以为文。"③《对作篇》云："说发胸臆，文成手中，其实一也。"④ 从王充看来，语言与文字其实是一回事，都用来表情达意，皆为表达之工具，无轻重之分，亦无作用大小之别，只不过一则是口头表达，一则是书面表达。

以上可以看出，秦汉尤其是汉朝在语文学科教育方面取得了很大进步，尤其是口语教学，取得了前所未有的成绩。

三　魏晋南北朝时期的口语教学

魏晋南北朝是历史上战乱众多、政局动荡的时期。这个时期朝代更替频繁，人口大量迁徙，客观上导致统治者权力控制松驰，为异质思想文化的活跃带来了有利的条件。魏晋南北朝的教育事业处于大变革、大转轨时期。在教育思想、教育内容、教育方法上的贡献，使之无愧于教育"继汉开唐"的新时代。⑤ 这段时期，官学时兴时废，成绩不很突出，倒是私学获得了较大的发展，尤其是家学的繁荣，更是古今少见。家人之父子传授，在语文教学中更为普遍。如东晋王羲之一家之书法，梁萧统一家之文学等。

魏晋时期清谈玄学之风盛行，到南北朝时佛学大盛。讲经主要是传播佛教，同时也给群众进行了语言教育。⑥ 魏晋南北朝时期的清谈对口语教育产生了重要影响。清谈是双方用语言来辩论，这是锤炼语言、提

---

① 张萧：《哲语解悟两汉卷》，安徽人民出版社 2012 年版，第 95 页。
② （东汉）王充：《论衡·问孔》。
③ （东汉）王充：《论衡·宝贤》。
④ （东汉）王充：《论衡·对作》。
⑤ 孙培青主编：《中国教育史》，华东师范大学出版社 2009 年版，第 129 页。
⑥ 张隆华、曾仲珊：《中国古代语文教育史》，四川教育出版社 2000 年版，第 145 页。

高语言运用能力、促进口语表达的良好途径。

清淡中辩论形式多样，有一人自问自答，两人对谈，分组讨论等。清谈使当时士族家庭的青少年受到良好的语言教育，如故事《蒸饭成粥》中记载：宾客诣陈太丘宿。太丘使元方、季方炊。客与太丘论议。二人进火，俱委而窃听，炊忘著箪，饭落釜中。太丘问"炊何不馏?"元方季方长跪曰："大人与客语，乃俱窃听，炊忘著箪，饭今成糜。"太丘曰："尔颇有所识不?"对曰："仿佛志之。"二子俱说，更相易夺，言天遗失。太丘曰："如此，但糜自可，何必饭也。"① 这一对少年听过长辈的清谈，能够复述出来，毫无遗漏，说明听得认真，记得牢固。而陈太丘对少年的鼓励也说明了当时对口语教学的重视。故事中聆听、复述之过程正是口语训练的过程，对培养语言表达运用能力起重要作用。

他们对青少年清谈的要求是比较严格的。

一是简要顺畅。听话、说话能抓住要点，语言流畅，简明扼要，以理服人。

二是应对敏捷。思维敏捷，迅速组织语言应对交谈。

因为这些士族青少年生长在崇尚清谈的环境里，从小受到语言运用技巧的良好训练，所以在语言运用方面得到很大提高，由此可见，清谈对青少年语言训练起到了积极作用。

这个时期的口语教学思想还在颜之推的《颜氏家训》中得到一些体现：《颜氏家训》认为读书要多问，朋友间相互切磋，才能相互启发，开阔思路，增长见识。"闭户读书，师心自是"② 的人容易出差错。可以看出，颜之推也提倡教学中能相互讨论，质疑问难，师生互动，在锻炼语言表达能力的同时，让思维得以敏锐。其实这也隐藏着训练学生口语交流、语言运用的思想。

总之，魏晋南北朝时期的语文教学中虽然没有明确提出或体现口语教学，但从他们的教学方法中已经流露出口语教学的痕迹，而且也在语言表达能力的培养，加快口语与书面语、方言间的融合方面做出了有益的尝试。

---

① （南北朝）刘义庆编：《世说新语·夙惠》。
② （南北朝）颜之推：《颜氏家训·勉学第八》第3卷。

四　隋唐时期的口语交际教学

隋唐时期教育发展进入一个新的历史阶段。隋唐时期农业生产得到恢复和发展，促进了手工业和商业的发展，为城市的兴起与经济的繁荣提供了丰富的物质条件，加上中央集权的行政制度，为文化教育的发展提供了条件。隋唐文教发展值得重视的地方在于有些历史性的创新：科举制度的建立；官学、私学并举，地方官学与中央官学衔接形成学校系统；学校内部管理在总结历史经验的基础上，形成一套较完整的制度等，这些因素推动了语文教学的大踏步前进，产生了较大的历史影响。

（一）唐诗与口语教学

隋唐时期的文学得到前所未有的发展，"唐代不到 300 年的时间中，留下来的诗歌将近 5 万首，比自西周到南北朝一千六七百年中遗留下的诗篇数目多出两三倍以上。独具风格的著名诗人有五六十个，也大大超过战国到南北朝著名诗人总和"①。这些诗人创作了很多脍炙人口的作品，诗的形式方面更加灵活，更为多样化，创造了七言歌行，并完成了五七言近体诗的形式；诗所反映的内容方面更具广泛性，山水田园生活、边塞军营生活、宫闱寂寞之情，游离故乡的思念之情等无不在诗中体现出来。

因为唐诗来源于生活，直接反映人们的内心情感，所以语言运用比较灵活，吸收运用了不少的口语。如"两个黄鹂鸣翠柳"的"个"，"梅熟许同朱老吃"的"吃"等，给后世文学作品吸收运用口语，丰富文学语言，提供了有益的经验，也促进了口语与书面语的相互补充，实际上也就是促进了口语的发展。

（二）唐代传奇与口语教学

传奇故事在中唐时代有很大发展，促进了俗讲的盛行，在敦煌遗书中发现记录俗讲的文字。"不论过年过节或其他喜庆日，在寺院的庙檐下，集市的街头，官僚地主庭院里，铺个摊子，挂上画卷，就可开讲。"② 俗讲有讲有唱，有时以历史故事为内容，有时以佛经故事为内容，有的还把儿童教育的内容编入俗讲内容。这种形式能有效地将书面

---

① 游国恩等：《中国文学史》（二），人民文学出版社 1963 年版，第 3 页。
② 王重民：《敦煌遗书论文集》，中华书局 1984 年版，第 212 页。

语言口语化，丰富了口语，口语表达更加生动、形象，增强了向群众进行语言教育的效果。

如教育儿童识字的《五更转》云：

一更初，自恨长养枉身躯，耶娘小来不教授，如今争（怎）识文与书。

二更深，《孝经》一卷不曾寻，之乎者也都不识，如今嗟叹始悲吟。

三更半，到处被他笔头算，纵然身达得官职，公事文书怎处断。

四更长，昼夜常如面向墙，男儿到此屈折地，悔不《孝经》读一行。

五更晓，作人已来都未了，东西南北被驱使，恰如盲人不见道。①

《太公家教》是中唐以后广泛流行的一本童蒙课本，为中国北部和东北各民族儿童所诵习。其目的侧重对学童进行封建思想教育的说教，有些介绍一些历史故事，其语句与口语很接近，是一些流传民间的俗谚语言，如：

罹网之鸟，悔不高飞，；吞钩之鱼，悔不忍肌。
男年长大，莫听好酒；女年长大，莫听游走。
近朱者赤，近墨者黑；蓬生麻中，不扶自直。
香饵之下，必有悬钩之鱼；重赏之下，必有勇夫。②

这种利用口语化的文学语言写历史故事能促进这种思想为人们传播、掌握，一方面发展了口语，另一方面缩短了口语与书面语的距离，推动了通俗语言的发展，让语言文字与人们的生活更接近，语言文字更

---

① 任半塘：《敦煌歌辞总编》，中华书局 1984 年版，第 743、1284 页。
② 王国维：《敦煌发现唐朝之通俗诗及通俗小说》，见《敦煌变文论文录》，上海古籍出版社 1982 年版，第 5 页。

好地服务人们生活，服务口语交际，也提高了人们的口语交流能力。

（三）文人的语文教育思想与口语教学

唐代的几位散文大家的语文教育思想和语文实践活动也为语文教育发展做出了贡献。他们有的教学方法也为当今口语教学提供了许多值得借鉴的地方。反观隋唐时期的口语教学可以看出，虽然这个时期仍然没存明确提出口语教学的意义及其方法途径，不过从文学实践活动和几位散文家的语文教学方法看，他们也意识到了口语的丰富性、重要性，认识到了口语对书面语的促进作用和在人们交流中的重要作用。所以在文学创作中能有意识地吸收口语中的词汇，促进了书面语与口语的交流和补充，在口语处于弱势的情况下，这无疑丰富了口语词汇，增强了口语的发展后劲。同时韩愈、柳宗元等几位语文大家在教学实践活动中，也无意识地促进了口语的教学，虽然是无意的，但对我们有意者来说仍是有益的借鉴。

五　宋元时期的口语教学

宋元时期包括北宋、南宋和元朝。宋朝学术思想空前活跃，科学技术也取得非凡成就，包括火药、指南针、活字印刷术的创造和发明，加上经济的勃兴，这些因素都极大地推动了社会的进步和教育的发展。元是中国历史上第一次由草原游牧民族统一中国的朝代，游牧民族入主中原对促进国内民族大融合和文化交流，起到了不可磨灭的作用。

宋元时期的语文教育得到快速发展，各种教育思想也争奇斗艳。影响因素主要有四个。一是宋代的三次兴学，广设学校。第一次兴学运动是范仲淹在宋仁宗庆历四年主持的"庆历兴学"。措施有普遍设立地方学校，改革科举考试，创建太学。第二次兴学运动是王安石在宋神宗熙宁年间主持的"熙宁兴学"，措施有改革太学，创立"三舍法"（将太学分为外舍、内舍、上舍三个程度不同、依次递升的等级）；恢复和发展州县地方学校；恢复和创设武学、律学、医学；编撰《三经新义》作为统一教材等。第三次兴学是蔡京在宋徽宗崇宁年间主持的"崇宁兴学"。措施有在全国普遍设立地方学校；建立县学、州学、太学三级相联系的学制系统；罢科举，改由学校取士等。二是重视科举，重用仕人。三是尊孔崇儒，提倡佛道。儒、佛、道三家在长期而激烈的斗争中，逐渐走上了融合的道路，最后终于孕育出以儒家思想为主体，糅合佛道思想而成的新的思想体系——理学思想。四是宋元时期各民族之间的思想融合和文化交流也对语文教育产生了重大影响。

尤其值得一提的是宋元理学。理学的产生与发展，产生了一批理学家，他们大都是文学家、教育家，也是历史上知名的文人学士。他们对语文教育的影响不言而喻。苏轼、苏辙、苏洵、欧阳修、王安石、曾巩等他们的文学实践都给当时的语文教育带来了极大的影响。

古人学语文很讲究"读"，宋元间的阅读训练亦是如此。他们的读法灵活，"有时先读后讲，有的先讲后读，有时边讲边读，有时边读边讲，读到一定程度，然后领读一段，跟读一段；或唱读、或吟读、或诵读、或背诵，师生配合默契，心领神会，读到入情入理乃止"①。他们学语文都用这种方法，不论是诗，词、曲还是文章，这种读便能将一些通俗易懂、脍炙人口的书面语转化为口语，在日常口语交际中沿用开来，增强口语的表现力。

宋时语文教学选用的教材是《三字经》《百家姓》《千家诗》，这些教材浅显易懂，脍炙人口，读起来朗朗上口，让人觉得亲切自然。就《千家诗》来说，如"借问酒家何处有？牧童遥指杏花村"，"春色满园关不住，一枝红杏出墙来"，"春眠不觉晓，处处闻啼鸟"，等等。很多词句几乎接近口语，信手拈来，贴切易懂，进一步促进了口语与书面语的融合，有利于口语能力的发展。

王安石的语文教育思想中也体现了一些口语教学的观点。他认为学习语和文，就是为了使用语和文。这和我们现在的观点是一致的，即语文服务于生活，同时他认为"语文"包括"语"和"文"，即"口头语言"和"书面语言"，使用语和文，就是使用口头语言和书面语言，把发展口语和书面语言，掌握其用法作为语文学习的重要目的，培养学生的口头表达和书面语运用能力。他还认为学语言不要死守章句经典，食古不化，而应该注重应用，用学过的语、文表达人的思想情感，发挥它的社会功能。

朱熹是理学思想的集大成者，也是南宋最负盛名的大教育家。他一

---

① 张隆华、曾仲珊：《中国古代语文教育史》，四川教育出版社 2000 年版，第 145 页。

生主要从事学术研究和教育活动。他的教育思想博大精深，对当时及后世教育的发展，产生了重大而深远的影响。他一生编纂了多种教材，流传最广、影响最深的是《四书章句集注》，很多的教育思想、教育方法都体现其中。在读书方法上他强调的重要一点是熟读精思。"百遍时自是强五十遍时，二百遍时自是强一百遍时"，"太凡读书先须熟读，使其言皆若出于吾之口，使其意皆若出于吾之心"。朱熹也赞成张载的读书方法，"横渠（张载）教人读书必须成诵，真道学第一义"。熟读成诵与他的"先入为主，及早施教"有关联；及早施教，"必使其讲而习之于幼稚之时，使其习与知长，化与心成，而无扞格不胜之患也"①。我们认为朱熹当时只是从思想道德上强调"先入为主"，其实语言学习上也应该及早施教，使经典语言伴随孩子生活，不离其口，从而化与心成。这时进行口语训练对孩童熟练地使用口语、出口成章大有裨益。熟读成诵一方面能为孩子的口语积累大量的词汇材料，同时读得多，久而久之，词汇间的联系规则，已经在孩童潜意识中形成，这种规刚不是老师教的，不须思考记忆，信手拈来，呼之即出，所以表达时便能出口成章，滔滔不绝。

六　明清时期的口语交际教学

明清两朝是我国封建社会的两个重要朝代，也逐渐进入了封建社会的尾声。这段时期，跨度从 1368 年到 1911 年。两个朝的皇帝从历史的经验教训和亲身的实践中，深刻地认识到学校教育对于治理国家起着重要作用，所以明太祖朱元璋说："治天下当先其重其急而后其轻且缓者，今天下初定，所急者衣食，所重者教化。衣食给而民生遂，教化行而习俗美。足衣食者在于劝农，明教化者在于兴学校。"② 从而确立了"治国以教化为先，教化以学校为本"③ 的文教政策。清朝统治者入关定都北京以后，非常重视发展文化事业对于维护封建统治的重要作用。顺治

---

① （南宋）朱熹：《朱子全书》，朱杰人、严佐之、刘永翔主编，安徽教育出版社 2002 年版，第 393 页。

② （明）夏原吉等：《明太祖实录》，中研院历史语言研究所 1962 年版，第 387—388 页。

③ 《明史·选举志一》。

十二年（1655 年），顺治在给礼部的谕令中写道："帝王敷治，文教是先。臣子致君，经术为本……今天下渐定，朕将兴文教，崇经术，以开太平。"确立了"兴文教，崇经术，以开太平"的文教政策。

明清时期，封建统治阶级采取了一系列发展文化教育的政策，如广设学校，严订学规，培植人才；重视科举，选拔人才；崇尚儒家经术，提倡程朱理学。当然统治者为了培养和选拔他们所需要的治术人才，在积极发展文化教育事业的同时，又采取各种措施加强思想控制，实行文化专制。这时期的教育还受到各种因素的影响：西学的传入，多民族的文化交流，给语文教学注入了新的生机。明朝时商品经济开始繁荣，旅游业兴起，人们价值观发生变化。"人性""人欲"意识觉醒，对爱情自由的向往，影响了人们的审美情趣。清王朝入关又促进了我国多民族文化的融合，比如满汉语言文化的交流，双方文化艺术相互渗透，这些也对语文教育的思想、方法、内容产生了深远而持久的影响。

明清时期语文教育发展主要体现在教材编写的丰富、训诂学的发展、实用文写作的有效训练等方面，在口语教学方面也有了新的进展。

首先是教材选编对口语教学的影响。这段时期出现了许多蒙学教材，如《三字经》《百家姓》《千字文》的改编本，《弟子规》《龙文鞭影》等。这些教材好懂易记，有利于儿童学习，内容上有的介绍自然、社会、伦理等知识和历史典故，有的传授读书方法、道德思想，还有的讲授神话传说、人物典故，内容丰富。其中记录社会生活、自然万物的词汇就很接近口语，容易为口语吸收，丰富了口语的词汇材料，促进文字口语的进一步发展。这些教材运用韵语和对偶，简化语言，极大地贴近生活，有助于口语的规范化，方便交流。文选读本也能雅俗共赏，易于通晓，讲解透彻，长期学习必然影响孩童的词汇构成、言语习惯、语感、思维，直接关联口语能力的发展，比如《千家诗》选编的脍炙人口的诗篇：杜甫的《绝句》、王之涣的《登鹳雀楼》《寻隐者不遇》《静夜思》等。

明清时期科技教育与实用文写作训练，加强了经世致用的文字的练习，反映了这一时期民主主义思想的萌芽，以及反封建压迫的思想和愤世嫉俗的思想。如刘基的讽刺杂记《卖柑者言》，张溥的夹叙夹议散文《五人墓碑记》，马中锡的寓言《中山狼传》，龚自珍的杂记《病梅馆记》，这些作品既是时代的生活写照，又是时代的思想写照，也是时代语文教育的反映。这类具有广泛适应性的文体，能表现人类社会的真实状态，反映现实生活的真实情景，对学生学普通适用的语言文字很有好处，对增强学生的口语表达能力大有帮助。曾国藩是清朝学问之集大成者，他对家庭教育研究著述较丰。比较集中地反映在他的《家书》里，其中有关于写字、书法的，有关于待人处世的，有关于修身养性的，还有关于"看、读、写、作"之论述。"看、读、写、作"与今天的"听、说、读、写"四者有区别，"写"主要指写字、书法；"作"即"写作"，至于"听、说"则没有涉及。可见他对口语表达训练没有认识到，只注重在内心"养性"上下功夫。

这一时期还出现了很多指导语文教育的识字、读书、作文、写字方面的著述。如《幼训》《少学》《家塾教学法》《教童子法》等，其中以作者自身为学之体验，总结论述了有关识字的经验，作诗文的经验，以及教学方面的经验。这些著作对"听、说"无字涉及，但对"读、诵"却要求极严，要求熟读、精思、涵咏，又通读揣摩，以致熟读成诵，化为己出。所以古代很多学者往往之乎者也，出口成章，谈吐非凡，这与多读、多背有极大关联。这对我们今天的口语教学是有很大的启发的。

第二节　现代口语交际教学

一　清末民初的口语交际教学

科举制度到了清朝已成了禁锢思想、戕害青年一代身心的利器，导致一大批知识分子埋头于故纸堆里，空谈义理，毫无实用之能。清朝末年，因循守旧的思想导致政府的闭关锁国，自给自足的农业经济使清朝政府落后于西方资本主义经济发达的国家，资本主义国家不断侵犯我国的领土，觊觎我国广阔的领土与经济市场。列强的侵入，丧权辱国的一个个不平等条约的签订，令每一位有志之士义愤填膺，并寻求救国之路。维新变法，"公车上书"应运而生。同时列强的入侵，维新变法也给中国带来了西方的新思想、新观念、新事物，促进了国人有识之士的教育思想的转变。虽然以废除科举考试为主要目的之一的"公车上书"最后失败，但触动了统治者科举考试的神经，并在各方面压力之下，顽固的慈禧政权不得不在光绪二十一年（1905）年八月下谕"立停科举以广学校"。这是中国现代语文教育史的重要开端。

在中国语文教育史上一件最重要的事就在这段时期产生了。1904年由张之洞、张百熙、荣庆合订的《奏定学堂章程》，我国第一个经正式颁布后曾在全国范围内实际推行的学制，"癸卯学制"颁布。该学制的诞生"为国文单独设科奠定了基础，为中国具有学科意义的语文教育揭开了现代教育史上的序幕"①。

（一）白话文运动与口语教学

这一时期的口语教学得到一定的发展，其重要原因是晚清的白话文运动和通俗语文教育。19 世纪末，中国民族资产阶级在经济上要求自由发展，在政治上也要求能参与，为了能让更多的人了解自己的政治主张、经济要求，急需一种通俗易懂的文体进行广泛宣传，白话文就在这种社会的强烈需求下呱呱坠地。

白话文是一种汉语书面语。它与文言文相对。其实早在唐、宋、元、明、清就有了用白话文写的话本、小说等文体，为当时广大群众所接受和运用。其特点是以北方话为基础，与当时口语相接近。如此书面语、口语相接近，人们在口语中实践书面语的机会更多，用书面语交流其实又是在训练口语能力，如此口语能力得到较快的发展。

白话文运动的先驱者之一"诗界革命"首领人物黄遵宪提倡"我手写我口"的创作理论，提出了语言与文字的合一口号。梁启超也鼓吹和实践"诗界革命"，大力探求白话文的创作形式，语言流畅自然，浅显易懂，还广泛吸收近乎口语的生动语言，促进了书面语与口语的进一步融合，为广泛开展的口语教学奠定了基础。

白话文运动的另一先驱者陈子褒在《俗话说》中写道："人人共晓之话谓之俗，人人不晓之话谓之雅，十得二者亦谓之雅。今日所谓极雅之语，在古人当时俱俗话也。今日所谓极俗之话，在千百年以后又谓之雅也。"此处所谓"雅"即脱离口语的文言文，"俗"即与口语一致的

---

① 李杏保、顾黄初：《中国现代语文教育史》，四川教育出版社 2004 年 8 月版，第30 页。

白话文。

促进当时白话文运动的还有国语运动，主张运用汉语拼音，组建"国语研究会"等，对白话文运用、口语的发展起了很大的促进与推动作用。虽然白话文运动有很大的局限性（如并不以白话文代替文言文，写作时多数运用文言文，存在阶级偏见，歧视老百姓等），但对推动现代语文教育，转变对口语的认识有积极的作用。

（二）国文教授法与口语教学

从这一时期的国文教授法中也可以看出人们口语能力自觉发展的朦胧意识。清末所颁《初等小学堂章程》"学科程度及编制章第二"的第四节第三项"中国文学"指出："其要义在使识日用常见之字，解日用浅近之文理，以为听讲能领悟。读书能自解之助，并当使之以俗语叙事及日用简短书信，以开他日自己作文之先路，供谋生应用之需要"，从"识日常见之字，解日用浅近之文理，以为听讲能领悟"中看出当朝者已深深感受到文言书面语与口语之间的遥远距离，人们使用非常不便，也限制了书面语与口语的进一步发展。《奏定高等小学堂章程》提出："中国文学，其要义在使通四民常用之文理，解四民常用之词句，以备应世达意之用。"《学务纲要》也规定："其中国文学一科，并宜随时试课论说文字，及教以浅显书信记事文法，以资宦科实用，但取理明辞适而止。"该章程还提出："使习通行之官话，期于全国语言统一，民国之团结"的要求，规定"习官话者即以读《圣谕广训》直解习之，其文皆系京师语，每星期一次即可"。对官话的地位、范畴和教学课时的强调为以后统一普通话奠定了基础。

1912 年 1 月，中华民国教育部颁布《普通教育暂行办法》《普通教育暂行课程标准》，将各级各类学校"中国文学""中国文字"课程更名为"国文"，并对国文课程做了比较明确的规定，标志着"国文"的单独设科。同年 11 月教育部公布《小学校教则及课程表》，提出"国文要旨，在使儿童学习普通语言文字，养成发表思想之能力，兼以启发其智德"，"初等小学校首宜正其发音，使知简单文字之读法，……并使练习语言"。"高学小学校，首宜依前项教授渐及普通文之读法……并使练习语言。"1916 年，《国民学校令施行细则》重申这一要旨和"正其发音""练习语言"之要求。以上"国文"教学中关于"普通语言文字"及"练习语言"等要求，隐含着口语教学的内容。

随着国文教学的发展，口语教学逐步显现于语文教育之中，可以几位学者文章为证。潘树声在《论教授国文当以语言为标准》中指出："人生而有口，自其牙牙学语，以至就傅，其语言已无蹇塞不通者矣，导其语言于文字，当必有迎刃而解之乐，舍语言而教文字，徒苦儿童耳。"这里把"语言"与"文字"对比论述，显而易见，"语言"就是口语。又指出："语言，声也，发于口而闻于耳；文字，形也，出于手而触之于人之目；其器官之作用，本不能一，此其所以难也。"[①] 此处作者探析了语言与文学的区别，为进行口语教学做了一定的基础。庾冰在《言文教授论》中提出"教授文字，当以教授语言为第一步。教授语言，又当分为自语、听话、会话三种"，明晰了口语教学的重要性及其方式、途径。

（三）国语运动与口语教学

这一历史时期出现的国语运动又推动了口语教学的形成。国语运动包括"切音""简字""注音字母""官音字母""新文学"等运动。卢赣章在《切音新字序》中首次提出以"南腔"作为"国语统一"的设想；1891 年宋恕提出"汉语拼音"的主张，要求制造切音文字；王照致力拼音文字的工作，创了"官音字母"30 个，主张以北京话为标准来统一读音，并指定官话字母"专拼白话"。1916 年在北京成立了"国语研究会"，作为国语运动的总机构，对统一全国语言文字做出了贡献。

1917 年全国教育会联合会议制定了《推行国语以期言文一致案》，提出"改国民学校之国文科为国语科，将国文程度改浅，国语程度提高，仿语录及说部书之形式，俾文与语之距离渐相接近，成一种普通用语"的主张，并要求教育部速定国语标准。[②] 1918 年 11 月注音字母正式公布，为国语的诞生作了先期的准备。

总而言之，这一时期的"官话""俗语""口语"都是相对于文言文而说的口头语言。虽然白话文运动有很大的局限性，并不以白话文全

---

① 田良臣：《艰难的言说——汉语口语教学百年历程评述》，《课程·教材·教法》2005 年第 3 期。

② 李杏保、顾黄初：《中国现代语文教育史》，四川教育出版社 1997 年版，第 86 页。

部代替文言文，写作时多数运用文言文，存在阶级偏见，但对推动现代语文教育，转变对口语的认识有着积极的作用。

二 20 世纪 20 年代的口语交际教学

1915 年，胡适从世界语言文字发展的角度考察，认定古文是半死之文字，而白话文是活文字，并用明确的语言表明："我们此时才敢正式承认中国今日需要的文学革命是用白话代替古文的革命，是用活工具替代死工具的革命。"[①] 接下来，陈独秀、蔡元培、钱玄同、刘半农等人的努力实践促进了白话文普遍深入文化教育领域。时至 1920 年 1 月，教育部训令全国各国民学校先将小学一、二年级的国文改为白话文；又以教育部令修正《国民学校令》，将有关条文中的"国文"改为"国语"；再以教育部令修正《国民学校令施行细则》，规定国语要旨："在使儿童学习普通语言文字，养成发表思想之能力，兼以启发其智德。"确定了初等小学四年间纯用白话文，并正其科目名称为"国语"。"言文一致"的国语科在国语统一运动的推动下，终于在 1920 年诞生了，国语科的诞生为我国语文口语教学的发展提供了土壤。

这一时期，在国语教学法研究上比较突出的是黎锦熙。1922 年，黎锦熙发表了《国语科"话法"教学的新案》一文，他在"方案"中，对国语科中说话、听话教学的内容、要求和方法做了说明，强调"说话教学实在是一切教学入手的基础，而一切教学又处处都有施行话法教学的机会"。他强调了说话教学的重要性以及其方法，为这一时期的口语教学理论建设添砖加瓦。

1923 年 6 月，全国教育会联合会公布了中小学课程纲要。从此，语文学科有比较明确的教学要求和知识系统。《小学国语课程纲要》规定国语课的教学主旨为"练习运用通常的语言文字"并且首次以教育法规的形式规定口语教学的达标标准。这一《纲要》的颁布表明众多学者的见解已成为全社会的共识，为全社会认可，可谓是口语教学之大幸。《小学国语课程纲要》对国语科的教学内容作了规定，包括语言和文字，文字又包括读文、作文和写字。并且对中小学的语文教学设置了

---

① 李杏保、顾黄初：《中国现代语文教育史》，四川教育出版社 1997 年版，第 82 页。

最低标准，如初级小学语言的最低要求是：能听国语的故事讲演，能用国语作简单的谈话……高级小学语言的最低要求是：能听国语的通俗讲演，能用国语讲演。此外，在初级中学《国语课程纲要》的作文中有"定期演说辩论"的要求，并占了学分。在国语科教学方法中提到多用会话、讲演、表演法进行言语训练；在《课程纲要》中不仅把言语训练分为听和说两部分，还提示了语言训练的方法途径。

总而言之，国语科诞生后，口语教学的地位与价值逐渐确立并得到彰显，口语教学逐渐在语文教学中占有一席之地。当时对口语教学已经有了一定的实践研究，有了一定的成果，为今后的口语教学做了理论与方法上的引导、准备。但是这些经验还不足以成为完整的口语教学系统，我国的口语教学还有很长的路要走。

三　20世纪30年代的口语交际教学

在20年代语文教育研究的基础上，一批有志于语文教育研究与实践的学者对已有的成果加以反思，修订了已经颁发的课程标准，在教科书的编制方面进行了各种有益探索。

（一）《暂行标准》中的口语教学

为适应1929年普通科制的实行，1928年5月，国民政府召开教育会议，决定重行编订中小学各科课程标准。1929年8月，教育部颁布了中小学课程的《暂行标准》，这是以政府教育部名义颁行的具有教育法规性质的第一套课程标准。首先，《暂行标准》规定中学语文的教学目的之一是培养运用白话文流畅地叙说事理及表情达意的技能。它把口语表达能力的训练和提高，首次确定为中学语文科的教学目的之一，有改于过去说话训练仅在小学语文科的局面。在中学语文科中，胡适、陈启天、浙江一师的同人曾提出过，但都寓于一家之言。在政府教育部的正式文件上明确规定，确实难能可贵。

其次，《暂行标准》规定了"运用口语和语体文，以传达思想，表现感情，而使别人了解"的教学目标，这是首次把口语与语体文并列，凸显这个标准所具有的现代语文思想。《暂行标准》将小学国语分为说话、读书、作文、写字四个部分，说话、作文两个部分都涉及口语。其中，"说话作业"分为日常和临时的两种，把口语练习置于课内、课外两种情境中，充分挖掘生活在口语教学中的价值。"各学年作业要项"不仅对"说话"分三个学年段列出具体的要求，而且规定了"说话"的教学时间：第一、二学年每周 60 分钟，第三、四学年每周 30—60 分钟，第五、六学年每周 30 分钟，给口语教学提供了时间保证。在口语教学训练项目上，五、六年级就分为日常会话、讲述故事练习、普通话练习、辩论练习、国音字母与汉字的互译，等等。"教学方法要点"对"说话"的程序、语科、时间也提出具体的要求。此外，《暂行标准》还首次提出了"听"的要求，把说话作业定义为："日常的耳听口说和再听兼口说的练习。"说话要"先用耳听，后用口说"，强调了"听"的教学，提供了训练的途径。它强调口语教学注意选择贴近生活的话题，利用故事会、演讲、辩论会等形式锻炼，并提出"日常会话"的要求。最后《暂行标准》提出在适当的情境中进行说话教学的观点，在教学方法要点中提出在生动而有情景的动态情境中练习说话，可以激发学生说话的积极性。

《初级中学国文暂行课程标准》《高级中学普通科国文暂行课程标准》与《小学国语暂行标准》相比，中学口语教学的要求明显降低。中学口语训练的形式局限于"演说或辩论"，口语练习为习作服务，教学时间由课内转到课外。

（二）教材编定与口语教学

30 年代，中小学国文国语的课程标准，经过多次修订，已确定其基本内容和基本格局，为实行"审定制"提供了有利条件。同时教材编者又根据课程标准的"原则"范围，自编教材，又不断探索超越标准，用智慧的火花照亮语文教材编写的艰难之路。

这个时期的中学国语国文教科书确定了文、白编组的大致比例。按《暂行标准》的规定，文白比例采用逆升递降法，即初一 3∶7，初二 4∶6，初三 5∶5，高一 6∶4，高二 3∶7，高三 8∶2。也有不严格执行这个比例的教材，或加大文言文比重，或增大白话文比重。如 1932 年上海神州国光社出版的初级中学《国文教科书》（孙俍工编），文白兼选，而以白话为主，兼选少量文言文。这种教材的选编方式有利于促进口语教学的发展。

在 20 年代后期至 30 年代，小学国语教材的编写越来越"主张采用含有艺术意味的'故事教材'",即追求艺术化和儿童文学化。^① 以陈鹤琴与盛振声合编的《初级儿童国语教科书》为例,这套教材有以下特点:首先,在文字表述上全用标准口语,有利于发展儿童的口语表达能力;其次,学习内容上不以单字节或单词开始,第一课就学成句的话,以便发展儿童原有的说话能力。比如陈氏所编的第一册第一课就学配合图画起首的"这是我的小朋友"这句话,最后,整册书从头至尾,用儿童的口吻说一个连贯的故事。这种编排内容,不仅生动新切,易激发学生的口语能力,而且许多字词反复出现,增强识字的效果。还有叶圣陶编写的初小、高小两种《小学国语课本》,吴研因编写的《国语新读本》,沈百英、沈秉廉编的《复兴国语教科书》等都注重文学趣味,有利于儿童口语能力的教学。

(三) 30 年代的课程标准与口语教学

1932 年、1936 年颁布的国文国语《课程标准》与 1929 年的《暂行标准》的基本目标是一致的,即"养成运用语体文及语言流畅地叙说事理及表情达意的技能"。在此基础上,对口语教学的指导又有新的发展。

1. 重视演讲和辩论,让口语教学为政治服务。《初级中学国文课程标准》的口语练习或教师命题指定学生演说,或由学生自由发表意见,或组织辩论会。《高级中学国文课程标准》明确提出辩论应注重方式方法,搜集证据,判断正确,反驳对方论点,以培养自己清晰而有条理的头脑思维。

2. 首次提出用国音注音符号的要求,促进了国语统一。1936 年《小学国语课程标准》规定教材要"确是国语,不杂土语、方言";"各学年作业要项"中提出"第一、二学年国音注音符号的熟习;第三、四学年国音注音符号的运用"的要求;在"教学要点"中提出:"凡容易错误的音或话……并根据发音部位指导矫正",并专项列出国音注音符号的教学要求,如"辩音时,不必过于注意四声,但开齐合撮的口腔,必须注意;应领导儿童多练习,多写……"

3. 提升了"听"的地位。1932 年、1936 年颁布的《小学国语课

① 赵欲仁:《小学国语科教学的三种趋势》、《中华教育界》1930 年第 18 卷第 12 期,见顾黄初、李杏保《二十世纪前期中国语文教育论集》,四川教育出版社 1991 年版。

程标准》在目标中把"听力"与"表达力"相提并论，重视了"听力"的培养，"指导儿童练习运用国语，养成其正确的听力和发表力"。

4. 开始注意口语教学中态势语的作用。1936 年的《小学国语课程标准》"目标"提出"熟谙国语的语气语调和拟势作用"，《初级中学国文课程标准》的"教法要点"提出："口语练习、辩论、演说后，应批评其国音上语法上理论上及姿态上之错误，予以纠正。"

（四）口语教学理论的探讨

这一时期，许多语文教育工作者都对口语教学这一专题进行了理论探讨。阴景曙 1934 年编的《小学说话教学法》，王国元 1936 年编的《小学说话教学法》都针对"小学说话教学"进行了专门的论述。赵欲仁在《小学国语教学法》中强调"口头说话与书面作文的统一训练"。这些论述对口语教学起了一定的理论指导作用。

四　抗日战争、解放战争时期的口语教学

这一时期因战事原因，中国教育形成国统区及解放区两大不同区域。[①]

（一）国统区口语交际教学

1. 修订的《国语（国文）课程标准》与口语教学

1941 年，修订的《课程标准》在 30 年代的基础上颁布了。这个标准一以贯之地保持了对口语教学的要求。如《小学国语科课程标准》在教学目标中提出："教导儿童熟练国语，使其发言正确，说话流畅。""教材纲要"仍按照说话、读书、作文、写字四项编定，在"说话""作文"方面对口语要求坚持不变。即"作文训练"分口述、笔述两种：口述由师生商定范围，练习以国语表情达意，重在矫正语法，整理思想，以为作文辅助。"说话作业"分为日常的和临时的两种，把口语练习放到课内、课处两种情境中，注意到生活作为口语教学资源的价值。说话教学要求一如既往，但对口语教学的认识和指导有了新的突破。（1）首次提出教学国语科之教具设备运用的要求，在这时口语教

---

① 庞汝琴：《汉语口语教学的回顾与前瞻》，硕士学位论文，华东师范大学，2005 年。

学和国音注音符号教学中起到一定的作用，有利于帮助学生创设一个口语教学的情景，提高口语教学效果。（2）开始注重说话教材的编写。课标从教材的形式与内容上对教材的编写制订了纲要。"教材的选编组织方面"在继承 30 年代的三种语科（故事语科、会话语科、演讲语科）基础上，还专门提出了问答、报告、讨论等练习，广泛拓展口语训练的空间和时间，创设各种口语实践的机会和情境，演讲、辩论等练习，可由教员规定题目，还可由儿童自选题目；口语不仅注意国音的分析和拼合，还要注意语气、语调的练习，逐步提高学生口语交际能力。（3）"文法的组织"首次列入"标准"。

中学的国文课文课程标准经过 1940 的修订，但其基本内容与 1938 年修正的标准基本相同。① 初中教学目标对口语的要求是："养成用语体文及语言叙事说理表情达意之技能"，"使学生从本国语言文字上，了解国有文化……"这是既有"说"（说理表情达意）又有"听"（从本国语言文字上了解……）的训练要求。高中教学目标中关于口语教学的要求是使学生能应用本国语言文字，深切了解国有文化，并增强其民族意识："除继续使学生能自由运用语体文外，并养成其用文言文叙事说理表情达意之技能。"《修正初级中学国文课程标准》在"作文练习"中提出："演说或辩论后，教员于思想、结构、修辞上予以指导，于音调、语法、姿态上予以纠正，再次注意到态势语。"《修正高级中学国文课程标准》在"辩论术"中与 1932 年课标相比重新强调"注重辩论的方式，证据之搜集，判断之正确，辞论之反驳，以及音调姿态运用等"。1941 年拟定的《六年制中学国文课程标准草案》与 1940 年相比，还在教材大纲中提出"辩论术"在各学年讲授的具体内容（第一、二学年讲授国语体文法，第三、四学年讲授文章体裁，第五、六学年讲授修辞学及辩论术）。1948 年的《修正初中（高级）中学国文课程标准》中对口语教学的要求是："培养运用国语及语体文表情达意的能力以切合生活的应用。""训练学生使用国语演讲，并注意其内容及条理，以为作文的准备。"因战争的需要，这一时期演讲与辩论得到空前加强，并被赋予政治色彩，用于政治场合。

---

① 李杏保、顾黄初：《中国现代语文教育史》，四川教育出版社 2004 年版。

2. 教育理论建设成果

这一时期的语文教育理论建设也硕果累累。黎锦熙 1947 年修订的《中等学校国文讲读教学改革案述要》对口语教学理论做了进一步发展。该书严格地区分白话文和文言文的不同教法，对白话文黎氏认为："语文是口耳之学，学语文不能不讲究诵读，所以他的改革方案中，特别重视各类文章的诵读。"① 但鉴于白话和文言同人们日常口语的距离有近有远，所以在具体的处理方法上应有严格的区别，从中可以看出他对听说教学于语文学习的作用是非常重视的。黎氏改革案将白话文与文言文教学的要点概括为"两纲四目"。其中白话文的"一纲二目"中的"一纲"是指白话文与语言训练相联系；"二目"是指先须"耳治"（初讲时，学生不可看本文），然后"朗读"（须用美的说话式，并随时矫正字音、语调和语气）。他认为白话文与口语相近，读出的语句与人们平常说的话相差不大，学生容易读懂。不过课文中使用的口语是经过美化加工处理过的，学生学习时必须与语言训练相联系，在听说的训练上下功夫，使日常使用的习得的口语接受美化、净化的口语（即书面语）的影响，从而变得易懂，有条理，美丽动听，这才算真正发挥白话文教材的作用。黎氏从语言训练角度强调听说的相互促进、相互制约作用无疑是正确的。他还进一步指出："白话以'耳'治始，以'目'治终，其成绩之表现则全在'口'，口自与手相应，而白话文之写作进步矣。"黎氏把口语置于语文能力的基础地位，跳出了对口语的短视与肤浅认识。② 同时期，沈白英的《小学说话课教材和教法》（1948 年版）也对口语教学产生了直接的指导作用。

（二）解放区的口语教学

1. 苏区的国语教材建设与口语教学

苏区政府十分重视各类学校，尤其是列宁小学的国语教材建设，对口语教学的研究与实践发挥了良好的促进作用。苏区国语教材在徐特立和教材编审委会领导下，编写的教材达百种以上。第一学年教材在课文方面，以教以独立的句子构成的短文为主，文体是描写体和对话体，适于儿童的口语；作文方面，先学单句听写或填充，一问一答

① 李杏保、顾黄初：《中国现代语文教育史》，四川教育出版社 2004 年版。
② 庞汝琴：《汉语口语教学的回顾与前瞻》，硕士学位论文，华东师范大学，2005 年。

的记录，再学物品的描写和简单动作的描写。尤其在 1945 年 5 月陕甘宁边区教育厅所编的《中等国文》口语教学方面更有所突出。该教科书第一年的单元系统配备了"读书和听话""说话和写作""态度和语言"等口语教学的内容，有利于掌握汉语的基本规律，服务于国文教学。

2. 课程及课程标准中对口语教学的重视

陕甘宁革命根据地的《初中国文课程标准草案》规定国文科的基本目的之一是：获得科学的读、写、说的方法，养成良好的读、写、说的习惯。同时，为配合战争中的宣传教育工作，干部教育的语文教材也选编了一些指导口语训练的短文，如《说话与作文》《文从说话起》等，加强了对口语教学的认识与实践。

3. 多个层面展开口语教育

战士、子弟兵以口授耳听培养口语表达能力，革命战争中的政策宣传中整合了民族优秀语言文化，推动了口语的发展；工农兵、学生一边学习一边劳动，参加革命战争，吸收了生活、战争、劳动中的生动、活泼、健康的口头语词，使口语在实践中丰富发展，在生活的立体大舞台上，口语教学的成果不断丰满。

第三节　当代口语交际教学

一　20 世纪 50 年代的口语教学

（一）"语文"学科的建立、分离与口语教学发展

新中国成立前中小学语文学科分别称为"国文"和"国语"，但从学科内涵的揭示方面考虑，"国文""国语"的名称并不能显示这门学科的本质特征。在此情况下，1950 年 6 月，中央人民政府出版总署编审局出版了全国统一的"语文"课本：《初中语文》《高中语文》。从此"国文""国语"更名为"语文"。对"语文"学科的意义，统编本《编辑大意》这样解释："说出来的是语言，写出来的是文章，文章依据语言，'语'和'文'是分不开的。"叶圣陶对这一名称进一步解释道："平常说的话叫口头语言，写到纸面上的叫书面语言。语就是口头

语言，文就是书面语言。把口头语言和书面语言连在一起说就叫语文。"①"语文"的命名，充分吸收了五四以来国语和国语教育运动的成果，体现了国语国文课对口语教学的重视，尤其是这一名称明确规定了从小学到中学都必须充分重视口头语言全面训练的重要任务，突出了该学科进行语言全面训练的特征。

同时统编中学语文课本《编辑大意》进一步指出："语文教学应该包括听、说、读、写四项。不可偏轻偏重。"为了全面培养学生的语文能力，有些小学把作文改为"写话"，不少中学语文练习中听、说、读、写全面训练，还进行了"口头"作文的训练练习，作文中还包含"口头作文"训练。有的阅读训练能综合进行听、说、读、写的全面训练：先让学生口头阅读，即朗读训练；接着让学生谈谈体会或口头完成老师设计的作业，即说话训练；听说的同学认真进行听话训练；听、说、读之后再将所说的记录下来，或适当补充，这就是写的训练。整个过程充分体现了语言全面训练的理念，展现了对语文学科性质、语文学科任务的全面发展、辩证的认识，推进了口语教学的发展。

1951年6月6日的《人民日报》发表了《正确使用祖国语言，为语言的纯洁和健康而斗争》的社论，并从当天起连载了吕叔湘等关于语法修辞的专篇讲话，更进一步促进了全国中小学语文教育界对语言教育特别是对语言训练的重视。② 社论又指出："语言的使用是社会经济政治文化生活的主要条件，是每人每天所离不了的。学习把语言用得正确，对于我们的思想精密程度和工作效率的提高都有重要意义。"同时又指出了我们学校无论是小学、中学或大学都没有正式的内容完备的语法课程的弊端。这时"左"的思想方法又误伤了正常的语文教育研究，语文教育界多数一线教师仍习惯于重读写、轻听说的旧轨道，并未开展全面的语言训练。

在全国开展"学习苏联教育经验"的热潮期间，很多老师认为语言、文学混在一起教不符合语文教学的规律，提出应该分开教，这种呼声越来越高。1953年12月，在中央语文教学问题委员会给党中央提交

---

① 叶圣陶：《认真学习语文》，见中央教育科学研究所《叶圣陶语文教育论集》，教育科学出版社1980年版，第137页。

② 李杏保、顾黄初：《中国现代语文教育史》，四川教育出版社2004年版。

的《关于改进中小学语文教学的报告》中，委员会指出："我国中小学的语文教学，历来都是把语言和文学混在一起教。这样教学的结果，不论从语言方面看，还是从文学方面看，都遭到了很大失败……并没有有计划地进行语言教育，其结果是使学生缺乏严格的语言训练……这些事实都说明了语文混合教学的结果是语言教育和文学教育两败俱伤，都不能得到应有的效果……"① 1954 年 2 月，中央政治局扩大会议批准了这个报告，决定实行中学语文汉语、文学分科。语文分科教学，在汉语课方面，学生不仅学到了一些语言、文字、词汇、语法等方面知识，还对推行汉语拼音方案和普通话起到了促进作用。但也存在一些问题，如内容缺乏重点，叙述呆板、枯燥，缺乏趣味，练习缺少多样化，不能很好地指导语言实践等。由于存在不同意见，1956 年 8 月起到 1957 年 10 月《人民教育》开辟"语言教学问题讨论"专栏，对汉语、文学分科问题展开了讨论和研究。由于 1957 年的"整风""反右"运动，问题批判逐渐从语文教学上转向了汉语文学分科指导思想上，致使 1957 年下半年以后，汉语教材、文学教材在很多学校停授，汉语文学分科半途夭折。

纵观从 1950 年 6 月语文科的命名到 1954 年 2 月汉语、文学分科，都说明广大语文教育工作者在不断探索语言教学的规律和科学化之路，对进一步认识口语教学的规律，推动其科学化具有重要作用。

(二) 大纲的修订与口语教学

教育部先后于 1950 年、1954 年、1955 年和 1956 年对语文大纲进行了修改和调整，口语教学得到了更多的关注。主要体现在：第一，明确了"听话"的合法地位，"听力"训练得到重视；第二，强调发展言语能力的重要性；第三，实行了普通话教学要求；第四，高度重视说话教学。

1954 年，叶圣陶主持讨论通过的《改进小学语文教学的初步意见》对口语教学的意见是："无论叙述和作文都要注意发展儿童的语言，首先是口头语言，这就是说话教学。说话教学是叙述和作文课的首要任务。从一年级起，教师就要依据阅读教材，启发并诱导儿童说有关的

---

① 李杏保、顾黄初：《中国现代语文教育史》，四川教育出版社 2004 年版。

话……" 1955 年的《小学语文教学大纲草案（初稿）》又规定 "准备课"，其实就是进行说话教学。1956 年《小学语文教学大纲（草案）》首次提出口语教学的具体能力要求："能够说普通话。对个人和公众能够说出自己的意见，口齿清楚，意思明确，有条理，不啰唆，让人一听就懂。" 这一目标要求表述一直为后来大纲所引用。

总之，大纲给予了口语教学的高度重视，并从目标、能力、要求、教学建议上作出精要的叙述，为口语教学良好效果的取得奠定了基础。

（三）理论探索指导口语教学实践

黎锦熙《新国文教学法》、郭化若《新教育的教学法》、董纯才等的《国文教学法编》、潘开沛《国文教学的理论与实践》等著作在教学方法上有力指导了白话文教学，也探讨了口语教学的方法。1953 年郑光仪撰的《如何指导 "说话教学"》对口语教学的方法进行了探讨。吕叔湘和朱德熙合著的《语法修辞讲话》成为人们学习规范汉语的教科书，指导了口语教学的发展。1958 年，语言学家吕冀平的《普通话和语文教学》指出了推广普通话的关键在于老师，讨论了普通话与语文教学的关系。1959 年朱德熙的《从作文和说话的关系谈学习语法》把口语和语法相联系，从新的视角讨论了口语教学。徐世荣在《文字改革》杂志上发表了关于朗读教学的文章启发了人们在教学中加强口语与书面语的联系。[①] 以上研究对口语教学实践，对普通话的推广都起到了直接的指导作用。

（四）苏联语言教学理论的启发与借鉴

从 1952 年下半年起，教育部门在全国范围内大规模开展了学习苏联的教育经验。1950 年，上海大路出版社翻译出版了恩·柏·卡诺内庚的《语文教学法》。1956 年，人民教育出版社编译了《苏联文学教学论文选》等。苏联的部分教育经验确实引领了新中国成立初期我国教学经验不足时期的口语教学，避免了教学研究中的许多弯路。

（五）教材教法改革推进口语教学发展

为贯彻语言教学应该包括听、说、读、写四项 "不可偏轻偏重" 这一教学原则，在教材建设与教法改革中采取了一些措施。关于选材标

---

① 田良臣：《艰难的言说——汉语口语教学百年历程述评》，《课程·教材·教法》2005 年第 3 期。

准,《编辑大意》指出:"语文课本是学生阅读各种文章的范例,因此,必须审慎选择。一方面求其内容充实,有血有肉,思想的发展正确而且精密;一方面求其文字跟口语一致,真实而且生动。"因此在内容选编方面,有现、当代作家的大量白话文,有用口语改写的古代寓言,在训练中又安排了相关的口语训练,口语教学在这时期的教材中得到了强化。

在教学方法改革方面,提倡学习新的文学理论,提高新文学修养,增进新文学知识,提高对现代白话文教材的分析水平和处理能力。还组织学习先进的教育科学理论与较为成熟的教学经验。这时期的识字教学法也促进了口语教学的进展。新中国成立初期,在语文教学研究中开展了"识字教学法"的探究,创造了一种"速成识字法",短时期内增加学习者的识字量。"速成识字法"采用三个步骤。第一步,学会注音符号和拼音掌握识字的辅助工具。第二步,突出学单字,先求会读与初步会讲,联系生活实际,并大力组织复习,逐步能认识所学的字。第三步,教学语文课本,同时展开大量的阅读、写字、写话活动,巩固所认识的字,并扩大了解字义的范围,做到会写、会用,同时学会查字典,完成课本规定的作业,直到基本完成识字的要求。

二　20 世纪六七十年代的口语交际教学

1963 年 5 月,教育部颁布了《全日制小学语文教学大纲(草案)》《全日制中学语文教学大纲(草案)》。大纲只有在"作文"部分零星提到"作文要从写话入手,要注意口头表达能力的培养,要教学生听普通话,说普通话。"这套大纲把语文教学目标锁定在读、写能力的培养上,忽视了听、说能力在语文教学中地位和作用,使经过了近半个世纪的艰难探索的口语教学又一次被排除在语文教学的目标之外。

就是在口语遭到排除,几乎不会谈论口语教学的时期,叶圣陶、吕叔湘、张志公这三位语文教育大家仍潜心研究口语教学。叶圣淘对语文学科的性质、内涵做了明确而全面的论述:"口头为'语',书面为'文',文本于语,不可偏指,故合言之。亦见此学科'听''说''读''写'宜并重,诵习课文,练习作文。因为读写之事,而苟忽于听说，不注重训练，则读写之成效亦将减损。"① 他还强调语文教学应该口头语言和书面语言并举，听说读写并重，"重文轻语，有'文'无'语'，这个偏颇应该纠正"。② 张志公在《传统语文教育初探》一书中总结传统语文教育时指出："最突出的一点是前人绝少注意到说话能力的培养，……直到今天，不少人在语文教育工作之中还是只注重目识，而忽视口耳训练。"他还主张应该让学生养成大声朗读的习惯，读得多了，优秀作品经过加工锻炼的语言就会跟自己的口头语言沟通起来，丰富自己的口头语言，养成良好的语言习惯。③ 他还在其他论文中阐发了重视口头语言训练的观点，促进了当时口语教育训练的开展。

70 年代受"文化大革命"的影响，一切活动都与政治运动相联系，为阶级斗争服务，在文化教育界存在非常严重的打击、迫害，一大批教育工作者倒在了中国这场没有硝烟的战争中。

总之，六七十年代的口语教学因为政治原因几乎处于虚无状态，没有取得实质性进展和提高。

三　20 世纪 80 年代口语交际教学

（一）语文教学大纲与口语教学

在修改 1978 年的教学大纲的基础上，教育部在 1980 年颁布了《全日制十年制学校小学语文教学大纲（试行草案）》，这一版教学大纲的颁布标志着语文教学进入了恢复期。此大纲中，读写能力并未得到体现，听说能力却有零星的展现。以普通话的听说教学对小学听说教学进行规范，是本大纲对小学口语教学的最大贡献。

1984 年 8 月，教育部颁发了《全日制六年制城市小学教育计划（草案）》，这一计划首次提出语文科内容包括"讲读、说话、作文、写字"四项内容，还规定一、二年级每周开设一节说话课，为训练小学生口语能力提供了条件。

1986 年颁发的《全日制小学语文教学大纲》在改革开放以来第一次明确提出"培养学生的识字、听话、说话、阅读、作文的能力与良好

---

①　叶圣陶：《语文教育书简》，《语文学习》1988 年第 1 期。
②　李杏保、顾黄初：《中国现代语文教育史》，四川教育出版社 2004 年版。
③　同上。

的学习习惯，并在语言文字的训练过程中进行思想品德教育"的目的，确立了说话能力的地位。大纲还规定口语教学的目标是："能听懂普通话，听人说话时要注意力集中，能理解内容，抓住要点，要有礼貌。……能说普通话，要口齿清楚，声音适度，态度自然；能当众说出要说的意思，做到清楚明白，有中心，有条理，说话要有礼貌。"在口语训练的方式上也提出了建议："要重视复述。复述可以培养学生的口头表达能力和思维能力。要求学生用普通话复述课文，做到声音响亮，口齿清楚，语句通顺，前后连贯。要采取多种形式，循序渐进地进行复述练习。"此外，大纲还对口语教学的重要意义等方面都做了详细的阐述，使我国的口语教育走向了科学化道路。

1986 年《中华人民共和国义务教育法》通过，中小学语文教学大纲建设进入一个深化改革的新时期。1988 年《九年制义务教育全日制小学语文教学大纲》初审稿颁布，与以前的大纲相比，初审稿对口语教学进行了新的探索：首先，以发展的、联系的观点看待听、说、读、写四项基本语文能力训练，指出听、说、读、写之间是相互促进的关系。其次，注重在听说能力训练中发展学生的智力和训练学生的思维。再次，口语教学目标和内容表述具体，明确，便于教材编制者、教师和学生操作。此外，该大纲更加注重口语训练的实践过程，提出在语文课外活动中进行听说训练。

（二）语文教材、教学理论与口语教学

为贯彻执行语文教学大纲精神，在一纲多本的要求下，语文教材开始关注与重视听说教学，并尝试探索如何为听说教学提供具体可行的教材支持。1986 年秋到 1988 年春，人民教育出版社为 1984 年版的《六年制小学课本·语文》配套出版了一、二年级说话教材及教学参考书，给说话训练提供了良好的依托。这一时期，一些语文教学研究刊物如雨后春笋般地涌现，为口语教学的研究提供了良好的平台。如《语文教学通讯》《小学语文教学》《小学语文老师》等。1982 年，李杏保教授与陈仲梁、聂国彦、陈敬旭等认为语文教学必须培养"听"的能力，这种能力是吸收语言材料、积累语言的重要方式。他们在第四期的《语文战线》上共同发表了《听说能力训练与语文教学》一文，在国内首创了区别于听觉和听话能力的"语言听知能力"的概念。同年 8 月，这篇论文又以《语文教学与"听知能力"训练》为题被《新华文摘》第八期转载。

(三) 语文教育观的更新与口语教学

1. "大语文教育观" 拓展了口语教学的途径

"大语文教育观"的核心意义是确立语文教育与社会生活的紧密联系。张孝纯在《"大语文教育"刍议》一文中，率先提出了"大语文教育观"这一概念；刘国正在《把语文基本训练搞活》（1981 年）一文中提出"生活是发展语文能力的基础"的观点。1990 年，刘国正再次作出强调："语言产生于生活，并为生活服务；脱离了生活，就变成毫无生气的空壳。"① 这两位教育家认为语文教学的外延与生活的外延相等，语文教学必须在生活的大天地中广泛进行，为打破把语文教学限制在狭隘的空间里，拓展口语教学的领域奠定了理论基础。这些理论的出现促进了口语教学向学生生活的各个领域拓展，把口语教学全方位地与学生的学校生活、家庭生活、社会生活有机结合起来，给口语教学带来无限生机，注入了新鲜的血液，构建了口语教学以课堂教学为中心，多学科、多层次、全方位、立体化的训练格局。

2. 学生学习主体地位的确立拓展了口语教学的空间

填鸭式教学、课堂满堂灌剥夺了学生学习主体地位，学生的学习积极性、创造性都被抑制，阻碍了口语教学的发展。一批语文教学的专家学者、一线教师都极力呼吁改变这种状态，还学生学习的主体地位。如1980 年，叶圣陶在《叶圣陶语文教育论集》的序言中明确指出"教学就是'教'学生'学'"；1982 年上海教育局局长杭苇在《坚持文道统一，发挥两个积极性》一文中也指出，要发挥教师教和学生学的两个积极性，既要发挥教师的主导作用，又要调动学生的学习主动性与积极性。② 这些观点强化了教师课堂教学中学生的主体地位。学生的地位得到了体现，口语训练的教学效果也得到了相应的提高。

3. 语文教学与其他学科的渗透赋予口语教学崭新的意义

随着人们研究领域的拓展，各种分支学科的成立，学科交叉普遍存

---

① 李杏保、顾黄初：《中国现代语文教育史》，四川教育出版社 1997 年版，第 463—464 页。

② 庞汝琴：《口语教学的回顾与前瞻》，硕士学位论文，华东师范大学，2005 年。

在，也有效解决了教育的突出问题，增强了教育的效果。其间创新出了语文教学思维论、语文教学方法论、语文教学心理论、语文教学系统论、语文教学控制论等一系列崭新的研究空间，对口语教学产生了积极的影响。

总而言之，这一时期的口语教学在社会背景、大纲、教材方面得到很大的支持，口语教学研究开始进入全新的发展阶段。

四　20世纪90年代口语交际教学

90年代，口语教学迎来了新的发展时期，首先表现在教学大纲为口语教学提供了理论支持。1990年教育部根据初中学生教学内容过多、课业负担过重、教学要求偏高的状况，秉持着降低难度、减轻负担的原则，颁布了《全日制中学语文大纲（修订稿）》①。该大纲对口头表达给予了较高定位："口头表达和书面表达在现代生活中具有同样重要的意义，指导学生口述见闻、说明事理、发表意见等，不仅可以提高口头表达能力，对提高书面表达能力也有促进作用。"

1993年，《九年制义务教育全日制小学语文大纲（试用）》和《九年制义务教育全日制初级中学语文大纲（试用）》在全国范围内正式实施。初中大纲重新建构了听说教学的要求，"各年级的具体教学要求"中也对"听话说话"提出了具体要求。

1996年国家教委颁布《全日制普通高级中学语文教学大纲（供试验用）》。大纲对口语教学的阐述在语文教学领域产生了深远影响。第一，首次出现了"交际"一词，将语文定性为"交际工具"，这为"口语交际"的定名打下了基础。第二，首次在高中阶段"教学内容和要求"中提出"听话专注，听清话语内容，领会说话意图，分辨观点异同；在语言交际中应对机敏"的要求。第三，"教学原则"中强调语言训练和思维训练相辅相成，思维训练要贯穿在语言训练中，促进语言能力提高，强调了语言训练对思维能力发展的作用。第四，注重在课程中渗透口语教学。如活动类课程可进行阅读活动、听说活动、报告会、故事会、演讲会、朗诵会等。

---

①　课程教材组：《20世纪中国中小学课程标准 教学大纲汇编（语文卷）》，北京人民教育出版社1990年版。

（一）教材与口语交际教学

80 年代末 90 年代初，成功实现"一纲一本"向"一纲多本"转变，语文教材的类型和数量相当繁荣。① 人民教育出版社在编写教材时对口语教学更加重视了。1992 年出版的《九年义务制教育全日制小学课本·语文》以及《九年义务教育三、四年制初级中学教科书·语文》都安插了口语交际训练内容，使得口语技能与识字、写字、写作技能得到协调发展。在 1996 年的高中语文实验教材中，更注重对学生的口语能力进行系统训练。这套教材并行编排了阅读、写作、听说交际三大部分。听说部分分为两个阶段：第一阶段是高一上册，培养学生的听说表达能力；第二阶段是高一下册和高二，培养学生的听说交际能力。这种教材编写改变了从前口语教学集中在小学阶段的倾向，将口语教学变成了各学段一以贯之的任务，使学生口语能力得到长期训练、持续加强。

（二）口语教学理论与实践研究

这一时期各种理论交相辉映，各种教学流派层出不穷，教师的思维也极为活跃。关于口语教学的理论与实践研究空前繁荣，并展现出一定的深度、特色。于漪老师在《语言教学应以语言和思维训练为核心》一文中提出了"激疑、辩疑、析疑、重点突破"的疑问教学步骤，开阔语文教学视野。吴立刚的《儿童语言交际能力的发展与作文训练》表明小学作文教学的主要任务是发展儿童的语言交际能力，要根据儿童的年龄特点和不同年龄段开展活动，逐渐形成学生的语言表达能力。② 北京出版社 1984 年出版的陈建民主编的《汉语口语》对口语的地位及其教学进行了详细论述。张鸿苓的专著《中国当代听说理论与听说教学》较为系统地梳理、总结了听说教学理论并使之得到发展。王世堪的《培养听话与说话能力——课文教育的一个跨世纪课题》对听说的特点及训练规律做了详尽的阐述，先后对听说能力培养的重要性、听说能力的构成要素、听说能力培养和训练的多种途径与方法做了详细论述。③

---

① 余昱：《走向学校语文》，广东教育出版社 2003 年版，第 8 页。

② 顾黄初、李杏保主编：《二十世纪后期中国语文教育论集》，四川教育出版社 2000年版。

③ 倪文锦、欧阳汝颖主编：《语文教育展望》，华东师范大学出版社 2002 年版，第362 页。

这些观点的论述探讨为口语教学的实践提供了一定的理论支撑。

（三）对口语交际教学实践的思考

据《基础教育研究》2002 年第三期刊载李朝辉的《小学语文口语交际教学应避免的几种倾向》一文统计，人们在日常生活中的语言应用情况，听占 45%，说占 30%，读占 16%，写占 9%，听说占 75%，读写只占 25%。[①] 但在教学实践中听说却遭受另一种命运。教学实践中教师在处理听说读写的关系时存在以下倾向。

1. 重读写、轻听说的倾向

我国教育长期以来基本属于应试教育，自隋唐的科举考试至新中国成立以来，我国的教育都是把读书、作文摆在第一位，读书作文的水平直接关系到个人的命运。各类考试都只考查笔试，忽视口试，这样的现象一直存在。尽管教学大纲、教材、评价说明中对口语教学给予了一定的位置，甚至还提到了相当的高度，教学评估也提倡笔试、口试相结合。但由于传统习惯与观念的影响，人们急功近利的心理驱使，加上口试操作难度大，难以把握标准，致使读写活动仍占据着学生大部分的时间，听说训练只是教学中贯彻大纲精神的一个装饰。一切为了考试的读写主义排挤了本该与读写平起平坐的听说训练，听说教学成为学校应付上级验收评估的一个假动作、一句空口号。

2. 重共性，轻个性的倾向

因为听说教学的个性倾向大，难以把握，教师受笔试教育影响大，导致教师在教学中容易违背听说教学的规律，随意降低难度，使口语教学难以达到大纲的要求。在这种"重套话"的听说训练下使学生的言语失去个性之美，压抑了精神自由，禁绝了个性语言，让学生的说话、写话训练与学生率真的言语、丰富的生活、自由的个性相脱离，限制了学生言语能力、独立个性的良好发展。

3. 重知识、轻实践的倾向

教师在口语教学时只注重静态的语言规则教学，忽略了学生动态言语经验的积累，从本质上说，这样的教学违背了口语教学的初衷。具体来说，这种现象表现为听与说的各自独立："听"就是听音、辨音、倾

---

① 倪文锦、欧阳汝颖主编：《语文教育展望》，华东师范大学出版社 2002 年版，第362 页。

听句子和短文；"说"的训练一般表现为说话、讲故事、复述文章、叙述一件事等。学生在说话训练前，教师还分解说话的内容，甚至对说话训练的顺序、层次进行详细的说明。这种教学给予了学生更多的套子，传授给了学生更多的是口语交际的知识，学生难以体验到口语交际中创造、个性表达的体验和快乐。

4. 重说话、轻听话的倾向

口头表达有"独白"和"对话"两种形式。"独白"指的是说话者独自进行的连贯的言语活动，听众与说话者没有直接的言语交流，一般仅通过氛围、表情等作为回应。"对话"指听说双方都参与表达，双方还通过理解对方话语内容，做出适当反应，使对话维持下去。这一时期对口头表达的训练比较片面，忽视倾听、应对能力的培养是极大的错误。

总之，这一时期的教学大纲、理论与实践研究、教材建设都对口语教学的发展起到了一定推动作用。但由于教育体制和考试制度的影响，人们对口语教学的认识还存在偏差，这就导致口语教学实践中出现了一些不良倾向，口语教学质量也就不太理想。

第四节　21世纪口语交际教学

一　21世纪的口语交际教学目标

21世纪变"听说"为"口语交际"，与"书面交际"相对。这是一个理念的变化，是教学目标的变化，是对学生语文素养要求不断提高的体现。"口语交际"更侧重在动态中发展学生的现场表达与应对能力，对学生的综合言语素养要求较高，避免了"听说"教学中偏重静态教学的弊端。

（一）认知目标

认知目标指的是学生在具体的交际情境中需要掌握的口语交际的形式、方法、技巧，为其口语交际能力的生成与发展奠定基础。大纲和课程标准中不仅提出了一般的口语知识要求，还提出了交际场合的特殊要求，并且分阶段对口语交际提出具体的认知目标。课标还对语速、语气、吐字清晰度、语调，甚至对针对不同对象变换口语表达方式做了要求，并作了一定的教学设置。如课标对第7—9年级的口语交际提出了以下要求："注意表情和语气，使说话有感染力和说服力；自信、负责地表达自己的观点，做到清楚、连贯、不偏离话题；耐心专注地倾听，能根据对方的话语、表情、手势等，理解对方的观点和意图"等。

（二）交际目标

交际目标包括了学生的倾听能力、表达能力和应对能力。倾听能力包括语音辨识能力、语义理解能力和语感能力。表达能力包括内部言语生成能力、外部言语组织能力和驾控能力。应对能力居于口语交际能力的最上位，是口语交际能力培养中的重点和难点，也是超越以往"听话""说话"教学的鲜明特征。语文课程标准在"实施建议"中指出："口语交际是听说双方的互动过程。"《普通高中语文课程标准》在"课程目标"中进一步强调："注意口语的特点，能根据不同的交际场合与交际目的，恰当地进行表达。借助语调和语气、表情和手势，增强口语交际的效果。"并提出了"善于倾听、敏捷应对"的能力要求。

（三）素养目标

《普通高中语文课程标准》在"实施建议"中明确指出："评价学生的口语交际能力，应重视考察学生的参与意识和情意态度。""文明态度、语言修养、参与意识和情意态度"是口语交际教学的隐形目标，它渗透在口语教学的各项具体目标之中，体现在学生的具体的口语交际的实践之中，为口语交际的各个细节所融合。这些素养具体来说包括倾听的态度、表达的态度和交际者的人文素养。倾听的态度要求学生学会耐心专注地听，不分散自己的也不随意打断别人的表达，并能结合表达者的身体语言准确理解表达意图。表达的态度要求学生在表达时做到热情、自信、大方、诚恳、脉络清晰、主题突出，并配合目光、表情、动作、语气变化等辅助倾听者理解，增强表达的艺术分量，让话语更为引人注意。特别是在演讲、辩论等场合，陈述者要通过适当的体态语言吸引、打动听众，让听众把注意力集中到具体的交际场合。交际者的人文素养从外部而言，表现在交际者的人格气质、处事态度、交际风格、表达习惯、言语个性、举止风度等方面，从内部而言，表现在知识储备、意志个性、处世态度、思想素养等方面，教师在教学时要注重对学生人文素养的培养。

二 21世纪语文大纲、课程标准与口语交际教学

教育部在2000年3月制定了《九年义务教育全日制小学语文大纲（试用修订版）》《九年义务教育全日制初级中学语文大纲（试用修订版）》《全日制普通高级中学语文教学大纲（试用修订版）》。2001年出台了《全日制义务教育语文课程标准》，2003年制定了《普通高中语文课程标准》，这些纲领性文件的制定为口语教学实践提供了坚强的后盾。

（一）对语文学科的性质重新确认

将语文学科定位为"最重要的交际工具，是人类文化的重要组成部分"。"工具性与人文性的统一，是语文课程的基本特点。"一改过去忽视人的言语主体地位的认识，充分体现了以人为本的语文教学思想，从根本上提升了口语教学的地位。

（二）明确了口语教学"交际"的本质

大纲、标准把听和说整合为一个由思维"对接"而形成"双向"交流的整体，改变过去把听和说分离的局面，凸显了听说"交际"的目的性及交际主体之间的交往和需要，认识到口语交际的核心在于"交际"，教学必须重视营造动态的人际互动环境，第一次注意到了口语文化的课程价值。[1]

（三）科学定位口语交际的目标[2]

首先，语文课程标准对口语交际的定位准确。"具有日常口语交际的基本能力，在各种交际活动中，学会倾听、表达与交流，初步学会文明地进行人际沟通和社会交往，发展合作精神。"形成这种能力就会进行正常的人际交往，为学生的可持续发展奠定基础。其次，目标内容全面。既有倾听、表述、用语的要求，如"听人说话能把握主要内容""能具体生动地讲述故事，努力用语言打动他人"，又有交谈态度、自信心方面的

---

① 田良臣：《艰难的言说——汉语口语教学百年历程述评》，《课程·教材·教法》2005年第3期。

② 郭福根：《把握"口语交际"课程目标精神，提高口语交际的教学效率》，《中小学教师培训》2004年第6期。

要求，如"与别人交谈，态度自然大方，有礼貌"，"有表达的自信心。积极参加讨论，对感兴趣的话题发表自己的意见"。还对教学实践提出了具体的意见，如"鼓励学生在各科教学活动以及日常生活中锻炼口语交际能力。努力选择贴近生活的话题，采用灵活的形式组织教学，不必过多传授口语交际知识"等，为教学实践的有效开展提供了良好的路径。最后，口语教学目标具有时代精神。如"课程总目标"中提出了"初步学会文明地进行人际沟通和社会交往，发展合作精神"，在7—9年级的目标中规定"自信、负责地表达自己的观点"，这种"合作精神""自信、负责"的精神都是现代公民的基本素养。

（四）九年一贯地整体设计口语交际的三维目标①

一是情感态度方面，课标从交际的态度和语言两个方面提出情感态度培养目标，并随着学段升高逐步提高要求。如在第一学段提出"与别人交谈，态度自然大方，有礼貌。有表达的自信心……"在第二学段提出"能具体生动地讲述故事，努力用语言打动他人"。到第三学段提出"乐于参与讨论，敢于发表自己的意见。……在交际中注意语言美，抵制不文明的语言"。第四学段提出"自信、负责地表达自己的观点，……课堂内外讨论问题，能积极发表自己的看法……"目标的设置呈递进式逐步上升。

二是整体有序地确立了能力培养目标。课表根据学生认知发展的阶段性差异，分学段提出了口语交际倾听能力、表达能力、交流能力的不同要求。表6-1列出各学段中口语交际能力的要求。

表6-1

学段	倾听能力	表达能力	交流能力
第一学段 （1—2年级）	能认真听，努力了解主要内容	能复述大意、简要讲述见闻	能积极参与交流
第二学段 （3—4年级）	能认真倾听，能把握主要内容	能清楚明白、具体生动地表达	主动双向交流

———————

① 郭福根：《把握"口语交际"课程目标精神，提高口语交际的教学效率》，《中小学教师培训》2004年第6期。

续表

学段	倾听能力	表达能力	交流能力
第三学段 （5—6年级）	认真耐心听，能抓住要点	能有条理地表达	根据需要选择交流的内容和方式
第四学段 （7—9年级）	耐心专注倾听，能理解对方观点意图	能即席讲话和演讲	能根据需要调整自己的表达内容和方式，不断提高应对能力

三是整体融合三维目标。要激发学生对话的兴趣，就必须让学生围绕某一话题，并创设一定的话语情境，激起学生对话的冲动，产生双方对话的互动，达到倾听、表达、交际多向合作交往的目标。课标对口语教学的三维目标设定，充分体现了以学生为本的教学思想，引领教师把学生切实摆在学习主体位置上，扎实提高学生的口语交际能力。

虽然大纲和课程标准包括 2009 年的修订稿在口语交际的地位、价值取向、目标定位上都有了新的突破，但口语交际教学作为和识字写字、阅读、习作、综合性学习相并列的模块，大纲和课标对其论述仍有一些不足之处。

第一，论述分量较轻，并未真正显示其 1/5 分量的重要性。有学者称 2000 年大纲与 2003 年课标"对口语交际的表述有'名至实不归'之嫌"①。虽然在大纲与课标中确立了口语交际的重要地位，沿用了相关表述，但口语交际的地位还远远不能与阅读、写作相等同，就拿众人一致公认的比高中阶段更为重视的 2003 年《全日制义务教育语文课程标》的阅读、写作、口语交际的阶段目标的论述条数做一比较（见表 6-2）。

表 6-2

年级	阅读	写作	口语交际
1—2 年级	10	3	6
3—4 年级	10	8	4
5—6 年级	11	7	6
7—9 年级	15	10	8

① 夏泉永：《还口语交际一席之地》，《中学语文教学》2004 年第 7 期。

从表 6-2 中看出"口语交际"并不能与"阅读""写作"平起平坐,特别是远不能与"阅读"相提并论,加上教师受传统观念的影响,在实际的教学评价中口语交际教学没有纳入升学评价之中,所以口语教学之流又被教师"截流",流入学生之中的口语之流剩之甚少。

但这一现象在 2009 年的课标修订稿中有所改变,关注"口语交际"的分量比 2003 年得到较大幅度提高。

表 6-3

年级	阅读	写作	口语交际
1—2 年级	7	3	6
3—4 年级	9	6	3
5—6 年级	8	5	6

第二,教学内容不够具体,缺乏实施教学的具体操作依据。大纲、课标并未详细地说明每个学段每个年级究竟要达成什么具体的目标和结果,并且在课时设置上给予口语交际教学的太少(每单元一节课,一学期最多十节课),无法通过课堂引导学生达到课标设置的目标。关于培养学生合作意识与能力的"讨论"的教学内容在本来就很少的课时中安排,就显得更微乎其微。

第三,没有口语教学的评价体系。2003 年的课标和 2009 年修订稿中口语交际的评价建议只有两句话:"评价学生的口语交际能力,应重视考察学生的参与意识和情意态度。评价必须在具体的交际情境中进行,让学生承担有实际意义的交际任务,以反映学生真实的口语交际水平。"缺少评价体系的指标和实施评价的可操作性的具体要求。

三 口语交际教材与口语交际教学

与 2000 年大纲和 2003 年课标相配套,语文教科书安排了相应的口语交际教学内容。全日制义务教育小学语文教科书中设置了口语交际的相关内容,如义务教育课程标准实验教科书四年级上册《语文》安排了以下口语教学内容:"结合课文学习,交流各自了解的自然奇观""利用提供的画面,与同学交流从图中看到了什么""把自己编写的或者课外读到的童话讲给同学听""说说自己喜欢的动物的外形、脾气等""围绕素材进行讨论""感谢与安慰""根据课文的学习讨论大家感兴趣的问题""畅谈我们的奇思妙想"。2000 年后出版的全日制普通高中教科书《语文》中也有口语一般表达、演讲、即席发言、体态语、讨论、采访、辩论等口语交际教学的内容设置。人民教育出版社、江苏教育出版社等出版发行的义务教育语文教材中均安排了富有特色的口语教学内容。这些教学内容体现以下特色。

（一）增添趣味性

人教版义务教育课程标准实验教科书《语文》的口语交际一般根据单元主题安排，让学生在学习了这些课文之后，熟悉了介绍说明或者描写的顺序、方法之后，启发学生运用所学的方法重新介绍说明一件事物或描写一处风景，或针对一个大家感兴趣的问题进行讨论。总之口语交际的话题都是编者们根据学生的年龄特点和心理特征精选而来，能引发学生的参与兴趣。

（二）争取实用性

课标明确指出："口语交际能力是现代公民的必备能力。应培养学生倾听、表达和应对的能力……"学以致用，为学生的生存奠定基础成为新课程的重要教学理念。所以各出版社教科书，都开始重视将口语交际教学融入学生的学习和生活之中，纠正将口语交际与学生现实生活相剥离的倾向。如义务教育课程标准实验教科书《语文》七年级上册第一单元在学习了一组记叙文之后让学生仿照这组课文的写法向同学们推荐自己：自己的特长，这个集体还有哪些事需要做，自己能为集体干些什么……这个话题能激起参与的积极性，能培养学生介绍自己、推介自己的意识与能力。

（三）加强综合性

即把口语交际活动同综合性学习相结合，增加学生口语训练的时间，全面锻炼学生的语文能力，提高教学效果。

（四）体现创造性

人民教育出版社全日制义务教育课程标准实验教科书《语文》7—9 年级的写作、口语交际与综合性学习编排在一起，这是一次新尝试，也是口语交际教材的一次重大突破。通过"综合性学习"，使得写作、口语交际根植于学生生活，根植于实践，让学生把生活的积累、经验、情感充分调动起来，并融入写作与口语交际的学习之中，从而把生活与学习紧密联系起来，感受学习因生活之流的注入而变得活泼、清澈、快乐。如语文教科书七年级下册一共编排了六次综合性学习，其中就有六次口语交际和写作，形成一个系统，其主题分别是：成长的烦恼；黄河，母亲河；我也追"星"；戏曲大舞台；漫画探险；马的世界。这些主题与学生的现实生活、精神世界、思想动态联系比较紧密，能调动他们的情绪、生活积累，让学生有材料可说，有素材可写，激发学习的积极性。

口语教学教材能结合大纲和课程标准作出各具特色的尝试，对口语教学的发展、提高学生口语能力都起到一定的推动作用。但由于口语交际教学的生活性、复合性、情感性、综合性，以致口语教材的编纂仍存在许多不足。

第一，口语教学内容势单力薄，无法与阅读教学内容抗衡，处于附庸地位。旧时的语文教材中口语交际教学内容几成空白。根据2000年大纲和2003的课标精神，口语交际教学得到大幅度加强，但口语交际内容安排极少，仅仅是"单元知识和训练"中极小部分而已。人教版义务教育课程标准实验教科书虽然每单元都安排"写作·口语交际·综合性学习"内容，而且其中会给予一定的训练提示，但其分量远远少于阅读的训练内容（当然写作也差不多）。可见口语交际教学的地位低微，几乎是阅读教学的"闲暇的装饰"。这与口语教学在语文教学中的应有地位，尤其是在实际生活中的地位不相称。

第二，注重陈述性知识学习，忽视程序性知识掌握。在教学内容的安排上，每单元会给予一个口语交际的主题，但在交际的技能上并不提示训练重点，即不注重口语教学程序性知识的训练。口语交际的言语程序性知识需要螺旋式上升、循序渐进的长期训练，必须结合说话主题进行严格的训练。这些是口语交际教材没有顾及的。

第三，教学内容缺乏序列性。如人教版的义务教育课程标准教科书七年级上册《语文》设计了下列交际教学要点：这就是我，漫游语文世界，感受自然，探索月球奥秘，我爱我家，追寻人类起源。这些训练从主题到言语训练要点上都没有系统的安排，带有较大的随意性。

第四，音像教材建设有待加强。口语交际有很大的情境性、情感性、言语技巧性。所以建设直观形象、具有很大情境感染性的音像教材不仅能更大程度上调动学生参与口语交际训练的兴趣，提高教学效率，而且在多次训练后，能让学生在现实生活中遇到类似情况时，灵活运用课堂学到的口语交际言语技巧，灵活、自如地进行交际。

四　口语交际教学理论研究的成果

应该说，21世纪的口语交际教学理论研究取得了丰硕成果。研究者们结合国内外口语交际教学的先进理论，发表了独到的见解，形成了丰厚的著述，高屋建瓴、颇有成效地指导了当今的口语交际教学。如李海林的《言语教学论》和李维鼎的《文言意论》就对口语教学进行了精辟的论述。唐玉辉在《论低年级口语交际习惯的培养策略》中提出口语交际习惯的形成空间，并且探讨了习惯形成的操作策略；李继先的《话语分析理论基础上的口语交际能力培养研究》论述了如何取得话轮、维持话轮以及移交话轮的方式方法；潘涌《直面世界——语文口语交际教学新概念》一文，就口语交际教学方法提出"情景设置—序列设计—追求创意"的基本思路；李朝辉《小学语文口语交际教学应避免的集中倾向》列出"五重五轻"的不良教学倾向；孙永灏《初中语文口语交际教学初探》提出坚持"在做中学"的原则，采用"全面渗透—专题培训—活动强化—生活运用"的方法进行口语教学；严桂根《构建高中语文'口语交际'训练新体系》一文，从时段和内容两个维度构建高中语文"口语交际"训练新体系的框架，具有一定操作性；黄金泉的《培养和提高学生口语交际能力有效策略》结合课程标准和自己的探索体会提出了培养学生口语交际能力的五条有效策略。还有王群和刘伯奎主编的《口语交际训练教程》；李明洁主编的《口语交际新视点》；王志凯和王荣生主编的《口语交际课例剖析与教案研制》，对从语文独立设科以来口语教学历程进行评述的田良臣论文《艰难的言说——汉语口语教学百年历程评说》等，从不同角度对口语交际教学进行了研究。①

---

① 黄真金：《汉语口语交际及其教学发展研究》，硕士学位论文，贵州师范大学，2006年。

五 对口语交际教学实践的思考

尽管口语交际及其教学发展至今已经取得了不俗的成绩，但是客观上说，我国的口语交际教学还仍处于艰难的起步阶段，还有不少问题我们需要正视，需要以理性的思维进行梳理、分析，为解决问题提供一个引导。

(一) 口语教学的发展没有达到社会的要求

大型书店里社会学有关成才、励志、素质修养类与口语交际有关的书籍多如牛毛，可见社会对口语交际类知识需求量巨大。但是，在教育学类或者中小学教学辅导类书籍中与口语交际有关的书籍却少之又少。这就反映出语文教育界对口语教学的重视程度还不够，或者说新的课程标准对口语教学的要求实际上并未落实，实践层面的口语教学显然落后于社会对口语交际的需求。

(二) 口语教学的考核评价机制有待完善

多年来，普通高考制度对我国人才选拔的影响重大，但是口语交际能力却没有被纳入考核范围，在与之衔接的中考以及各类人才选拔评定的考试中，情况也基本一样。

(三) 现有的对口语交际的研究不及西方

其根源依旧在重视程度不够。口语交际在西方文化发展中，一直占据着重要地位。西方各界的精英之所以能脱颖而出，很大程度上是由于他们的口语交际能力比一般人更强。可以说，口语交际是西方社会生活中的重要活动，其在西方的影响可以用"辞而优则仕"来说明。而我国多年来一直对笔试非常重视，对口语交际注意不足，特别在语文教育的实践层面，对学生口语交际能力的培养完全达不到时代的需求，这是在口语交际的认识方面我们与西方最大的差距。

(四) 口语交际教学实践中存在诸多误区

第一种，书面语言口头化。在教学实践中，很多一线的语文教师在课堂上给学生朗读或播放一段材料，学生主要倾听或复述材料的有关内容或回答教师的提问；或者教师给学生展示图画，让学生用语言描述画面的内容等。这些做法，并没有让学生真正参与到真实的口语交际活动当中去，究其本质根本不是口语交际教学，而是一种书面语言口头化的训练或者说培训。

　　第二种，口语教学过于生活化。有的老师只是将日常生活不加选择地搬进课堂，让学生对日常生活进行简单的模拟再现，如教师布置生活场景，用"探望""购物""问路"等活动来训练学生的现场语言运用能力。有的老师甚至将口语交际课上成了"生活体验课"，只管把学生带入生活情境，自己仅仅在一旁观看、记录，不注重指导、点拨与启发。严格来讲，这类教学的重点是教会学生完成一件事，并未真正训练学生的口语交际能力，因为其在言语运用的规则、运用方法方面训练不够。

　　第三种，小组讨论组织混乱化。新课标中明确把"讨论"作为口语交际教学的内容，于是小组讨论就成为语文口语交际课堂上的主体。然而在教学实践中常常出现以下两种偏差。一是讨论开始学生不知从谁开始说、从哪里说起，应该围绕什么说，说话中经常语不中的，离题万里，或者有的思维紊乱，不知所云，白白浪费时间。二是讨论中学生滔滔不绝，相互争论，但争论的话题离主题越来越远，不能完成预定的目标。以上讨论现象表明教师缺少对学生讨论意识的熏陶和对学生讨论技巧的培养，不懂得如何组织高效的小组讨论。

第七章

阅读教学发展研究

阅读教学自古以来在语文教育中占有重要的地位，是语文教学的重中之重。其教学理念、教学内容以及教学方法等也在不断演变。本章将我国语文阅读教学的发展分为古代阅读教学、现代阅读教学、当代阅读教学和 21 世纪阅读教学四个阶段，分别进行研究。

第一节　古代阅读教学

一　先秦时期的阅读教学

先秦时期是个漫长的历史时期，包括原始社会、奴隶制社会和封建社会三种社会形态。阅读理论的开创时期则主要指殷商、西周、春秋、战国时期。阅读作为人类的一种文化活动，只能产生在文字出现以后。从这个意义上来说，我国的阅读活动起始于 3000 多年前有了甲骨文的殷商时期。

（一）先秦时期阅读教学的思想

1. 孔子（前 551—前 479 年），名丘，字仲尼，鲁国人，我国古代伟大的思想家、教育家和古代阅读学的开创者与奠基人。他高度重视阅读在培养人的道德才智和经帮治国中的作用。孔子的启发式教学思想则充分地体现在《论语》一书中，文中有 100 多处提问，如问仁、问礼、问政、问教、问知等，都很有启发性；突出地表现在《论语·述而》中的"不愤不启，不悱不发"。他还提出读书要学思结合，"学而不思则罔，思而不学则殆"。

2. 墨子（前 468—前 376 年），名翟，宋国人。战国初期思想家、教育家，墨家学派创始人。"在阅读上，墨子提出'义'和'三表'为判断事物是非曲直的标准。以'传道''知其要'作为阅读的出发点和最终目的。"① 其主要阅读思想为"兼爱""尚同"。

3. 孟子（约前372—前289年），名轲，字子舆，邹人，战国时思想家、教育家，儒家思孟学派代表人物，我国古代阅读学奠基人之一。在继承孔子等人阅读理论的基础上，孟子提出了自求自得、博约相兼、知人论世、以意逆志、循序渐进、尽信书不如无书以及知言等阅读主张，为奠定古代阅读理论基础做出了杰出的贡献。

4. 荀子（前313—前238年），名况，字卿，又称孙卿，赵国人，战国时思想家、教育家。荀子高度重视阅读，对阅读的意义和作用，阅读品质的培养，阅读原则的创立，均有深刻阐发，是我国古代阅读学开创与奠基者之一。他提出读书应该"学不可以已""君子博学而日参省乎己，则知明而行无过矣"；提出读书应该坚持不懈，正所谓"锲而不舍，金石可镂"。②

上述各家虽然在阅读观上存在不同，实际上是不同时代、不同阶层间利益与要求在阅读思想上的反映。但这些阅读思想都起到了丰富我国古代阅读思想宝库的作用，对奠定古代阅读研究基础、促进古代阅读研究发展做出了贡献。

（二）先秦时期阅读教学的内容

先秦时期阅读教学的内容主要包括六艺教育和先秦历史散文、先秦诸子散文教育。

1. 六艺教育

孔子继承了西周贵族"六艺"教育传统，吸收选择了有用的学科，充实了教学内容。由孔子编成的"六艺"教材，包括《诗》《书》《礼》《乐》《易》《春秋》。六艺的教学内容偏重社会人事和文事，轻视科技与生产劳动。

2. 先秦历史散文、先秦诸子散文教育

秦王朝以前的散文，在文学史上统称为先秦散文，可分为先秦历史散文和先秦诸子散文两大类。先秦历史散文有《尚书》《国语》和《战

---

① 曾祥芹：《古代阅读论》，大象出版社2002年版，第27页。
② （战国）孟子：《孟子》，东篱子译注，北京时代华文书局2014年版，第137页。

国策》等；先秦诸子散文有《论语》《老子》《庄子》《荀子》《韩非子》和《吕氏春秋》等。先秦散文也成为我国古代阅读教学内容的重要组成部分。

（三）先秦时期阅读教学的方法与特点

由于古代语文的教学内容主要来自《诗》《书》等"六艺"和历史、诸子散文等，教学的形式主要为官学和私塾讲学，因此，其教学方法与特点主要有以下几种。

1. 讲解法

为人师者先听学生发言（发问）而后根据学生的实际情况进行教授；当学生提出问题无法解答时才加以讲解；假如讲了还不懂或不大懂，就不必再讲下去，留待以后有了问题，再因势利导。教师的讲解要适时，要恰当。

2. 问答法

教师的提问应先易简，后难坚，要循着问题的内在逻辑。而答问则应随其所问，有针对性地作答，恰如其分，适可而止。

3. 练习法

如学诗须多诵读吟唱。古语云："书读百遍，其义自见。"就是强调书要多读，多进行练习。

二　秦汉时期的阅读教学

秦汉是我国封建制度形成和确立的时期。秦统一六国后，建立了中央集权制，为了巩固自身的统治而规定了许多尊君、维护皇帝最高权力的办法。在文教方面，采取了统一文字、简化文字、严禁私学、以吏为师、颁挟书令等措施。汉初崇尚黄老，实行"休养生息"的政策。汉代在学术、文化、教育等方面，都有重要的成就。

（一）秦汉时期阅读教学的思想

秦统一六国后，全面推行"法治"，使法家思想成了统治思想。为了在学术思想上实现统一，李斯提出焚书坑儒，秦始皇采纳了李斯的意见，无数学人精心编撰的文化典籍被焚毁。西汉初期，文化环境较为宽松，此期崇尚"黄老"，到汉文景帝时，阅读与阅读研究逐渐复苏。汉武帝时，其主要文化政策为"罢黜百家，独尊儒术"，此时崇尚儒学成为主流。从阅读和阅读研究来看，人们也由诸子百家转向儒家经典上，从而带来儒家经典研究的空前繁荣，出现了众多传授儒学的经师。

（二）秦汉时期阅读教学的内容

1. 以治经为主要内容

汉代的阅读教学内容主要来自：（1）《孝经》《论语》。这是汉代学童在"学书"之后，进一步学习的必读书；（2）五经，指《易》《书》《诗》《礼》《春秋》；（3）诸子及其他。除学五经外，还学《老子》《左氏春秋》《孙子兵法》《楚辞》等。

2. 训诂与阅读教学

"经师指导学生阅读经典，首先要解决识字和语言差异问题，必须逐字逐句用汉代的语言解释，这就是'训诂'。……没有训诂，经典的阅读教学就无法进行；而作好训诂，经典的阅读教学也就完成了一大部分。"① 汉儒指导生徒读经主要包括五方面。（1）断句。要读懂经书，首先就得断句。对同一经文，经师的理解不同，断句也会不同，进行分章析句，是阅读教学的重要部分。（2）正音正读。正音正读在阅读教学中是一项重要工作，为的是使阅读更通畅。（3）解释词语。因为阅读的是先秦的古代书面语言，词语的差异是阅读的主要障碍。解释的方法包括形训、声训和义训。（4）解释句意。理解整句、句群或全章的含义。（5）指出正文的语法、修辞特点，介绍与正文有关的背景知识。这些均为阅读教学的重要方面。

（三）秦汉时期阅读教学的方法

汉儒对阅读教学的指导。王充是东汉伟大的唯物主义思想家和教育家，其在《论衡》一书中阐述了诵读教学。他在《论衡》中强调教师在教学中要有心得，有见解，他认为教师只是把书本上的东西转交学生，没有自己的心得和见解，那就和邮人送书信、门者传教令一样，算不得好教师。学生读书在博览古今群书的基础上要勤于问难；读书要熟，要积累岁月；最后强调读书贵在能用，王充认为，用的重要方面是把读书所得用来处理事物、辨别是非，并能写成文章，著书立说。

（四）秦汉时期阅读教学的特点

汉朝经学教育中多采用章句的形式教学。章句实际上是经师教学所

---

① （西汉）司马迁：《史记·秦始皇本纪》，中华书局1982年版，第255页。

用的讲义。章句之学表现了不同经师的学术风格，因此形成不同的师法和家法。"先有师法，而后能成一家之言。师法者，溯其源；家法者，衍其流也。"[①] 汉朝经学教育，特别是今文经学传授十分重视师法、家法，并且尤其重视教师的讲解。由于经书通常为古文经典，因此需要教师的讲解。"章句""说文""师法"，都是讲解的内容，体现了当时对教师讲解的重视。

三　魏晋南北朝时期的阅读教学

魏晋南北朝又称三国两晋南北朝，这一时期社会长期处于动乱分裂之中，这一时期的教育，总的来说呈现出衰落的趋势。官学尤其如此，但家学较为盛行。此时的教学思想主要体现为清谈玄风；阅读教学内容除了经学、诗赋文章、史书外，还有《昭明文选》；教学方法上则以学生自学为主，教师讲学为辅。

（一）魏晋南北朝时期阅读教学的思想

魏晋时期的崇尚儒学的思想受各种思潮的冲击而日渐衰微。而佛教、玄学（融合儒、道、佛）、史学、书学、文学等在这一时期蓬勃发展。魏晋清谈是从汉末的清议演变而来的，汉末清议的内容着重在人物的臧否和时政的得失。清谈玄风的风气，西晋已经盛行，到了东晋，这股玄风却愈演愈烈。这种清谈玄风的风气，对语文教育尤其是阅读教学产生了较大影响。

（二）魏晋南北朝时期阅读教学的内容

魏晋南北朝时期的阅读教学，其阅读内容主要来自六方面。（1）《孝经》《论语》。这是诵读教学的必读教材。（2）五经。主要包括《诗经》《尚书》《易》《礼记》和《春秋》。（3）《老子》《庄子》。因和清谈玄风的风气有关，这时读《老子》《庄子》的人增多，而且随之各种注解本也应运而生。（4）诗赋文章。诗赋押韵、好读的特点使其被选作学童初学诵读的教材。（5）史书。从日后需要的角度考虑，部分学童被要求读历史书籍。（6）《昭明文选》是这一时期编的重要文选读本，也是我国现存最早的语文阅读课本。

---

① 曾祥芹：《古代阅读论》，大象出版社 2002 年版，第 98—99 页。

（三）魏晋南北朝时期阅读教学法

魏晋南北朝时期的阅读教学以学生自学为主，教师讲解为辅。（1）自学首先是读书。分吟咏（朗读）和浏览快读两种。（2）自学的另一种方法是抄书。抄书既有利于加深记忆，也便于检阅。（3）颜之推的阅读教学法。颜之推强调读书要了解思想内容，自己有所得，不要搞烦琐考证。读书要精读，也要博览。他说："古人勤学，有握锥投斧，照雪聚萤，锄则带经，牧则编简，亦为勤笃。"① 读书要多问，要和朋友切磋，才能互相启发。最后，强调读书要多下文字功夫。

（四）魏晋南北朝时期阅读教学的特点

由于受玄风的影响，此时的阅读教学特点主要表现在三个方面。（1）讲读教学过程中，老庄的思想被渗入儒家经典中。（2）阅读教学由汉儒的习章句演变到魏晋的通意旨。这也和清谈玄风有关。（3）魏晋解经，贵要言不烦，这也是清谈的影响。

四　隋唐时期的阅读教学

隋唐时期，是我国古代阅读教学及其理论研究的成熟期。由于统一的封建政权重新建立，文化学术事业有了很大发展，阅读活动更加普遍。阅读理论的研究也因而更加全面、深入。

（一）隋唐时期阅读教学的思想

隋唐时期，随着南北分裂局面的结束，新建立的大一统的封建政权需要儒家思想作为它的统治思想，因而儒家经典的阅读又被再次提了出来。经过统治者的大力提倡，出现了"学者慕响，儒教聿兴"的局面。从唐代开始设立科举，以诗文取士。这一政策大大促进了唐代诗文的发展，对诗文的阅读研究也因此而兴盛起来，诗歌和文章研究渐趋成熟。此时的阅读教学思想主要是以儒家经学为主导，最主要是为了适应科举考试的需要。

（二）隋唐时期阅读教学的内容

隋唐时代的主要读物仍是经书。隋唐科举考试的内容主要以大经（《礼记》《左氏传》）、中经（《诗》《周礼》《易礼》）、小经（《易》

---

① 张隆华、曾仲珊：《中国古代语文教育史》，四川教育出版社 2000 年版，第 111 页。

《书》《公羊传》《穀梁传》）为主，外加《论语》和《孝经》两门公共必修课。考试内容的确定从而也决定了教学的内容。因此，阅读教学注重学习诗赋杂文，《昭明文选》就成为必读书了。隋唐时代的文学，出现了前所未有的繁荣景象。

（三）隋唐时期阅读教学的方法

1. 在博学的基础上求精通

韩愈认为学先王之道的基本途径在于六艺之文。六艺之文体现了儒家的仁义之道，所以，他要求学生广泛地读书，以求博学。

2. 学业的精通在于勤勉

韩愈在《进学解》中说"业精于勤，荒于嬉；行成于思，毁于随"。要想取得学业上的长进，就必须刻苦用功，勤奋好学。

3. 柳宗元提出学生要大量地阅读

"君子之学，将有以异也，必先穷究其书"①，大量阅读的前提是提倡学生读书时怀着怀疑的态度，要懂得"尽信书，不如无书"的思想。

4. 随文注音和点识的方法

注音与点识，是为了便于读经，便于阅读与理解。

（四）隋唐时期阅读教学的特点

这段时期的阅读教学特点主要有四方面。

1. 阅读教材一般都是手写本。由于印刷术尚未广泛使用，加之抄书可以加深印象，一般学子需要自己抄写。

2. 出现了一种供阅读教学用的节录本。即指从书籍中摘取有教育意义的好言语与好行为，用来讽诵或者教育儿童。

3. 讲经制度与体制。据孙楷第考证，"自汉魏六朝以来，儒家讲经，有经师，有都讲。都讲为经师选授，以音读句投（逗）能正确不误，部分章句咸得师意者任之，而其职唯在诵读，师因诵讫，而为众解说。儒家的都讲专管诵经，经师专管讲经，这和释家的都讲专管转读，法师专管讲经很相似"。

4. 在读书腔调上，主要是用楚声读《楚辞》，这是阅读教学读书的一个特点。

---

① 孙培青主编：《中国教育史》，华东师范大学出版社 2000 年版，第 512 页。

五　宋元时期的阅读教学

宋元时期（960—1367）指从宋初到元末这一历史时期。宋元时期的阅读教学思想以理学为指导，主要是对儒家思想的继承和发展。教学的重要内容为诗歌、散文、宋词和元曲。阅读教学方法注重诵读、选读和评点，这是由教学内容所决定的。

（一）宋元时期阅读教学的思想

理学，是儒家思想在宋代的继承和发展，故亦称"新"儒学，产生于北宋，完成于南宋。理学的实际创始人为"北宋五子"，即周敦颐、邵雍、张载、程颢、程颐，至南宋朱熹始集大成。理学可以说是宋代哲学、文化思想的核心。宋代的理学家，大都是文学家、教育家，也都是知名的文化人，他们对语文教育及阅读教学产生很大的影响，特别是阅读教学思想。元代是一个过渡时期。蒙古贵族入主中原后加快了"汉化"进程，采取"汉法"的政策。文化教育上"崇儒、尊孔"，并接受一些理学家的主张，设书院、举科举等，同时，对程朱理学的态度成为阅读理论的中心议题。

（二）宋元时期阅读教学的内容

宋元时期的阅读教学内容主要包括宋诗、宋文、宋词、元曲等。宋代的诗歌阅读，不仅仅局限于宋代的诗，它包括宋以前的诗，特别是唐诗。宋文，主要指宋代散文，特别是就宋代散文的阅读教育而言的。宋代的散文较之唐代的散文更宜于说理、叙事和抒情，显得平易自然，流畅婉转；同时，也比较容易适应政治斗争和社会生活各方面的实际需要，因之，它是散文阅读教育的最佳材料。宋词，是中国文人的特殊形态的诗歌，在整个中国文学的流变中独树一帜，并发出了它的异彩，为此时代的阅读教学增添了新的内容。元曲，是词的发展，或者说它是由若干词连缀起来的一种特殊形式。曲的阅读，也只能从词里找根据了。

（三）宋元时期阅读教学的方法

宋元时期的阅读方法主要以评点为主。所谓评点，就是点评文段文句，评论佳句妙词，或评论结构、意境上的佳处妙境。它着重在"评"。除评点外，关于阅读的方法有的先读后讲，有的先讲后读；有的边讲边读，有的边读边讲；读到一定程度，然后领读一段，跟读一段；或唱歌，或吟诵，或诵读，或背诵，师生相互配合，心领神会，读到入情入理才止。

（四）宋元时期阅读教学的特点

宋代阅读教学的主要特点有重视记诵积累、强调学贵有疑、注重熟读精思。无论诗、文、词、曲，古人均重视记诵，广泛阅读积累。记诵积累主要指浏览—概要—鉴文—析句。浏览，是对文章进行扫描式的跑读；概要，是对文章要点的概括式的跳读法；鉴文，是对文章的首尾、开合、段落、层次的鉴赏式的唱读法；析句，是对文章的字、词、句精华的深究式的吟读法。朱熹认为，读书既要熟读成诵，又要精于思考。他主张，读书要能成诵，而且读书必要读足一定的遍数。熟读有助于理解，"读书百遍，其义自见"。元代程端礼也提出阅读要注重基本功，强调读书要烂熟通透。更重要的是，熟读的目的是精思。朱熹说："读书之始，未知有疑。其次则渐渐有疑。中则节节有疑。过了一番后，疑渐渐解，以致融会贯通，都无所疑，方始是学。"读书若真能做到既读得熟，又思得精，就是把书读通了。这些乃为阅读教学的基本方法。

六 明清时期的阅读教学

明朝，是从 1368 年至 1644 年，这时的阅读教学思想以程朱理学为代表，在教学内容上主要是幼学教材和文选读本。清朝，是从 1644 年至 1911 年。这一时期，满汉文化交流，推动了清代文化的繁荣。文学创作方面，以曹雪芹的《红楼梦》、蒲松龄的《聊斋志异》、吴敬梓的《儒林外史》等最为经典。这些成果对当时的语文阅读教育产生了影响。明清时期，都重视阅读能力的培养和强调学以致用。

（一）明清时期阅读教学的思想

明朝开国之初，程朱理学即被定为学术之本。程朱理学主张以"四书""五经"为主体而以修身养性为要领。明代中叶以后，"王学"崛兴，继承并发扬了南宋陆九渊的"心学"思想。明代中晚期，王守仁提出"六经者吾心之记籍"的观点，对阅读思想有较大的引导作用。儒家经术被历代封建统治者视为支配人们思想、行为的最高权威，是巩固封建统治的精神支柱，清朝统治者也不例外。为此，康熙年间，统治者召集了大批理学名臣编纂《朱子大全》，对违反理学的书籍、言行等都严加控制，重新确立了程朱理学在封建社会制度下的地位。此外也有与之相对的，王夫之、戴震等思想家对程朱理学持批判态度，也对阅读教学产生了不同的影响。

（二）明清时期阅读教学的内容

随着私学、义学、社学的普遍发展，阅读教学的内容也比较丰富，主要来自幼学教材、文选读本。

1. 幼学教材主要有过去广为流传的《三字经》《百家姓》《千家诗》，以及《诗经》《蒙求》《神童诗》和《四书》等。

2. 文选读本。明清时期为了提高阅读能力，逐渐增加了文选读本的数量。除了传统教材"四书""五经"外，出现了许多新编的文选，如茅坤（明）的《唐宋八大家文钞》、吴楚材和吴调侯（清）的《古文观止》、曾国藩（清）的《经史百家杂钞》等。这些读本对明清时期的学生的影响力是极其大的。

（三）明清时期阅读教学的方法与特点

明朝书院自正德（1506—1521）之后，开始兴盛起来，至嘉靖年间勃兴。首先，书院的兴起与发展，直接推动了明中叶后讲学之风的兴起。讲学之风促进了名师的集中讲学，对当时的阅读教学起到了重要作用。其次，重视阅读能力的培养。再次，实学思潮至明末清初达到全盛，强调学以致用。

第二节　现代阅读教学

鸦片战争以后，清末封建王朝在政治、经济上急骤衰落，在文化教育方面也日趋空疏腐化。科举制度在不断接受批评和变革中发展的，到明、清时期基本定型。科举考试的内容，主要是儒家经典，文章格式为八股文，考生须以朱熹的《四书集注》等经籍为依据来解释。这个牵制着全国文士命运前途的科举制度，在很大程度上确定了封建传统教育的陈腐内容，阅读教学的思想与内容也就被限定了。鉴于中法战争以后列强的侵略，一系列变法也随之发生。1905 年 8 月，在各方面压力下，慈禧政权不得不下谕"立停科举以广学校"。至此，科举制度完全废止，科举制共实行了 1300 多年。阅读教学的内容逐步开始质的转变。

一　独立设科初期的阅读教学

（一）独立设科初期阅读教学的思想

废八股、停科举在客观上有利于语文教育内容的更新和充实；而兴新学、办学堂，则对国文学科的诞生提供了合乎教育科学规律的有力保证。戊戌变法时创办的京师大学堂，是我国近代最早的大学，在以后清政府推行的新学制的改革中起了重要的作用。光绪二十八年（1902年），清政府颁布了由张百熙所拟的《钦定学堂章程》，但没有实行。癸卯年初（1904年），清政府又颁布施行了由张百熙、荣庆、张之洞合订的《奏定学堂章程》（又称"癸卯学制"），这也是我国第一个经正式颁布后在全国范围内实际推行的学制。"癸卯学制"的颁布，标志着语文的单独设科，为中国具有学科意义的语文教育教学揭开了现代教育史上的序幕。

（二）独立设科初期阅读教学的内容

"'教科书'或称'课本'，是我国近代教育史上才出现的名词。它始见于 1871 年。"[1] 光绪二十三年（1897 年），南洋公学出版的由朱树人所编的三本《蒙学课本》被认为是我国的第一部自编的新型教科书。由上海商务印书馆编纂的《最新初小国文教科书》是我国第一套正规化的中小学国文教科书，随后出版的《初等小学国文教科书》（庄俞、蒋维乔、杨瑜统）和《高等小学国文教科书》（高凤谦、张元济、蒋维乔）这两套教科书在阅读教学的内容选择方面较之前的教材有了很大的进步。

相较于小学教材来说，中学国文教科书出现较迟，种类相对也较少。刘师培所编国学保存会印行的《中国文学教科书》是其中较有影响的一套，该书编法别具一格，打破了历来纯粹是选文荟萃的文学读本的成规。民国七年，教育部首次公布自袁世凯倒台后重行审定的教科书，而之前的一些教科书也重新审定后发表，至此阅读教学的教材内容也确定了。

（三）独立设科初期阅读教学的方法

光绪元年（1909 年），商务印书馆在上海创办了《教育杂志》，由

---

① 张隆华、曾仲珊：《中国古代语文教育史》，四川教育出版社 2000 年版，第 356 页。

陆费逵任总编辑。该杂志以研究教育、改良学务为宗旨。从晚清到民初，此杂志发表了有关国文教授法的文章不下数十篇，其中还介绍了如"自学辅导法""自动教学法""分团教学法"等欧美国家的教授法（清末民初对语文教学方法的研究一般称之为"教授法"）。基于对传统"灌输"方法的怀疑，课堂教授方法的实践与研究由此进入新阶段。

（四）独立设科初期阅读教学的特点

运用白话文是这个时期阅读教学最大的特点。白话文与文言文相对，是我国汉语书面语的一种，基本上是以北方话为基础，与一定时代的口语相接近。晚清白话文运动的代表人物主要有黄遵宪、梁启超、裘廷梁、陈子褒等。其中梁启超的散文能吸收一些近于口语的生动语言，把深奥难懂的文言改得通俗易懂。他所写的政论《少年中国说》，常被许多语文课本所选用。裘廷梁在《苏报》上发表了《论白话为维新之本》，第一个明确提出了"崇白话废文言"的口号。在 19 世纪 90 年代，与白话文相应的国语运动也已经开始。白话文运动推动了语文教育通俗化，扩大了语文阅读教学的范围。

二　20 世纪 20 年代的阅读教学

五四运动是中国新旧民主主义革命的划时代标志，它不仅改变了中国革命的性质，中国文化教育的性质也随之改变，反对尊孔读经，反对旧礼教、旧道德的新文化运动，在五四运动时期达到了高潮。阅读教学此时在具有进步思想倾向的教育人士的追求和实践下，注重教学民主，提倡思想自由，提倡发展个性，反对封建专制的教育制度、教育思想和教学内容、教学方法。

（一）20 年代阅读教学的思想

1921 年 10 月，全国教育联合会第七次代表大会在广州举行，会议围绕"学制系统案"进行，提出了新学制的草案。1922 年（壬戌年）10 月，教育会联合会在山东济南举行第八次会议，对新学制草案作了修改。11 月以北洋政府大总统徐世昌名义公布《学校系统改革案》，亦称"新学制"或"壬戌学制"。次年，教育部又公布了小学到高中的国语、国文课程纲要。至此，语文学科才被置于一个要求比较明确而相对形成一个系统的基础之上。如初级中学《国语课程纲要》，由叶绍钧拟定。

（二）20 年代阅读教学的内容

1923 年《中小学课程标准纲要》规定：小学取消修身课，增加公民、卫生课，将手工改为公用艺术，图画改为形象艺术；又将初小的卫生、历史、公民、地理合为自然园艺科；将国文改为国语（包括语言、读文、作文、写字），体操改为体育。阅读教学主要为读文。小学上课以分钟记；初小前两年每周至少 1080 分钟，后两年每周至少 1260 分钟，高小每周至少 1440 分钟。初级中学课程设社会、言文、算学、自然、艺术、体育六科。其中社会科含公民、历史、地理；言文科含国语、外国语；艺术科含图画、手工、音乐；体育科含生理卫生、体育。高级中学分普通科和职业科。普通科分文学、社科和数理三类，又分为两组，第一组注重文学和社会科学，第二组注重数学和自然科学；职业科分农、工、商、商船四类。课程分为公共必修科目、分科专修科目、纯选修科目三种，每一种又有若干门课程，以各种课程学分计算，修满150 学分为毕业。初级中学的阅读教学主要为注重文学教学。

（三）20 年代阅读教学的方法与特点

1. 问题教学法

问题教学法是由夏丏尊、陈望道、刘大白和沈仲九等提出的关于白话文教授的系列主张：说明、答问、分析、综合、书面的批评、学生讲演、辩难、教员讲演和批改札记构成。这就是著名的以问题为主的教学法，即在课堂上，老师先提出一个研究问题，学生自行分析并进行综合，最后师生相互质疑发问，共同探讨，以求理解。

2. 道尔顿制的实验

道尔顿制是美国教育家柏克赫斯特于 1920 年创立的一种新的教学法。在国文科，主持此项实验的是著名语文教育家穆济波。他根据道尔顿制的要求，曾拟订了"初级中学第二年第一学期道尔顿制实验班学生工作表"。表内对所谓的"工作种类"规定为精读、笔记、作文、课堂研究、课外阅读等部分。

3. 程序教学法

语文教育家陈天启于 1920 年在《少年中国》上发表了《中学的国文问题》一文，它针对当时国文教学中的不同见解和做法，较为合理地提出了自己"因文而异"的程序教学法。他把国文教材分为三类：一类是"模范文"，一类是"问题文"，另一类是"自修文"。三类课文，各自以相应的教学程序教学。

三　20世纪30年代的阅读教学

20世纪30年代前期，国内的阶级矛盾和反侵略的民族矛盾已日趋尖锐。但在文化教育方面还是有很大的进步。从国语国文教育的角度看，大批有识之士围绕课程标准的修订、教科书的编纂、教学法的研究等问题积极探索符合中国国情的国语国文教育新路，为国语国文教育的发展做出巨大的贡献。

（一）30年代阅读教学的思想

从1929年8月教育部颁布的中小学课程的《暂行标准》和1936年颁布的修订版《课程标准》对阅读教学的要求可以看出，国文教学注重培养学生读解古文的能力及养成阅读书籍的习惯。从这一教学目标出发，叶圣陶强调，在选读各体各派的单篇短章以外，要指导学生读"整本的书"。除此之外，著名教育家陶行知在20世纪20年代后期提出了"教学做合一"的教学理论。即阅读教学要确定学生怎样学和教师如何根据学生学的法子来确定教学法，从而达到"教学做合一"。

（二）30年代阅读教学的内容

30年代的中学国语国文教科书在内容方面是文言文和白话文按一定比例兼选。在选文的安排上，按宋文翰的概括，初中教科书大致为："初一，以记叙文为主而以描写文为副；初二，以描写文为主而以说明文为副；初三，以说明文为主而以论辩文为副。"[1] 高中教科书大致为："高一，注重文字的技能，用以完成前三年之所学，作一个总结束；高二，注重文学的流变，用以昭示各种文学作品的产生、构成、流变及其价值，并借此引起学生研究、欣赏及增进写读的能力；高三，注重中国学术思想的流变，用以昭示各种学术思想的产生、影响、流变及其价值，并借此引起学生研究、批评及增进写读的能力。"[2]

---

① 陶行知：《教学做合一》，见《陶行知文集》，江苏人民出版社1981年版，第185页。
② 宋文翰：《一个改良中学国文教科书的意见》，《中华教育界》1931年第19卷，第4期。

（三）30 年代阅读教学的方法与特点

1929 年颁布的《暂行标准》，规定中学语文科的阅读教学方法为：初中应注重精读指导（包括文法与修辞）与略读指导，高中应包括专书精读、选文精读、文法与修辞、读解古书准备等。针对以上要求，在教学过程中往往注重精读与略读的指导。

四 20 世纪 40 年代的阅读教学

40 年代是一个充满着抗日与投降、进步与倒退、光明与黑暗的尖锐矛盾的年代。这一时期，国统区和解放区的阅读教学有着各自的特点。

（一）40 年代阅读教学的思想

国统区的阅读教学，从国文教学目标上体现为注重培养学生阅读能力及自学能力；在教学内容上除重视诵读经典外，更强调白话文的学习；在教材选用上，除了增加古文比重，要求所谓"唤起民族意识，发扬民族精神"以外，还强调要选"党国先进言论"，也就是说要直接让青年学生诵读那些所谓党国要人的推行专制政治的说教。

解放区的教育事业，包括语文教育事业，都是在共产党制定的新民主主义教育方针政策指引下，通过对旧的教育体制、课程、教材教法进行重大的改革而不断发展起来的。解放区的阅读教学重视阅读，重视启发式教学。

（二）40 年代阅读教学的内容

在解放区，从抗日战争到解放战争时期，比较有代表性的小学国语教材是 1938—1944 年陕甘宁边区进行三次改编的全套小学《国语课本》；中学国文教材主要是 1946 年陕甘宁边区教育厅统一编审的一套《初中国文》。陕甘宁边区于 1937 年冬着手编写国语课本，于 1938 年 2—8 月出版。1942 年经过改编，出版了第二套国语课本。此教材在形式上实行故事化和儿童化，文体上力求丰富多样。1944 年又出版了第三套改编本国语课本，此教材注重联系生活实际，反映了新生事物。抗日根据地和解放区的教材，也是在反复的改革和摸索中逐步建设起来的。中学语文课本在选材上存在两种偏向：一种是偏重文艺文和古文；另一种是片面理解联系实际，把选文局限于新闻、报告、通信、总结与某些定式应用文的小圈子里。1948 年 3 月和 1949 年 3 月，由于教学上的急需，解放区在原有中等国文教材的基础上重新编出了全套《初中国文》和《高中国文》。

（三）40 年代阅读教学的方法与特点

自 20 世纪 20 年代新学制制定中学国文科课程标准以来，"阅读"一项就被分为"精读"和"略读"二目。"精读"，读教科书的选文；"略读"，读指定的专书专集。叶圣陶和朱自清编撰的《精读指导举隅》和《略读指导举隅》提出了详细的精读和略读指导法。

在解放区，对阅读教学的方法进行了许多革新。（1）启发式教学。老解放区的国语国文教学，在实行启发式方面，创造了许多新鲜的方法。譬如在土地革命时期，苏维埃政府教育部门在制订《小学课程教则大纲》时，就把发展儿童的创造性列为教学方法的"三原则"之一。（2）阅读与写作分开教学。晁哲夫认为，讲读要与写作分开，"讲读和写作是国文教学的两个独立任务，应当严格地区分清楚。讲读是为了吸收别人的思想、意见和知识，从而扩大自己的思想领域，培养学生吸收别人的思想和意见的能力，由不正确到正确，由迟钝到迅速，便是讲读的主要任务"①。

第三节　当代阅读教学

从 20 世纪 50 年代始，语文阅读教学进入全面学习苏联的热潮中，在学习与借鉴的基础上，遭遇到了"大跃进"所带来的极大冲击，随着"文化大革命"运动的到来，语文阅读教学走向低谷。中共十一届三中全会的召开，吹响了改革的号角，也揭开了语文教育的新篇章。"大语文"教育观的提出，更是为语文阅读教学提出了新的发展方向。

一　20 世纪 50 年代的阅读教学

50 年代可以说是处于全面学习苏联语文教学的热潮时期，此时推行汉语、文学分科教学，然而"大跃进"的到来，给语文教学带来了

---

① 中央教育科学研究所：《叶圣陶语文教育论集》，教育科学出版社 1980 年版，第 48 页。

沉重的创伤。

（一）50 年代阅读教学的思想

1950 年 6 月中央人民政府出版总署编审局出版了全国统一的"语文"课本：《初中语文》《高中语文》，自此开始了新民主主义和社会主义"语文"教育的新时代。为了提高语文教学质量，教育领导部门做了大量引导工作，如提倡学习新的文学理论，提高新文学修养，增进新文学知识，以提高对现代白话文教材的分析和处理能力。在教学后期重视培养学生的阅读能力。1958 年的"大跃进"运动，在指导思想上强调了语文教学要"为政治服务"，甚至认为每教一篇课文都要解决学生一定的思想问题，把语文教学中的思想教育任务提到了极不恰当的地位。

（二）50 年代阅读教学的内容

1956 年 4 月，中央教育部正式颁布了《关于中学、中等师范学校的语文科分汉语、文学两科并使用新课本的通知》，通知决定从 1956 年秋季起，中学及中等师范学校的语文科分汉语、文学两科分别教学，使用新编的汉语教材和文学教材。1956 年 6 月颁布了《初级中学文学教学大纲（草案）》和《高级中学文学教学大纲（草案）》，对初中和高中文学教学的任务、内容和方法也都做了具体规定。如高中文学的教学内容有中国文学作品及中国文学基本知识；有外国文学作品；还有文学理论的基本知识。

（三）50 年代阅读教学的方法与特点

新中国成立后，全国各行各业都掀起了学习苏联的热潮，语文教育也不例外。1953 年 5 月，北师大教育系的学生在实习期间举行了一次中学语文观摩课。执教者是北京六中的一位教师，教材是初中语文课本《红领巾》的一段。教师采用的教学方法主要是讲述法和讲解法，课堂教学由"五个环节"构成，即"组织教学—复习旧课（检查作业）—讲授新课—巩固新课—布置作业"。"五个环节"教学法一方面使许多教师从教学中的手足无措发展到掌握教学的基本过程，并学会写教案，制定教学计划；另一方面，在教学过程中往往又把"五个环节"凝固化，甚至在教案中写下每个环节需要多少分钟，在上课时要做到一分钟不能差，完全陷入形式主义的泥沼。

　　"大跃进"运动中，广大语文教师受到"破除迷信，解放思想"口号的鼓励，焕发了改革语文教学方法的积极性。然而，由于受当时政治运动的影响，语文教育特别是讲读教学也被误导成政治运动式。"大跃进"时期的讲读教学，普遍强调"教师和学生相结合"，即每一个单元或每一篇课文的教学要求和重点，须由教师和学生共同确定，教学开始阶段，先由教师介绍与课文有关的知识，随即布置提纲，指导学生预习；接着是分组讨论，大组讨论，分别由学生、教师主持；然后由教师综合学生发言，小结课文的中心思想、写作特点等。这有其进步性，但是，当时的政治因素使之纳入某种政治运动或政治学习的模式中，其主要环节的讨论则只注重思想政治内容而忽视语言形式，有悖于讲读教学的任务。

二　20 世纪六七十年代的阅读教学

　　受"大跃进"运动的影响，语文教育质量大幅度降低。20 世纪 60 年代初期，随着国民经济的调整，逐步克服了"左"倾错误，语文教改的理论和实践开始有了健康的发展，语文教学的质量也随之提高了。但是随着语文教学讨论和语文教学改革的进行，一场"文化大革命"到来了，其对语文教育造成了极大的破坏，语文学科被"彻底否定"。70 年代末，随着"四人帮"的覆灭和政治上、思想上的拨乱反正、正本清源，语文教育重新获得了发展。

　　（一）六七十年代阅读教学的思想

　　20 世纪 60 年代初期，随着语文教改理论和实践的发展，语文教学质量也有了相应的提高：语文学科在中小学课程中的地位和性质被确定下来，即语文是学生必须掌握的最基本的工具；提出了提高语文教育质量的途径，即必须加强语文基础知识的教学和语文基本能力的训练。语文教育获得了发展。然而，1966—1976 年的"文化大革命"，语文教育首当其冲地遭受到来自各方面的炮火攻击。这个"大批判"，既针对着新中国建立 17 年来的"教育黑线"，又针对着 20 世纪 30 年代以来的所谓"文艺黑线"，广而言之，则是针对着千百年来古今中外所谓的一切"封、资、修"等黑货。

　　（二）六七十年代阅读教学的内容

　　1963 年 5 月，教育部制定了《全日制（十二年制）中学语文教学

大纲（草案）》。这一草案首先明确提出了："语文学科的性质是学好
各门知识和从事各种工作的基本工具"，并阐明了中学语文教学的目的
是"教学生能够正确地理解和运用祖国的语言文字，使他们具有现代语
文的阅读能力和写作能力，具有初步阅读文言文的能力"[①]。为了培养
学生具有现代语文的阅读能力，具有初步阅读文言文的能力，语文教材
力求选材面广，课文量多，文质兼美。《大纲（草案）》规定："课文
必须是范文，要求文质兼美；具有积极的思想内容和优美的艺术形式，
足为学生学习的典范……入选文章一般应是素有评定的，脍炙人口的，
特别是经过教学实践证明教学效果是良好的。"[②]

（三）六七十年代阅读教学的方法

20世纪60年代初期，语文教学进行了一系列改革实验。在阅读教
学方面的表现主要有：（1）黑山北关小学语文教改实验。强调精讲多
练，以教师讲授为主，一般不长的课文只用一节课，这就给快速阅读打
下基础；半独立阅读，学生课外自己阅读，教师在课堂上重点分析总
结；独立性阅读，即课外阅读，但不是自流，而是在老师指导下阅读。
（2）上海育才中学教改"十六字诀"："紧扣教材，边讲边练，新旧联
系，因材施教。"以"边讲边练"为例，这是对阅读教学的要求，要求
老师灵活地根据教材、年级和学科，进行不同形式的讲解与练习。边讲
边练教学，使学生阅读能力和独立思考、独立操作的能力得到了提高。
这"十六字诀"因其科学性和可操作性，在当时的教坛影响力很大。

（四）六七十年代阅读教学的特点

此时期的语文阅读教学，重视学生语文能力的提高，进行了各种语
文教学实验改革。著名语文教学家叶圣陶提出了语文教学的目的在于
"教是为了达到不需要教"[③]。

"文化大革命"时期，简单粗暴地否定"三中心"教学。"三中心"
即教师在教学中起着主导作用；教材（课本）是教学中最重要的依据；
课堂教学是学校教育最基本的形式。这些基本观点在指导语文教育实践
方面曾起过积极的作用，但后来逐渐趋于凝固，一度出现了脱离学生、

---

① 中华人民共和国教育部制定：《全日制中学语文教学大纲（草案）》。
② 同上。
③ 朱永新：《叶圣陶教育箴言》，福建教育出版社2013年版，第294页。

脱离生活、脱离社会实际的偏向。"文化大革命"则把语文教学引向了另一个极端，"教师中心"受到了"工农兵上讲台""小将上讲台"的冲击，教师的主导作用完全被否定；"课本中心"受到了所谓补充教材或活教材的冲击。许多省市将政治、语文教材合而为一，变为"政文课本"。"课堂中心"受到更猛烈的冲击，语文教学经常采取"开门办学""走出去请进来"等办法，力图改变课堂教学的基本方式。

三　20世纪八九十年代的阅读教学

1976年10月到1978年的拨乱反正和党的十一届三中全会的召开，吹响了改革的号角，也揭开了语文教育的新篇章。伴随着高考制度的恢复，中小学十年制学制的实施，新语文教学大纲（试行草案）的颁布和新语文教材的出版，全国范围内掀起了一个语文教学改革的高潮。

（一）八九十年代阅读教学的思想

1. "大语文"教育思想观的提出

随着新时期的改革开放，在语文教育方面提出了"大语文教育"的思想观。提出"大语文教育"这个概念并以此设计语文教学整体改革方案的先锋人物，是河北省邢台八中的语文老师张孝纯。他在《"大语文教育"刍议》一文中说："根据36年来从事语文教学特别是1980年以来进行中学语文教改实验的实践，我认为：应当施行'大语文教育'。因为只有这样，中学语文课才能适应'三个面向'的要求，在培养具有共产主义精神的创造型、开拓型人才方面充分发挥它的应有作用。"[①] 他提出的"大语文教育"的指导思想概括来说就是四句话：联系社会生活；着眼整体教育；坚持完整结构；重视训练效率。大语文教育是在新的教育思想指导下拓展语文教学的外延、丰富语文教学的内涵、增加语文教学的渠道、凝聚语文教学的合力的变革性教育实践。

"大语文教育观"的提出，其直接结果之一是导致了阅读教学当中阅读量的扩充，自读课的成型，选修课的增设，技能和方法的传授，课外阅读活动的开展，速读训练的实验等重大举措的实施，开辟了语文教学全新的时空领域和效率观念。

---

① 韩雪屏：《中国当代阅读理论与阅读教学》，四川教育出版社2000年版，第163页。

2. 阅读教学的指导思想

中央教育科学研究所教改实验小组编写、教育科学出版社出版的《语文》（试用本）于 1981 年开始实验，其指导思想为：（1）分步指导阅读，进行阅读技能的训练，在全套课本中编排一个阅读指导和训练的序列；（2）为独立阅读创造条件，课本配备指导性的文章和设计有关的各种练习项目，为学生自学创造条件；（3）以阅读为中心，带动听、说、写。在四种语文能力中，"读"既是基础又是统帅，在阅读教学活动中应举一带三，使读、写、听、说互相促进，共同提高；（4）加大阅读量。多选好文章，既能使学生增强阅读兴味，还能为学生自学提供材料。

（二）八九十年代阅读教学的内容

1992 年《九年义务教育全日制初中语文教学大纲》（试用稿）颁行了，这份大纲对阅读教学具有重要意义。首先，把"课文"列于语文教学内容的首位，强调"指导学生学习课文，是语文课堂教学的主要内容"。其次，首次把语文课外活动列入了教学内容。再次，对"阅读能力"的要求增加了"语言感受能力""基本的阅读方法""初步具有欣赏文学作品的能力"等。刘国正先生撰文指出："语文教学的主要任务是什么？是提高学生正确理解和运用祖国语言文字的能力，即提高读写听说能力。在一定意义上说，语文课是能力课。什么是提高语文能力的基本途径？是语文实践，即在阅读中学习阅读，在写作中学习写作，在听说中学习听说。"[1]

（三）八九十年代阅读教学的方法与特点

1. 钱梦龙的"三主四式"导读法

钱梦龙老师在多年的语文实践中总结出了"三主四式"导读法。"三主"，即"以学生为主体，以教师为主导，以训练为主线"，这是对教学过程中师生间复杂关系的尽可能简要的描述。"四式"即用"自读、教读、练习、复读"这四种训练方式来设计教学。将教师的讲和学生的读有机结合起来，主导与主体共同发挥作用。"三主"命题，有利于人们较为科学地处理好教学过程中师与生、教与学、讲与

---

[1] 张孝纯：《"大语文教育"刍议》，刊《语文教学改革》，中国盲文出版社 1986 年版。

练、传授知识与指导方法、加强"双基"与发展智能等多种基本的矛盾。"四式"导读结构，有利于使学生摆脱对教师的过度依赖，真正成为学习的主体，进而不论在学习上还是生活上，甚至是人格上都能做自己的主人。

2. 宁鸿彬"教会学生学习语文"

宁鸿彬认为教会学生学习语文，培养学生的自学能力，就要先放开学生的手脚。为了放开学生的手脚，宁鸿彬提出了"三不迷信""五个允许"和"四条守则"。"三不迷信"指的是不迷信古人、不迷信名家和不迷信老师。这种具有批判性思维的理论在当今的教坛仍然闪烁着熠熠星光。针对阅读教学，他认为语文教师应"把蕴藏于课文中的语文知识和语文技能提炼出来"①。宁鸿彬把这种对语文教材实施提炼加工的过程，称为"浓缩教学内容"。他说："浓缩教学内容的意思就是：第一，扩大教学容量，在单位时间内教会学生更多的东西；第二，缩短教学时间，要用一节课的时间完成一节半、两节，甚至更多的教学任务。"② 宁鸿彬认为，课堂阅读教学方法要"精"，即"在教学过程中实现精讲、精练。实现精讲，就是传授知识的过程要做到内容精要、教学精巧、语言精练。实现精练，就是巩固训练的过程要做到精选典型、精心设计、精于指导"。

3. 魏书生"六步教学法"

著名教育改革家魏书生的六步教学法即课堂"定向、自学、讨论、答疑、自测、自结"六个环节，这些环节既各自独立又相互联系。"定向"指的是确定本节课的学习目标与学习重点，它是"六步教读法"的灵魂，也是提高课堂学习效率之本，其余五步都是围绕这一步而展开；"自学"是学习主体主动接受消化信息知识的过程；"讨论"和"答疑"是语言信息传递的最主要的过程，要求教师以平等的身份参加学生的讨论；"自测"和"自结"对本课时接收的语言信息起反馈与强化作用。

---

① 宁鸿彬：《宁鸿彬文选》，漓江出版社1996年版，第171页。
② 冯晓林：《中学教学研究：3+X中学成功教学法体系 中学语文课堂教学结构设计和操作（下）》，内蒙古大学出版社2000年版，第250页。

第四节　21世纪阅读教学

一　21世纪阅读教学的思想

（一）强调阅读的个性化与学生的体验

《全日制义务教育语文课程标准（实验）》的实施建议部分指出："阅读是学生的个性化行为，不应以教师的分析来代替学生的阅读实践。……要珍视学生独特的感受、体验和理解。"《普通高中语文课程标准（实验）》实施建议部分也明确提出："阅读中的对话和交流，应指向每一个学生的个体阅读。"

（二）强调阅读是一种对话过程

《义务教育语文课程标准》中有这样的论述："阅读教学是学生、教师、文本之间对话的过程。"《普通高中语文课程标准》中也不例外："阅读教学是学生、教师、教科书编者、文本之间的多重对话，是思想碰撞和心灵交流的动态过程。"可见，阅读教学的对话渗透在学生与文本、学生与文本作者、学生与课文编辑者、学生与教师、学生与学生等多重关系之中。

（三）强调学生阅读要达到一定的量化要求

《全日制义务教育语文课程标准（实验）》在总目标中提出："九年课外阅读总量应在400万字以上。"具体来说是第一学段（1—2年级）不少于5万字，第二学段（3—4年级）不少于40万字，第三学段（5—6年级）不少于100万字，第四学段（7—9年级）不少于260万字。而且，义务教育课程标准后还附有优秀诗文背诵推荐篇目和课外读物的建议，可见，新课标对阅读和积累的重视。

二　21世纪阅读教学的内容

初中阶段（7—9年级）的阅读教学内容仍是初中语文教材中最重要的一个组成部分。课文主要是名家名篇，以及少数当代的优秀作品。高中阶段的阅读教学内容主要包括在必修教材的"阅读鉴赏"部分。阅读鉴赏是教材的主体，课文分单元编排，每册由四个单元组成，12

篇课文，以名家名篇为主，兼有反映当今时代特色的作品。但是，不同的课文学习重点也不同，文学作品重品味和鉴赏，说理文章重思考和领悟等，但最终目的还是在于提高学生的语言运用能力。此外，选修课程中的"诗歌与散文""新闻与传记""小说与戏剧""语文文字应用"和"文化论著选读与专题研讨"五个模块也是重要的阅读教学内容。

除上面所谈到的人教版教材所体现出的阅读教学内容之外，还有语文版、苏教版、粤教版等多种课程标准实验教材，它们都有丰富而多样的阅读教学内容。

三　21世纪阅读教学的方法与特点

阅读教学要完成培养阅读能力并促进学生素质全面发展的任务，必须在教学活动中运用恰当的方法。以下介绍几种阅读教学法。

（一）语感教学法

是一种培养学生对语言文字的感受的教学法。语感教学的具体方法主要有美读感染法、切记体察法和语境品读法。美读感染法是根据文章内在要求，准确安排停连、处理重音、调控速度、把握语调，把文章朗读出来。切记体察法是指指导学生结合自己的生活经历和体验去体察语言的意蕴、情感和韵味，以培养语感。语境品读法是指根据教学需要，结合上下文，从作者的生平、心境和写作背景，理解作品的具体含义、言外之意和深层含义，从动态语言中获得语感。

（二）情境教学法

是指教师依据教材创设氛围，激发学生的学习兴趣，启迪学生思考，以达到最佳教学效果的教学方法。情景教学法又可分为两类。一种是联系生活展现情境，即把教材中所写的生活与学生的生活，通过创设情境沟通起来，强化学生的体验，促进他们对文章的理解。另一种是扮演角色体会情境。即教师指导学生或与学生一起扮演课文中的角色，使课文中情境直观地展现在学生面前，促进学生与课文中人物实现心理的融合。这种情境教学的方式包括分角色朗读、直接表演、改编课本剧等。

（三）点拨教学法

是指一种运用启发来引导学生自学的方法，指的是教师针对学生学习过程中存在的问题和障碍，运用画龙点睛和排斥障碍的方法，启发学生动脑自己思考与探究，寻找解决问题的方法，以达到掌握知识、提高能力的目的。这种方法具有启发性、针对性和灵活性。

（四）情感教学法

是指一种教师在指导学生阅读、分析文章时，通过情感的内化过程，逐步提高学生内心情感体验的方法。感情教学法有两大途径，朗读激情和联想激情，以朗读激情法为例，朗读是把无声的语言变为有声的语言，是对文字信息的处理过程。教学中通过声情并茂的朗读，使学生在感知文章内容的基础上，更好地领悟作者情感，陶冶情操。

第八章

写作教学发展研究

语文写作教育从先秦时期就开始悄然成长，在发展的期间虽有一些障碍——满清时期的八股文和"文化大革命"的为政治服务的时文写作——但是写作教学总体还是不断向前发展的。本章将语文写作教学的发展分为古代写作教学、现代写作教学、当代写作教学以及21世纪写作教学，分别进行研究。

第一节 古代写作教学

从历史分期来说，古代语文写作教育从先秦起，经秦汉、魏晋南北朝、隋唐、宋元明清等朝代，前后近3000年，时间跨度大，情况较为复杂。这个时期写作教育突出的特点是，以"五经""四书"和历代名家名篇为写作范本，写作教育思想也受当时社会条件等因素的影响。古代语文教育是把阅读与写作分开训练。先秦时代受书写条件所限，故而重说轻写，致使对口头表达的重视程度高于写作。汉魏以后，随着纸张和印刷术的问世，为了满足科举考试的需要，写作成为正式课程。但古代教育者仍然施行以阅读为重心的教学，只有当学生积累了雄厚的阅读基础，才会正式转入作文训练，且用时不多。

一 先秦时期的写作教学

从西周（约公元前11世纪—公元前771年）到秦这期间，是写作教育的萌芽时期。西周官学的教学科目为礼、乐、射、御、书、数（"六艺"），其中的"乐"是一门主课；"乐"中的"乐语"教学包括"兴、道、讽、诵、言、语"这几项；"兴"，指比喻；"道"，指借古论今的启示引导；"言""语"指的是发表言论与应承答对这两种文体。目前普遍学者认为，这里的兴、道、言、语的教学是中国最初的写作教学。其教育思想的主要特征是以教化、修己为基本目的。

（一）先秦时期写作教学的思想

1. 对写作本质的认识——"诗言志"

"言志"，不同于真实地表白内心之意。"诗言志"是对诗的本质做的最早概括，出自《尚书·舜典》。先秦诸子把此奉为圭臬并表达了相似的看法。例如，孔子在《左传·襄公二十五年》说："《志》有之：'言以足志，文以足言。'不言，谁知其志？"① 道出了写作的本质。对于这一点，先秦诸子存在着分歧，所以，他们对"志"内涵的理解也存在差异。尽管存在差异，但先秦时就认识写作的本质，同时确定了传统写作理论及写作理论教学。

2. 着重加强对作者内在修养的培养

这一时期占主导地位的写作教学观就是注重加强对作者内在修养的培养。《礼记·大学》开篇就说："大学之道，在明明德，在亲民，在止于至善。"② 其是教育目标的具体说明：格物、致知、诚意、正心、修身、齐家、治国、平天下，教学的重点在于"修己"，并通过"修己"达到"治人"。自然，写作教学也不能违背这一思想。孔子说："有德者必有言，有言者不必有德。"认为成为人必须培养他的内在修养：道、德、仁、义、学；品德高尚的人，口才自然美好；能言善辩的人，德行未必高尚。显然，他把提高人的修养视为一切的根本，当然也是言语活动的根本。孟子说："我知言，我善养吾浩然之气。"③ 这就是说由于他善于"养气"，所以"知言"。这"气"，指的就是人的德行修养。到了荀子那里，他干脆把言辞分为"君子之言""愚者之言"和"小人之言"。④

---

① （春秋）左丘明：《左传·襄公二十五年》，蒋冀骋标点，岳麓书社 1988 年版，第 232 页。

② （西汉）戴圣编：《礼记》，上海古籍出版社 1987 年版，第 322 页。

③ （战国）孟轲：《孟子·公孙丑上》，王常则译注，山西古籍出版社 2003 年版，第 39 页。

④ （战国）荀况：《荀子·正名》，王学典编译，中国纺织出版社 2007 年版，第 312 页。

（二）先秦时期写作教学的内容

在春秋战国后，长期的封建统治使"五经""四书"成为封建学校的教科书。先秦时期，在孔子私学教育中，写作教学的内容包含在"四教"的"文"中，《诗》《书》《礼》《乐》《易》《春秋》的六艺教学中，及"言语""文学"两科目中。"乐语"教学中的兴、道、言、语教学大约便是最初的写作教学内容。就具体的教学言论看，有踪迹可寻的只是在春秋战国时期。

1. "乐语"教学中的兴、道、言、语教学——最初的写作教学

这一时期的写作教学内容，从所涉及的科目看，包含于官学"六艺"的"乐"教之中。春秋战国时期，孔子开私学之风，以"文、行、忠、信"四教为教学目的，也就是对学生进行文学、品行、忠诚和信实的教育。孔子还将他的一些学生分归德行、言语、政事、文学四科。虽然当时的文、文学、言语等概念和现在的含义完全不同，但是其中的内容多少也涉及了写作教学。对于写作的立意、表达和写作程序等方面，孔子也有论述。如孔子在分析《周易》的写作特点时就涉及文章的立意和表达："其称名也小，其取类也大。其旨远，其辞文，其言曲而中，其事肆而隐。"① 他在《论语》中谈到"辞命"这一文体的写作程序和方法："为命，裨谌草创之，世叔讨论之。行人子羽修饰之，东里子产润色之。"② 当然，对写作教学内容的认识还只是停留在零星的感受上。

2. 提倡在诗书写作教学中进行人伦道德教育

先秦及后世的儒家学者对于写作都不太重视，他们更加注重"修己"。所以当时的写作教学内容与德育密切相关。儒家学者认为，"诗书教化，所以明人伦"。也就是说诗书教化在于扬明伦理，进行道德教育。诗书教化在于提倡在诗书教学中，以和风细雨的方式进行道德教育，从而潜移默化，所谓"春风风人，夏雨雨人，寓教于诗，寓道于文是也"。所以西周的官学教育，也是通过提高人的道德品性来达到培养人才的目的，即通过"修己"达到"治人"。

（三）先秦时期写作教学的方法

这一时期的写作教学形成"以读代写（练）"的教学规范，一种

---

① （商）姬昌：《周易·系辞传下》，宋祚胤注译，岳麓书社2000年版，第364页。
② （春秋）孔丘：《论语·宪问》，刘琦译评，吉林文史出版社2004年版，第124页。

从读入手的写作教学方法。孔子重视学习"六艺"，特别是学《诗》的重要意义。读这些经典作品被看作写作教学的前提："兴于《诗》，立于礼，成于乐"①，"不学诗，无以言"②。荀子则把"不合先王，不顾礼义"的言论，称为"奸言"，认为这样的文辞"虽辩，君子不听"③，并认为"言而不称师，谓之畔（叛离）；教而不称师，谓之倍（违背）。倍畔之人，明君不内（纳）朝，士大夫遇诸涂（途），不与言"④。要想"述旧""法先王"，要想不"畔"、不"倍"，就得多读经典。

（四）先秦时期写作教学的特点

1. 写作价值观标准——强调功用性

先秦诸子写作的价值标准在于强调它的功用性。他们普遍夸大诗、文的功能，把它视为几乎无所不能，以至《诗》作为儒家的经典之首，被视为权威，是不可质疑的证据。此时，写作的作用非常大，会作诗作文就是有教养、有才能的表现。他们认为："诵《诗》三百，授之以政，不达，使于四方，不能专对；虽多，亦奚以为?"⑤ "夫言行者，以功用为之的彀者也。"⑥ 对"察而不惠，辩而无用"之言不以为然。孔子也曾说过："小子何莫学夫《诗》?《诗》可以兴、可以观、可以群、可以怨。迩之事父，远之事君；多识于鸟兽草木之名。"⑦ 所以孔子说"有德者必有言"，荀子也说"君子必辩"。这种见解的确有其合理的地方，但也存在一些问题，因为作文与做人的关系并不是绝对等同的，而把做人与作文等同起来，便掩盖了写作的特性。

2. 孔子的言语教学思想成为传统写作教育思想的源头

由于孔子的言语教育思想与我国后代科举取士的写作要求在精神实质上是一致的，所以孔子言语教育的基本观点，成为我国传统写作教育

① （春秋）孔丘：《论语·宪问》，刘琦译评，吉林文史出版社2004年版，第65页。
② 同上书，第154页。
③ （战国）荀况：《荀子·非相》，王学典编译，中国纺织出版社2007年版，第312页。
④ （战国）荀况：《荀子·大略》。
⑤ （春秋）孔丘：《论语·子路》，陈国庆、王翼成注评，陕西人民出版社2006年版，第239页。
⑥ （战国）韩非：《韩非子·问辩》，盛广智译评，吉林文史出版社2004年版，第212页。
⑦ （春秋）孔丘：《论语·阳货》，陈国庆、王翼成注评，陕西人民出版社2006年版，第316页。

思想的主流，后人的写作教育观往往由此衍发。同时，孔子的教育实践，为言语教育在我国语文教育中奠定了较高的地位。至此以后，儒家思想在我国封建社会中，长期处于正统地位，从而致使"读"本位的"德—述"规范一直被我国后代写作教育沿袭。

二　秦汉时期的写作教学

秦朝统一六国，建立我国历史上第一个统一的多民族的封建专制王朝。到汉武帝时期，提出了"罢黜百家，独尊儒术"的思想，确立儒家的统治地位。从此以后儒家思想成为维护封建专制统治的精神支柱，并出现了汉代学风：以治经为主，重师法、重考据。这一时期，写作终究走上了"经世致用"之路，人们对写作问题研究的兴趣和认识都在不断提高。

（一）秦汉时期写作教学的思想

这一时期，写作教学思想由"教化、修己转向原道、征圣、宗经、修身以求进"。先秦儒家学者从"教化"的角度讲求文辞的功用，而到了汉以后受社会环境的影响，文人们将"立言"看作是满足外在功利的需求，甚至是踏入仕途的敲门砖。

1. 继承先秦儒家教育思想

东汉扬雄说："或问：君子言则成文，动则成德，何以也？曰：以其弸中而彪外也。"①（"弸中而彪外"意为才德充实于内，文采发扬于外）。西汉王充也说："德弥盛者文弥缛，德弥彰者人弥明。大人德扩，其文炳，小人德炽，其文斑。"② 可见，汉代以后，教化、修己、明道、立政、据德、置述等观念不仅存在而且被一些哲人学者不时地加以重申和强调，可见写作教育思想实际上继承了先秦儒家的观点。这一思想从汉代起，历经唐宋，及至明清，始终不绝于耳，儒家正统学者对作者德行修养的关注远远超过对文章的关注。

2. 写作功利性一再被强化

由于汉代文辞取士选举制的兴起，讲求修己的写作教学观的儒家受到了挑战，此时期的写作教学在悟道修己、征圣宗经的幌子下，义无反

---

① （东汉）扬雄：《法言·君子》，中华书局 1985 年版，第 37 页。
② （东汉）王充：《论衡》，柴荣主编，黑龙江人民出版社 2004 年版，第 252 页。

顾地蜕变为选拔统治人才的工具，写作教学也沦为攀登仕途的工具，写作的功利性一再被强化。先是王充提出的"作有益于化，化有补于正（通'政'）"①，认为文章须能有益于国、有补于化，能"载国德于传书之上，宣昭名于万世之后"。王充所论都只是针对立言的正面功效，反对那些无益于国、无补于化的虚妄之言，然而在写作教学实际中，却逐渐被利己的功名观所取代。颜之推说："古之学者为己，以补不足也；今之学者为人，但能说之也。古之学者为人，行道以利世也；今之学者为己，修身以求进也。"②"修身以求进"的观点提出切中了写作教学思想的要害。

（二）秦汉时期写作教学的内容

汉代开文辞取士的选拔制度促使写作教学成为独立的课程。从汉武帝开始，中国逐渐形成了比较完备的与考试相结合的察举制度。汉代的考试方式分为"对策""射策"两种，二者都涉及考察考生的写作能力。"对策"也称策问或策试，是根据皇帝或学官提出的重大政治问题作答。"射策"就是后代的抽签考试，内容侧重于对经义中疑难问题的解释、阐发。"罢黜百家，独尊儒术"的政策提出，把"五经"列于学官，取得统治思想的地位，"五经"自然成为这一时期写作教育的范本并一直沿用至明清。

三　魏晋南北朝时期的写作教学

魏晋南北朝是我国历史上长期处于动乱和分裂状态的时期，为时约400年（190—589）。这一时期朝代新旧交替，虽然生产力遭到极大的破坏，但传统文化的传承却没有中断。这也是我国古代写作教育的创立时期，写作的课程、教材、教法等初具形态，写作人才辈出，魏有曹丕，晋有陆机，南北朝有集大成者刘勰。

（一）魏晋南北朝时期写作教学的思想

这一时期的写作教学思想完成了由教化、修己向"修身以求进"这一功利性目的转型。最典型的表述莫若魏时曹丕在《典论·论文》

---

① （东汉）王充：《论衡》，柴荣主编，黑龙江人民出版社 2004 年版，第 257 页。
② （南北朝）颜之推：《颜氏家训·勉学》，庄楚点评，中国华侨出版社 2014 年版，第 117 页。

中的阐述:"盖文章,经国之大业,不朽之盛事。年寿有时而尽,荣乐止乎其身,二者必至之常期,未若文章之无穷。是以古之作者,寄身于翰墨,见意于篇籍,不假良史之辞,不托飞驰之势,而声名自传于后。"① 他认为"立德"的功用高于"立言",而"立言"和"立德"二者并无必然的关系,是相互独立的个体。这种观念导致了语文与语文学习动机的蘖变,文人撇开"吾日三省吾身"的修己之道,学习写作,期望通向做官之路。此时,魏人普遍认为写作不仅是国事政务所必需的,更是人们立身扬名、功垂万世的一种手段。

(二) 魏晋南北朝时期写作教学的内容

1. 写作应向经典学习

南北朝的刘勰认为"百家腾跃,终入环内者也",也就是说无论何种文体都是由五经派生出来的,一切文体的写作规范均源于五经。他还进一步指出写作向经典学习的六个方面:"故文能宗经,体有六义:一则情深而不诡,二则风清而不杂,三则事信而不诞,四则义直而不回,五则体约而不芜,六则文丽而不淫。"② 由此可见,刘勰对写作教学内容的认识是特别强调写作技能的学习,而不再如前朝学者一味强调悟道和修德。

2. "准教材"——《昭明文选》

南梁昭明太子萧统 (501—531) 编写了具有写作范文功能的《昭明文选》。这是一部完整保存下来的最早的诗、文总集。该书不选六经、诸子,作品多骈体文,反映了当时的文学风尚,辑录了从周秦到齐梁的100 多位作家的 700 多篇作品。这部文选,从编选原则、选材范围、编排次序、注释等方面,都做了一些有益的探索,给写作学习以极大的影响。后人有"《文选》烂,秀才半"之说,对该书的研究甚至还形成一门专门的学问——"选学"。

(三) 魏晋南北朝时期写作教学的方法

1. 从范文中直接模仿

这一时期,从范文中直接模仿实际上成为写作教学的一种主要方式。"读经典"不仅是为了修身,继承道统,更是为了直接从范文中进行模仿,从而提高写作的水平。虽然历代都有人主张读经典是为了提高

---

① (三国) 曹丕:《典论·论文》。
② (南北朝) 刘勰:《文心雕龙·宗经》,刘乐贤编著,中国友谊出版公司 1997 年版。

人的德行修养，但那毕竟不如直接模仿奏效。挚虞在《文章流别论》中说"诗、颂、箴、铭之篇皆有往古成文可依而作"，这便说明读"往古成文"是为了"依而作"。他的《文章流别集》分体选文，依体序说的目的，也在便于学习者模仿。发展至科举时代，读圣贤之文，后来只不过是为了应试的需要罢了。

2. 颜之推的写作教学方法

在具体学习方法上，在《颜氏家训》中，颜之推提出格外引人注目的"讨论法"："学为文章，先谋亲友，得其评裁，知可施行，然后出手；慎勿师心自任，取笑穷人也。"① 在写作教学目标的确定方面，他认为写作教学的要求不应过高。此外，他还认为写作学习应摄取古今的优点，"古人之文，宏材逸气，体度风格，去今实远，但缉缀疏朴，未为密致耳。今世音律谐靡，章句偶对，讳避精详，贤于往音多矣。宜以古之制裁为本，今之辞调为末，并须两存，不可偏弃也"②。这种看法也很有价值。

（四）魏晋南北朝时期写作教学的特点

1. 写作教学备受重视

到了南北朝，为了顺应魏晋以来的写作风气盛行、写作人才辈出的局面，宋文帝于元嘉十五年（438 年）在京师开设单科性的四个学馆：儒学馆、玄学馆、史学馆、文学馆。这一开明措施使得文学与儒学等并列而论，可见当时对写作教育的重视程度。

2. 实用写作研究

为实用写作研究奠定基石的，应数东汉杰出的唯物主义思想家王充。他的巨作《论衡》里零散而又全面地探讨了写作，主要指出在实用写作中存在的诸多问题。王充已初步意识到实用文体与文学文体二者的不同之处，他的写作研究对象主要类似于今天的论说性文体，即"造论著说之文"，偶尔为了参照比较之用也会提及"赋、颂"等文体特征。"感伪起妄、源流气烝"是他的实用写作观的核心思想，也就是作者对于世事或学说虚假有感，于是自然而然地用文字表达出自己的思想

---

① （南北朝）颜之推：《颜氏家训·文章》，庄楚点评，中国华侨出版社 2014 年版，第 143 页。

② 同上书，第 146 页。

感情，这就像源头有水要外流、热气要向上蒸发的感觉，不可遏止。

不可否认，这一时期文人因诗文得官的比比皆是，以求功名取利禄为目的的写作教育思想逐步成为一股不可逆转的潮流。不管是通过专研经书作的策论，还是醉心于写诗作赋，士阶层的目的很明确就是谋取功名利禄。这种转变，让许多正统的儒家学者痛心疾首，但又无力改变。

四　隋唐、宋元时期的写作教学

隋唐、宋元时期的写作教学越来越完善，伴随着学者对写作教学规律的不断探索出现了比较完备的写作教材，写作教学取得了稳定的发展。

（一）隋唐、宋元时期写作教学的思想

这一时期，由于受科举取士制度的影响，写作教学的主导思想一直是"为功名"，学子寒窗苦读十载就是为了金榜题名。隋唐开科举制之先河，写作文章成为科举考试的基本要求，封建教育的主要内容就是写作的教学。科举考试中写作的内容基本源于五经，并不能很好地与现实结合，不能真正选拔经世致用的人才。这种"功名"性的写作教学自然是不足取的，但是，我们也不可否认，一方面，科举制给写作带来了消极的影响，另一方面也在一定程度上推动了写作教学的发展。它在某种程度上强化了人们学习、研究写作及写作教学的意愿。

（二）隋唐、宋元时期写作教学的内容

1. 从注重诗赋教学到经义教学

唐诗鼎盛，开一代诗风，创一代诗教，是这一时期语文教育最显著的特点。"科举考试一度重视书判、策论和诗赋，则学校，也随之注重习字、习时务策和作诗赋。乃至乡村学也都普遍学习作诗，学诗成了一种普通风气。"[①] 唐沿袭并发展了隋朝的取士制度，开始时主要是考策问，应试者加试诗、赋各一篇，但由于策问往往流于形式，应试者通过抄义条、诵旧策应付考试，选拔效果不理想。而诗、赋在当时已成为文人通用的文体，一方面能考察考生的思想，另一方面又能很好体现一个人的文化修养。到了宋代，诗、赋考试渐渐暴露出过分崇尚文辞而未能经世致用的弊病，所以自宋熙宁四年熙宁兴学之后，又转为以考"经

---

① 毛礼锐等主编：《中国教育通史》卷二，山东教育出版社 1985 年版，第 515 页。

义"为主，但不论是考诗赋还是考经义，对考生写作能力的重视这一点并没有改变。这种选士制度必然促进写作教学的进一步发展。

2. 出现专门的写作指导书

宋代朱熹作的《四书集注》成为中央到地方、官办到私办的一切学校最基本的教材。宋代谢枋得的《文章轨范》，共 7 卷。选录汉、晋、唐、宋之文共 15 家 69 篇，韩愈的文章几乎占了一半。每卷卷首都简要说明了教学目的和要求，每篇选文中间还会出现精要的评点。有旁批，有眉批，有篇末总评，有的是针对具体的技法特点，章法、句法特点，也有的是针对作者的，指出他的写作个性，利于学生有目的地学习模仿。前两卷题为"放胆文"，后五卷题为"小心文"。如"放胆文"（卷一）前的提示：

"凡学文，初要胆大，终要心小，由粗入细，由俗入雅，由繁入简，由豪荡入纯粹。此集皆粗枝大叶之文，本于礼义，老于世事，合于人情，初学熟之，开广其胸襟，发舒其志气，但见文之易，不见文之难，必能放言高论，笔端不窘束矣。"

通过这几句话，教师与学生就会对该书的编写目的、指导思想和写作教学的基本原则有所知晓。

宋代吕祖谦编的《古文关键》，共 2 卷。选录韩愈、柳宗元、欧阳修、曾巩、苏轼、苏洵、苏辙、张耒等人的文章 60 多篇。在评注中指出的关键是命题和布局，因此用关键为书名。另外，吕祖谦还著有《东莱博议》，共 25 卷，168 篇。内容是评议《左传》记载的某些史实，其中不乏与传统观念不同的独到见解。元朝陈得曾的《文说》讲述养气、抱题、明题、分间、立意、用事、造句、下字八方面，都为写作教学提供了丰富的内容。

（三）隋唐、宋元时期写作教学的方法

1. "以读代写"与"为写择读"

这一时期写作教学仍普遍沿用"以读带写"这一教学方法，但趋势是向"为写择读"方面发展。例如宋代《京兆府小学规》有以下要求："一、教授每日讲说经书三两纸，授诸生所诵经书文句、音义，题所学书字样，出所课诗赋题目，掇所对属诗句，择所记故事。二、诸生学课分三等。第一等，每日抽签问所听经义三通，念书一二百字，学书十行，吟五七言古律诗一首；三日试赋一首（或四韵），看赋一道，看史传三五纸（内记故事三条）。第二等，每日念书约一百字。学书十行，吟诗一绝，对属一联，念赋二韵，记故事二件。第三等，每日念书五七十字，学书十行，念诗一首。"① 由此可见，这里大体上还是采用以读为主，随读随写的教学方法，但不同的是，不再是"读什么写什么"而是"写什么读什么"。

2. "模式程序"教学法

"模式程序"教学也受到一定推崇，由于它反映了写作教学存在的一些普遍规律，所以作为写作教学的入门是值得肯定的。

（四）隋唐、宋元时期写作教学的特点

1. 古文运动与写作教学

韩愈、柳宗元提倡的古文运动和散文教育与诗教相得益彰，对后代的写作教学产生很大影响，是一种语文教育观念的转变和革新。针对六朝以来出现的问题：堆砌辞藻典故、追求声律对仗、内容空洞死板，韩愈提倡复兴内容充实、形式活泼的古代散文。韩愈所倡导的古文运动若从语文教育的角度来思量，也是一种写作教学的运动，是恢复古代散文传统、反对华而不实的教育运动。

2. 作文训练与读文训练相辅相成

此时期的写作教学是从读入手的，但已不是为读而写，渐渐发展为"为写择读"。例如"经义"的写作训练，固然不排斥模仿范文，但更多的是根据各部分的写作要求来选择读的内容。为了审题，"须将文公四书仔细玩味"，为了写"讲题"（告诫之题），须读"太甲上中下三篇及一德之书"等，这就不是"读什么写什么"，而是"写什么读什么"了。这种变化，摆脱了写作教学作为阅读教学的附庸，体现了认识上的进步。

总之，这一时期的写作教学受到全面的重视，出现了一些具有较强教学意识的教材，这说明学者们从简单的写作规律，进入写作教学探究的新领域。因此，写作教学受科举制度影响走入歧途，但是从学科建设的总体上看，写作教学具有较大的发展。

---

① （宋）《京兆府小学规》。

五　明清时期的写作教学

明清时期指公元 1368—1911 年，共 543 年。由科举制催发的写作教学的繁荣，至明清达到极盛。而在这虚假繁荣的背后，写作教学实质上的衰朽也已到了不可挽回的地步。

（一）明清时期写作教学的思想

随着科举制度的发展，"为功名"写作教学思想，达到登峰造极的地步。"四书""五经"仍被作为必读书，但读这些书既不是为了修养性情，也不是为了征圣宗经，只是为了能作"八股文"，从而获取功名利禄。写作教学的主导思想在这一时期并没有本质上的革新，写作教学的基本目标在这一时期主要是能够写合乎规范的"八股文"。

（二）明清时期写作教学的内容

1. 写出合乎规范的"八股文"

明成化（1465 年）以后，经义之文流俗称八股（亦称制艺、时文、八比文、四书文等）。八股文每篇由八个部分组成：破题、承题、起讲、入手、起股、中股、后股、束股。"破题"即点破标题要义，"承题"是进一步申述题意，"起讲"是议论开始的部分，"入手"是导入正式议论，然后从"起股"至"束股"属于整篇议论正文，整篇的中心是中股。在这四股中，每股都有两股排比对偶的文字，合为八股。由此可见八股文形式上的僵化板滞。

2. 写作教材

清代桐城派的著名学者姚鼐花了 40 年时间编定了《古文辞类纂》，为桐城派重要读本，影响甚广。从两汉开始到明朝末期，几乎所有类型的文章都有选录进去。全书共 75 卷，分为 13 类：论辩、序跋、奏议、书说、赠序、诏令、传状、碑志、杂记、箴铭、辞赋等。影响较大的还有明代归有光的《文章指南》。该书收录自《左传》以下至明代的文章 180 篇，书中按文章作法分类，将各篇文章分属之，计有：用义理、用意奇巧、造文平淡，神思飘逸，化用经传、含意不露题外生意，结束有力类 66 则。每则中均有文字说明此类写法的要义和范文的独到之处，每篇范文还有评语。此外，还有明代王文禄谈用笔技巧的《文字法三十五则》等，都是写作的常用教材。

（三）明清时期写作教学的方法

1. "以写作训练为中心" 的教学结构

"读 '四书'，只为八股之题目，读 '五经'，只为八股之材料。而三代以下之书，皆可以不读。" 这种以写作训练为中心的教学，基本情况如下："在蒙学时，除读书外，或课对偶，由二字而三、四字，五、七字；其学为八股，则先为破题两句，渐为承题三、四句。课对偶为将来试帖之预备，破题承题则为八股之前奏曲也。年稍长，则入中馆，'五经' 未毕者，或仍继续读经。而对偶诗文则渐进。对偶或为咏物联，或为撑句，为夹联。……至其学为八股文，则以蒙学时已能破承题，则连续学去。"① 中馆之学生，大都年在十三四，则为完篇，完篇者，能作全篇八股文也。中馆之后有所谓大馆者，多设于都市。……大馆专教八股，以应科举。……教师之讲四书，不在发明经义，而专为八股。②

以八股取士的科举在写作教学方面也是极端的重视。语文教育从重阅读到重写作，形成 "以写作训练为中心" 的教学结构。

2. 八股文的模式程序教学

明清八股文教学为了迎合八股文文章的形式规范采取了一种典型的模式程序教学。这种教学模式一方面为学生写作八股文提供很好的规则，便于学生快速掌握该文体的形式特征；但另一方面，这种定法为文的程式化弊端，限制了学生思想的自由，束缚了学生的创造性。

（四）明清时期写作教学的特点

1. 形成严整的教学结构和训练程序

写作教学至明清已经形成一套较为严整的教学结构和训练程序。"以写作训练为中心" 的教学结构为解决阅读与写作关系提供了一种方法，事实证明，这一教学结构使学生为了写而读，可以带动阅读教学的积极性，效果要比为读而读好。当时的写作教学还注意到了学生接受能力的发展，遵循循序渐进的原则进行教学。写作教学的内容最开始是对对对子的基本训练，其次是学习简单的破题和承题的技巧，然后学习联

---

① 卢湘文：《万木草堂忆旧》，沈云龙主编《近代中国史料丛刊续编》（第 66 辑 651 册）文海出版社有限公司 1983 年版，第 60—65 页。

② 转引自潘新和《中国写作教育思想论纲》，人民教育出版社 1998 年版，第 28 页。

句的规则，接下来是进入八股主体的学习，最后结合经书和八股范文进一步提高篇章能力，由易到难，由简到繁。

2. 写作教学的研究成果

由于清代的语文教育是以写作教学为中心的，因此，唐彪所著的《读书作文谱》也就只能顺应这种教学结构，专论阅读与写作教学法。唐彪认为八股文教学的基本矛盾是"为功名"与"为文章"，对此，他采取折中之论，在不影响写好八股文获取功名的前提下，他竭力主张要"自出机杼"写好文章。这一思想大致上反映了多数教育界有识之士的看法。此外，他还提出对名人之文应作具体分析，不能盲目崇拜和学习；在"多读"与"多写"二者中，"多写"胜于"多读"，"读十篇不如做一篇"；"写作应注重作延期修改"等，这些见解也不无可取之处。从《学海津梁》看，清代学者崔学古关于作文教学的主张主要有：以读促写，以读悟写；明确作文要求与构思方法；在炼字、修辞上下功夫；改文要顺乎学生的"资禀"，助其发展。为了满足科举制的需要，才会在写作学科领域出现重教学研究的风气，但历代能超脱科举诱惑的文人只是少数，不能因此否认明清写作教育实质上的衰朽。

以上对这一时期的写作教学情况，作了一些客观的评述。写作教学衍变到用一种思想、一个程式把最丰富的人的内心世界强制性地统一起来，这无疑是走到了末路，它的崩溃也是势所必然。

第二节　现代写作教学

20世纪前期，正是古代写作教学和现代写作教学更迭交替的转型期。从语文独立设科（1904年）到新中国诞生前夕这近50来年，写作教学改革的探索是多方向、多角度、多层面的。

一　独立设科初期的写作教学

从清朝末年至五四运动前夕，是我国写作教学由古典到现代的转型期。在这一时期内，我国的语文教育在封建思想的束缚下艰难前行。一方面，语文教育的重要组成部分：写作教学，无法摆脱封建传统教育的消极引导，存在许多困扰；另一方面，国家救亡运动和革新思潮的发展，也给写作教学带来冲击，使之呈现出一些新的气象。

（一）独立设科初期写作教学的思想

1. 从为"功名"开始向为"文章"、为"实用"回归

在禁八股、废科举、兴新学，以及五四运动的冲击下，写作教学的指导思想出现了革新气象，开始了从"功名"到"实用"的转变。清政府于1902年颁布《钦定学堂章程》（即"壬寅学制"），1904年又颁布《奏定学堂章程》（即"癸卯学制"）《奏定学务纲要》等，以上文件中涉及写作教学的条文，都体现出写作讲究文章实用性这一特点。例如《奏定初等小学堂章程》在"中国文字"科目下规定："其要义在使识日用常见之字，解日用浅近之文理……并当使之以俗语叙事，及日用简短书信，以开他日自己作文之先路，供谋生应世之要需。"《奏定高等小学堂章程》在"中国文学"科目下规定："其要义在使通四民常用之文理，解四民常用之词句，以备应世达意之用……即教以作文之法，兼使学作日用浅近文字。"《奏定中学堂章程》，要求作文"以清真雅正为主：一忌用僻怪字，二忌用涩口句，三忌发狂妄议论，四忌袭用报馆陈言，五忌空言敷衍成篇。……其作文之题目，当就各学科所授各项事理及日用必需各项事理出题，务取与各科学贯通发明，既可易于成篇，且能适于实用"。《奏定学务纲要》也明确指出："其中国文学一科，宜随时试课论说文字，及教以浅显书信、记事、文法，以资官私实用。但取理明辞达而止，以能多引经史为贵，不以雕琢藻丽为工，篇幅亦不取繁冗。"民国初年的写作教育方针，也同样注重实用性。教育部于1912年订定的《小学校教则及课程表》在第三条规定："国文作法，宜就读本及他科目已授事项，或儿童日常闻见与处世所必需者，令记叙之，其行文务求简易明了。"1912年12月教育部公布的"中学校令施行细则"第三条中规定："使作实用简易之文。"1915年1月教育部又公布《国民学校令施行细则》，与1912年的"小学校教则及课程表"中关于"国文作法"的要求完全一致。写作教育思想的转变在这些重要教育法规上有了较为明确的体现：写作教育思想已逐步从谋取功名利禄转向日常文字的应用和实用上来，这一转变具有里程碑的意义。

2. 仍深受旧式教育的影响

1904年"中国文学"单独设科，并由此开始了中国语文教育近代

化的历程。虽然写作教育为"功用"的思想在教育法规上得到较明显的体现，但是这一时期的写作教学内容，基本上就是写作一些论说文字和浅显的书信、契约一类的应用文字。实际上，写作教学实践并没有显著的改观，离真正为"文章"的教育思想还有较大距离。清末的中学国文教师多是举人，民初执教的大多还是这批老先生，并没有从本质上转变教育观念，仍然沿用八股、策论教学的方式。在这种情况下，整个语文教育，特别是写作教学，就呈现出一种新旧并存的现象。

（二）独立设科初期写作教学的内容

1. 主张用通俗语言写作

由于受清末白话文运动继续发展的影响，写作教学开始倡导言文一致，其目标转变为：增强语言的实用性，要求文章写得明白如话，与实际生活相结合。为此，黄遵宪提倡"诗界革命"，主张用通俗语言学习写作，认为嘴怎么说手就怎么写。

2. 仍以古文为主

虽然这一时期的写作教学呈现出一些现代革新的气象，但由于受到古代写作教学传统及八股精神的影响很深，从总体上看，这一时期的写作教学的状况并不尽如人意。多数学校所重视的仍是策论、诗词，而不是日常应用之文，写作教学大体上因袭旧式教法。在这种情况下，写作教学实践自然不可能有根本性的改变。一般学校中，给学生所选的文章，多是从《古文观止》《东莱博议》等书中来。民初的教科书，如许国英编的《中学图文读本评注》，谢无量编的《国文教本评注》，除了选经史子集的文章外，多是古文。旧派国文教师所出的文题仍是"梁亡义""鲁平公将出义""秦皇汉武合论"之类；民初教师出的文题也依然是以史论为主，陈说次之，书启杂记又次之，经论通论又次之，仍沾染科举时代的习气。如"齐人伐燕取之义""攘羊证义论""秦始皇论""范增论"等；书启杂记，尤多文人雅事，如"邀友探梅启""馈友人兰""约听黄鸥""小园补梅记""秋夜赏月记""踏雪寻梅记""种荷记"等，多是超越一般中学生的经验。

（三）独立设科初期写作教学的方法

1. 教法改革

为了迎合教学上为"文章"、为"实用"的需要，语文教育界也更加尊重教育、教学的规律，实行教法改革。1904 年的《奏定学堂章程》中说："教法宜由浅入深，由短而长，勿令学生苦其艰难。" 1912 年的《小学校教则及课程表》中也说："教授国文，务求意义明了，并使默写短句短文，或就成句改作，俾读法、书法、作法联络一致，以资熟习。"这些条文，都体现出写作教学改革的气息。还有一些学者的改革也流露出新意，值得一提。例如庚冰的《言文教授论》，从语言和文字二者的关系切入，认为"语言为文字之母，文字者不过为语言之符号，语言之与文字具此密切关系，故教授文字莫不由语言入手。今之充教员者大抵以教授文字为职务，而于语言上应如何注意、如何应用，绝无经验，且不置研究。学生文字上进步之濡滞，实由于此。故教授文字当以教授语言为第一步"，"教授小学生，当于语言与文字间施其作用。盖小学生虽不知文字，未尝不能语言，就其已能之事导之，以习未能之事，此乃教授法之定例。故小学校中之教授作文，当先教授白话体而后教授文言体。……吾故谓我国小学校中，藉教授语言为教授文字之导线，可也，或藉教授语言为教授文字之过渡，亦可也"。① 由语言引入文字，即由"说"过渡到"写"，这种教法已被现代写作教育实践证明是一种行之有效的教法。作实用简易之文这一指导思想还是得到一定程度的实行，并取得一些成绩。如上海万什小学校所定的"作法"的教程为：第一年"联字"，第二年"造句、译俗、助作、记实物"，第三年"记事文（助作）、（自作）练习应用文字"，第四年"同上，议论文（至多不过十之一）"。叶圣陶也对作文教授阐明了相当全面、完整的意见，其要点为："小学作文之教授，当以顺应自然之趋势而适合学生之地位为主旨。于读物则力避艰古，求近口说；于命题则随顺其推理之能力而渐使改进；于作法则不拘程式，务求达意，只须文字与情意相吻合；于批改则但为词句之修正，不为情意之增损。"② 这里谈到教学的基本观念、读物的选择、命题、作法、文章的内容与形式的关系和批改方法等。

2. 在写作教学方法上仍以模仿为主

1914 年，黄炎培在考察内地教育时就曾发出这样的感慨："不惟教

---

① 庚冰：《言文教授论》，《教育杂志》1919 年第 4 卷第 3 号。
② 叶圣陶：《对于小学作文教授之意见》，《新潮》1919 年第 1 卷第 1 号。

授法无可观，即其思想亦少嫌陈腐。譬如作文命题，往往是三代秦汉间史论，其所改笔，往往是短篇之东莱博议，而其评语，则习用于八股文者为多。"叶圣陶也曾表达了类似的观点："我八九岁的时候在书房里'开笔'，教师出的题目是'登高自卑说'；他提示道：'这应当说到为学方面去。'我依他吩咐，写了八十多字，末了说：'登高尚尔，而况于学乎?'就在'尔'字'乎'字旁边博得了两个双圈。登高自卑本没有什么说的，偏要你说；单说登高自卑不行，你一定要说到为学方面去才合式：这就是八股的精神。"① 由此可见，清末民初的写作教学基本上还是传统八股文的模式："读、读、读，做、做、做"，教师的提示没有科学而言，不讲究教学方法、方式和技巧。

（四）独立设科初期写作教学的特点

1. 注重实际应用的写作教学观

国文界有识之士把写作教学目的放在"能以文字宜抒情感，了无隔阂；朴实说理，不生谬误"上，认为"修辞之工，谋篇之巧，初非必要之需求"。显然，这种为"文章"的教学要求反拨了科举制度下只求功名不追求实际应用的写作教学思想。这与我国当时教育界的实用主义（实利主义）思潮密切相关，虽然他们对写作教学目的的认识还不是很深刻，但认识到能培养学生写出简单的应世之文便算是功德圆满，在当时已然是巨大的进步。

2. 这是一个新旧写作教学交替、嬗变的时期

一方面，仍有学者因循守旧坚守写作教学中的八股之风；另一方面，禁八股、废科举，毫无疑义地宣告了旧式写作教学规范的衰亡，故而形成了一个新、旧写作教育交替、嬗变的时期。历史在前进，国文界虽然对旧式写作教学深感不满，对八股遗风深恶痛绝，但是为"文章"、为"实用"的新式写作教育规范的建立又不可能一蹴而就。国文界对传统教育规范的简单否定，并不能消除科举制以来近千年中逐渐形成的写作教学思想、观念和方法的影响。

从总体上说，这一时期的写作教学与前一时期相比，除了不作八股文外，尚无实质上的改变。为"文章"、为"实用"的写作教育思想，

---

① 叶圣陶：《论写作教学》，《国文月刊》1941 年第 1 卷第 3 期。

也只是体现在教育法规上，新式写作教学规范并未得到人们普遍的认同，旧式写作教学观念和方法仍占统治地位。

二　20世纪20年代的写作教学

五四运动前后兴起多种文学运动，比如文学革命、白话文运动、国语教育等，在这些运动中，"现代"气息不知不觉进入了写作教学。一批国文界的精英，一边口诛笔伐传统八股文，一边把目光投向新式写作教育规范的建立。

（一）20年代写作教学的思想

1919年的五四运动到20年代末，是现代写作教学的奠基时期，标志着白话文取得了合法地位，并逐渐与文言文取得并重的位置。这一时期提倡白话文写作，推行"国语教育"成为占主导性的写作教学思想。

1. 倡导"国语教育"

科举制废除后的这十几年间，因为国文教学用的是文言文，所以写作教学在读写形式上并没有什么根本性的变化。而这一时期最突出的成就，就是由于"国语教育"的倡导，学校改国文科为国语科，导致写作载体发生变革，白话文终于进入国文教学并且成为写作教学的一种形式。

2. 提倡白话文写作

胡适，在民国六年（1917年）发表了《文学改良刍议》，将对白话文的讨论提上了议事日程。胡适在文中提出"八不主义"：一曰，须言之有物；二曰，不摹仿古人；三曰，须讲求文法；四曰，不作无病之呻吟；五曰，务去滥调套语；六曰，不用典；七曰，不讲对仗；八曰，不避俗言俗语。直至1922年11月2日，教育部公布新学制，即中小学采取"六三三"学制；新学制课程标准于1923年正式公布。这是我国第三个规定应学习读、写语体文的国文科课程纲要。这自然对推动国语教育有极其重要的作用。

（二）20年代写作教学的内容

1. 白话文教学

1922年"壬戌学制"颁布，《小学国语课程纲要》在内容上主要突出口语、语体文的阅读和写作。比如，第六学年的内容：实用文、记叙文、说明文、议论文的做法研究练习、设计，注重国语文法。有学者对1921—1924 年出版的六种书籍进行了分析研究，这六种书籍是：(1)《全国学生文库》甲编（中原书局印行）；(2)《全国学校国文成绩新文库》乙编（崇文书局出版）；(3)《全国中学国文成绩文海》（崇文书局印行）；(4)《全国中学学生新文库》（世界书局印行）；(5)《全国学校国文成绩新文库》乙编初二集（中央编译局出版）；(6)《新时代国文大观》乙编一集（世界书局编辑并发行），"除(1)(2)(3)书全是文言文题外，其(4)(5)(6)各书均有白话文题"①。从 1928 年征集出版的《全国中学国语文成绩大观》（世界书局出版）所列文题来看，"所辑文章，虽限国语，然题目限于国语者。盖于中学生于文言白话，多自由写作，在题目上有大部分不能判别文白也"。就是说，这个时期学生可以自由选择用白话或文言，白话文写作完成了从无到有的转变。

2. 专门的写作教材

由于这个时期的读文教材一般没有写作方面的指导和练习，反而促使专门的写作教材的产生。其中较有代表性的是陈望道的《作文法讲义》，该书是我国现代最早的白话文作文法专著之一；张九如编的《初中记事文教学本》（商务印书馆 1927 年初版）、《初中写景文教学本》（商务印书馆 1928 年初版）、《初中论说文教学本》（商务印书馆 1929 年初版）也颇有特色，该书主线是分体写作教学，兼顾阅读（选文作为写作教学的示例）。此外，还有一些教材和教学参考书，也不无价值，如高语罕的《国文作法》（亚东图书馆 1922 年出版）、胡怀琛的《作文研究》（商务印书馆 1925 年出版）等。这些写作教材大部分是以白话文教学为主，较为注重写作的基本知识传授和基本能力的培养。

（三）20 年代写作教学的方法

1. "以读带（促）写"

20 年代后的国文教材和解放后的语文教材都以阅读为主。也有部分写作教材采用了"为写择读"的方式，"读"只是作为写作教学中的一个环节，"写"的知识方面的内容得到加强，写的已不是八股策论而

---

① 阮真：《中学作文题目研究》，民智书局 1930 年版，第 198 页。

是叙事文、抒情文、议论文和应用文等。在五四后，写作教学中的"以读带（促）写"占主导地位。"以读带（促）写"是把阅读作为写作教学的基础和前提，通过学习阅读来带动或促进学习写作。

2. 梁启超、叶圣陶的写作教学方法

20 年代，在作文教学方法上，梁启超既主张学生自求自学，又要求教师指导"规矩"，授予方法。他提出了许多很有价值的看法：教学生作文，最要紧的是使学生养成"整理思想的习惯"；教师的指导重点，应帮助学生提供作文材料并指导他们整理材料；教师和学生应共同参与作文的评价与修改，教师的"评改宜专就理法讲，词句修饰偶一为之"。叶圣陶于 1924 年出版的《作文论》，是一本指导文章作法的专著。书中提出，"作文与说话本是同一目的"，作文要表达出真实的想法，"从材料上讲，要是真实的、深厚的"；还提出将原来机械死板的命题作文，改为不限材料、不限时间、不限形式的随机作文。

3. 写作教学研究

20 年代后期，文章作法指导引起人们的热切关注，作文观念和作文指导理念有了新的突破。刘半农对作文训练的命题和内容的规定，处处注重贴近现实生活，体现"实利"精神。他在作文教学中定了 12 条注意事项，也处处体现了务实求新的教育思想。他主张以学生自己动手动脑为主，训练学生的能力，设计出了"二次批改，一次讨论"作文批改新方式。扬州八中国文教师李荃建议：学生每日做笔记，教师但改正其字句，不束缚其思想；作文应给出多种命题，供学生自由选择，批改时只评优劣，不加删改。上海吴淞中学作文方法分下列数种：听写、问答、约述、写生、实录、演题、日记通信等。另有长篇记叙文或议论文练习，用以训练系统理论的思想能力。

（四）20 年代写作教学的特点

1. 写作教学的目的定位在求真、立诚上

当时的学者认为写作不仅来源于生活，还是生活的一部分，写作与生活本是一件事，不可分割。所谓立诚是建立在充实的生活之上。叶圣陶老先生把写作教育，看作学生表白内心、与他人相交流的需要，也看作教师训练学生学会倾吐内心、积蓄养成学生受用终身的一种生活能力。这一观念，便是五四以后"现代写作学"的一个核心理论。

2. 写作教学具有现代性

清末民初的写作教育虽具有一定现代意识，但所写的仍多为文言文。这必然导致写作教学仍以文言文教学为主，学生读的是文言文，就必然受古人的思想感情的影响，必然受起、承、转、合写作模式的束缚。因而，当时为"文章"、为"实用"的写作教学思想便只能成为一种空想。所以说清末民初的写作教育变革还只是初步的观念上的转变，而这一时期的"国语教育"的倡导和白话文写作的兴起，才使写作教学真正发生了根本性的变化，也才具有了明确的现代性。

三　20 世纪 30 年代的写作教学

五四运动及 20 年代的"国语教育"和白话文运动为写作教学奠定了基础，30 年代的现代写作教学规范已大致成形。然而，国文界保守派与革新派对写作教学中的一些重要问题的争论愈加激烈，提高了人们对五四以后国文教育改革的认识。

（一）30 年代写作教学的思想

五四以来思想文化领域和教育领域的反帝反封建及白话文运动一直在继续。"语文论争"如同对"中学生国文程度的讨论"一样，实际上就是国文教育界新、旧教育观念的再一次交锋。这次论争的意义重大，一方面肃清了一直存在于写作教学中的八股遗风，对死灰复燃的复古论调给予了回击；另一方面为写作教育明确了目标，一定程度上推动了白话文写作教学质量的提高。

（二）30 年代写作教学的内容

1. 写作教材和辅导书更趋严整和多样

这一时期的写作教材和作文指导书非常丰富，选择空间较大。一类是兼具阅读和写作功能的综合性教材，如复兴初级中学教科书《国文》（六册）、复兴高级中学教科书《国文》（六册）（商务印书馆 1933 年出版）、《国文百八课》（开明书店 1935 年出版）、朱公振编的《基本国文》与《模范国文》（世界书局 1939 年出版）等。这几部教材，都是取选文和写作知识穿插编列的体例，共同特点是打破以往课本单列选文的格局。另一类是专门性的写作教材，如黄洁如的《文法与作文》、胡怀琛等的《文章作法全集》、张石棉的《开明实用文讲义》及陆高谊主编的"作文自学播导丛书"。这几本写作教材各有特色,涵盖了写作教学各个方面的需求。此外,夏丏尊、叶圣陶合编的《文心》这一类的作文指导书也很受欢迎。

2. 对写作教学有较为严密的规定和要求

除了教育部颁布的"中小学国文科课程标准"对写作教学有更为详细周密的规定外,许多省和学校通过调查研究,提出了较为更具体的教学要求。

(三) 30 年代写作教学的方法

1. 课内课外相结合

在五四运动以前,旧式国文教师都是在课内指导中学生进行作文练习的。主张课外练习课文是在五四运动后,梁启超先生就主张"每一篇要让他充分的预备,使他在堂下做。看题目难易,限他一星期或两星期交卷"[①];胡适在《中学国文之教授》篇中也主张"作文都该拿下堂去做"。这一时期的阮真先生则认为,应根据练习的性质而选择课内或课外。他把作文练习分为两类,一类是如短文快做练习、片断练习、翻译练习、听写练习这样的课内练习;另一类是像长篇文字练习、文艺练习、演说拟稿练习、笔记联系、问题研究或设计这样的课外练习。

2. 石昭锽的写作教改

石昭锽的写作教学实验简言之就是将说话与写作教学沟通,使之优势互补、融为一体。他认为说话是写作历程的起点,写作是说话历程的终结;说话和写作联络教学,重在随时随处的利导,如每日的朝会夕会,每周的周会,抽定儿童作自治工作及见闻的报告,并写成日记等。在教学中,他时时注意到以学生为主体,努力适应学生的心理要求,激发他们的发表欲和名誉心,调动他们的兴趣和热情。一方面寻找有利的时机进行训练,另一方面又作"随时随处的利导",在具体操作上的设计也都十分精细,注意到教学细节的方方面面,这些都很值得我们做进一步的探究。

(四) 30 年代写作教学的特点

1. 关于作文评判标准的认识

关于作文评判标准,叶圣陶主张"语体文要写得纯粹",以"上口

---

① 梁启超:《中学以上作文教学法》,首都经济贸易大学出版社 2012 年版。

不上口"作为评判的标准。他说："区别语体和文言固然可以从逐个词句下手，但是扼要的办法还在把握住一个标准。这个标准简单得很，就是'上口不上口'。凡是上口的、语言中间通行这样说的词句，都可以写进语体文，都不至于破坏语体文的纯粹。如果是不上口的、语言中间不通行这样说的词句，那大概是文言的传统，只能用在文言中间，或者是文言传统里的错误的新产品，连文言中间也不适用。"①

2. 写作教学新旧矫揉的状况

写作教学上的新旧矫揉的状况，从渔舟的文章可见一斑：

民国十六年，我们乡里办了一个小学，一种新的刺激使我踏进了新的园地。知识的供给换了一个方向，从前学的老思想和老腔调似乎不中用了；重新从教科书里学来了一点白话，"的哩吗呢"不致胡乱地用，可以说，我已能够运用新的表情达意的工具了。可是教师们从没有指明学习国文的正确的目标和途径。……

从这冈人欲死的朽腐气息中教我出来的，我真要感谢我们的李师了！他是我们初中三年级的国文教师，当他上第一次国文课时，就发表他的主张说："做文章就是把自己的思想和情感用适当的文字表出，这思想或感情就是内容。一篇文章没有内容是不行的。我最讨厌有些作品，写上一大套还没说出什么东西，写景不过'花儿草儿'，写情不过'吾爱我爱'。在你们的课卷中发现这种文章，我是不看的。"这一席话使我得到新的启示，我知道从前是上当了。……

……从这些理论，我认定国文和其他的任何种文字一样，不过是应付实际生活的一种工具，进而认定白话文是目前的一种最便于表情达意的工具；在他方面，我企图从各方面去体味生活，进而认识人生。

在国文的园地的围墙外摸索了十几年，直到这时，我才敢大胆

---

① 叶圣陶：《语体文要写得纯粹》，见《叶圣陶语文教育论集》，教育科学出版社 1980年版，第 423 页。

地说：我已走上光明的坦道了。①

从以上文章中，我们可以感受到当时写作教学新旧教育思想、教学方法相互斗争的真实状况。但值得欣慰的是，新的教育思想正在克服旧的教育思想，新的教学方法正在取代旧的教学方法，写作教学从总体上看是在进步。

总之，与前一时期比较而言，现代写作教学虽然还存在一些问题有待解决，但这一时期的写作教学在稳步发展，国语教育和白话文写作已成不可逆转之势。至此，现代写作教育的基本格局和教学规范大致形成。

四　20 世纪 40 年代的写作教学

30 年代后期到整个 40 年代，民族承受着深重的灾难。先是八年抗战，后是三年内战，人民困于水深火热中，教育也陷于低谷，40 年代的写作教学处于困顿期。

（一）40 年代写作教学的思想

这一时期的写作教学思想基本上是 30 年代的继续，国文界的学者仍致力于改进白话文写作教学，对一些基本问题的研究有所深化和改进。

1. 对中学生学习文言写作的态度

在国文界对中学生学习文言写作有两种截然不同的态度。一边是以浦江清为代表的赞成派。他认为"作文可以注重语体文，但文言文功课也须有习作"。理由是："文言的词汇比语体文广，现在有许多学生犯词汇贫乏之病，而且许多常要用的字眼往往忘了写法，好比读英文的人，认识那个字而拼不出来，就是因为少做练习之故。文言有特殊的文法，句法，虚字用法，文气和声调，只读不写，不会熟悉，也不能体会……假如一定要废文言习作，我赞成先废英文作文，因为多数人读外国文不过是以能看书为目的；而本国文中间的文言一体是在政法界，新

---

①　渔舟：《从我学习国文的经过谈到中学生的国文程度问题》，《中学生》1935 年第 54 号。

闻界，商界，以及不论哪一个机关的办公室里，都要应用的。"① 另一边是以叶圣陶为代表的反对派。叶圣陶较为委婉的表达道："依理说，假如真能运用语体叙事说理表情达意，已经足够了，不必再写文言。对于最具有亲切之感的语体假如还不能运用，就得加工修习，无暇再写文言。现在'中国文课程标准''目标'项下有'除继续使学生能自由运用语体之外，并养成其用文言文叙事说理表情达意之技能'一目，要高中学生写文言，这是迁就现状的办法；办法的制定又从一个假定出发，那假定就是初中毕业生已经有了相当的运用语体的技能。""所谓现状，指现在还有一些文字，如报纸公文和书信，用文言写作而言。那些文字原没有不能用语体写作的道理，但其中一部分现在还用文言写作，却是事实。既然有这事实，为中学生将来出而应世起见，就教他们学写文言。这该是主张教学文言写作的最正当的理由。若说要学生写各体的古文，期望他们成为古文家；那是大学国文系都没有提出的目标，对于高中的文言写作显然不适合。"②

2. 一切从实际需要出发

白话文写作教学在这一时期确定为主导地位。国文界讨论的焦点已从白话文与文言文孰优孰劣转向如何提高学生白话文写作能力。刘泽如在文章中曾讲到边区教育的"写作指导的原则"为："第一、掌握写作的正确方向：用大众的语言，写实际日常生活中的材料。反对'文人雅士'的残余思想。第二、教学与写作相结合：甲、从学生的写作中发现存在着什么困难，来规定应当教的东西。乙、从教的东西中，联系学生写作，进行指导。第三、分别对象、分清阶段，顺应学生写作的发展规律，逐步提高。第四、鼓励写作兴趣，提倡多读、多写、多商量。"③由此可见，边区的写作教育更为贴近生活的实际和民众的需求，体现了一切从实际需要出发的写作教学思想。边区中等学校教育方针指出："各科教育内容和方法，必须从边区需要和学生现有程度出发，继续克服教育中残存的教条主义和主观主义偏向……"《边区文教大会关于边

---

① 渔舟：《从我学习国文的经过谈到中学生的国文程度问题》，《中学生》1935 年第54 号。

② 浦江清：《论中学国文》，《国文月刊》1940 年第 1 卷第 3 期。

③ 叶圣陶：《论中学国文课程的改订》，《中等教育季刊》1942 年第 2 卷第 1 期。

区教育方针的决议草案》（1944 年 11 月 1 日）也指出："在教育方法上，必须把握和贯彻'联系实际'的基本原则，因为只有从事物和实践的过程，才能使学生更真切和深刻地理解所学的东西。此外，讲'故事'的方式也值得提倡。对于'溜口歌'，不重讲解，不会应用等老一套的教育法，则必须予以纠正。"① 写作活动应与实际生活、所读课文联系起来。显然，边区的写作教学重视"学用一致"，以写作与生活相统一为出发点，虽朴实无华却功效显著。

（二）40 年代写作教学的内容

1. 国统区写作教学的内容

国统区的国文教育内容，初中为"文章法则"，主要是语体文法、文章体裁，作文练习包括书面写作及口语练习、书法练习等；高中包括文法、修辞、文学欣赏、辩论术等内容，作文练习包括命题作文、翻译、读书笔记、游记、专题研究文、应用文、文学作品等。

2. 边区写作教学的内容

在国统区写作教学困顿凋敝的情势下，边区的写作教学却得到初步的发展。1938 年编写的《国语教学法》称"小学教科，主要的是国语"，"在小学校的全部课程里面教学国语占时间最多，教学方法也比较繁难"，"作法是教学国语的一个主要工作，它在读、写、作三者中具有着更重大的作用"。可见，在边区是较为重视国文（国语）的，写作教学自然是边区教育的中心。边区写作教学的一个显著特点，就是带有一些试验性质，提出"需要写什么，就学写什么；学生学写中有什么困难，就着手解决什么困难"的标准。客观地说，这个标准是比较低的，但在当时的情况下，能完成这一目标已属不易。为了实现这些目标，边区的国文教师创造了许多行而有效的写作速成法，表现了非凡的智慧。由于边区的写作教育不同于国统区的写作规范，没有受到传统教法的束缚，因此，在教学方法、方式上多创造性，能够很好地发挥教师的主观能动性，显得很有生机和活力。在写作教学研究方面也颇有成果，发表于《边区教育通讯》《边区中等教育资料》《新华日报》《解放日报》等刊物上的有关文章，不下数十篇。

---

① 刘泽如：《陕甘宁边区的普通教育》，见《陕甘宁边区教育资料》中等教育部分（上），教育科学出版社 1981 年版，第 204 页。

（三）40 年代写作教学的方法与特点

此时，国统区与陕甘宁边区呈现出不一样的写作教学状态。由于战争的关系，许多学校受到了破坏，有的倒闭，有的内迁。师资力量严重短缺，许多小学教师就由小学毕业生来充任，师范学校的毕业生大多数做了中学教师。为培养应急人才，全国各类专科以上学校数目大增，又使原有的许多好的中学国文教师升级当了大学教师，以致各级学校的国文教师水准大为下降。加之抗战时期，物价高涨，教师待遇微薄，穷得无法维持最低标准的生活，教师只好多上课、多兼课，教师有限的精力，只能勉强敷衍教学。在动荡不安的生活条件下，国文教师想要静下心来研究教学是非常困难的。种种的不利因素导致这段时期国统区的写作教育处于困境。而陕甘宁边区虽然也处于艰苦的战争环境中，但由于其明确了战时教育注重实用、有效的主导思想，加之全区共同努力，取得了较好的效果。此时的国文教育主要是以培养各级干部为目的，所以写作教学非常注重教学的实际效果，这与古典主义、功利主义的传统教育思想有着根本的区别，也与国统区国文界关于是否要进行文言文写作训练的争论大相径庭。

这一时期虽然也有一些关于写作教学的著述，但整体研究水平未见有明显的提高。值得一提的是，当国统区处于困境时，开始于 30 年代后期、在共产党领导下的陕甘宁边区的教育文化事业，从无到有，有了较大的发展。立足实际应用的陕甘宁边区的写作教学虽然没有国统区写作教育那么"传统"，但教学效果却颇有成效。这是无疑为 50 年代以后的中国新教育奠定了良好基础。

第三节　当代写作教学

一　20 世纪 50 年代的写作教学

50 年代的写作教学，一方面以老解放区的写作教学为基础，吸收了国民政府时期的教学经验；另一方面积极向苏联学习写作教学的理论与实践，逐渐对旧写作教学进行改造。

（一）50 年代写作教学的思想

此时写作教学受政治因素影响较大，"政治内容第一、艺术形式第二"的文艺批评的标准，被生硬地搬进写作教学。写作教学重政治性、思想性，沦为政治斗争的附庸。

总的说来，这一时期的写作教育思想有积极的一面，也有被动的一面。有的同志提出，"作文教学应与文学教学紧密地配合起来"，要在教学课文的过程中着重指导写作。有的同志针对《汉语》课本的弱点，提出了"精讲多练"的原则，指出要通过加强练习（包括整篇习作和基本训练）来培养学生观察、思维、表达的能力。此外，对于作业的批改、课外阅读的组织等，不少同志都发表了富有启发性的设想。然而，科学的总结并未能进行，有益的原则被引向反面，种种的设想也束之高阁。这一时期社会生活、政治生活中的一些不正常的现象影响着语文教学，同样也直接影响到写作教学。此时的写作教育思想忽视了写作教学本身的特点，片面重视写作的政治性、思想性，主张写作教学要反映阶级斗争、生产斗争。例如，"大跃进"时期，写作教学也跟着"放卫星"。南京市"有几个学校的学生创作指标达到几万篇，如市立师范，在一个月左右时间里，学生就完成了四千多篇创作"[①]。一味地追求写作数量，使原本美好的愿望引向歧途，语文教学方法的探索未能获得应有的进展，相反却出现了种种有损于语文教学质量的弊端。

（二）50 年代写作教学的内容

1. 政治课与语文课结合

事实上，此时的语文课已不是单纯的语文课，有些学校甚至已经把政治课和语文课结合起来了。具体做法为：教完了一篇语文课文，根据学生的思想情况，政治教师在政治课上加以补充思想教育方面的内容，有的放矢地"拔白旗插红旗"。这种过于重视语文课思想教育的做法已经严重影响到语文教育的发展。例如，初一年级的学生学《给徐特立同志的一封信》《母亲的回忆》《任弼时同志二、三事》等课文，教师得"引导学生大胆地暴露并批评自己的个人主义、藐视纪律、追求享受等思想行为"；学《老山界》《小英雄雨来》《在法庭上》等课文，教师又要"启发学生勇于批判自己敌我不分、是非不明、不敢斗争和向困难屈服等思想行为"。（均引自上海市"初中语文课本第一册阅读部分说

---

① 《小学教育的方针》，见《陕甘宁边区教育资料》小学教育部分（上），教育科学出版社 1981 年版，第 196 页。

明"。）为了"引导""启发"，竟采用了思想批判的方法，完全吸收了当时政治课的教法。这种将语文课上成政治课的做法，不仅不能使学生透彻领会课文内容，也不利于学生切实掌握语文基础知识。然而，在当时这种做法却得到了充分的肯定。

2. 分科后的写作教学

汉语与文学分科后，汉语课和文学课成为性质不同的独立学科。无论视角如何，分科以后的作文教学都是要给予高度重视的。为此，1957年，人民教育出版社中学语文编辑室草拟了《中学作文教学初步方案（草稿）》，但是，由于种种原因，这个方案当时并没有公开发表。① 其中对初中和高中作文教学的具体要求及内容如下：从初中到高中作文教学是个循序渐进、逐步提高的过程。例如，初中学生主要是观察和分析一些比较复杂的事物，并且要能把多种事物加以比较。又如，初中学生写文章，主要是要求写得有内容，有条理，明白通顺；到了高中，应该进一步要求内容充实、重点突出、结构严密，并有一定的说服力感染力。再如，对初中学生主要是要求写好叙述的文章；到了高中，除了要求写好叙述的文章外，还要求写好评述的文章。

(三) 50 年代写作教学的方法

1. 同生产劳动相结合，同政治运动相结合

为了要同生产劳动相结合，同政治运动相结合，有的学校不顾学生的实际和作文训练本身的顺序，"学生炼钢，就指导他们写炼钢；学生参加农业劳动，就指导他们写农业劳动"，"学校进行整风运动的时候，就指导学生写有关整风运动的文章"；如此等等。但是仍有将作文课与政治课直接挂钩的学校，"政治课讲人民公社，作文课就让学生写人民公社；政治课讲民兵，作文课就让学生写民兵"。②

2. 作文教学在继承传统中改进创新

继承传统上，作文教学以命题为主，每两周写一篇作文，对作文精批细改等。在改进创新方面则有几种做法："一是明确提出'写话'的概念。有的语文教师甚至将'作文'改称'写话'，就是用现代的活的语言写文章，不用古代的书面语言写文章。二是结合课文作文。三是联

---

① 《南京市各中学语文教学革新情况》，《语文教学》1958 年第 6 期。
② 张定远编：《语文教学论集》，新蕾出版社 1985 年版，附录。

系课外阅读。按照学生的年龄和程度，每一学期在各个年级指定一两部与课文有关的文学作品为必要的课外阅读，阅读之前有指导，阅读期间及以后有检查，适当布置课外阅读作业，并将这一作业作为一次作文的成绩。四是采取多种方式。除命题作文外，还有重写、改写、缩写等；在高中则结合课文多作评述一类练习，如分析作品的人物，研究作品的主题，谈论作者对作品中人物的态度，说出作品的艺术特点及对作品的意见等。"① 这一时期语文教学法所努力追求的是把阅读与写作统一起来。

（四）50 年代写作教学的特点

一般情况下，地方教育行政部门会安排每学期的作文次数，例如，北京市教育局就规定每学期大作文七次，小作文七次。但"大跃进"时期作文教学最突出的一个现象是作文次数大增，随着形势"跃进再跃进"。随着新民歌运动的掀起，学校打破原本的练习计划，作文次数也跃向高指标。"上海市某中学语文教研组总结道：'在阅读和写作教学进行了三周（义务劳动时间除外）的时候，我们已教了九篇教材，作文十次以上。'"② 在偏向追求作文次数时，作文教学的质量也就得不到保障，加上学生作文的内容，很多并不是他们真正理解了的，写作中模仿以至抄袭或本人"创作"前后因袭的情况相当普遍。

二　20 世纪六七十年代的写作教学

（一）六七十年代写作教学的思想

60 年代初，通过中共中央在政治上提出的一些政策上的反思和调整，语文教育呈现了短暂的复苏现象。1963 年 5 月，教育部颁行了《全日制中学语文教学大纲（草案）》，它对新中国成立后语文教学中存在的重道轻文的倾向有所认识和纠正，提出将"学好各科知识和从事各种工作的基本工具"作为语文学科的性质。在教材中增加了实用文的比例，增加了课文后的一些有关写作的"知识短文"，安排了写作训练，等等。这种改革前景自然是令人鼓舞的，但是好景不长，1965 年受"左"的思潮干扰，接着是"十年动乱"，这一改革未等见到成效便

---

① 《语文教学必须大胆地改革》，《语文学习》1959 年第 1 期。
② 王松泉：《中国语文教育史简编》，社会科学文献出版社 2002 年版，第 224 页。

夭折了。十年"文化大革命"期间的写作教育，一言以蔽之：写作教学没写作。

1. 写作教学必须政治挂帅

当时写作教学的目标很明确，就是要让学生掌握语言文字这个工具，更好地为无产阶级政治服务，为工农兵服务，为阶级斗争、生产斗争和科学实验三大革命运动服务。所以，在写作教学中突出政治的地位，启发学生在写作过程中学习运用阶级斗争的观点和阶级分析的方法，用语言文字来正确表达无产阶级的思想感情。同时，作文教学还要从学生的实际出发，密切联系火热的斗争，用毛泽东思想武装学生的头脑，并教育学生用一分为二的观点分析周围的事物。

2. 阶级性高于一切的作文讨论

1965 年 1 月 15 日开始，《文汇报》展开了"如何指导和评价学生的作文"的讨论，历时八个多月。这次讨论涉及有：评价学生作文的标准，作文的教材，所谓作文的"真情实感"，"作文教学与教师思想感情的关系"等问题。讨论是由对上海市第二中学初三学生的一篇作文《茉莉花》的评改发生分歧而引起的。这次讨论由于受"左"的思潮的影响，在许多文章中，都突出地强调作文教学与"阶级斗争"的联系。有的认为，"'生活情趣'要有阶级观点，像《茉莉花》这类文章绝不是无产阶级的生活情趣，而是'小摆设'"。"'小摆设'也可以写，问题是要用正确的观点去指导。要从小事情看到大问题，从烟囱、路灯、香炉、烛台引起联想，和阶级斗争、生产斗争、科学实验三大革命运动有机地联系起来。"1965 年《文汇报》就作文《茉莉花》的评价展开"如何指导和评价学生作文"的讨论。① 这场讨论的用意很清楚，显然就是要使教师们的认识统一到"政治标准第一"上来。

（二）六七十年代写作教学的内容

1. 写"大批判""小评论"文章和三史（厂史、村史、家史）

此时的学校教学通常是学生停课闹革命；恢复后，语文课成为"政文课"。写作教学甚至语文课沦为极"左"的政治附庸。学生读的是"毛主席著作"和反映"三大革命斗争"的文章，写的是"大批判"

---

① 《语文教学必须大胆地改革》，《语文学习》1959 年第 1 期。

"小评论"文章和"三史"等。为了适应"十年动乱"时期政治斗争的需要，当时各地的语文教材都要求高小以上学生学习四种文体，即家史、小故事（小通讯）、小评论、大批判；中学生还要加上调查报告和总结。前述 1972 年版上海市语文教材中的"家史""小评论""总结"等单元就是如此。从形式上看，这样处理似乎是符合学生学习作文的一般规律的，然而写作教学的质量就可想而知了。

2. 按照《全日制中学语文教学大纲》制定教材

1962 年《全日制中学语文教学大纲》要求教材应具有以下特点：选材面广，课文量多，文质兼美。议论文特别是政治论文，对培养学生逻辑思维和发表意见的能力作用很大。为了满足学生阅读经典著作和时事论文的需求，以及对事物发表意见的需求，语文教学必须注意培养学生阅读和写作议论文的能力。议论文可占课文总数的 20% 左右，各年级依次增多。学生语文学习得怎样，可以用作文来衡量。因此，作文十分重要，教师要认真指导。

（三）六七十年代写作教学的方法

1. 黑山学校的提早写作

辽宁省黑山县的语文教改经验就是：提早写作。在"集中识字"和"精讲多练"的基础上，把以前要到三年级才开设的作文课，提前到一年级开设。这样，学生在初步受到造句训练和写作训练后，就开始让他们模仿作文和命题作文。具体计划是：一年级每学期写大约 15 篇，二年级平均每周都有一次作文练习机会，平时还要写日记、写诗等。他们的写作教学具体分为五步：①口头造句；②看图说话；③看图写话；④模仿作文；⑤命题作文。以上几步，既是分阶段进行，又是紧密相连的。

2. "以作文为中心"的教改

北京景山学校 60 年代的语文教改只进行了六年多，因始于 1966 年的"十年动乱"而夭折。该校语文教改方案的主要设计者之一龙卧流在 1963 年写了《关于加强作文训练的几点建议》，提出八个重点研究和实验的课题：把作文放在语文教学的第一位；思想和文字不可分割；精度和博览相结合；课堂作文与课外练笔并重；等等。他还阐释了"以作文为中心"的理由："语文教学的目的和任务，主要是培养阅读能力和写作能力，两者都应该重视。但是，第一，培养写作能力终究比培养阅读能力难。第二，阅读能力，必然也必须体现到作文里去，作文是衡量整个语文教学成绩的首要标志。第三，也是最主要的，目前语文能力低的主要标志就是写作能力差。因此从小学三年级以后，就应该有计划地加强作文训练，把作文放在语文教学的第一位。"①

3. 反复强调多读多写

关于语文教学方法，《大纲》反复强调要多读多写。《大纲》引用了毛泽东同志的话："语言这东西，不是随便可以学好的，非下苦功夫不可。"无论识字、写字、用词、造句、布局谋篇种种基本训练，都要在多读多写的实践中反复进行。为了提高阅读写作水平，教师一方面要让学生精读课文，另一方面也要让学生广泛阅读。教师要加强学生课外阅读指导，帮助他们选择有益的读物，提示阅读方法，协助组织一些读书活动。《大纲》指出，讲读教学应该有计划、有重点地把课文讲清楚，必须随时启发学生思考问题。一定要贯彻"文""道"不可分割的原则，要讲清楚文章的思想内容必须讲清楚文章的语言文字。讲读教学必须同学生的写作实践密切联系，读写结合，以读带写，以写促读。

（四）六七十年代写作教学的特点

1. 一切为政治服务

在60年代，张志公先生关于作文教学的论述是比较多的。从写作教学的目的、要求到读写关系，从作文命题到批改评分，从文章结构到用词造句，他都有启发性的、较系统的论述。张志公先生说："讨论中学的作文教学，首先要明确中学语文教学应当培养学生具有什么样的写作能力。""中学语文教学所要培养的，是一个青年在工作、学习和生活中必须具备的一般的写作能力，也就是内容正确、文从字顺、条理清楚、明晰确切，能够如实地表达自己的有用的知识见闻、健康的思想感情的能力，而不是专门从事写作的文学家的文艺创作能力。"② 60年代中后期，在作文教学中就产生了一些偏向，过分追求写作的政治性，强调一切为政治服务，究其原因，与对中学写作教学的目的不明确有关。

① 顾黄初主编：《中国现代语文教育百年事典》，上海教育出版社2001年版，第443页。
② 参见刘占泉《汉语文教材概论》，北京大学出版社2004年版，第223页。

2. 写作教学与教师革命化、劳动化紧密联系

当时政治生活中"左"的思想对语文教师和写作教学产生了巨大的影响。"十年动乱"时期的作文练习量很小，那也是必然的。学生根本不愿意作文，也作不出文，同样地，教师既不愿意也不可能敦促学生认真作文。据一般估计，学生一学期的作文量不过是胡乱凑数的两三篇。如果说"十年动乱"时期的课外阅读完全是一片空白，那么，作文练习也不过是聊胜于无罢了。

总之，六七十年代是写作教学的困顿期。写作教改举步维艰，充满了挫折与困惑，写作教学在"左"的思想和语言知识教学的夹缝中苟延残喘。这样的作文教学，损失自然是巨大的。学生的思想观点、思想方法形成不少错误，而在谋篇布局、遣词造句方面却未能得到应有的训练。多数中学生叙事、记人、写景、状物、抒情、议论以及说明的能力，实际上还及不上"文化大革命"前小学生的水平。

三 20 世纪八九十年代的写作教学

结束了"十年浩劫"之后，我国教育事业进入了拨乱反正的恢复时期。1979—1980 年，全国中学语文教学研究会和全国语文教学法研究会相继成立。《全日制十年制学校中学语文教学大纲（试行草案）》，在 1980 年的第二版中，改变了 1978 年第一版中对语文教学目的的错误提法，把"提高学生语文水平"放到了主要位置。并认为"作文教学是语文教学的一个重要组成部分，学生语文学习得怎样，作文可以作为衡量的重要尺度，应十分重视"。此后，中学语文教学刊物激增，各地的作文教改试验也纷纷开展起来。1987 年，张志公等人在《中国语文》第 1 期发表了《语文教育需要大大提高效率》一文，对语文教学中包括写作教学在内的诸多方面的科学化问题进行探讨，把语文教学的科学性和加强语文教学科研作为教改的方向提了出来。

1992 年九年义务教育初中语文教学大纲开头部分在明确了语文的"基础工具"的性质后，指出"语文学科对于提高学生的思想道德素质和科学文化素质，培育有理想、有道德、有文化、有纪律的社会主义公民，具有重要的意义"，但是，在主体部分是以能力为主，知识为辅，基本上未涉及人文教育的内容。1996 年全日制普通高级中学语文教学大纲注重能力和训练的观念不变，只是更加强调"训练"，体现了"以训练为主线"的教学思想。

（一）八九十年代写作教学的思想

1. 作文评改是作文教学的重要环节

大家开始意识到，作文批改的辛苦而低效，都是由于教师为本位的思想指导，做法上包办代替，夺取了学生对自己作文的评改权造成的。要改变这种状况，关键是作文评改的指导思想要改变，要以学生为主体，把评改作文的主动权交回给他们。教师的责任是培养学生具备自己评改作文的能力。与此同时，好些语文刊物就作文评改的问题开展了讨论。如《中学语文教学》于 1981 年开辟了四期"怎样批改作文"专栏，又召开了全国范围的作文批改问题座谈会；1983 年，《语文学习》在"作文教学"栏目中集中讨论作文评改问题；《语文教学通讯》出了作文评改专号；等等。这反映了语文教育界对作文评改问题的关注，而这些有益探讨的公开发表又推动了作文评改的改革。

2. 写作教学是语文教学的重要组成部分

《大纲》还提出："要培养学生有一个好的文风，懂得写文章要从实际出发，有的放矢，言之有物，实事求是。"这无论在当时或从长远看，都是十分重要的。当时，"四人帮"的"帮八股"流毒仍未完全肃清，社会上写文章有一股坏风气，也影响到中小学生，作文习惯于摘报纸，抄杂志，空话、废话、假话连篇。针对这种情况，提出在中学语文教学中端正文风，使青少年在打基础阶段就起步要正，对日后的发展意义是深远的。关于作文教学，《大纲》指出："作文是学生思想水平和文字表达能力的具体体现，是字、词、句、篇的综合训练。"这就是说，作文从现象上看是在进行字、词、句、篇的综合训练，而从实质看，既有培养学生文字表达能力的问题，又有提高学生思想认识水平的问题。

3. 作文素养的提出

20 世纪 80 年代末，"写作文化论"者从理论上提出了一个比较科学的概念——作文素养，这标志着作文教学理论的价值取向由技能的训练向主体文化建构的转化。有人认为作文素养由思想品德素养、生活实践素养、文化知识素养、审美素养、作文技能素养构成。① 潘新和认为，作文素养包括写作的心智素养（人格、语感、文体、采集、构思、想象）、作文技能素养。②

（二）八九十年代写作教学的内容

根据教育部颁发的《全日制六年制重点中学教学计划（试行草案）》，人民教育出版社编辑出版了六年制重点中学使用的《写作》课本（试教本），于 1982 年起在少数六年制重点中学进行试教。《写作》课本各册都包括"写和说的训练"和"现代汉语常识"两部分。"写和说的训练"，一般每册设计写的训练六次（个别册七次），说的训练两次。教师可根据实际情况增加一到两次。写的训练，主要是进行以写一篇文章为单位的综合的整体训练；分解的、局部的训练在阅读课的练习中进行。根据教学大纲的要求制定出每个年级的训练重点，列出写作训练的序列，每次训练集中解决一个问题。每课写的训练，包括作文知识、例文、作文范围、写作指导四个部分。前两部分让学生自己阅读，教师适当予以指导；后两部分给教师布置和指导作文提供参考。作文知识短文写得比较深入浅出，便于学生自学。例文有名家名篇，也有时文和学生的优秀作文。每次作文训练的例文多为三篇，各代表一种类型。每篇例文后面有一个提示，便于学生借鉴、模仿。作文范围，注意联系学生实际，既着重训练学生写实用文字，也适当发展学生的想象能力，给教师出作文题提供一个参考的范围。说的训练，主要是进行有中心、有层次的成篇讲话训练（也称口头作文）。每课说的训练一般包括要求知识、命题、提示、评奖或例话几个部分。《写作》课本每册还有一两篇附录，是关于日常语文应用能力训练的短文，如《课外练笔》《办好墙报》《怎样做读书笔记》和《做卡片》等。

（三）八九十年代写作教学的方法

1. 专题作文训练

到了 80 年代，华南师范大学附属中学以专题为中心，采取内容与形式相结合的作文训练法，加强了作文训练的科学性和计划性，叫作"专题作文训练"。这种训练，根据国内的政治形势和青年学生的特点，

① 张志公：《张志公语文教育论集》，人民教育出版社 1994 年版，第 325 页。
② 张海珍：《论写作主体的写作素养》，《攀登》2000 年第 3 期。

确定写作内容的一些专题。每个专题既给学生提供一些观点、材料，也进行各种文体的训练；既重视写作基础知识学习，也重视写作实践。同时，还通过评点本校学生的优秀作文，来做出示范，典型引路，等等。经过这样内容与形式并重的比较系统的作文训练，学生的作文能力有较快的提高。

2. "观察—分析—表达"三级训练体系

这个体系是刘胐胐、高原提出来的，原来叫"三基训练"，即"观察—分析—表达"训练，他们认为观察、分析、表达是作文的基础能力。后来改名为"三级训练"。① 三级训练则侧重于学生认识能力的培养。他们认为：

　　想要写好文章，就得具备认识及观察事物的能力和表达能力，二者缺一不可。而显然认识能力的高低对文章的质量有着重要的作用。可是长期以来对于学生认识能力的培养处于一种无所作为的状态。

　　在作文教学中，偏重于表达而忽视了认识能力的培养的倾向是由来已久的，其渊源恐怕还在于八股文取士的影响。加之，认识能力的养成，不是作文一科的任务，因而对于作文教学中应该如何培养学生的认识能力也就缺乏研究解决的迫切感。所以，长期以来作文教学在实际上并没有担负起培养认识能力和表达能力的双重任务。②

三级训练体系的训练方法是：第一级训练交替作定向观察和随机观察练习，第二级训练交替作命题分析与选题分析练习，第三级训练交替作借鉴表达与创造性练习。根据训练体系已编写出初中、高中配套教材，在全国 3000 个试验班进行对比试验，教学效果比普通班有明显提高。

3. "能级递进"的整体改革思路

90 年代中期，周正逵在给首都师范大学"语文学科教学论"专业

---

① 潘新和：《高等师范写作三能教程》，人民教育出版社 2002 年版，第 115—168 页。
② 刘胐胐、高原：《作文三级训练体系》，《河南教育》1983 年第 6 期。

的研究生授课时，展示了一种以"能级递进"为标志的语文教学整体改革思路。其中将写作分为五级，包括书写、用语、构段、谋篇、立意这五种能力。根据写作能力的这五个级，安排相应的训练序列。结合其他方面，列表如下①：

表 8-1

学段及年级	阅读训练序列	写作训练序列	听说训练序列
小学低年级	认读	书写	正音
小学中年级	释义	用语	复述
小学高年级	解析	构段	交谈
初中一年级	解析	构段	发言
初二至初三	鉴赏	谋篇	演讲
高中	研读	立意	辩论

4. 情境作文

当时，情境教学风靡世界。情境作文是情境教学的一种，作文情境可分为真实情境和虚拟情境。情境作文是指精心设计和安排某种情境，让学生设身处地去体验和感受，并把观察和体验的结果写出来的一种作文训练方式。这种作文情境能产生一种"场效应"②，触发学生的情感体验，引发学生的写作冲动，写出自己的真知灼见和真情实感。

（四）八九十年代写作教学的特点

1. 作文教改活跃

语文教学改革归根结底是教学思想的改革。教学改革，必须有正确的思想作先导，使其贯穿于教学内容、教学体系、教学方法和教学手段的改革之中，才能从整体上取得较为理想的效果。许多优秀的语文教育工作者，在改革中首先寻求思想上的突破。广大的语文教学工作者，都在努力通过教材改革，建立语文学科的教学科学体系，使语文教学内容能有一个比较科学的系统序列。这一时期中学作文教改十分活跃。这显然也和教材编写、高考命题在有限范围内的松动有关。一些"民办"

---

① 刘腓腓、高原：《作文训练要重视认识能力的培养》，《语文学习》1984 年第 2 期。

② 参见刘占泉《汉语文教材概论》，北京大学出版社 2004 年版，第 231 页。

教材已允许在全国办试验班，与统编教材竞争。上海、北京等地，高考已可自行命题，这就为教师发挥教改积极性创造了条件。由此可见，这一时期的写作教改，比三四十年代的思路更为开阔。更重视知识与实践的结合，向训练的科学化逼近了一步。但是，我们也不能不看到这些教材也还存在着一个共同的缺陷，这就是理论层次还没上去，在各种关系的处理上也还有值得推敲之处。当然，一个体系的完善是需要时间的。

2. 综合讲评

综合讲评就是对全班学生的作文做全面、概括的评析。综合，既是对学生作文从思想内容到写作方法，从写作态度到写作习惯等情况的全面总结，又是讲评方式的综合。在说明总的情况后，要结合运用专题讲评、典型讲评、分类讲评、对比讲评等一种或多种讲评方式，进行优化组合，使讲评有点有面、有主有次、有论有证、分层分类，实现讲评效果的最优化。

3. 口头作文训练

90 年代，口头作文以其敏捷的思维、快速的反映以及较强的综合性等优势受到语文教师的关注和重视。口头作文训练的意义与功效，绝不仅仅在于表达方式的变换——变书面表达为口头表述，而在于对学生的心理素质、表现欲望、快速思维、快速编码能力乃至于听话能力都是一种极好的训练，整体效应非常显著。另外，口头作文更便于教师及时了解学生的表达能力，以便随机给予指导。

总之，在此之前的几年，中学生在作文上的基本情况是：在表达形式上，由于语文基础知识贫乏，语文基本能力甚差，造成字、词、句、篇毛病百出；在作文内容上，由于思想认识不高造成观点不明，由于生活积累不够造成内容贫乏。面对这种情形，广大语文教育工作者提出要从培养良好的作文习惯入手，扫除写空话、写套话、写假话的陋习，从根本上提高学生的写作素质，并进行了大量的改革实验，取得了一些效果。

第四节　21 世纪写作教学

为了进一步推动面向 21 世纪的语文教学改革，国家教育部在推出

2000 年版《中学语文教学大纲》之后不久，马上又于 2001 年制定了《全日制义务教育语文课程标准》。这样，新一轮语文、写作教学改革便拉开了庄严的帷幕。

（一）21 世纪背景下写作教学的思想

1. 培养学生的写作兴趣，分阶段进行写作训练

为了培养学生的写作兴趣和自信心，义务教育的写作要求分为三个阶段：一至二年级为写话；三至六年级为习作；七至九年级为写作。由写话到习作，再到写作，降低了起始阶段的难度，有利于学生写作兴趣的培养，使写作能力循序渐进地得到训练。

2. 注重写作指导

七至九年级的写作练习是与口语交际、综合性学习结合在一起的，通过口语交际、综合性学习的铺垫，拉近了写作与学生生活、与学生实际的距离，让学生易于动笔，乐于表达。这样进行写作训练，既"开源"，又"导流"。再如高中阶段，写作是分专题进行的，每个专题都有一个相对集中的写作话题和写法指导。而且，每次写作都是分为话题探讨、写法借鉴、写作练习三个部分。

3. 改革写作评价方式

《课程标准》在"评价建议"部分说："应重视对写作的过程与方法、情感与态度的评价"，采用书面、口头、评语等多种评价方式。

（二）21 世纪背景下写作教学的内容

2001 年 7 月，教育部颁发了《全日制义务教育课程标准》（实验稿），根据课程标准编写的义务教育阶段语文实验教材于 2001 秋在全国八个实验区投入实验。课程标准实验教材对写作教学是分阶段要求的，一至二年级是写话，写自己想说的话，写想象中的事物，写出自己对周围事物的认识和感想；三至六年级是习作，每学期要求进行八次习作练习；七至九年级是写作，每学期要求进行六次写作练习，而且写作是口语交际、综合性学习结合在一起进行的。

2003 年 3 月，教育部颁发了《普通高中语文课程标准》（实验稿），根据课程标准编写的实验教材于 2004 年秋投入实验使用。高中必修教材中对写作的要求体现在"表达与交流"的目标之中。表达交流包括写作与口语交际两个部分，其中写作共 20 个专题，每册 4 个专题，每

个专题都有一个相对集中的写作话题和写法指导（见表8-2）。每次写作活动有三部分：话题探讨、写法借鉴、写作练习。

表8-2

	写作1	写作2	写作3	写作4
第一册	心音共鸣：写触动心灵的人和事	园丁赞歌：记叙要选好角度	人性光辉：写人要凸显个性	黄河九曲：写事要有点波澜
第二册	亲近自然：写景要抓住特征	直面挫折：学习描写	美的发现：学习抒情	想象世界：学习虚构
第三册	多思善想：学习选取立论的角度	学会宽容：学习选择和使用论据	善待生命：学习论证	爱的奉献：学习议论中的记叙
第四册	解读时间：学习横向展开议论	发现幸福：学习纵向展开议论	确立自信：学习反驳	善于思辨：学习辩论中的分析
第五册	缘事析理：学习写得深刻	讴歌亲情：学习写得充实	锤炼思想：学习写得有文采	注重创新：学习写得新颖

（三）21世纪背景下写作教学的方法

1."题型"教学法

上海大学的于成鲲、李白坚等人创造了"题型写作教学法"，在每一课堂教学的"题型"设计中，都体现了对创造、激情和生动活泼的追求。"题型写作教学法"是一种使已经掌握了一定的文字写作规律的学生，在预先设计好的系统的"训练规程"的诱导、感染和刺激下，开阔思维，激奋情绪，丰富想象，产生兴趣，进而拓展创造性思维能力，完善思维，直至实现文字转化机制的写作教学方法。[①] 在他们编的《题型写作教程》中，找不到关于"题型"教学法的定义，但是从他们对每一次课的奇思妙构中，都能心悦诚服地感觉到写作教学具有了艺术性，增强了学生心理体验，每一次有序教学环节的实施，都带领学生进入全新的写作天地。李白坚还将他的教法改革从大学延伸到中小学，亲自到中小学给学生上写作课，获得了师生们的肯定与好评。他将他的教育思想、教法和教学实践，著成《快乐作文——教与学》《走向素质教育》《趣味作文》等书，为当代写作教法改革添上了绚丽的一笔。

2.综合性学习

《全日制义务教育语文课程标准》第一次正式提突出"综合性学

---

① 李白坚：《题型写作教学法》，《中学语文教学》2002年第1期。

习"的概念，将写作作为学习来对待和使用，强化写作教学的功能。《语文课程标准》中"综合性学习"指出了四个方面的内容："（1）能自主组织文学活动，在办刊、演出、讨论等活动过程中，体验合作与成功的喜悦。（2）能提出学习和生活中感兴趣的问题，共同讨论，选出研究主题，制订简单的研究计划，从报刊、书籍或其他媒体中获取有关资料，讨论分析问题，独立或合作写出简单的研究报告。（3）关于学校、本地区和国内外大事，就共同关注的热点问题，搜集资料，调查访问，相互讨论，能用文字、图表、图画、照片等展示学习成果。（4）掌握查找资料、引用资料的基本方法，分清原始资料与间接资料的主要差别，学会注明所援引资料的出处。"①

从以上所概述的"综合性学习"的内涵中，我们可以看出，其实质和主要内容是通过实战性的写作过程来进行的，获得学习写作的动力，获取材料，掌握获得信息和引用资料的方法，并进行分析的思维训练，完成写作。这就是所谓的"探究式学习"，其本质是以写作为手段的学习方法，就是美国流行的"学习通过写作"的自学方法论。

3. 作文批改

传统的作文批改只是教师对学生作文的一种检查、评价、判断、修正，其目的是让学生知道自己作文的优缺点从而进行改正，又是教师了解学生写作情况的一种途径，利于改进教学。在新的作文批改观念中，作文批改是一种进行写作方法技能训练的途径，作文批改的能力成了一种作文的素质和能力。作文批改从过去的作文后、课后，走向了前台，走向了课堂，走向了作文的过程。

（四）21世纪背景下写作教学的特点

1. 改革力度大

《语文课程标准》对初中写作教学"标准"的改革力度是以往各版教学大纲改革无法比拟的。当把"综合性学习"作为语文课程标准重要组成部分确定下来以后，对写作教学无疑是一个重大的推动和促进，写作在中学语文教学中又扮演了一个崭新的角色：不仅是培养学生的语言交际能力的途径，而且是学好语文的重要手段。

① 于成鲲等编著：《题型写作教程》，语文出版社1994年版。

2. 对写作思维能力提出具体要求

在对作文的要求上，2000 年版《语文教学大纲》只是笼统地说"能写记叙文、简单的说明文、议论文和一般的应用文"。"根据写作需要，确定表达的内容和中心，做到感情真实，内容具体，中心明确，语言准确、通顺。"而《全日制义务教育语文课程标准》（第四学段）则提出了具体的要求："写记叙性文章，表达意图明确，内容具体充实；写简单说明性文章，做到明白清楚；写简单的议论性文章，做到观点明确，有理有据；根据生活需要，写常见应用文。"① 显然要做到"内容具体""明白清楚""有理有据"必须要有较强的写作思维能力，教师在日常写作教学时也会更加注重学生思维能力训练。

---

① 中华人民共和国教育部：《全日制义务教育语文课程标准》2011 年版。

第九章

语文教育名家

在漫长的语文教育的发展史上，语文教育名家如群星般璀璨。本章按照语文教育史的古代、现代、当代及 21 世纪四个发展阶段，选取每一时期著名的语文教育家进行介绍。

第一节　古代语文教育名家

一　先秦时期

（一）概说

中华大地很早就有人类活动。人类社会最早的形式是原始人群，有群体活动就必然存在教育活动。随着生产力的发展，出现了阶级分化，原始人群面临解体，开始逐渐向奴隶社会过渡。到夏代，我国终于进入奴隶社会。这时期奴隶主阶级必然会组织一些教育活动，去训练本阶级的青年，进而维护他们的统治地位，自然而然学校教育，便成为这种社会活动的主要形式，庠、序、校、学等成为学校的主要样式。

春秋战国时期随着生产力的进一步发展，教育达到一个繁荣期，涌现出了一大批名扬中外的著名教育家，如春秋末期的孔子，战国时期的诸子（墨子、孟子、荀子、商鞅及韩非子等）。

（二）孔子

1. 生平简介

孔丘（前 551—前 479），字仲尼，春秋末期鲁国人。我国古代著名的大思想家、大教育家、大政治家、儒家学派创始人，世界十大历史名人之一。孔子年轻时曾做过几任小官，但一生大部分时间在从事教育。他带领部分弟子周游列国 14 年，晚年修订六经，即《诗》《书》《礼》《乐》《易》《春秋》。他是当时社会上最博学者之一，被世人尊奉为"天纵之圣""天之木铎"，被后世统治者尊为至圣、万世师表。其儒家思想影响中国乃至全世界，被列为"世界十大文化名人"之首。《论语》作为儒家的经典著作，是由孔子的弟子及再传弟子编纂而成的，是一本记录孔子与其弟子言行的书。

2. 孔子的语文教育思想

（1）在言语教育中培养语境观

孔子侧重于培养学生口语交际的能力，如学《诗》，孔子指出："不学《诗》，无以言。"①（《论语·季氏》）"诗可以兴，可以观，可以群，可以怨。"②（《论语·阳货》）孔子的言语教学，主要是雅言的教授："子所雅言，诗书执礼，皆雅言也。"③（《论语·述而》）在实际情境中教育学生，把语境知识教给学生，在真实社会情境中开展教学。例如，当他看到鲁恒公庙"宥坐"之器，可以用来教育学生在言行中要表现适度，避免自满骄傲时，他即刻就让学生演习，帮助学生学以致用，点拨引导说："吁，恶有满而不覆哉！"④（《荀子·宥坐》）。

（2）在"文学"教学中传承文化精神

与现代的"文学"意义不同，孔子所教的"文学"是指"先王之典文"。"典文"指的是文献典籍，其中主要包括儒家"六艺"——《诗》《书》《礼》《易》《乐》《春秋》。孔子很清楚在一个人成长中，阅读文献典籍具有重要作用，"兴于《诗》，立于《礼》，成于《乐》"⑤（《论语·泰伯》）。读书是一个人修身立命的基础，

① （春秋）孔丘：《论语》，刘琦译评，吉林文史出版社 2004 年版，第 154 页。
② （春秋）孔丘：《论语》，陈国庆、王翼成注评，陕西人民出版社 2006 年版，第 316 页。
③ 同上书，第129 页。
④ （战国）荀况：《荀子》，王学典编译，中国纺织出版社 2007 年版，第 332 页。
⑤ （春秋）孔丘：《论语》，陈国庆、王翼成注评，陕西人民出版社 2006 年版，第 149 页。

君子"博学于文，约之以礼，亦可以弗畔矣夫"①（《论语·颜渊》）。孔子用自己加工整理的典籍来教授学生，不只在乎一般浅层意义上的文字学习，更在乎深层意义上的文化知识与人文精神的探究。在孔子看来，比学习知识更重要的是培养学生的"仁爱"精神，"人而不仁，如礼何？人而不仁，如乐何？"②（《论语·八佾》）从孔子文献教学中，你不难发现其中不乏现代意义的"文学"教育，但是它服务于育德。

（3）在言传身教中促进教与学

言传身教是孔子语文教学关注的另一个点。首先，以"身教"成为学生的榜样。"爱之，能勿劳乎？忠焉，能勿诲乎？"③（《论语·宪问》）对学生、对教育事业和传统文化有着赤子之爱的孔子，以自身的学识与修养，给学生树立榜样。其次，进行言传，在平等对话的基础上与学生切磋和交流。强调"言传"的基础是学生的"学"。在学习言语方面，学生要学会多闻多见，慎言慎行；在学习"文学"方面，尽量多思考多提问，多读书多思考，勇于提出自己的疑问。

二　秦汉时期

（一）概说

公元前 221 年，秦统一六国，结束了春秋战国以来诸侯割据称雄的分裂局面，建立了我国历史上第一个多民族的大一统国家——君主专制的高度中央集权的封建国家。秦在全国范围内强制推行统一文字、禁止私学，采取以吏为师的制度，所以秦朝没有出现教育名家。

汉朝初期实行各家并存的文教政策，教育在一定程度又得到了发展，到汉武帝时期，实行"独尊儒术"的文教政策，学校教育的发展呈现蓬勃之势，同时也涌现一批教育家，如汉初的贾谊、董仲

---

① （春秋）孔丘：《论语》，陈国庆、王翼成注评，陕西人民出版社 2006 年版，第 228 页。
② 同上书，第 42 页。
③ 同上书，第 258 页。

舒，东汉的王充等。

（二）王充

1. 生平简介

王充（约27—97），生于会稽上虞（今浙江上虞县），字仲任，东汉著名思想家、唯物主义哲学家、无神论者。从小是孤儿，后来到京城，在中央最高学府——太学里学习，拜班彪为师。他精通百家之言、擅长辩论。一生除做过几任小官外，大部分时间以教书为生。写作了《论衡》85篇，20多万字，解释万物的异同，纠正了当时人们的疑惑。其中《订鬼》曾是中学课文，订正当时社会上流行的对鬼的认识。著有《养性书》倡导节制欲望，守住原神。永元（汉和帝年号）年间，病死在家中。生平著述有《讥俗》《政务》《养性》《论衡》。其中《讥俗》《政务》《养性》现已失传。

2. 语文教育思想

王充主张博览全书，但又不能死守章句，以免生吞活剥，束缚自己的思想。他对人才的培养提出了四个等级：儒生、通人、文人和鸿儒。"能说一经者为儒生；博览古今者为通人；采掇传书，以上书奏记者为文人；能精思著文、连结篇章者为鸿儒。故儒生过俗人，通人胜儒生，文人逾通人，鸿儒超文人。"（《论衡·超齐》）

他倡导崇实尚用，主张学有所知、学有所用。他打了一个很生动的比方："入山见木，长短无所不知；入野见草，大小无所不识；然而不能伐木以作室屋，采草以和方药，此知草木所不能用也。"（《论衡·超齐》。）这就是说，学习好比伐木为屋、采草和药一样，要能理论联系实际，学以致用。在文章的内容和形式上，他主张文外实内，外内相符。学文不能光从外在的"文"上下功夫，而要从内在的"实"去探求。学"实"，就是学文学多表露出来的真情实感。正如他所说"实诚在胸臆，文墨著竹绵，外内表里，自相副称"。在对语文的学习上，他主张耳闻目见，身体力行。"不学自知，不闻自晓，古今行事，未之有也"，"如无闻见，则无所状"，"不目见口问，不能尽知也"。

三　魏晋南北朝时期

（一）概说

魏晋南北朝时期（公元3—6世纪）的中国，王朝更迭频繁，政权割据林立。官学时兴时废，似断又续。但私学和家学发展很好，对其官学起到很好的补充作用。这一时期也出现了一些有名的语文教育家，如刘勰、钟嵘、颜之推等。刘勰的《文心雕龙》是一部体大思精的古代文学理论巨著，在我国文化史上永放光芒，照耀了此后历代文坛。钟嵘的《诗品》专论五言诗，《序》总论五言诗的起源和发展，正文指摘各家利病。这种方法是时代风气的产物。《诗品》对后代的语文学习影响很大。

（二）颜之推

1. 生平简介

颜之推（531—约595），出生琅琊临沂（山东省临沂市），字介，南梁至隋朝皆为官员，中国古代文学家、教育家，生活年代在南北朝至隋朝期间。颜之推是南齐治书御史颜见远之孙、南梁咨议参军颜协之子，世传《周官》《左氏春秋》。他早传家业，12岁时便听讲老庄之学，19岁当上了国左常侍。20年后，官至黄门侍郎。公元577年，被征为御史上士。公元581年，被召为学士，不久后因为疾病而去世。他自己评价说"予一生而三化，备荼苦而蓼辛"[1]，叹息"三为亡国之人"。著有《颜氏家训》《还冤志》等作品。《颜氏家训》共20篇，这是一部系统完整的，为用儒家思想教训子孙，保持家庭的传统与地位而写的家庭教育教科书。这是他关于士大夫立身、治家、处事、为学的经验总结，被后世称为"家教规范"，在封建家庭教育发展史上产生重要的影响。

2. 颜之推的语文教育思想

《颜氏家训》集中体现了颜之推的语文教育思想。颜之推宣扬性三品说，认为："上智不教而成，下愚虽教无益，中庸之人，不教不知也。"[2] 把人性分为上智、下愚、中庸三等。指出："古之学者为人，行

---

[1]　李百药：《北齐书·文苑传·颜之推》。

[2]　（南北朝）颜之推：《颜氏家训·教子篇》。

道以利世也；今之学者为己，修身以求进也。"①

从学习的态度和方法的角度来说，颜之推主张"观天下书未遍，不得妄下雌黄"②，提倡学习态度要虚心务实。"博学求之，无不利于事也。"③ 提倡博览群书，接触世界，培养独立思考能力。

颜之推强调钻研刻苦，勤勉努力的学习。认为人要终生学习，当珍惜时光，年幼早教，少年也当学习，晚年更加不能自弃。同时，颜之推提倡师友间的切磋与启明。《尚书》"好问则裕"，《学记》"独学而无友，则孤陋而寡闻"的说法是他所赞赏的。

家庭教育方面，颜之推提倡尽早施教。出生时便应引导学习孝仁礼义，稍稍大点到能够懂得"识人颜色，知人喜怒"的时候，家长就应该开始教导，到 9 岁以后，自可"少成若天性，习惯如自然"。同时，他主张家庭教育应该从严入手，严和慈互相结合。"父母威严而有慈，则子女畏慎而生孝矣。"如此便会得到良好的成效。他主张重视家庭的语言教育。在家庭教育中，子女学习正确的语言，是做父母的重要责任。"德艺周厚"的根本是德育，知识教育服务于德育。"有志尚者，遂能磨砺，以就素业。"他教育子女树立远大志向，不把金钱与权位作为生活的目标。

四　隋唐时期

(一) 概说

隋唐时期（581—907 年），中国的政治经济高度发展，文化教育也高度发展。隋唐时期统治者推行儒、佛、道并行的文教政策，并依据三者的关系制定以儒为主干，佛、道为两翼的文教政策，同时根据政治的需要和主观的爱好，不断调整三者之间的关系。由于统治者实行比较开放的文教政策，所以隋唐时期也相应地出现一批语文教育名家，如韩愈、柳宗元，李翱等。柳宗元《河东先生集》，重视文章的内容，主张文以明道，注重文学的社会功能，提倡思想内容与艺术形式的完美结合。不仅写作态度要严肃认真，作家道德

---

① （南北朝）颜之推：《颜氏家训·勉学篇》。
② 同上。
③ 同上。

修养很重要。

（二）韩愈

1. 生平简介

韩愈（768—824），字退之，出生于河内河阳（今河南孟州市），郡望河北昌黎，世称韩昌黎。出身贫寒，3 岁丧父母，由兄嫂抚养。刻苦读书，贞元八年（792），进士擢第。曾任监察御史等官职。元和十二年（817），升刑部侍郎，后被贬潮州刺史，后被召为吏部侍郎，有"韩侍郎"之称。824 年，病故，谥号"文"，故后世又称之为"韩文公"。

韩愈是中唐文坛的领袖，"古文运动"的倡导者，主张摒弃南北朝以来矫揉造作的骈体文，进而恢复先秦两汉散文的优秀传统。主张"文以明道"，文道并重，主张文章要有充实的内容，学习古文应"顺其意而不顺其辞"，"推陈言之务去"，力求"文从字顺"，这些主张对后世产生很大影响。作品集有《韩昌黎文集》。

2. 语文教育思想

首先，韩愈主张勤学苦读。他在《进学解》中向学生提出"业精于勤荒于嬉，行成于思毁于随"。他的勤读要求："口不绝吟于六艺之文，手不停披于百家之编"，"焚膏油以继晷，恒兀兀以穷年"，既要努力攻读，勤于动口动手，又要刻苦用功。其次，韩愈主张尊师重道。他认为读书为了学"道"和"业"。所谓"道"，是存"圣人之志"的儒家之道；所谓"业"，也无非是那些既能载道又能作为文章典范的"三代两汉之书"。在学习过程中，需要老师来"传道、授业、解惑"，因此，学者应从师而问，做到"道之所存，师之所存"，坚决反对那种"耻学于师"的错误态度。最后，韩愈在《进学解》中谈到一些阅读方法。首先是多读多看，吟诵涵泳。其次是区分读物，提要钩玄。最后是广采博取，认真积累。

五　宋元时期

（一）概说

宋朝（960—1279）的建立，结束了自唐"安史之乱"后长期分裂割据的局面，建立了多民族统一的中央集权国家。差不多与此同时，北方少数民族契丹族和女真族，先后建立辽、金政权。1279 年，北方的又一少数民族蒙古族灭南宋，建立统一的元朝（公元 1271—1368 年）。这一时期社会环境相对稳定，农业、手工业和商业得到恢复和发展。物质基础丰实，上层建筑也相应得到快速发展，特别是教育发展很好，官学发达，私学尤其繁荣。对后世影响深远的"理学"就是产生于北宋，完成于南宋，这一时期除理学外，还有以王安石（公元 1021—1086 年）为代表的"新学"，以陈亮（公元 1143—1194 年）、叶适（公元 1150—1223 年）为代表的事功学派。这一时期也涌现了一大批语文教育名家，如王安石、欧阳修、苏轼、朱熹、陈亮、叶适等。

（二）朱熹

1. 生平简介

朱熹（1130—1200），字元晦，一字仲晦，号晦庵。南宋哲学家、教育家、文学家。徽州婺源（今属江西）人，侨寓建阳（今属福建）崇安，后徙考亭。其父朱松，进士出身，历任著作郎、吏部郎等职，因反对秦桧妥协而出知饶州，未至而卒。此时朱熹 14 岁，遵父遗命，师事刘子翚，刘子羽等人。

绍兴十八年（1148），朱熹中进士，任泉州同安（今属福建）主簿，聚徒讲学，后罢归，监潭州（今湖南长沙）南岳庙。孝宗即位，朱熹上书反对议和。隆兴元年（1163）被召见，复言主战。朝廷虽屡任以官职，因与执政者政见不合，皆辞不就。淳熙五年（1178）史浩再度为相，荐朱熹知南康军（治所在今江西星子县），屡辞不许，次年赴任。访白鹿洞书院遗址，奏请修复旧观，订立学规，从事讲学。淳熙八年（1181），浙东大饥，朱熹被任命提举浙东常平茶盐公事。淳熙十四年（1187），周必大为相，任朱熹提点江西刑狱。次年，升兵部郎官，以足疾为由请归。淳熙十六年（1189），光宗即位，任为江东转运副使，以病力辞，后改任漳州（今属福建）知州。绍熙二年（1191）辞归建阳，五年（1194）起任湖南安抚使，修复岳麓书院，扩建学堂，广纳四方游学之士。宁宗庆元元年（1195），为焕章阁待制、侍讲。次年，监察御史史继祖劾其伪学欺人，革职罢官，归建阳讲学著述而终。

2. 语文教育思想

朱熹认为仅仅"章句训诂为业"是不够的，需要的是"明道德之归"。语文教育不仅培养人，也是道德教育的途径手段。从特定的历史条件出发，朱熹强调封建时期的思想道德无疑是正确的。朱熹一生致力于教材的编撰工作，认为教育目的的出发点应该是语文教材观及语文教材建设，他根据对学生年龄、心理特征的理解以及对学习过程的认识，选用儒家经典著作，作为语文教育编撰的内容，编撰了一系列自成体系的教材。《童蒙须知》便是朱熹专门为蒙童编写的。朱熹还认为语文教学应讲究循序渐进。对语文教学进行全盘计划，要"宽着期限，紧着课程"。既要抓紧，又不能急于求成，要安排周到，进度适当。

六　明清时期

（一）概说

明朝（1368—1644）的创建者朱元璋，从历史经验教训和亲身实践中，意识到学校教育在治理国家中的作用，确立"治国以教化为先，教化以学习为本"的文教政策，大兴教育。清朝（1644—1912 年）由北方的少数民族爱新觉罗氏建立，爱新觉罗氏在入关定都北平后，也开始重视发展文化教育事业，推行"兴文教，崇经术，以开太平"的文教政策。相对应的，这一时期出现一些语文教育名家，如王守仁、王廷相、黄宗羲、颜元、张之洞、曾国藩等。

王守仁（1472—1529），浙江余姚人，字伯安，号阳明，学者称阳明先生。原名云，后更名守仁。他是中国哲学史上主观唯心主义的集大成者，又是教育家、军事家、文学家和书法家，著有《阳明全书》（又称《王文成公全书》）。明成化八年（1472）九月卅日生于县城瑞云楼（今武胜门内寿山堂）。父王华，成化十七年（1481）状元，官至南京吏部尚书。少受儒家教育，暇好骑射兵事，善射。前期做过官吏，后期专事讲学。他曾在余姚中天阁讲学，作《中天阁勉诸生》文书于壁。后肺病剧发，1529 年 1月 9 日卒于江西南安青龙浦舟中，年 57 岁。葬绍兴兰亭洪溪，谥号文成。《明史》评："终明之世，文臣用兵制胜，未有如守仁者。"

黄宗羲（1610—1695），浙江宁波余姚明伟乡黄竹浦（今黄埠镇）人，字太冲，号梨洲。他是明末清初著名的经学家、史学家、思想家、地理学家、天文历算学家、教育家。黄宗羲有极其渊博的学问、深邃的思想、宏富的著作，与顾炎武、王夫之并称为明末清初三大思想家（或清初三大儒）；与弟弟黄宗炎、黄宗会有着浙东三黄之称；与顾炎武、方以智、王夫之、朱舜水并称为"清初五大师"。黄宗羲还有一个美誉，即"中国思想启蒙之父"。黄宗羲一生著作颇丰，多至 50 余种，300 多卷，包括史学、经学、数学、律历、地理、诗文杂著等，其中最为重要的有《明儒学案》《宋元学案》《孟子师说》《葬制或问》《破邪论》《易学象数论》《明文海》《明夷待访录》《思旧录》《行朝录》《今水经》《大统历推法》《四明山志》等，并整理编订《南雷文定》《文约》。

（二）曾国藩

1. 生平简介

曾国藩（1811—1872），初名子城，字伯涵，号涤生，谥文正，湖南湘乡人。他是军事家、政治家、理学家、书法家、文学家，晚清散文"湘乡派"创立人。他是晚清重臣，任两江总督、直隶总督、武英殿大学士。嘉庆十六年（1811 年）出生在湖南长沙府湘乡荷叶塘白杨坪（今湖南省双峰县荷叶镇天坪村）的一个豪门地主家庭。曾国藩是长子长孙，得到祖父曾玉屏以及身为塾师秀才的父亲曾麟书二位先辈的伦理教育。

6 岁入塾，8 岁读八股诵五经，14 岁读周礼、史记文选。至道光十二年（1832）考取秀才，并与欧阳沧溟之女成婚。连考两次会试不中，随后又努力复习一年，在道光十八年（1838）殿试考中同进士，此后踏上仕途之路，并成为军机大臣穆彰阿的得意门生。在仕途道路上十年七迁，连跃十级，从七品一跃而为二品大员。

2. 语文教育思想

曾国藩的语文教育思想内容和方法，见诸他给两个儿子的信

（《曾国藩家书》）中。在紧张繁忙的军营生活中，"不废学问，读书写字未甚间断"。为儿子身范示教。他说："望尔兄弟殚心竭力，以好学为第一义。"激励孩子明确志向，勤学苦练。他给儿子规定功课："每日习柳字百个，单日以生纸临之，双日以油纸摹之，临帖宜徐，摹帖宜疾。""每日习字一百，阅《通鉴》五页，诵读书一千字，三八日作一文一诗。"在语文学习方法上，除强调传统的多读、背诵和勤查典籍外，还主张看、读、写、作四者相互联系，相辅相成；涵泳体察；读书要有选择；探究笔记等。在检查督促学习上，说："学堂之功课，均须详载。"要求其子每次写信时详陈一切，不可草率等。他择师的标准是"善讲善诱之师"，认为推荐明师可以使子女汲取明师长处，得到教益。

第二节　现代语文教育名家

一　概说

现代的语文教育，是指从 1904 年到 1949 年这一历史时期的语文教育。这一时期，我国的语文教育也经历了一段曲折的历史。

19 世纪末 20 世纪初，国内一批有识之士在泥淖中苦苦挣扎，寻找能解救中国的教育之路。1902 年由管学大臣张百熙等主持修订的"壬寅学制"，是中国近代第一个以中央政府名义制定的全国性学制系统；1904 年由张百熙、荣庆、张之洞支持重新拟订的"癸卯学制"，是中国现代由中央政府颁布的全国性法定学制系统，并首次在全国得到实施，也是语文独立设科的开始；民国成立初期孙中山南京政府于 1912 年 1 月 19 日颁布了《普通教育暂行办法》和《普通教育暂行课程标准》，1913 年在参考日本学制的基础上，结合中国的实际经验，制定"壬子学制"，并充分体现了资产阶级的教育要求；随着五四新文化运动的推行，西方教育思想的传入，国内掀起教育改革运动。教改运动催生了 1922 年的美国式的"六三三学制"，又称"壬戌学制"；1927 年"四·一二"政变，蒋介石叛变后，中国进入混战状态，除了抗战区、解放区有零星教育，国内教育可以说是荒芜满园，这种状态一直延续到新中国成立。

在这艰难的探索路途中，大家不畏艰险，我国的语文教育也像早春的杜鹃，开出了点点红花。

二　教育名家

（一）康有为

1. 生平简介

康有为（1858—1927），广东南海人，名祖诒，字广厦，号长素，他是思想家、社会改革家、书法家和学者，清光绪年间进士，官授工部主事。出身仕宦家庭，信奉孔子，致力改造儒家学说以适应现代社会。著有《新学伪经考》（陈千秋、梁启超协助编纂）《孔子改制考》《日本变政考》《康子篇》《春秋董氏学》《大同书》《欧洲十一国游记》《广艺舟双楫》等著作。

其祖父康赞修是康有为最早的教师。19 岁时拜入朱次琦门下学习宋明理学，企图开辟一条有别于儒学的新的治学之道。他爱读经世致用方面的书，接触资本主义事物，收集有关资本主义书刊。逐步认识到，资本主义制度比中国的封建制度更先进。强盛的西方帝国的入侵，刺激康有为立志学习西方来挽救处于危急存亡之秋的祖国。他是近代中国向西方寻求真理的先进代表之一，是戊戌变法时期资产阶级改良派的主要领导人。

2. 语文教育思想

（1）重视教育的作用

康有为把教育当作振兴中国和政治改良的手段。他认为："欲任天下之事，开中国之新世界，莫亟于教育。"[①] 在康有为看来，一个国家的强弱，关键在于国民智慧的高低，而智慧又依赖教育的发展。他说："尝考泰西之所以富强，不在炮械军器，而在穷理劝学。"[②] 中国之弱，即弱于教育之不发达，民智之不开，因此，发展教育、开办新学是当务之急。

---

① 梁启超：《康有为传》，团结出版社 2004 年版。
② 康有为：《康南海自编年谱》，中华书局出版 2012 年版。

（2）变科举，废八股

康有为认为：八股取士使人不读秦汉以后的书籍，不研究世界各国的情形，从而使官吏不能应变，不能为实事，以至于甲午战争战败后割地赔款。为此，他认为改革科举考试，废除禁锢人才的八股取士，培养和选拔经世致用的人才是当务之急。就如何改革科举制度，康有为提出：文试废八股，代之以中国文学、策论、外国科学；停止弓刀步石及旗兵弓石的武试，代之以武备学校。康有为把变科举比喻为"以吐下而去其宿蚵疴，是必治之痼疾"。

（3）兴办学校，建立资产阶级教育制度

康有为在《请开学校折》中提出了关于学校体系的构想，在乡设立小学，在县设立中学，在省、府设立专门高等学校或大学，如设立海、陆、医、律、师范各专门学校。在京师设立京师大学堂。同时，康有为建议"远法德国，近采日本，以定学制"，力图在中国建立类似于西方的现代学制。他把办学校比喻为"宜急补养以培养其中气"的治病良方。

（4）《大同书》中的教育思想

《大同书》是康有为的代表作之一。在这部著作中，康有为设想的理想社会是一个没有私有制和等级制，"人人平等，天下为公"的大同社会。学校体系是前后相衔接的、完整的，大同社会里人人有权接受公费教育，男女教育平等，重视胎教，特别关注学龄前教育。康有为把中国资产阶级发展资本主义教育的愿望反映在《大同书》对教育制度进行的构想中，与封建教育相比，他倡导教育平等，强调女子教育对冲破传统封建教育的藩篱具有积极的意义。在当时给人以耳目一新的感觉。

（二）梁启超

1. 生平简介

梁启超（1873—1929），字卓如，一字任甫，号任公，又号饮冰室主人。汉族，广东新会人，清光绪举人。中国近代思想家、政治家、教育家、史学家、文学家。梁启超从小便在家中接受传统教育，1890 年，结识康有为并投入其门下，学康有为的思想学说，与康有为合称"康梁"。

1895 年，协助康有为发动"公车上书"。1897 年，在担任长沙时务学堂总教习时积极宣传变法思想。1898 年，回京参加"百日维新"运动。9 月，发生政变后逃亡日本。其间，创办《清议报》《新民丛报》，鼓吹改良，反对革命，介绍西方社会政治学说。1918 年底，赴欧了解到西方社会存在的问题和弊端，回国后主张光大祖国传统文化。

梁启超是位著名学者。他一生著述宏富，所遗《饮冰室合集》计 148 卷，1000 余万字。著有《中国史叙论》《新史学》《清代学术概论》《中国近三百年学术史》《先秦政治思想史》《中国历史研究法》《中国文化史》等作品。

2. 语文教育思想

梁启超是中国杰出的启蒙思想家。他在长沙时务学堂中引进民权思想，培养了民族新式人才，开创了中国民族民主革命的新阶段，促使了国人现代化意识的觉醒，也影响了其他殖民地与半殖民地国家的思想启蒙。

梁启超是中国杰出的教育家。他倡导教育救国，提出培养人才是基础的教育救国论。兴办学堂等教育机构，主张废八股，设立京师大学堂和国内各级学堂。他率先引进西方学制和管理制度，制定教育方针。设立图书馆，他先后设法组建了京师图书馆、北京图书馆、松坡图书馆，组织建立了中国图书馆学会。实地讲学，早年在东莞办学，后任万木草堂学长，主讲于时务学堂。辛亥革命后任清华大学教授并为清华题写了"厚德载物，自强不息"的校训。主张育人为本的教育思想。先做人，后学知识，贯彻"立志、爱国、成才"的教育理念。

梁启超主张弘扬中华民族优秀精神，学习西方先进文化。中国近代历史上，他首先提出改造国民懦弱性，主张塑造新智新力的新国民。他是中国旧学的终结者，是新时代中西结合新文化的开创者，是划时代的文化人物。

（三）蔡元培

1. 生平简介

蔡元培（1868—1940），字鹤卿，号子民，浙江绍兴人。蔡元培先生是革命家、教育家、政治家。民主进步人士，国民党中央执委、国民政府委员兼监察院院长，中华民国首任教育总长。甲午中日战争后，开始接触有关西方资产阶级政治学说，并开始学习外语。1916—1927 年任北京大学校长，革新北大开学术自由之风。北伐时期，国民政府定都南京后，他主持教育行政委员会，筹设中华民国大学院及中央研究院，主导教育及学术体制改革。1928—1940 年专任中央研究院院长，贯彻其对学术研究的主张。蔡元培数度赴德国和法国留学、考察，研究哲学、文学、美学、心理学和文化史，为他致力于改革封建教育奠定思想理论基础。抗日战争爆发后，蔡元培移居到香港。1940 年 3 月 5 日，在香港病逝。后人将著作编为《蔡元培全集》。

2. 语文教育思想

蔡元培主张废除读经，改革课程与学制。给当时单独设科不久的"语文"教育的改革提供了一条正确的方向，完成了语文教育从传统到现代的过渡。主张改革教学方法，反对旧的死记硬背，反对学生被动应付学习，提倡在教学中让学生采用自动学习的新方法。他认为："学校教育注重学生健全的人格，故处处要使学生自动……最好使学生自学，教者不宜硬以自己的意思，压到学生身上。不过看各人的个性，去帮助他们作业罢了。"①

蔡元培提倡学生"自己去研究"，"自动"和"自学"，既继承了传统的"启发式"教学，也融进了西方"自动主义"教学方法的成分。

(三) 夏丏尊

1. 夏丏尊生平简介

夏丏尊 (1886—1946)，文学家，语文学家。浙江上虞人，原名铸，字勉旃，后改字丏尊，号闷庵。自幼从塾师读经书，后来去上海中西书院读书，后又改入绍兴府学堂学习，都因为家贫未能读到毕业。1905 年，借款东渡日本留学，但因申请不到官费，于 1907 年辍学回国。

民国八年 (1919 年)，与陈望道、刘大白、李次九一起被称为第一师范的"四大金刚"。1921 年，应邀受聘返乡，为实现理想教育，夏丏尊邀请一批志同道合的同志到春晖，在白马湖畔营造了一个宽松的教育环境。1924 年底，发生了一场反对反动势力的学潮，夏丏尊、匡互生、丰子恺、朱光潜等教师以及一批学生愤然离开春晖。1937 年抗战爆发

---

① 中国蔡元培研究会编：《蔡元培全集》第 4 卷，浙江教育出版社 1997 年版，第 260—262 页。

后被日本宪兵拘捕，后经日本友人内山完造营救出狱。1946 年 4 月 23 日，于上海病逝，葬于上虞白马湖畔。

夏丏尊作为中国新文学运动的先驱，著有《文艺论 ABC》《生活与文学》《现代世界文学大纲》等作品，编著有《芥川龙之介集》《国文百八课》《开明国文讲义》等作品。译著有《社会主义与进化论》《蒲团》《国木田独步集》《近代的恋爱观》《近代日本小说集》《爱的教育》《续爱的教育》等。20 世纪 30 年代，夏丏尊创办了《中学生》杂志，以先进的文化思想、丰富的科学知识教育中学生。

2. 语文教育思想

（1）语文革新思想

夏丏尊 1923 年在春晖中学进行国文课改革时提出"劝学生不要只从国文去学国文""劝学生不要只将国文当中国文学"。它革新了传统语文教学观念，揭示了语文教和学之间的规律。认为学习国文科"最好以选文为中心多方学习，不要把学习的范围限在选文本身，国文科原是本身并无内容，以一切的内容为内容的"，主张丰富多彩的现实生活也是国文科教学的触角应该广泛延伸的领域。在学习语文形式时，要学习语言文字传达出来的思想感情，结合内容与形式来学习国文。

（2）语文教科书编制思想

夏丏尊在国文教科书编制上进行了具有开创意义的探索。他认为教科书的编制，要明白教学的需要，也要顾及教学的可能。正确处理好国文科的特性、功能与教学时间的关系。文篇的选择，既要依据文章的基本格式，也要依据语言运用的基本法则。

（3）阅读教学观

夏先生认为读者的感受程度和他自身经验能力有密切的关系，教师因经验能力程度在学生之上，应该比学生对普通文字有正确丰富的了解力，因此教师的任务就在于自己努力修养，加强在文字以及知、情方面的语感，影响并传授给学生。夏丏尊还专门做过"阅读什么""怎样阅读""学习国文的着眼点"等讲演，他的阅读教学观无不体现在这些讲演稿中。

（4）写作教学观

文章学研究是夏丏尊对国文科教学的另一贡献。他一生都专注于文章学的研究，他的语文教育研究的奠基作是《文章作法》（与刘薰宇合著），对我国早期现代文章学深有影响。在同叶圣陶先生的合著中，陈望道称赞夏先生有他独特的见解，比如"将读法与作法打成一片""青年阅读与写作的宝典"等。

（5）情爱教育理念

周予同评价夏先生一生"爱国、爱人民、爱青年"，无论为师为文，都以满腔的情和爱去面对学生。情和爱是教育的生命，是夏先生的情爱教育理念。正如夏丏尊所说"教育上的第一件事是要以人为背景"，"真正的教育需要完成被教育者的人格"，深刻反映了他的情爱教育理念的核心思想。

（四）陶行知

1. 生平简介

陶行知（1891—1946），安徽歙县人，是中国历史上伟大的人民教育家之一。他打小敏而好学，从金陵大学毕业后去美国留学，回国后历任南京高等师范学校教授、教务主任等职，反对"沿袭陈法，异型他国"，主张推行平民教育。五四运动后，创办了晓庄师范，并提出了"社会即教育""生活即教育""教学做合一"的生活教育理论，提倡"小先生制"。曾担任《申报》总管理处顾问，先后创办学团，开展普及教育运动，主编《生活教育》半月刊。在"九·一八"事变发生后，陶行知积极参加抗日救亡运动。抗战胜利后，陶行知返回到上海便立即投入反独裁、争民主、反内战、争和平的斗争中去。1946 年 7 月 25 日，因患脑溢血逝世。

陶行知先生著作宏富，论述精当，主编《民主教育》杂志和《民主》周刊，著有《中国教育改造》《斋夫自由谈》《教学做合一讨论集》《中国大众教育问题》《普及现代生活教育之路》《中国善及教育方案商讨》《行知书信》《行知诗歌集》等著作。与当前的社会主义教育学息息相通，堪称中国现代教育史上的"一代巨人"。

2. 语文教育思想①

陶行知的语文教育思想主要体现在生活教育理论上，以生活为中心

---

① 郑国民：《陶行知的语文教育思想》，《中学语文教学》1995 年第 4 期。

的教学作指导，以整个生活系统为中心，组成一个生活指导用书系统。

（1）语文教育的目的要为了"向前向上的"生活

陶行知所说的语文是指话语和文字。他说："大众语是代表大众前进意识的话语，大众文是代表大众前进意识的文字。"进而强调"大众语与大众文必须合一"。他尖锐指出现行的白话文和大众所说的话语还存在着一定距离。陶行知认为，只有语文成为"大众高兴说、高兴听、高兴写、高兴看的语言文字"，才能保证语文快速被大众掌握，进而为大众的生活服务。

（2）语文教育的内容要学习生活的内容

陶行知认为只有通过学习生活的内容，才能培养生活的能力和精神。他主张："所学的，即是所用的。有用处的事物才给学生学，用处最大最多最急的事物在课程中占有优先权。"学习文字先要掌握生活常用字。他强调，文字是生活的符号，必须与人民大众的生活相结合，如此才能使文字更好地发挥作用。读书的内容必须是生活的。他号召大家"读活人的书，做活人的事，过活人的生活"。写文章用的文字必须是大众的、生活的，写的方式也应该是大众易于接受的。文章和说话一样，不能随便分离。他要求学生会写信和信封、会记账、会报账，用生活的形式表达生活的内容。

（3）语文教育的方法要运用生活的方法

陶行知认为生活方法就是教育方法，即教学做合一。"教的方法根据学的方法，学的方法根据做的方法。""教与学都以做为中心。"这里的"教学做"并不是传统狭隘的教学经验论，他批判因内容和生活脱离而产生教师讲学生听的僵化模式。在"育才初级十六常能"里，要求学生会说国语。在"高级常能"里，要求学生会临时讲演。他充分利用、创造具体的语文环境进行语文能力训练。

陶行知的语文教育是为实现他培养"有知识、有实力、有责任心的国民"的目的。作为一位伟大的人民教育家，他从教育促进社会发展和培养全面人才的思想出发，建构他的语文教育思想体系，并以语文教育实践为主要途径去实现他的教育理想。

（五）黎锦熙

1. 生平简介

黎锦熙（1890—1978），字劭西，湖南湘潭人，中国语言文字学家。1911 年于湖南优级师范史地部毕业后从事教育工作。在北京担任过教科书特约编纂员，曾任教高等学校。后任北京师范大学文学院院长兼国文系主任，并兼任中国大辞典编纂处总主任。组织中国文字改革协会，任理事会副主席，被聘为中国科学院哲学社会科学部委员。当选为中国人民政治协商会议第一、第二和第五届全国委员会委员，第一、第二和第三届全国人民代表大会代表。

黎锦熙从事语文教学和科学研究近 70 年，研讨的领域涉及语言文字的各个方面，有专著 30 余部，论文 300 多篇，影响较大的有 3 个方面，推广普通话和改革汉字，语法研究和语言教学，辞典编纂。黎锦熙宣传言文一致，提倡"国语统一"，拟定"国语罗马字拼音法式"，创办《国语周刊》，发表《国语运动史纲》《中国文字与语言》《文字改革论丛》《字母与注音论丛》《汉语规范化论丛》等作品。在现代汉语语法的研究上，系统地整理出白话语法规律，成为中国第一部较系统的白话语法著作《新著国语文法》。还出版了《汉语语法教材》（与刘世儒合写）《比较文法》（1933）等著作。辞典编纂是黎锦熙毕生从事的工作。曾印出《中国大辞典样本稿》，还写了《中国大辞典长编》。出版的辞书有《国语辞典》《新部首索引国音字典》《增订注释国音常用字汇》《中华新韵》等，编写出《汉语辞典》《学习辞典》《同音字典》《学文化字典》等。这些辞书虽属中小型，但是由于出版迅速，及时适应了文化发展和教育普及的需要。

2. 语文教育思想①

（1）注重学生的全面发展

培养学生"听说读写"的能力，促进学生全面发展，是黎锦熙提出的语文教育目的。他坚持以学生发展为本，学生是教育的根本。无论从课程编制、教材安排，还是从教学过程、教学评价、教学手法来看，都以学生发展为优先，改变过去以教师、知识为中心的做法。在教学过程中，传授和掌握知识与学生多方面发展相协调，学生个性发展与智慧品质的完善相协调，促使学生的知、情、意达到协调发展。同时，教师还要注意学生良好学习品质和多方面的能力的培养，要启迪学生的智

---

① 王方：《论黎锦熙的语文教育思想》，硕士学位论文，上海师范大学，2005 年。

慧，培养学生创新精神，鼓励学生经常发表自己的意见看法。

（2）学生自主性的培养

黎锦熙重视学生自读、问疑以及师生双方的活动，充分发挥学生的主观能动性，以达到活学活用。他主张带有特色的"自动主义的形式教段"教法。在整个教学过程中，学生要逐渐由扮演配角到扮演主角。在教学方法上，并用讲授法和发现法，促使学生积极参与教学活动，能有效帮助学生学习知识，并且学会学习。学习作为学生一种行为的表现，它突出的是一个能动的过程，充分体现了学生的自主性。

（3）广博与专精的教师观

黎锦熙始终很关注师范教育，他曾在《广博与专精，提高与普及》一文中提道："师范院校在专科学术的本身上，至少也须与大学的训练同等，而且更要提高，养成通才的专家，能够在教育上有革命性的大主张，有创造性的大设计，有怎样贯彻这个主张与实现这个设计之方法与技术上的大发明。否则只是造就一些'教书匠'，管理员，或者教育机关的公务员，陈陈相因，碌碌无为，对于文化'普及'的效率不能多所增进的"，以此表示自己对师范教育的厚望。他认为广博是专精的基础，专精是广博的延伸。

（六）鲁迅

1. 生平简介

鲁迅（1881—1936 年），浙江绍兴人，原名周樟寿，字豫才，字豫山、豫亭后改名周树人。鲁迅以笔名闻名于世。著名文学家、思想家，五四新文化运动的重要参与者，中国现代文学的奠基人。鲁迅先生青年时代曾受进化论、尼采超人哲学和托尔斯泰博爱思想的影响。1904 年初，入仙台医科专门学校学医，后从事文艺创作，希望以此改变国民精神。发表中国现代文学史上第一篇白话小说《狂人日记》。五四运动前后，参加《新青年》杂志工作，成为五四新文化运动的主将。1918—1926 年间，陆续创作出版了小说集《呐喊》《彷徨》，论文集《坟》《门外文谈》，散文诗集《野草》，散文集《朝花夕拾》，杂文集《热风》《华盖集》《华盖集续编》，文学论著《中国小说史略》《汉文学史纲要》等专集。

2. 语文教育思想

在教育内容上，鲁迅批判经学教材，认为有些人极力鼓吹"尊孔读经"的真正目的是要推行封建伦理道德教育，维护专制统治，并从反封建的立场出发，对蒙学教材及其他古文教材给予了否定。鲁迅反对读古书的论断，我们对其应具有历史的认识，如果我们无视语境，简单理解甚至照搬，进而批评今天的语文教材，将会导致某种偏执性。在教学方法上，鲁迅强调学生主体性，提倡变"授人以鱼"为"教人以渔"，变教"读什么"为教"如何读"，着重指导学生学会阅读的策略和方法。在语文学习规律上，鲁迅对语文教育规律的尊重和把握主要侧重于教学过程，尤其是学习过程。他意识到兴趣是最好的老师，对于兴趣培养、语言学习及以读促写规律的认识是十分精深的。他从语文教育的实际出发，以尊重与把握学习规律为基础，探讨了语文教学优化之路。在语文考试制度上，不满陈旧而又缺乏效果的应试考试，反对标点古文的考试内容。要求考题力避陈腐、内容难度适当，并且注重思维能力考察的考试，而不应以考倒学生为目的。鲁迅对外国语文教育也很重视，他积极鼓励并指导青少年学习外语。他强调学好外语的重要性，指出"外国文却非精通不可"，鼓励学生克服畏难情绪，持之以恒，在外文学习中强调比较的方法，借助工具书也是个好方法。

第三节　当代语文教育名家

一　概说

当代语文教育指的是 1949 年新中国成立至 2000 年这一时期的语文教育。新中国的成立标志着我国进入一个新的历史时期，教育体制的改革标志着我国语文教育将要开创一个新的局面。这 50 年里，我国经历了社会主义改造、社会主义过渡时期总路线、"文化大革命"、新时期思想建设、"改革开放"及经济腾飞几个大的阶段。经济基础决定上层建筑，语文教育也伴随着政治经济的波动而在曲折中前进。

这一时期的语文教育，虽然经历种种"折磨"，前进非常缓慢。但我国仍有一批仁人志士，不畏艰难险阻，在布满荆棘的道路上不断求索。他们探索语文教学的规律，追寻语文教学的高效率、高质量。他们中有杰出的语文教育研究者，也有效力于一线的基础教育工作者。

二　教育名家

（一）叶圣陶

1. 生平简介

叶圣陶（1894—1988），汉族，原名叶绍钧，字圣陶，江苏苏州市人。著名作家、教育家、编辑家、文学出版家和社会活动家。

中学毕业后开始从事文学创作。五四运动前，他加入了新潮社。1921 年与沈雁冰、郑振铎等发起并组织"文学研究会"，与朱自清等人共同创办了《诗》。出版童话集《稻草人》以及小说集《隔膜》《火灾》等。1923 年，叶圣陶转入商务印书馆，从事编辑出版工作，主编《小说月报》等杂志，其间发表了长篇小说《倪焕之》和大量短篇小说。"九·一八"事变爆发后，叶圣陶积极投身于抗日救亡活动。抗战胜利后他又积极投身于爱国民主运动，揭露和抨击当局内战、独裁、卖国的罪行，他编杂志，写文章，发演讲，呼吁文化界教育界同人"要有所爱，有所恨，有所为，有所不为；和广大的人民，为同一目标而斗争"，一同开创"为万世开太平"的局面。

新中国成立之后，叶圣陶先后出任中央人民政府出版总署副署长兼编审局局长、教育部副部长兼人民教育出版社社长和总编、教育部顾问、中央文史研究馆馆长、中华全国文学艺术界联合委员会委员、中国作家协会顾问等职。

2. 叶圣陶的语文教育思想

（1）语文工具观和习惯说

叶圣陶认为，语文学科是一门专门研究语言的工具学科。语文是一种工具，天文、地理、生物、数学、物理、化学等自然科学方面，还有文学、历史、哲学、经济学等社会科学方面都要使用语文这个工具进行学习、表达和交流。关于语文良好习惯的培养，叶圣陶先生于 1942 年就提出，语言文字的学习，在理解方面来讲，是得到一种知识；在运用方面来讲，是养成一种习惯。必须连贯理解与运用这两方面，知识也是必要的，但是这种知识必须要成为习惯。

（2）本位主导观和"教是为了达到不需要教"的思想

叶圣陶认为，无论是阅读教学还是写作教学，学生位置必须是最主

要的，教师仅仅是指导学生学习，并不能代替学生学习。实践证明，
"逐句讲解"的阅读教学和"精批细改"的写作教学，不但是劳而无
功，而且对学生是有害的，因为那样的教学方法必将导致学生永远摆脱
不了对教师的依赖，学生一旦离开学校走上社会，就会变得手足无措，
不能独立解决现实生活中真实存在的种种矛盾和困难。叶圣陶认为，启
发诱导要贯穿于语文教学的全过程，教师只需把阅读和写作的基本方法
教给学生，让学生自己去多读、多想、多写、多改，只要坚持学生本位
地位，坚持教师主导地位，经过长期的辅导和训练后，学生自然而然便
能够学会举一反三、触处自伸的本领。学生如果在学习语文上尝到甜
头，得到实益，反过来又会进一步促使学生去自求得之，那么就会进入
叶圣陶先生极力推崇的"教是为了达到不需要教"的理想境界。

（3）听、说、读、写四者并重的教学思想

关于阅读教学，叶圣陶认为它本身有其重要性，关于写作教学，叶
圣陶历来倡导应该先有生活，后有写作；先有经验，后有写作；先有情
感，后有写作。写作首先需要从生活中获取作文原料，从生活中训练思
想，从生活中培养感情，然后在此基础上，再通过反复练习，掌握写作
的个中要领（包括审题立意、布局谋篇、遣词造句、修改润饰等），文
章自然便可以写通写好。除了读和写，叶圣陶还多次呼吁要把听和说扩
充到语文教学的内容中，要听、说、读、写一齐抓，因为这四者关系紧
密相连：听和读是同类，都为了去了解别人的思想；说和写是同类，都
为了表达思想给别人了解。而了解和表达又是相互影响的，了解的能力
提高了，表达的能力便能得到加强；表达的能力提高了，了解的本领便
能得到加强。我国的语文教学历来都轻视听说训练，因此叶圣陶特别强
调这点。

（4）语文教师观和语文育人观

叶圣陶认为，语文教师一定要严于律己，自觉觉人。他曾多次强
调，语文教师在进行教学的整个过程中，无论哪个方面都要成为学生的
楷模。在掌握新理念、获取新知识、探索新教法等方面，语文教师必须
不断汲取源头活水，才能做到与时俱进，更好地成为一个既能让学生得
到实益，又能深受学生欢迎的语文教师。关于语文教育的育人观，叶圣
陶说过，学生读课本并非目的，真能懂得事物，真能明白道理，真能实

践好行为，才是目的。这三个"真能"极为重要，学生果真——真能了，才是真正受到了教育。

（二）吕叔湘

1. 生平简介

吕叔湘（1904—1998），汉族，著名学者，出生于江苏省丹阳市。毕业于国立东南大学外国语文系。他曾赴英国留学，回国后任云南大学文史系副教授，后又任华西协和大学中国文化研究所研究员、金陵大学中国文化研究所研究员兼中央大学中文系教授、开明书店编辑等职。解放后，任中国科学院语言研究所研究员，中国科学院哲学社会科学学部委员，语言研究所副所长、所长、名誉所长，中国语言学会会长，美国语言学会荣誉会员，俄罗斯科学院外籍院士，获香港中文大学荣誉文学博士学位。他还是第三届至第七届全国人大代表，第五届全国人大常委、法制委员会委员，第二、三届全国政协委员。

吕叔湘在我国语言学界有着一代宗师的美称，70多年来他一直孜孜不倦地从事语言教学和语言研究，涉及一般语言学、汉语研究、文字改革、语文教学、写作和文风、词典编纂、古籍整理等众多领域。研究重点是汉语语法。著有《汉语语法分析问题》《中国文法要略》《语法修辞讲话》（与朱德熙合著）《汉语语法论文集（增订本）》等作品。参与撰述并审订了《现代汉语语法讲话》，主编《现代汉语词典》《现代汉语八百词》。发表相关专题论文《近代汉语指代词》（江蓝生补）填补了白话语法研究的空白，而且具有方法论上的示范作用。新中国成立之后，主持并参与制订了许多重大语文活动和语文工作计划。发表学术报告《把我国语言科学推向前进》，提出了要处理好中外关系、虚实关系、动静关系、通专关系，指明了我国语言学科的发展方向。

2. 吕叔湘的语文教育思想

（1）关于语文性质

吕叔湘十分重视语文性质，他曾强调："从事语文教学就必须认清语言和文字的性质。"① 他说："语文这两个字连在一起来讲，可以有两

---

① 吕叔湘：《吕叔湘全集》第11卷，辽宁教育出版社2002年版，第25页。

个讲法，一种可理解为语言和文字……另一种也可理解为语言和文学。"① 可见吕叔湘的"语文"主要指的是"语言"和"文字"。

（2）语文教育目的论

吕叔湘认为语言和文字是"语文"的主要含义，所以语文教育的主要目的是提高语言文字的运用技能，养成运用语言文字的良好习惯，进而达到运用语言文字的高境界。

关于语文技能，吕叔湘说："使用语文是一种技能，跟游泳、打乒乓球等技能没有什么不同的性质，不过语文活动的生理机制比游泳、打乒乓球等活动更加复杂罢了。"

关于语文习惯，吕叔湘认为："从某种意义上说，语言以及一切技能都是一种习惯……习惯的特点就是不自觉。学龄前儿童的学习语言是不自觉的。进了学校，学认字，学写字，学新词新语，起头是自觉的，但是最后仍然得由自觉变成不自觉，让这些东西成为自己的语文习惯的一部分，才能有实用价值。"

关于语文运用的境界，吕叔湘认为核心不仅仅是"掌握"更是"运用"。又说："在学校里学习语文只是一个人开始他的语言修养的第一步。作为一种工具，语言具有巨大的潜力。发音正确，遣词造句合乎习惯，这只是起码的要求。善于运用语言的人，叙事能让人仿佛目睹，说理能让人心悦诚服，片言只语可以久而不忘，长篇大论也可以听之不倦。"

（3）语文教学论

吕叔湘在语文教学中，认为语文老师应该多以学生练习为主，给学生营造一个良好的语言环境，让学生学会自己学习，学会注意老师所讲授内容的实用性等。其中主要包括以下几个方面：第一，以学生自己练习为主；第二，营造良好的学习语言的环境；第三，让学生学会学习；第四，注意所授内容的实用性。

（三）张志公

1. 生平简介

张志公（1918—1997），当代语言学家及语文教育家。出生于河北

---

① 吕叔湘：《中小学语文教学问题》，山东教育出版社 1987 年版，第 72—73 页。

省南皮县寨子镇大安家村。1937 年入中央大学，后转入金陵大学外语系，学习外国文学和语言学。毕业后曾历任金陵大学、海南大学副教授，开明书店编辑，《语文学习》主编，人民教育出版社汉语编辑室主任，《中国语文》编委，人民教育出版社外语编辑室主任，中国文字改革委员会委员，语言研究所学术委员会委员，北京市语言学会会长，北京外语学会会长，全国中学语文教学研究会副会长，逻辑与语言研究会顾问，北京语文教学研究会顾问，《中学语文教学》顾问，《语文教学与研究》顾问，中国民主促进会中央委员会常务委员等。

张志公在语言文字学领域的贡献主要体现在汉语语法和修辞及语文教育方面。他在汉语语法和修辞上著有《汉语语法常识》《修辞概要》《语法学习讲话》《语法和语法教学》等作品。还主持制定《暂拟汉语教学语法系统》（后更名为《汉语知识》《语法和语法教学》）等。在语文教育上，著有《传统语文教育初探》《漫谈语文教学》《语文教学论集》（福建教育出版社，1981 年）《张志公论语文教学改革》（江苏教育出版社，1987 年）《张志公文集》（广东教育出版社，1991 年）等论著。另有关于外语教育的论著《怎样学习俄语》等。此外还主编《现代汉语》（人民教育出版社，1982 年）教材。

2. 语文教育思想①

（1）全面培养听说读写语文能力

封闭型的教育思想直接影响今天的语文教学，乃至于其他学科。张志公认为语文教学要达到使学生具备现代化需要的听、说、读、写能力。语言文字和科学技术的发展产生了直接的联系，特别是信息技术革命的发展。将来人们需要的将是那种"出口成章"的能力，因为他们要用口头语言处理工作，指挥机器干活；需要那种"一目十行，过目成诵"的阅读能力，因为他们需要读的东西实在太多了；需要那种"下笔千言，倚马可待"的写作能力，因为他们的时间很宝贵，必须在尽可能短的时间里写出他们生活和工作中需要写的东西。

（2）语文的工具性决定文道统一

张志公在 60 年代初就明确提出："语文是个工具，进行思维和交流

---

① 毕经文：《论张志公语文教育现代化思想》，《学科教育》1998 年第 12 期。

思想的工具，因而是学习文化知识和科学技术的工具，是进行各项工作的工具。"到了80年代，他从语文教育现代化的高度进一步阐述语文的工具性质。他指出，语言同现代科学技术有直接的关系。在现代社会，语言的工具属性更加强，要求更加高，更突出实用，更讲究效率。"文道统一"是"文中有道，道中有文，相辅相成，互相促进，而不是互相掣肘，互相干扰"。语文课在进行思想教育方面有很强的能力，是其他各门功课所不可及的。这种思想教育非常重要，因为这些是世界观的重要组成部分。语文课本中有相当一部分课文是文学作品，文学是通过形象诉诸人的感情的，它总是给现实以美学评价。因而，进行思想教育对语文课来说是得天独厚的。

（3）构建语文教学模式

"教学模式"是一种概括了的一般的讲课内容和步骤，或者说是内容结构，它可供教师仿用。张志公认为："好的模式同科学方法有联系，它体现着一定的规律性。我们要善于运用模式，这就是既要掌握模式的基本精神，又不拘于模式，根据教材和学生的实际活用模式，使得模式有助于教师讲清楚事物的规律，使学生通过模式能够理解所学的这样东西的一般规律，并运用这种模式去进一步探求新的知识，获得新的技能，发展自己的能力。""我们应该追求的目标，是探讨规律，根据探讨所得，寻求正当的方法，形成若干有用的、有效的模式，进而活用这些方法，活用这些模式。"只有科学的、新鲜活泼的教学方法，才能培养出一代具有活跃智力的，有进取精神，有效率感，有敏锐的现实感，有责任感的新人。

（四）朱绍禹

1. 生平简介

朱绍禹（1922—2008），吉林省永吉县人，当代著名语文教育家、中国语文教育学理论的奠基者、教育部中小学教材审定委员会委员、全国语文教学法研究会原理事长、中国高等教育学会语文学习科学专业委员会原理事长、东北师范大学文学院教授，我国语文教学论专业首位硕士研究生导师。

朱绍禹热衷和执着于学术研究，培养了多层次的专业人才，参与了《语文报》的创办工作。著有《中学语文教育概说》《中学语文教学法》

《语文教育科研导引》《朱绍禹文存》等论著，主编《国外语文教学资料》《九国语文教育资料》《语文教育学》《美日苏语文教学》《语文教育文存·外国语文教育》《中学语文教材概观》《中外母语课程教材比较研究》《语文学科研究动向》《中学语文课程与教学论》等多部著作和教材，发表《中小学语文教学研究的现状、课题和发展》等论文百余篇。

2. 语文教育思想

（1）主张在语文教学中发展学生的思维能力

朱绍禹认为语文科具有发展智力的教育作用，它有助于发展学生的观察力和培养学生的创新精神。语文教学的重要目标是培养学生的思维能力，"语文科是语文学科，同时也是思维学科"，要在语文教学中发展思维，能增强观察事物的敏感性，增进科学思维的能力，可以增强学生的想象力，培养形象思维的能力。他认为："发展智力并不是让学生说出或写出高深的道理，而是发展潜在的适应能力，进而增强创造性。智力不仅是顺利掌握知识和技能的基础，也是在未来任何一种领域中从事创造性劳动的基础，可以说在语文这样适应性广泛的学科中发展智力，是有着特别的重要性和迫切性的。"①

（2）主张教材选文要处理好典型性与时代性的关系

"典范"是指"可以作为学习、效仿标准的人或事物"。因此以前在选教科书的课文的时候，多选用典范性的文章，更多的是让学生从文章的选材、语言、结构等方面进行模仿。教材选用离现实生活较远、缺乏时代感的文章，一方面能够被认可，分析起来也有相对集中的定论，便于教学和测试。但所谓典范的文章往往缺少时代性，不易被学生所接受。教材的选文能否被学生接受，能否让学生感兴趣，直接关系到教学效果的好坏，直接影响教学目标的完成。这就需要教材编写者在浩如烟海的文章中筛选文质兼美但又能经受时代考验的文章。

朱绍禹曾经指出：一部面对生活在现代社会中的儿童和少年的语文课本，其内容如果多半是远离现实的，尽管其"文质兼美"，大概也是难以"堪为楷模"的。所以现在选课文，既选经典作品、名家名篇，

---

① 武玉鹏：《朱绍禹对我国当代语文学科教育的贡献》，《烟台师范学院学报》（哲学社会科学版）2003 年第 2 期。

又应选离现代生活较近的人文内涵丰富的文章。朱绍禹说："语文课本选文的生命力一方面在于它的典范性，同时也在于它的时代性、趣味性、实用性、启发性。"①

（五）叶苍岑

1. 生平简介

叶苍岑（1904—1993），出生于河北任丘县，我国著名语文教学法专家。1932 年毕业于北京师范大学国文系，曾多次担任中学国文教员，也先后在多所高校任教。在《国文杂志》上发表《对中学新生谈国文学习》，编写《初中精读文选》，发表《从〈红领巾〉的教学谈到语文教学改革问题》的专论，在国内产生了广泛影响。

叶苍岑著有《论语文教学改革》《说明文通论》《说明文教学问题研究》《议论文读写基本能力培养》《实用文》等作品。主编《中学语文教学通论》（一册）、《语文基本知识丛书》（九册）、《语文基本能力培养丛书》（九册）等教材丛书。

2. 语文教育思想

叶苍岑在语文教育迈向科学化进程中，集中于"研究方法"的科学化的研究。首先，他认为中学语文课是一门具有工具性、思想性、实践性等多种性质的综合性学科。要对语文进行定向研究，建立语文教学研究的整体观念，多侧面地进行系统全面的考察和研究。其次，他认为阅读教学、写作教学和语文基础知识教学三大部分构成了语文教学的整体，因此必须对每一部分进行定量分析，整理清楚，划定范围，确定内容。同时，他认为语文"科学化"的设想，对培养中学语文师资十分重要，需要在定向、定量的研究基础上，从教学需要出发，将内容的编排序列科学化、合理化。

（六）顾黄初

1. 生平简介

顾黄初（1933—2009），浙江省嘉善县西塘镇人，是我国当代著名的语文教育家。1953 年毕业于南京大学中文系、后从事中学教学工作，曾任扬州大学人文学院中文系教授，语文课程与教学论硕士研究生导

---

① 宗晓雁：《朱绍禹语文教育思想撷谈》，《中学语文教学参考》2003 年第 7 期。

师，兼任教育部中小学教材审定委员会委员，中国教育学会语文教学法专业委员会副理事长兼学术委员会主任，第三、四届扬州市人大常委会副主任，第六届江苏省政协委员，第七届江苏省人大代表，第八届、第九届全国人大代表，教育部第一、二、三届全国中小学教材审定委员会中学语文学科审查委员，人民教育出版社特约编审，课程教材研究所学术顾问等职。享受国务院专家特殊津贴。

2. 语文教育思想

（1）民族化和科学化相结合

在叶圣陶的语文教育语文教学的科学化和继承民族传统的主张的基础上，顾黄初提出了走科学化与民族化相结合的语文教改之路的主张。他认为语文学科是一门综合性和社会性很强的学科，若一味地强调科学化，难免会走进死胡同。

（2）语文教育要贴近生活

顾黄初在教育贴近生活的问题上，指出了具体的路径：在实际生活中运用语文工具，以其规律来探求语文教学的规律；以其场合来开拓语文教学的空间领域；以现代生活的发展前景来规划语文教学的未来。

（3）语文教育是提高全民族素质的一项奠基工程

顾黄初在我国基础教育由应试教育向素质教育转轨这一时代背景下，提出语文教育不仅为人们接受教育提供一种重要的工具和媒介，而且为人们认识世界、了解人生提供一种色彩斑斓的空间，还为人们提高认识、丰富情感、激活思维提供一个有血有肉的凭借。因此语文教育必须作为一项奠基工程来提高全民族素质。

（七）刘国正

1. 生平简介

刘国正（1926—　），北京市人，语文教育家、诗人、杂文家，1948 年毕业于北京大学西语系。历任北京第八中学语文教师，北京教师进修学院讲师，在新中国成立之初，他以教师的身份参与审阅来云彬先生主编的第一套新中学语文课本，进入人民教育出版社，继而成为人民教育出版社资深编审、原副总编辑；曾任中国教育学会语文专业委员会理事长、国家教育部中小学教科书审定委员会审定委员；多年来，一直从事中学语文教学的实践与研究、语文教学大纲的制定与编写以及多套语文教科书的编辑。

2. 语文教育思想

刘国正在 50 多年的语文教育研究与实践中，以求真务实的态度，悉心钻研语文教育问题，积极倡导语文教学的"实"与"活"，"实"即扎实地进行语文技能训练，"活"即引导学生活泼地学习语文。关于语文课程的性质，刘国正认为语文的工具性功能与人文性特质是语文本体构成的基本要素，是浑然天成、相互渗透的整合体。他指出"语文是工具，也是一种文化"，语文这一工具本身就是一种文化的构成，具有人文性特质。所以，他在提倡重视学生语文训练的同时，还主张要建构学生的人格和情感世界，关怀学生的个性养成和人格培育，从而促进学生全面发展，反对将语文教学视作单纯的语文技能训练。此外，他旗帜鲜明地认为"生活是整个语文教学的源头"，强调"语文教学必须与生活相联系"。因为"语文天然是与生活联系在一起的，语文是反映生活又反过来服务于生活的一种工具。"他的这种思想看似朴实，实则意义深远。

关于语文教材的编写，他一直致力于教材的科学化建构和最优化追求。首先，他提倡语文教材建构的科学化，主张将学生应掌握的知识与技能，按难易程度和学生心理特点进行阶梯式编排，而后从整体上协调、处理教材系统各要素间的关系。其次，他追求语文教材编制的最优化，即着眼于教材内部结构的最优化组合，认为应当优化语文教材的信息结构、知能结构和认知结构的建构，提高语文教学质量。

三　教育名师

（一）于漪

1. 学术简介

于漪（1929—　　），江苏镇江人。1951 年 7 月毕业于复旦大学教育系。长期从事中学语文教学，从而形成了自己独特的教学风格。1978年被评为语文特级教师。曾任中华全国总工会候补执行委员，上海市第七、八、九届人大常委会委员，教育科学文化卫生委员会副主任委员，全国语言学会理事，全国中学语文教学研究会副理事长等职。现任上海杨浦高级中学名誉校长，首都师范大学、华东师范大学、上海师范大学兼职教授，上海市教师研究会会长。多次被评为上海市先进教育工作者，上海市劳动模范，全国及上海市三八红旗手，全国五讲四美、为人师表优秀教师，1989 年被评为全国先进工作者。著有《于漪语文教育论集》《语文教苑耕耘录》《语文园地拾穗集》《学海探究》《教你学作文》《语文教学谈艺录》《于漪文集》《于漪教育文丛》等著作，音像教学辅导材料有《于漪语文教学课堂结构精析》《妙笔生辉》等数十盒。

2. 语文教育思想

于漪的语文课教学，首先，体现着"文道统一"，突出强调思想性。她的教学改革活动以党的教育方针和"三个面向"作为依据，坚持"教文育人"。她将思想教育结合在语文课听说读写训练中，如春风化雨般渗透在学生的心灵，达到教养与教育的和谐统一。在实际教学中，她引导学生遵循文道统一的规律，从整体上去理解、把握课文，使学生不仅理解、把握课文写什么、怎样写，而且理会为什么这样写。学生从课堂教学中不仅学到知识、技能，而且受到思想教育。

其次，于漪的语文课教学具有重学性、情趣性和启发性，主张教师立足点应从教转换到学上来。重视对学习方法的研究，使教学为学生的学习服务。教师教学要从学生的实际出发，研究当代学生的新情况、新特点。于漪主张讲课讲究情趣性。吸引学生产生一种求知的渴望、锲而不舍的学习精神，在"得"字上下功夫，使学生学有所得，进而产生对语文学习的情感和趣味。于漪教学重视学生的智力开发与能力培养。运用启发式进行教学，培养学生的逻辑思维能力，尽力开发他们的智力。在教师的主导下，让学生主动、自觉地学习，逐步地发展自学能力。

于漪的语文教学是个系统工程，具有浓厚的文学色彩。她在课堂上运用的语言充满了优美的文学词语，感染性强，从而对学生产生潜移默化地影响，把学生带入文学的情趣之中，她的学生在课堂发言中也能熟练地运用古诗词，恰到好处地使用成语表达自己的意见。于漪认为语文教学应先有科学的序列，才能有效地传授知识，进行训练。每个学期，教师对教学工作的安排既要全局在胸，又要明确每个阶段、每个单元、每堂课的教学目标与教学任务。

（二）钱梦龙

1. 学术简介

钱梦龙（1931—　），江苏嘉定（今属上海市）人，特级教师，全国教育系统劳动模范。长期从事语文教学。历任嘉定第二中学语文教师、嘉定县实验中学校长、上海市民办桃李园实验学校校长，兼任语文教育艺术研究会会长、教育部中小学教材审定委员会学科审查委员、人民教育出版社中学语文教材特约编审。著有《语文导读法探索》《导读的艺术》《和青年教师谈语文教学》等作品。

2. 语文教育思想

钱梦龙的语文教育思想体现在最具特色的导读风格教学模式上，他针对传统的讲读教学模式，创新性地提出了具有自己风格的导读教学模式。

（1）"三主"是导读教学的指导思想

在教学过程中"以学生为主体，教师为主导，训练为主线"。学生是认识的主体和发展的主体，教学中必须发挥学生的主体作用，实现主体的个性的全面发展。在教学过程中，教师处于领导、支配的地位，充分发挥"导"的作用，使学生成为名副其实的主体。"训练为主线"是指在教学过程中通过训练使学生的主体地位和教师的主导作用达到和谐统一，把以师生双向活动为特征的训练作为"主线"贯彻于教学始终。

（2）"基本式"为导读教学的结构形态

"自读式—教读式—练习式—复读式"是钱梦龙导读教学"基本式"表现形态。"自读式"，是在课内以培养学生的独立阅读能力为目的的一种训练方式。"自读"，是"学生为主体"思想的体现，是一个有目的、有计划的训练过程。"教读"，是教会学生自读。与"自读"同步，或先教后读或先读后教，或边读边教，最终是使学生真正学会自读，从而达到不需要教师再教的境界。"练习式"，是指学生在学习新课以后，完成一定的口头或书面作业。其目的是为了促进知识的迁移，加深对新课知识的理解，强化记忆。

（三）魏书生

1. 学术简介

魏书生（1950—　），河北省交河县人，著名教育家。自 1978 年任中学教师，至今已 30 多年，因他在教育改革中的突出成绩，先后荣获省功勋教师、语文特级教师、全国劳动模范、全国优秀班主任、全国中青年有突出贡献的专家、首届中国十大杰出青年等殊荣。著有《语文教学探索》《语文自学导引》《中国特级教师教案精选》《初中生分类作文大全》《初中生 600 字作文大全》等多部著作，对我国语文教育产生了重要影响。

2. 语文教育思想

魏书生语文教育思想的核心是语文教育民主观。他主张在日常的教学活动中构建平等、友善的师生关系，进行民主化教学管理，并在教学中向学生渗透民主意识、训练学生的民主能力。他认为应该把学生当作学习的"主人"，尊重学生，向学生敞开心扉进行平等交流，走进学生的内心，从而促进学生健康地发展。

关于语文学科知识，他认为语文学科知识同其他学科知识一样存在规律，有较稳定的结构方式，只要掌握了这些规律，学生的学习就会变得轻松。1979 年，他有感于当时语文考题泛滥、教学缺乏序列的现象，引导学生同他一起细致深入地研究初中的六册教材，最终画出了系统科学、直观简明的"语文知识树"。"语文知识树"由"文言文知识""基础知识""阅读与写作"和"文学常识"四大部分组成，涵盖了 131 个语文知识点，对学生系统地掌握语文知识有重大意义。

魏书生还结合自己的性格特点和学生的实际，摸索出了一套独特的语文课堂教学方法，即著名的"六步课堂教学法"。"六步"指的是"定向""自学""讨论""答疑""自测"和"自结"，这六步构成一个教和学和谐统一的开放式教育过程，教师和学生相互影响，相互制约，在师生双向交换信息的过程中，学生的德、智、体等方面充分并且和谐地发展。

（四）宁鸿彬

1. 学术简介

宁鸿彬（1936—　），北京人，特级教师。1955 年北京师范学校毕业后从事教育教学工作。曾被选为北京市有突出贡献的专家，荣获全国教育系统劳动模范、北京市教育系统先进工作者、北京市劳动模范、优秀共产党员等荣誉称号。曾任北京市语文教学研究会副理事长等职。著有《怎样提高阅读能力》《初中文言文详解》《高中文言文详解》《面向未来改革语文教学》《怎样阅读分析文章》《宁鸿彬文选》《大家都来探索教学艺术》《中学语文》《语文教学的思考与实践》《初中语文课堂教学实录选》等作品。并且首创"卡片辅助教学法"。

2. 语文教育思想

（1）宁鸿彬在教学实践中，创造出适合青少年的心理规律的教学方法。他深感"不懂得传道有方、授业适时的教师，纵有满腹经纶，学富五车，也难以让学生达到解惑的境界"。考虑到学生接受能力与教学理论的教学方法，针对青少年"记得快，忘得快"的普遍现象，他提出"懂—记—用"三环一体的教学方法。依据"机械识记要以意义识记为基础，意义识记要以机械识记加以巩固"的理论，根据遗忘曲线原理，"利用教学卡片设计了连续复习和间断复习的教学环节，大大减少了学生对知识的遗忘率，并使得新旧知识在学生头脑印迹中相辅相成、互促互补地完成了较扎实的积累"。创造了"语文基础知识卡片设计教学法"。

（2）宁鸿彬从语文教学的特点出发，进行精要教学。他根据教学规律，对所讲的基础知识有详有略地从多方面、多角度地进行理解与把握，在强化训练过程中悉心观察，适时引导，建立学生学习常规，培养他们学习兴趣与良好习惯。

（3）宁鸿彬认为"文章要由学生自己读懂；疑问要由学生自己提出；问题要由学生自己分析解决；知识要由学生自己发现获取；规律要由学生自己去概括掌握"。提出了"通读—质疑—理解—概括—实践"五步阅读教学程序教学法。五步教学法蕴含认真读书、提出问题、分析研究、解决问题、归纳总结、掌握知识，加强练习、运用知识这几个环节。在反复的教学实践中，宁鸿彬老师的学生都表现出独立阅读能力，"善于思考、敢于质疑、精于分析，能通过自己的发现获取规律性知识，又能在触类旁通、灵活运用等方面，表现令人惊异"。

（4）为了在教学中培养学生的创造力，宁鸿彬从破"师传生受"的观点开始，向学生提出："坚持独立思考，不迷信古人，不迷信名家，不迷信老师，不轻信他人，要勇于发表独立见解。"宁鸿彬在教学工作中富有超前、创新的意识。他引导学生广泛阅读各种与课文有关的资料，可与老师的讲授对照，若观点有别，可提出自己的见解，进而培养了学生的求异思维。

（五）潘凤湘

1. 学术简介

潘凤湘（1924—2016），江西兴国人，特级教师。1955 年毕业于江西师范学院。历任江西省南昌市第二中学语文教师、江西省中小学语文教学研究会第一届至第三届副会长。潘凤湘注重发展学生智能，培养自学能力，创立了语文"教读法"。教读法是把读书方法交给学生，指导学生从事读书实践，从而教会学生读书、写作、治学和做人的教学方法。著有《我的教读法》和《教读耕耘录》。

2. 语文教育思想

潘凤湘探索出一套在初中阶段教学生读书的教学法，命名为"教读法"。"教读法"包括五种训练，即读书步骤训练、阅读分析训练、逻辑思维训练、读中学写训练和写字训练。他把自己的语文读书法归纳为一句话，就是"教会学生读书"。读书能力是一个人成才的重要条件，实质就是思维能力。要理解文章的内容，必须运用判断、推理和论证的思维方法。要达到这一目的，最好的办法就是把读书方法交给学生，让学生自己去读书。潘凤湘在长期的教改实践中，确立了教读法的基本教学步骤以及相应的读书练习：划分课文的段落层次，概括课文段落层次大意，运用判断方法；分析课文的思想意义，归纳中心思想，运用推理方法；对课文内容提出自己的见解，加以议论，运用论证的方法。

潘凤湘认为教育的最终目的是发展和创造。把语文教学的目的从学校内进一步推延到毕业后，从知识的单纯静态传授引向"追求知识和探求知识的能力"的培养，从受益于一时，转到受益于终生。他认为教育要注重能力和方法的培养。"一定要培养学生追求知识和探索知识的能力"，"教学的主要任务应该是培养学生的读书能力"，"应把读书的步骤、方法和要求交给学生"。他还认为教学过程的主体是学生。明确地提出："老师讲课，学生听课，这不是个好办法"，应"让学生自己读书，从读书实践中学会读书"，从而获得各种知识。

（六）张富

1. 学术简介

张富（1935—　），江西进贤人，全国著名的语文特级教师。获评南昌市和江西省优秀班主任、优秀教师、全国教育系统劳动模范、省先进科技工作者、全国五一劳动奖章、中学特级教师等荣誉称号。在全国中学语文教学研究会成立 30 周年座谈会上，张富荣获"中学语文教育终身成就奖"。他曾先后讲学 200 余场次，发表教学研究文章 120 余篇，著有《张富中学语文教学法新探》《问题组合教学法》等学术专著。

2. 语文教育思想

张富的语文教育思想散见于《张富中学语文教学法新探》中，可概括为以下几点。第一，教学应以人为本，要符合学生的心理特点。教师在教学中要全面了解学生，充分认识学生的潜能，帮助学生认识自我，超越自我。第二，让学生做学习的主人。倡导运用自主合作探究学习的"问题组合教学法"，改重讲为重学更重习。第三，重视口语交际的教学内容。第四，主张建立平等、对话的教学关系，倡导新的学生观和教师观。第五，建立促进学生发展的学习评价体系坚持一致性和差异性相结合的评价标准；重视形成性评价；自我评价与他人评价相结合。[①]

张富是我国较早从事问题教学的研究且成就最大的一个。他从 20 世纪 50 年代开始，就开始实验问题教学法，经过多年努力在 20 世纪 80 年代，将传统问题教学改进成了一种高效的教学法——问题组合教学法。这一方法被全国许多学校研究移植，对我国中学语文教育产生较大影响。

第四节　21 世纪语文教育名家

一　概说

21 世纪语文教育指的是自 2001 年新课程标准颁布至今的语文教

---

① 张慧：《新课标与张富语文教育思想》，硕士学位论文，上海师范大学，2012 年。

育。1997 年第 11 期《北京文学》的"世纪观察"栏目将王丽的《中学语文教学手记》、邹静之的《女儿的作业》、薛毅的《文学教育的悲哀》三篇文章编发在一起，一石激起千层浪，引起了社会各界对中小学语文教育的关注。人们对语文教育中存在的忽视学生人文精神、文学素养、悟性灵气和创造力的培养等诸多问题提出严厉的批判。于是语文界也引发了一系列改革。随着语文教育改革的不断深化，特别是 2001 年《全日制义务教育语文课程标准（实验稿）》和 2003 年《普通高中语文课程标准（实验稿）》的颁布，标志着语文科的素质教育迈入了一个新的阶段。

以第八次课程改革为主体的新一轮语文教育改革走过了 16 个年头。在这 16 年中，涌现出一大批课程改革专家和课改名师。

二 语文教育名家

（一）倪文锦

1. 学术简介

倪文锦（1948— ），上海人，杭州师范大学教授，兼任中国高等教育学会语文教育专业委员会学术委员会主任，曾任华东师范大学博士生导师（中国大陆课程与教学论专业语文教育研究方向的首位博导），曾被教育部聘为全国中等职业教育教学改革创新指导委员会委员，义务教育语文课程标准与高中语文课程标准研制组成员，中小学语文教材审查专家组成员；被上海市考试院聘为考试研究室语文学科组成员；被新加坡教育部聘为海外华文教学顾问等。

倪文锦长期从事语文课程与教学论的教学和研究工作，研究领域主要涉及语文课程发展、语文教材建设，语文教育测量与评价，语文特级教师，港台与大陆语文教育比较等方面的研究。著有专著《语文考试论》《挑战与应答：语文教学科学化、艺术化的追求》。在教材建设方面，除主编教育部普通高校"十一五"国家规划教材《语文新课程教学法（小学）》《语文新课程教学法（中学）》以外，还主编《语文教育展望》《新编语文课程与教学论》《文化强国与语文教材改革》等十余本著作；新世纪以来，连续主编两套中职国家规划教材《语文》（高教版），以及《古诗百首赏析》等教材。在测量与评价方面，主编

《十年高考语文试题精析》。在语文特级教师研究方面，主编的《先进教育思想，高超教学艺术》和《洪氏语文》有较大影响。联合主编的十卷本《母语教材研究》2011 年 9 月获教育部第四届全国教育科学研究优秀成果一等奖。

在《教育研究》《光明日报》《中国教育报》《课程教材教法》《华东师范大学学报（教科版）》《高等师范教育研究》《教育发展研究》《中国教育学刊》以及语文核心期刊发表了等数十篇论文。

2. 语文教育思想

（1）语文内涵：语言与言语

倪文锦认为关于"语文"的内涵，必须尊重新中国成立之初学科正名时的初衷："口头为语,书面为文"，尤其是它所反映的"言""文"一致的特点。所以，语文教学是关于口头语言与书面语言的教与学，而这里的"语言"自然包括语言与言语两个方面。由于语言以文字为记录符号，而言语不仅指言语活动，而且包括口头的和书面的言语结果，这就囊括了文字、文章、文学乃至文化成品。我们的语文课就是学生在教师的指导下凭借教材学习正确理解和熟练运用祖国的语言文字，并从中获得认识的提高、思想的熏陶和情意的感染，同时学以致用，通过读、写、听、说的言语实践，不断发展语文能力，提高文化素养。

（2）课程对象：学生为本

倪文锦主张语文教育的对象是学生，学生是语文学习的主体。语文课程的设计与建设，不能为课程而课程，而应是基于学生、为了学生和发展学生（即"生本"课程）。尤其是母语课程应立足于全体学生的全面发展，而学生个性的成长是在生活中、在连续不断的社会交往中进行的，这是一个持续终身的、无止境的完善过程，因而这种个性发展也必然包含了社会性和持续性。因此，语文课程应创设有助于学生个性发展的社会情境，要构建适应终身学习的完整体系。此外，生本课程的另外一个重要内涵，就是按学生的接受程度和心理特点设计和组织课程内容。这实际上是对语文课程提出的科学化要求。教育的科学性，不光指课程内容的科学性，同时也包括按照不同学段、不同年龄学生的可接受程度和心理规律安排课程内容，以及运用科学的教学方式方法等多种因素。

（3）课程宗旨：正确理解与运用祖国的语言文字

倪文锦认为语文教育具有多重功能，成功的语文教育发挥的应是综合效应，语文课程建设加强综合势在必行。但语文教育无论具有多少功能，万变不离其宗，其根本前提是学生必须能够正确理解和运用祖国的语言文字。离开了这个基础或条件，语文课程的任何功能都不能得到实质性的发挥。无论是口头语言还是书面语言，理解是吸收，运用是表达。没有吸收，何来表达？反之，表达对吸收也能起促进作用，两者不可偏废。任何一个方面的缺失，都会动摇语文课程的根本宗旨，影响语文课程功能的发挥。

（4）民族性：母语课程的文化个性

从古至今，尽管文化的传播途径是多元的，但语言文字无疑是一条主要途径。所以，语文教育在促使学生成为"社会人"的过程中发挥着特殊的功能。语言文字既是文化的载体，又是文化的组成部分。无论从哪个角度看，语言文字与文化的关系密切不可分割，学习语文就是学习文化。但母语不同于第二语言的根本区别是，母语的根在民族文化，民族性是它的主旋律。汉语是中华民族的母语，汉语文教育就是中华民族文化的教育。倪文锦主张我们的语文课程建设要走民族化的道路，必须深刻反映中华民族优秀文化传统，充分体现汉语言文字的特点，努力符合中华民族的心理结构和思维习惯。

（5）创新：母语课程的时代特征

倪文锦看来，一个时代有一个时代的语文课程，课程总是与时俱进，不断创新的。创新是语文课程发展的时代特征，也是语文课程的活力所在。重视创造意识和创新精神的培养，应该成为语文课程发展的一个重要原则。面对经济全球化、信息网络化、传媒多元化的发展趋势，简单地用传统抵制现代或用现代批判传统都显得苍白无力，对语文教育都于事无补。即使是传统经验也需要放在全球化、信息化大背景中思考，简单地回归传统是不够的；教育创新也不能沦为空洞的口号。传统与创新并非截然对立，两者在一定条件下完全可以统一。

（二）周庆元

1. 学术简介

周庆元（1947—　），湖南娄底人，湖南师范大学教授，全国高校语文教学论首批三名二级教授之一，博士生导师。曾任湖南师范大学学科教育学研究所所长，教育科学学院副院长、院长，社会科学处处长，湖南涉外经济学院副校长；全国教育硕士专业学位教育指导委员会委员，中国高等教育学会理事及其语文教育专业委员会会长，全国高等学校教学研究会理事，湖南省教育学会现任中国高等教育学会理事及其语文教育专业委员会名誉理事长，全国高等学校教学研究会理事，湖南省教育学会学术委员及其语文教学论专业委员会理事长。

周庆元长期从事语文课程与教学论及新闻心理学的教学研究，主持省部级课题 10 余项，出版著作、教材 90 多部，发表论文 150 余篇。代表性的有：独著《语文教育哲学研究》《语文教育研究概论》《语文教学设计论》《中学语文教育心理研究》《反思与追问：宏观视野下的语文教改价值取向》，主编《语文教师职业技能训练教程》《中学语文教学原理》《中学语文教材概论》，在《教育研究》《中国教育学刊》《高等教育研究》《现代传播》等刊物刊发的论文有《如何理解学生的"全面发展"》《走向美育的完整》《试论 21 世纪的大学文学教育》《语文教育旨在提高语文素养》《21 世纪中国语文教育的全方位突破》《学科教育：时代的永恒主题》《浅论新闻心理学的学科构架》等；另有诗词作品集《生命的吟唱》、旅游读物《走进南岳衡山》。共获奖励 50 多项，《中学语文教学法学科建设》《学科教学论教学建设》《"课程与教学论"的学科整合建设》等获教学成果国家级优秀奖、二等奖、一等奖与省级一等奖（三届）以及省级优秀社会科学成果奖。1992 年以来指导博士、硕士 200 多名。1998 年享受国务院颁发的政府特殊津贴，同年被授予"湖南省优秀中青年专家"称号，2008 年被评为湖南省优秀社会科学专家。

2. 语文教育思想

周庆元 40 多年研究探索逐步形成的学术思想主要有：

（1）作文教学改革观。一是作文教学重在开拓学生思路。早在 1980 年就在全国率先倡导"作文指导要着重开拓学生思路"，提出"少扶多放后收，激励学生想写""观察积累借鉴，促使学生有写""整理构思想象，帮助学生会写"的指导方略。二是写作教学过程创新模式建构。1992 年在《课程·教材·教法》发表专论，剖析三种写作教学过程模式的不足，提出"写作教学过程是在教师指导下学生提高认识能力和表达能力的训练过程"的命题，建构并阐释了写作教学全过程"教学中积累→指导下表达→评改后提高"三阶段新模式。

（2）语文学科性质观。他通过对语文学科性质观多元化的梳理与剖析，论定语文学科是一门富有鲜明学科个性特点的基础工具学科，它既有工具性和人文性等基本性质，又有综合性和实践性等其他性质；并阐述语文学科具有学科的基础性、属性的多元性和性质的辩证性三大特点。

（3）语文教学目的观。一是揭示语文教学目的的基本构成。从时限分是一个多级系列；从要素分是一个多元结构，包含双基教学、品德培养、智能开发三大要素，并形成以双基教学为主体，双基教学、品德培养、智能开发三要素相辅相成的三维结构。二是论定语文教育旨在提高语文素养。早在 1993 年提出这一命题。在全国最早提出"语文素养"的概念，界定素质、修养与素养三个概念以及三者之间的关系，解说语文素养的科学内涵及结构，强调语文教学的目的就是提高语文素养。

（4）语文教育发展观。一是预见未来语文教育的全方位突破。1995 年即预言，21 世纪中国语文教育将出现第五次变革，导致语文教育观念、语文教材建设、语文教学手段、语文教育方式的全方位突破。二是指出 21 世纪中国语文教育的神圣使命：提高民族语文素养，促进学科自身完善，融入国际教育大潮。三是提出语文教学论科学化的三大任务：把握语文学科的科学定位，深化语文教育的哲学思考，完善语文教育的理论体系。

（5）学科建设体系观。主要在八大领域：1993 年创立语文教学设计论阐释体系，1994 年建构语文教材论结构体系，1996 年初创语文教师职业技能训练体系，1999 年构设语文教育心理学研究体系，2000 年提出新闻心理学学科构架，2005 年完善语文教学论学科体系，2009 年探索语文教育哲学研究体系，1996 年起逐步构建与创新中等与高等职业教育语文教材编排体系。

（三）郑国民

1. 学术简介

郑国民（1967—　），辽宁省建平县人。北京师范大学教授、博士生导师，哈佛大学访问学者，主要从事中国语文课程改革政策、中国语文教育发展史、中外语文课程与教学比较等方面的研究。1998 年 7 月北京师范大学毕业，获博士学位，并留校工作，曾任北京师范大学文学院副院长。作为教育部国家语文课程标准研制组专家，承担了《全日制义务教育语文课程标准》和《普通高中语文课程标准》的研制和推广工作，并主编课程标准实验教材《语文》（北京师范大学出版社出版）。兼任全国中学语文教学专业委员会常务理事、学术委员会副主任。受新加坡教育部、香港教育统筹局、澳门教育暨青年局的邀请和委托为该地语文教师做培训工作，多次应香港大学、香港中文大学等院校的邀请做学术讲座。

发表博士学位论文《从文言文教学到白话文教学——我国近现代语文教育的变革历程》，著有《新世纪语文课程改革研究》《当代语文教育论争》；主编教育部哲学社会科学研究重大项目成果"文艺学与中小学语文教学研究丛书"（与王富仁教授共同主编）；在《教育研究》《语言文字应用》《中国教育学刊》《课程教材教法》《语文建设》等杂志发表论文 80 余篇。

2. 语文教育思想

郑国民的博士学位论文《从文言文教学到白话文教学——我国近现代语文教育的变革历程》，以白话文教学取代文言文教学为主线，考察了中国语文教育走向现代化的变革历程，揭示了变革背景、动因和演进的轨迹，特别着力探讨了语文教科书的变革和语文教学法的变革。被认为是近现代语文教育发展史研究领域中的颇有新意、极有价值的尝试，并取得了可贵的突破性进展。

郑国民主张语文教材体系改革从语文课程发展史的角度切入，梳理出语文教材存在的弊端：文体循环，主题组元等问题，这些问题直接导致了语文学习"少慢差费"。他认为语文课程、语文知识是有体系的，学习、训练也应该有体系的。主张语文课程从小学到初高中甚至到大学将体系打通，形成完整的语文教材体系、知识体系、学习训练体系，在此基础上通过适当的训练手段把知识转化为能力，从而全面扎实地提高学生的语文素养和语文能力。在语文教育史研究方面他认为语文教育史的研究从 20 世纪 20 年代开始至今经历了萌芽、沉寂、兴盛、深化四个阶段。每个阶段的研究对象、方式以及成果的数量、质量均不同，取得了许多成绩，也存在一些不足。为使语文教育史研究快速、健康发展，他认为需要加强研究意识，改变研究方法，加快资料的整理，拓展研究领域，开展史学研究。

（四）王荣生

1. 学术简介

王荣生（1960— ），我国大陆课程与教学论专业"语文教育"方向第一位博士，上海师范大学教育学院教授、博士生导师。曾任宁波大学课程与教学研究所所长，现为上海师范大学教育学院课程与教学论专业博士研究生导师。主要学术兼职有：中国高等教育学会语文教育专业委员会常务理事、副会长，中国写作学会阅读学专业委员会副会长，中国教育学会中学语文教学专业委员会学术委员会副主任，上海市写作学会副会长，是教育部"国培计划"专家库首批专家。

王荣生主要研究方向是语文课程、教材、教学研究，教师专业发展。专著有《语文科课程论基础》《新课标与"语文教学内容"》《听王荣生教授评课》《语文课程与教学内容》《阅读教学设计的要诀》等；合著有《语文教学内容重构》《语文课程与教学理论新探》《语文教材建设新探》等；主编《中学口语交际教案与教例》《语文教育研究大系（1978—2005）·中学教学卷》《语言知识新视点》《新课程高中语文课例评析》《初中语文学科知识与教学能力》《高中语文学科知识与教学能力》《语文教师参与式培训资源》等论著和教材；近年在《教育研究》《中国教育学刊》《课程·教材·教法》《全球教育展望》等杂志发表学术论文 60 余篇。

2. 语文教育思想

王荣生认为语文教学的问题，关键是内容的问题。一门具体的语文课程，教学内容应该有确定性。从课程的角度：具体的语文课程，课程形态已定，应该有其相应的课程内容。从教材的角度：具体的语文课程，使用指定的教科书，课程内容及组织应该是确定的。从教学的角度：具体的语文课程，不同班级的同一门语文课，教学内容应该有较高的趋同性。我国语文教学的问题和困难，主要出在教学内容上，而不仅仅是教学方法上。教课文，要教对内容。合宜的教学内容是一堂好课的最低标准。内容的点越具体越清晰，就越能有效地组织教学。当今的语文教学，应该把"对教材的理解教给学生"转移到把"理解教材的方式教给学生"。在阅读教学中应该变"鉴赏者取向"为"解读者取向"，遵循"提供学生理解、感受所需要的百科知识，帮助学生增进对文本的理解与感受，指导学生形成所需要的阅读能力"的三条阅读教学线路。同时强调，合宜的教学内容，有效的教学设计，要建立在"学的活动"这个基点上的。语文教师要根据学生的学情和需要达成教学结果的需要，形成有流向的教学流程。这一教学流程的走向是"预设"的，但又留下广阔的空间给了教学内容的"生成"。语文教育是每个学生在班级教学的共同语境中，获得与同学、与教师的交往中所逐渐形成的共同的学习经验的过程。语文教育中对话教学的实质是生成教学内容，但内容的生成又是在教学流程的调控下的，是朝着流程终点有方向的生成。

（五）孙绍振

1. 学术简介

孙绍振（1936—　　　），1960 年毕业于北京大学中文系，曾于北京大学、华侨大学任教，1973 年调至福建师范大学。曾任福建省作家协会副主席，现为福建师大中文系教授及博士生导师、福建省北京大学校友会副会长、福建省写作学会会长、中国文艺理论学会副会长。1989 年、2004 年荣获"福建省优秀教师"称号。享受国务院特殊津贴。

孙绍振著有《文学创作论》《论变异》《当代文学的艺术探险》《审美价值结构和情感逻辑》《美的结构》《怎样写小说》《孙绍振如是说》《挑剔文坛》《直谏中学语文教学》《幽默逻辑探秘》《幽默学全书》《美女危险论》《名作细读》《月迷津渡——古典诗词个案微观分析》《孙绍振解读经典散文》《经典小说解读》《文学文本解读学》《孙绍振文集》（八卷）等专著。主编北师大版初中语文实验教材及其配套的教学参考书。在《中学语文教学通讯》等刊物上发表论文《高考试卷的阅读问题》《质疑全国高考试卷及评价体系（上、下）》《让学生对语文着迷》《段落大意教学必须缓行》《关于高考作文》等多篇。

2. 语文教育思想

孙绍振是一位把语文当成独立学科看待的学者，以公共知识分子的社会责任和学术良知全身心投入中学语文教育改革的洪流中去，开坛立派，高扬"求实、去蔽、创新、兼容"的闽派精神，力图建立一个民族化、本土化、科学化的中学语文教育体系。他致力于改革中学语文教学，并始终关注这一理论体系的建设。他反对盲目推崇洋理论，对于"一千个读者就有一千个哈姆莱特"这一观点，他认为我们要正确理解"多元解读"，极端的多元解读是会带来伤害的。同时他也质疑"满堂灌"与"满堂问"，认为我们在强调学生主体性的同时也不能忽略教师的主体性，应二者并重。他重视作文教学，批判"贴近生活"，主张"贴近自我"，强调个性，反对捏造，认为语文教育应促进人的全面发展，应理性与感性并重，认为"理性离开了感情是冰冷的机器，感情离开了理性也可能变成盲目的滥情"，因此，他鼓励学生写真话，写自己特有的感受而非现成的话语。他抨击传统阅读教学误区，认为阅读是一场读者原有的知识结构与文本精粹的搏斗。为此他重建"还原比较法"，在"比较"中"还原"，在"还原"中"比较"，身体力行地进行经典文本解读。此外，他还强调口语交际，常常身体力行即兴演讲，为口语交际正名，创造性地提出"口语，也可以从书面语——文本分析中学习"。孙绍振提倡大中学语文教育互动观，认为语文教学界、学术界不应隔离，他以学者身份毅然投身中学语文教育，为诸多学者树立了榜样。在全国学术界，其渊博、敏锐、无畏是很罕见的，他所从事的学术研究是常新的，相信今后的研究成果也是常新的。

（六）韩雪屏

1. 学术简介

韩雪屏（1937—　），北京人。1958 年北京师范大学毕业，不顾自己的残疾之身，响应祖国的号召，主动要求到边疆工作。1975 年，韩雪屏调至包头师范专科学校，从事"语文课程与教学论"等课程的教学工作。开始了她漫长的教育人生；虽历经"文革"的非人磨难，但始终无怨无悔。

韩雪屏是我国当代著名的语文教育家，兼任中国高等教育学会语文教育专业委员会学术顾问、中国阅读学会副会长、内蒙古中小学教材研究会副主任等职。她出版了《中国当代阅读理论与阅读教学》《语文教育的心理学原理》《语文课程与教学研究文集》等专著；主编和参编了多种高师院校《语文课程与教学论教材》和《阅读学丛书》学术论著；其中有些教材和论著曾获教育部全国普通高校优秀教材一等奖、内蒙古自治区科技进步政府奖、中国教育学会优秀学术著作一等奖。在《教育研究》《课程·教材·教法》《语文建设》等核心期刊发表论文百余篇，其中许多论文被多次转载、引用，并获得自治区政府哲学与社会科学优秀成果奖、教学成果奖、科技进步奖。1992 年她获得"内蒙古自治区高等学校教书育人先进个人"光荣称号，享受国务院颁发的特殊贡献津贴，并荣获曾宪梓教育基金会 1997 年高等师范院校教师奖一等奖。

2. 语文教育思想

"教书育人"，是韩雪屏坚守的崇高理想，坚持自觉而自然的在课程教学中育人。在阅读学和阅读教学研究方面，韩雪屏是建立汉语文阅读学的倡导者和奠基者之一，以全面而系统的理论阐述阅读教学，提出"应当建立一门阅读学"的主张。在中外母语课程教材比较研究方面，始终坚持"国际视野，本土行动"的原则，忠实地翻译英语原始文本的同时，着眼我国语文课程的教材和教学，提出有针对性的研究课题。在语文教育心理学研究方面，她经常出入于中小学语文教学课堂，从中获取课例，验证理论，发现具有研究价值的问题。在语文课程目标和课程知识论等方面，她真正地做到了内外开拓，多光聚焦，并取得一系列原创性的研究成果。国际视野、田野实践和坚忍不拔精神是她语文教育研究的基本特色。从她语文教育思想的形成发展中，可以发现许多带有规律性的东西，能给我们不少有益的启示。

（七）王松泉

1. 学术简介

王松泉（1941—　），浙江绍兴文理学院教授，原中文系主任，全国高校语文教学论首批三名二级教授之一，华中师大、杭州师大等校研究生导师。兼任中国高等教育学会语文教育学术委员会名誉主任、全国教学艺术研究中心主任、国家教育部全国高校教师网络培训中心特聘教授、浙江省高师语文教育研究会名誉会长、浙江省聘哲学社会科学专家等。荣获全国优秀教师、全国高师院校优秀教师、教学名师、中国高等教育学会优秀工作者、浙江省教育科研先进个人等称号。多次主持全国、国际学术会议和学术评奖，获教学与科研成果奖百余项，其中国家级、省部级政府奖 20 余项，厅、市级政府奖 40 余项，全国性学术组织科研奖 20 余项，高校行政奖 40 余项。

著有《语文教学探步》《语文教育研究》《阅读教育学》《阅读教材论》《语文教育板书学》等专著 10 余种，主编全国高校通用教材《语文教学概论》《语文教材研究》《语文教学技能》《语文课程教学概论》《语文课程教学资源》《语文课程教学技能》《语文教师职业技能训练教程》等 7 种，主编全国高校协编教材《中国语文教育史简编》《语文教学心理学基础》《学科素质教育艺术论》以及《中学语文基础教学论》《语文课程新理念导读》等教学用书四十余种，在《新华文摘》《教育研究》《人民教育》《课程·教材·教法》《人大复印资料》《光明日报》以及语文教育杂志和高校学报发表论文数百篇。曾创办《全国教改信息》报。他的语文教育学学科大系构想，语文教育理念研究和学科教材建设及其倡导的主兼式教学法、探究式教学法、板书图示导读法等影响广泛。同时他还创立了多门新颖学科，如阅读教育学和板书学等。《阅读教育学》与《阅读教材论》被中国教育学会中语会会刊列为百年来 20 部"影响中国 20 世纪的教育大著"之一。

2. 语文教育思想

王松泉的语文教育思想集中体现在对"语文—语文学科—语文学科课程—语文学科课程教育—语文学科课程教育规律"的一系列认识上，代表性论文包括《语文教育学学科大系构想》《我是语文派，主张素养论》《论语文教育中的四大关系》《"语言派"和"文学派"应当互相兼容——兼谈语文"姓"什么》《正确处理语文素养过程中的五大辩证关系》《语文素质教育规律探讨》《语文教学原则新论》《兼之有度——容而无痕》等。

他的"语文观"是"语文就是口头和书面的语言和言语"，简而言之，"语文就是言语文化"。

他的"语文学科观"是"语文学科是培养语文素质的基础人文学科"。

他的"语文学科课程观"是"基础工具性和人文性辩证统一的母语学习课程"。

他的"语文学科课程教育观"是"学生在教师指导下的语文素养

过程"。

他的"语文学科课程教育规律观"是"语言知识教学为言语能力培养服务，言语内容教育为言语形式训练服务，思维训练为语感培养服务，课堂言语实践为生活言语实践服务，教法为学法指导服务"，同时就此提出了反映这些规律的五个"公式"："言语—语言—言语""形式—内容—形式""语感—思维—语感""生活—课堂—生活""学法—教法—学法"。

他早于《语文课程标准》在香港语文教学刊物提出"语文素养"这一概念，其学术观点被一些刊物和网络文章誉为"真正还原了语文的本来面目"，是我国语文教育界"理性派"的代表人物。

（八）温儒敏

1. 学术简介

温儒敏（1946—　），籍贯广东紫金。教育部授予的国家级高校教学名师。现任山东大学文科一级教授，北京大学中文系教授，兼任北大语文教育研究所所长，教育部基础教育课程专家委员会委员，"部编本"语文教科书总主编。曾任北京大学中文系主任，北大出版社总编辑，中国现代文学研究会会长，国务院学位委员会学科评议组成员，教育部义务教育语文课程标准修订专家组召集人，国家社科基金重大项目首席专家，《中国现代文学研究丛刊》主编，人教版新课标《高中语文》教材执行主编。

研究与教学方向是中国现当代文学、文学理论、比较文学和语文教育。著有《中国现代文学三十年》《新文学现实主义的流变》《中国现代文学批评史》《语文课改与文学教育》《温儒敏论语文教育（1—3集）》等论著，编著有《比较文学论文集》《中西比较文学论集》《高等语文》等作品，发表200多篇论文，获得过6项国家级和省部级科研教学奖。

2. 语文教育思想

温儒敏认为语文课程目标主要是培养语言文字运用能力，特别是书面语运用能力，以此为核心，带动思维能力、审美能力和文化认知等多方面素养的提升。语文课程有很强的综合性和实践性，应要求多读书、多实践，在不断的熏陶积累中逐渐提升。但不能无限扩大语文教育的功能，不要让语文课承担过多的任务，语文课的思想品德教育和文化认知教育等，主要还是围绕语用的学习而自然渗透。语文教材有很多文学作品，文学教育是语文课题中应有之义，但语文课又不等于文学课，学语文主要是要学会表达，学会熟练、准确、得体地使用汉语，而非培养文人、作家。现在语文教学效果普遍不好，主要原因是读书太少，所以应当把培养读书兴趣作为语文教学的"牛鼻子"。阅读教学应当区分精读和略读两种课型，精读课要举例子给方法，略读课则学生自读为主，激活读书兴趣与方法。不要满足于教学生精读，还要教浏览、快读、跳读、猜读、群读等。提倡"1+X"教学法，即每讲一篇课文，配合让学生自读若干篇文章。若达不到教材课文五倍以上阅读量，语文无论如何都学不好的。要把课外阅读纳入教学体制，要容许学生读闲书，鼓励学生"连滚带爬"地读，甚至要读一些不太懂的书。有较宽的阅读面，才谈得上语文素养。写作课的功能不能理解为就是学会写文章，更重要的是通过写作来实行思维训练。要让学生懂得"读书养性，写作练脑"的道理。读写应当结合，但也不能要求学生所有阅读全都指向写作，无条件要求"不动笔墨不看书"很难做到，反而可能会败坏兴趣。要教基本的写作技能，也可以模仿范文，但要避免"套式作文"，别过分强调"文笔"。高考是巨大的现实存在，有水平的老师会在"应试"与"兴趣"培养之间找平衡，既让学生考得好，又不把脑子搞死。有什么样的教材，就有什么样的国民，语文教材编写虽然很难，但非常重要。语文教材不只是美文的汇编，要有知识体系，有干货，但不要刻意强调体系化。选文讲究经典性和适合教学，汉语拼音教学要降低难度，识字教学要讲求科学化，课文导读和习题设计要注意联系学生的语文生活。语文课程改革不要搞颠覆，要切合实际，逐步展开，要和高考、中考改革同时推进，用考试改革来撬动教学改革。

（九）徐林祥

1. 学术简介

徐林祥（1956—　），江苏兴化人。文学博士、民进会员，扬州大学文学院教授、博士生导师。兼任中国民主促进会扬州大学总支部主任，中国民主促进会扬州市委委员，中国人民政治协商会议扬州市委委员；江苏省教育学会语文课程与教学论研究中心主任，江苏省叶圣陶研究会副会长，中国叶圣陶研究会理事，中国高等教育学会语文教育专业委员会常务理事兼学术委员会副主任，中国写作学会阅读学研究会常务理事兼中国阅读文化史研究部主任等职。系教育部"国培计划"语文学科专家，江苏省基础教育教学指导委员会中学语文学科专家委员，江苏省中小学教师资格考试面试工作专家指导委员会委员；国家级精品资源共享课《中学语文课程标准与教材研究》负责人，普通高中课程标准实验教科书《语文》（苏教版）编委。2007 年被评为扬州大学优秀教师、全国首届教育硕士优秀教师，2014 年再次被评为全国第四届教育硕士优秀指导教师。

徐林祥主要从事语文教育学、应用语言学以及中国美学史、美育史、教育史的教学与研究工作。曾主持教育部师范教育科研课题和全国教育科学规划课题等科研项目多项。先后出版《中国美育史导论》《中国美学初步》《刘熙载及其文艺美学思想》《语文美育学》等专著，主编《刘熙载美学思想研究论文集》《中学语文课堂教学技能训练》《小学语文课程与教学论》《小学语文课堂教学技能训练》《语文教育研究方法》《语文教学技能全程训练新编》《语文教师继续教育指南》《语文课程与教学论新编》《历史追问：语文教育发展篇》《中学语文课程标准与教材研究》《百年语文教育经典名著》（共 15 卷）等论著和教材，发表各类论文百余篇。

2. 语文教育思想

徐林祥认为，语文就是语言，语文教育就是祖国语言的教育。语文教育所指可以用"一体三维"来概括：语言，语文的本体作为"一体"；语文本体中三个维度的意义指向是"三维"，包括口头和书面语言、狭义的语言和言语、语言的形式和内容。训练口语交际，认读与书写文字，阅读与写作文章，文学教育与熏陶，都应是语文教育。语文教学负有积累语感与整合语理的任务，负有语言形式与内容方面教学的任务。他还认为，中国语文教育应当走民族化、科学化、现代化相结合的道路。语文教育民族化，就是要认定教学中华民族通用语言文字的性质；语文教育科学化，就是要遵循中华民族通用语言文字教学的规律；语文教育现代化，不仅仅是教学内容和方法技术的现代化，更重要的是教学要求的现代化，就是要适应未来社会对国民语文素养的需求。语文教育走民族化、科学化、现代化相结合的道路，就要在语文教学中体现语文课程的民族性、工具性与人文性统一，综合性和实践性鲜明等特点。

（十）刘正伟

1. 学术简介

刘正伟（1966—　），江苏淮阴人。1996 年考入杭州大学教育史专业，后获得浙江大学教育学博士学位。2001 年 9 月起在南京师范大学从事博士后研究，2004 年调入浙江大学工作，现任教育部浙江大学基础教育课程研究中心副主任，浙江大学教育学院教育学系主任、教授，课程与教学论专业博士生导师。

刘正伟对学校课程改革与发展、语文教育、教师教育、教育史等领域比较感兴趣，曾被江苏省教委遴选为江苏省普通高校第二届跨世纪学术带头人培养人选，入选浙江省 151 人才第二层次培养对象。主持多项重点课题的项目研究，在《教育研究》《高等教育研究》《上海教育科研》《上海师范大学学报》《教育发展研究》《教育理论与实践》《中学语文教学》等专业期刊发表学术论文 50 余篇，其中被人大复印报刊资料《教育学》《中学语文教学》专题全文复印 10 余篇；出版学术专著《督抚与士绅：江苏教育近代化研究》《马相伯》（与薛玉琴合作）《世纪之理想：中国近代义务教育研究》（与田正平先生合作）《语文教育展望》（与倪文锦等先生合作）《国际语文课程与教学比较》等多种，其中《督抚与士绅：江苏教育近代化研究》获得江苏省第八届哲学社会科学优秀成果三等奖。

2. 语文教育思想

刘正伟在国内语文教育界第一个提出语文教育现代性的命题，并试图在 20 世纪现代性历史潮流中与相关学科，如文学、语言学及教育学等进行对话，自成一家之言。

刘正伟对语文教育现代性探索感兴趣。围绕语文教育现代性问题，在历史、理论及实践等向度对语文现代性进行探入探究，从而对整个 20 世纪语文教育发展问题进行检讨与反思，内容涉及语文教育相关思想理论、实践评论及观念考察。

刘正伟重点研究建构一个结构框架去考察和解释国际语文教育问

题，以充分体现个人著述的学术追求与风格。他注重从专题研究对象或问题本身出发，在其特有的理论视域中去考索、探究。语文教育实践，特别是一线语文教师所关注的课程与教学问题，更是他注重聚焦的对象。因此，面对目前我国语文教育中的重要问题，他主张从阅读教学、写作教学、口语交际教学、语文综合实践活动等方面来回应。在近年阅读、比较和研习国际语文课程与教学问题的基础上，他进行了一定的记录与总结。借鉴他国母语教育的先进理论和经验，在与外国母语教学的比较反思中，完善我国的语文课程与教学。

（十一）曹明海

1. 学术简介

曹明海（1952—　），山东沂水人。现为山东师范大学文学院教授、博士生导师，语文教育研究所所长，课程与教学论硕士点与博士点语文学科带头人、文学与语文教育博士点学科带头人；国家社会科学基金课题（教育学）评审专家、教育部语文课程标准研制参与专家成员；兼任全国语文学习科学专业委员会副理事长、学术委员会主任，中国阅读学研究会副会长，全国语文教育专业委员会常务理事等职，为中国教育学会中学语文教学专业委员会刊《语文教学通讯》的"封面人物"，《语文学习》《小学语文》等语文杂志"名家""名家讲堂"等专栏专家。

曹明海的《文学解读学导论》《语文阅读活动论》与主编的《新世纪语文教师发展丛书》，学术界视之为"别有创意之作"。《光明日报》《读书》《文艺报》《中国图书评论》的评论中，被称为"第一部文学解读理论的开创之作"的当属《文学解读学导论》。他的散文评论和鉴赏理论研究也有广泛的影响，有的文章被全国《新课程语文教材教学用书》（人教版）采用。出版的著作有：《文体鉴赏艺术论》《语文教育智慧论》《语文教育文化学》《本体与阐释：语文课程文化建构观》《语文教材文体解读论》《语文教学语用论》，另外，还主编《当代语文教育与课程改革理论前沿丛书》（包括《语文教学解释学》《语文教学本体论》《语文陶冶性教学论》《语文教育观新建构》《语文新课程教学论》）《语文教育新视野丛书》（五部）。主编多套丛书与教材，承担国家课题多项，发表论文 60 余篇。获全国第一届教育理论图书二等奖、山东省社会科学优秀成果二等奖等多项奖励。

2. 语文教育思想

曹明海最先提出文本三层次结构理论，并进行了精准独到的阐释。文本三层次结构由语体层、语象层、语义层构成。语体层即形式层，是"教材文本构成的语体形态，即由语言组合而成的语言、语段、句群到篇章结构及其整体营构的秩序与形态"。语象层即再现层，"即教材文本语言构出的物象与事象、场景与画面、气象与景境等"，是教材文本展现的"语象世界"。语义层即表现层，"即教材文本负载的情感与理思、精神与思想、灵魂与生命，也就是教材文本的深层意蕴"，是教材文本内在的"语义体系"。

曹明海的语文教育理论研究，打破语文教育理论长期拘囿于经验化描述结构的局限，以生命的成长与完整性建构为主体，建构起语文课程与教学理论新体系，开创了语文教育文化学、语文教学解释学、语文教学本体论等理论新结构，引起国内外语文教育界广泛的关注，极大地推动了语文课程与教学论这门学科的建设与发展。从语文教育的文化本质，对语文教育的文化特性与文化功能进行了探讨，把语文教育视为个体生命的文化生成与建构过程，认为语文教育与民族文化是共生共变的互动关系。

（十二）潘庆玉

1. 学术简介

潘庆玉（1971—　），山东东平人，教育学博士，山东师范大学文学院教授，博士生导师（语文课程与教学论），霍英东教育基金会第九届高等院校青年教师基金获得者，加拿大西门·菲沙大学高级访问学者。兼任山东省课程与教学专业委员会副秘书长、全国语文教育专业委员会会员、国际富有想象力的教育学会副会长。曾师从加拿大皇家学会院士、首席教育科学家基兰·伊根教授学习教育哲学与课程理论。主要从事于教育基本理论与教育哲学、语文课程与教学论、文学理论与作品研究、高考制度与命题改革等领域的研究。

长期致力于语文教育基本理论研究，尤其在语文教育哲学研究方面取得了较为丰厚的成果，形成了一定的研究特色，在国内产生了较大影响。先后出版《语文教育发展论》《语文教育思想论》（合著）《语文新课程理念与实施》《语文教育哲学导论》等学术专著；在《课程·教材·教法》《教育研究》《教育研究与实验》等杂志上发表了《试论语文教育的存在论方式》《先秦语言哲学与语文教育智慧》《科学主义语文教育观评析》等 20 多篇该研究方向的论文，对我国语文教育思想的发展历程、当代语文教育理论热点、语文教育哲学理论建构等重大问题进行了较为系统深入的研究。《高等学校文科学术文摘》《人大复印资料·教育学》《人大复印资料·中学语文教与学》等刊物多次全文转载相关论文。所著《语文教育哲学导论》是国内第一部系统研究语文教育哲学的专著。

在加拿大西门·菲沙大学做高级访问学者期间，学习并参与研究"富有想象力的教育"（IE）理论。力图把认知工具理论与我国的课堂教学研究紧密结合起来，突出理论研究的应用价值，致力于教学模式的自主设计和教学设计工具的自主研发。先后在《教育研究》《当代教育科学》等发表《认知工具：富有想象力的教育策略和方法》《游戏对教学设计的启示》《想象力的教育危机与哲学思考》《基于身体认知的微教学设计》等 20 多篇该研究方向的论文，多次被《人大复印资料·教育学》《人大复印资料·中小学教育》《人大复印资料·教育学文摘》等全文转载。系列专著《富有想象力的课堂教学》《富有想象力的教学设计》在国内首次系统阐述了"富有想象力的教育"理论，填补了国内研究"富有想象力的教育"的理论空白。

2. 语文教育思想

潘庆玉认为教育的终极目的是促进人最大可能限度内的和谐发展，语文教育必须致力着眼于人的发展。他主张关切语文教育中的人文关怀，认为个性培养是语文教育教学的一个重要目标和任务，认为"民主化"是师生关系最基本的价值标准，通过对话、理解与合作的途径来实现语文教学师生的民主化。他主张语文教学生活化，认为语文教学中教学思想、课程设计、教学定向、教学实施的所有环节和整个语文教学系统都要渗透生活化的观念。他主张整合语文教育课程与语文教学，认为要在教学论上重课程的开发与建设，加强对语文本体问题的研究，在课程论上关注语文教学，把语文教学看作一种课程开发的过程。进而使课程与教学产生一种互动效应，使二者在相互制约、相互补充、相互观照中走向有机的统一。他主张语文教学最优化，认为要在优化语文教学系统结构的基础上，优化语文教学过程，充分发挥语文教学的功能，提高语文教学的质量与效率，最终实现语文教学的最优化。

(十三) 靳健

1. 学术简介

靳健 (1949—)，甘肃会宁人，1982 年毕业于西北师大中文系，1992 年起任教于西北师大文学院、教育学院，曾任西北师范大学教育学院教授，博士生导师，甘肃省教育学会中学语文教学专业委员会理事长，全国义务教育语文教育专业委员会副会长，中国教育学会中学语文教育专业委员会理事，中国高等教育学会语文教育专业委员会常务理事。

从事语文课程与教学论、中国语文教育史方向的教学与研究工作。在《教育研究》《北京师范大学学报》等期刊，先后发表学术论文 50 余篇。专著有《语文课程研究》《语文教育的哲学转向与实践创新研究》等 3 部，主编了教材，包括《现代语文教育学》《后现代文化视界的语文课程与教学论》等 8 部。研究项目获甘肃省高校教学成果省奖多项，获甘肃省社会科学成果奖多项，获甘肃省优秀图书奖 1 项。在《教育研究》《华东师范大学学报》等杂志上发表论文 30 余篇。

2. 语文教育思想

靳健通过比较中西文化来研究我国语文课程的发展，用"诗教"和"文教"为中国古代语文课程命名，梳理并总结其教育思想和教学方法。从课程特征的角度看，他认为中国古代语文教育经历了"诗教课程"到"文教课程"的演变历程。他的语文课程理论体系，是依据教育学、心理学、信息论、系统论、控制论及方法论来研究和建构的。在《后现代文化视界的语文课程与教学论》中，明确提出了"语文课程与教学论是一个主客一体的理性实践系统"，表明语文课程是教师、学生、教材、实践范式、学习环境、新课标诸要素的相互作用的共通体。靳健还认为语文课程是一项实践活动，它在对话中促进学生语文知识的积淀，历练了学生言语能力、思维能力、探究能力、审美能力及其情感态度。

(十四) 曾祥芹

1. 学术简介

曾祥芹 (1936—)，湖南省邵阳市洞口县人。河南师范大学文学院教授、硕士研究生导师，曾任《河南师范大学学报》编辑部主任、哲学社会科学版主编。兼任中国文章学研究会会长、中国阅读学研究会会长、中国高等教育学会语文教育专业委员会学术顾问、中国图书馆学会科普与阅读指导委员会学术顾问等职。荣获"河南省优秀专家"荣誉称号。他长期致力于文章学、阅读学、语文教育学的研究，是中国当代阅读学的开创者和奠基人之一。

主编出版了《现代文章学引论》《汉文阅读学导论》《语文教育学别论》《毛泽东与文章学》《文章学与语文教育》等30本书。发表《阅读教学三题——对新课标中阅读教学内容的建议》《阅读的主体间对话和陌生感体验》《读书的诗情诗歌的读理（续）》等论文80多篇，出版论著11本。他为了阅读学的独立，与韩雪屏主编了中国第一套"阅读学丛书"5本（《阅读学原理》《阅读技法系统》《文体阅读法》《古代阅读论》《国外阅读研究》）；为了汉文阅读学的发展，策划了第二套"阅读学丛书"13本，主编了《阅读学新论》《历代读书诗》《现代读书经》《快读指导举隅》《阅读改变人生》等多部作品。

2. 语文教育思想

曾祥芹的语文教育思想集中体现在他的文章学教育上。曾祥芹将文章学纳入语文教育研究的视野，提出"一语双文""文章学是语文学和语文教育学的主要分支""文章学是语文教学的主干理论"的观点。他认为文章学教育亦属文章教育，提出"文章学课程的三级体系"的设想，推进了文章学教育的发展。他还提出了"'双文'教育，文章第一，文学第二"的倡议，提出"提高文章素养"的语文教学理念。曾祥芹对文章教育进行研究，将文章本体理论、文章阅读理论、文章写作理论运用于语文教育实践，用文章学指导语文教学。他一方面把文章学的理论应用于语文教学法，另一方面又用语文教学法的成果去丰富文章学。他主张以文章学理念来改进教学，认为语文教学科学化的出路是建立现代语文学。

曾祥芹把"一语双文"理论融入语文教学中，重新界说了语文的内涵，提出建立语言、文章、文学"三足鼎立"的语文课程结构，而且"双文"教育中应该是"文章第一，文学第二"。他把"一体两翼"理论运用于语文教育中，强调注重文章本体、抓好阅读和写作"两翼", 全面提高语文能力。

(十五) 王尚文

1. 学术简介

王尚文 (1939—　), 浙江遂昌人, 当代语文教育家, 硕士生导师, 浙江师范大学语文教育研究中心主任, 中国教育学会语文教学法专业委员会学术委员, 浙江省中语会会长。曾获浙江省教育科研重大成果二等奖、浙江省人民政府优秀教学成果一等奖、曾宪梓优秀教师二等奖、浙江省功勋教师称号。曾任浙江省哲学社会科学"九五"学科规划组成员, 应邀参加教育部中小学语文教材审定工作。

王尚文主要从事语文课程与教学论的教学与研究。曾先后在《教育研究》《中国教育报》《课程·教材·教法》《北京师范大学学报》《语言教学与研究》《语文建设》《中学语文教学》《语文学习》等报刊发表论文 50 余篇, 出版对话论《语文教改的第三浪潮》《语感论》《语文教育学对话论》《语文教学对话论》(与人合作) 等多部专著, 参与主编《中学语文教学研究》、浙江师大版《初中语文课本》(实验本)、《新语文读本》《现代语文读本》等多本教材, 主持教育部规划课题《中学生语言发展水平调查研究》, 发表《"语文意识": 语文教学的阶梯》《关于读写听说的动机问题》《紧紧抓住"语文"的缰绳》等论文多篇。

2. 语文教育思想

王尚文构建了以语感论、人文论、对话论为三大支柱的语文教育理论体系。王尚文认为语文学科的基本性质是人文性, 而非工具性; 语文学科的教学任务在于培养语感, 而非传授语言知识; 语文学科的教学活动是读者与文本之间、教师与学生之间的对话, 语感只能来自主体与文本、与生活的对话实践之中。语文教学的根本目标是培养学生正确理解和运用祖国语言文字的能力, 因此, 语文课应该着力于养成和强化学生的语文意识。语言不仅仅是工具, 更是人的生命活动。他探讨了语文教育的价值、任务、内容、机制和方法。

在人文论的基础上, 语文则重在培养学生的语感, 强调语文教学以语感培养为最终目的。认为语言能力是一个多层次的系统, 包括读、写、听、说四个方面, 其中最重要的核心能力是语感能力。所谓语感, 是思维并不直接参与作用而由无意识替代的在感觉层面进行言语活动的能力。

王尚文的语感研究是其语文人文性研究的深化，人文论奠定了语感论研究的基础，而语感论又进一步深化、证实了人文论。他认为语文教学作为对话，是由多个对话者（教师、学生、课文、教材编写者等）之间的多重对话相互交织而成，多个对话者之间、多种对话之间相互补充，相互碰撞。其中，最主要的是师生之间的对话，教师应注重启发引导学生与"他者"开展对话，而非向他们灌输自己对文本的理解。教师和学生在对话中一起成长、一起发展。

三　课改名师

（一）李镇西

1. 学术简介

李镇西（1958—　），四川乐山人。1982 年，毕业于四川师范大学中文系，开始从事语文教学工作。2000 年，到苏州大学攻读博士学位，发表博士学位论文《民主教育论》后任成都市教育科学研究所教育发展研究室主任。四川省新教育实验学校教书并任该校副校长。发表文章数百篇，著有《民主与教育》《爱心与教育》《青春期悄悄话》《走进心灵》《从批判走向建设》《教育是心灵的艺术》《花开的声音》《风中芦苇在思索》《教有所思》等多部著作。

自 1982 年从教以来曾获"四川省中学语文特级教师""全国优秀语文教师""成都市有突出贡献的优秀专家""成都市十大优秀青年""成都市十大教育明星"等称号，享受成都市人民政府专家特殊津贴，2000 年被提名为"全国十杰教师"，还被誉为"中国苏霍姆林斯基式的教师"。

2. 语文教育思想

作为一名有着丰富教学经验的名师，李镇西认为："所有的学生都是爱老师的，关键是你能否感受到爱。"正如世界上不缺乏美，缺乏的是发现美的眼光。关于语文教学实践，他还认为，"爱不等于教育的全部，但教育不能没有爱。爱不是迁就学生，不是放弃严格要求和严肃的纪律。""不要把后进生当成头痛的问题，而要把他们当课题。"与其争课题，不如去解决眼前的实际问题。解决实际问题便是在做研究型的教学，也是在做实际的课题。

（二）余映潮

1. 学术简介

余映潮（1947—　），湖北荆州市人，教研室语文教研员，中学语文特级教师，中青年教师课堂教学艺术研究的领军人物。余映潮在教研工作、论文写作、教学艺术上堪称一流，是语文教学研究的能人。作为一名中学语文教研员，他不止于平淡的教学工作和论文写作，在课堂教学上同样地闪现出自己智慧的光彩，是一位善于创新的中学语文教研员。他坚持课堂教学艺术的研究，坚持进行课堂示范，长期送教下乡。继洪镇涛先生、胡明道老师后，余映潮是湖北省中语界又一成果丰富、教艺精湛的优秀语文教师。

2. 语文教育思想

余映潮的教学风格自成体系，在湖北省被称为"余氏风格"，极具个性。他的教学思想及其教学艺术，主要体现在以下几个方面。

（1）准确定位

在课堂教学的艺术研究上，余映潮着眼于服务广大基层教师。他说："多年来，我所面对的、所接触的，是大面积的农村初中的语文教学。有个性的教学风格、教学经验、教法设计不能解决大多数语文教师的'温饱'，所以我更注重研究大众化的语文教学艺术，力图找到一些具有共性的、一般的语文教师都能接受的教学经验，力图为提高大面积的语文教学水平做一些教学艺术的普及工作。"他还说："让艺术的教学设计走进千万个普通语文教师的课堂，是语文教学改革所要达到的一个基本境界。这个境界的实现，主要靠语文教师自己的努力和语文教学科研的导向。"至今为止，像他这样服务方向明确的研究工作已经不多了。

（2）精细提炼

余映潮研究并评析了数百节课，归纳总结其中的基本规律，并进行了教学实践，因此，他的研究具有很强的生命力。他提出语文阅读课堂教学要具备四要素："诵读、品析、运用、积累"，并为语文阅读教学设计了32字口诀："目标明确、课型新颖、思路清晰、提问精粹、品读细腻、活动充分、评点精美、积累丰富"，他还推荐八种教学设计思路："一词经纬式、一线串珠式、选点突破式、多角反复式、板块并列式、美文助读式、读写结合式、一次多篇式"等，他提出三种基本手法的教材处理方式，即"简化、优化、美化"，他主张"课堂教学的高层次境界是学生活动充分"。总体来说，其教学设计理念线条简单，明晰生动，大众化，具有先进性且带有艺术性，广大的教师群体恰巧能够接受和运用。

（3）丰厚积淀

余映潮的课堂教学，人们发现较晚，媒体宣传力度也不大，恰好留给余映潮充分的时间沉淀下来思考，使他能按自己步调进行探索，因而积淀了非常丰富、厚实的理论、资料与教学经验。除此之外，他厚实的积淀还表现在：带领弟子进行课堂教学艺术的研究持续12年之久，关于课程、教材、教法与教学设计的报告共作了近150场，在900余篇各类教学论文中，关于课堂教学艺术的便有近200篇。他还发表大量的创新教学设计，比如《故乡》《马说》《回忆我的母亲》《曹刿论战》《满井游记》等。

（4）勇于创新

余映潮有明确的课型创新意识，提出了"课型创新"的新理念，并以朗读教学为主要内容，进行教读课、品读课、辨读课、说读课、演读课、联读课等新课型的探究。他创造了"板块式教学思路"，"板块"状而又灵活多姿的教学结构，丰富的组合充分表现了教师设计教学时的技艺、创新与审美意识。他多角度地丰富了不同层次、不同方式的语文实践活动，真正突出学生学习的自主性和主体性。

（三）程红兵

1. 学术简介

程红兵（1961—　），安徽六安人。1982年大学毕业开始从事高中语文教学，全国"五一劳动奖章"获得者、国务院政府特殊津贴获得者。上海市中学语文特级教师，上海市建平中学校长，上海市市级骨干教师带教导师，上海教育出版社特约编审，湖北教育出版社特约编审，上海市教师学研究会副会长，上海市高评委语文组委员，上海市高中语文教材审查委员，上海市高考命题语文专家组成员，上海市劳模协会科教分会副会长。上海市浦东新区教育工会副主席，上海市"浦东新区程红兵语文教师培训基地"负责人，华东师大特聘硕士生导师。先后获国家教委、国家人事部颁发的"全国优秀教师""江西省中学十佳青年教师""全国优秀语文教师""浦东新区十大杰出青年""上海市劳动模范"称号。

程红兵一直致力于探讨语文人格教育，先后在《中国教育学刊》《人民教育》等40多家刊物发表100多篇论文，先后被《高等学校文科学报文摘》《教育文摘周报》《人大报刊复印资料》等刊物全文转载或转摘。撰写《语文教学的人文思考与实践》《教师人格魅力》《创新思维与写作》《中学生怎样写科研小论文》等八部著作，主编《探索有生命力的教育》等九部著作。主持完成教育部课题"自主探究式语文教学模式研究"。应邀主持《语文学习》《语文世界》《语文教学通讯》《中学语文教学参考》等刊物的专栏。

2. 语文教育思想

程红兵的语文课充满艺术魅力，他的语文教学艺术彰显了作为语文教师的教学风格和教学理念。他主张自主与探究的语文教学模式，每课一诗，每月一书，每周一篇书摘笔记，每月一篇读书笔记；每日必修作业——收看《焦点访谈》；教给学生们思维的方法，让孩子们也学会"抬杠"；三年研究一个自己喜欢的作家，写一篇研究论文。他提出语文教学的常识性回归的教学理念，这一教学理念为语文教学回归本真指明了方向。

程红兵老师理想的语文教育观是语文人格教育理念，它指的是在语文教育教学过程中，学会语文知识，掌握语文技能仅仅是重要的手段和途径，有明确意识、有具体计划和措施对学生实施人格教育的活动才是语文教育教学的终极目标。他认为语文人格教育的终极目标是获取心灵的自由，教育的最终价值就在于把孩子培养成一个具有健全人格的人。他的教育观是主张打造理想的学校，培养理想的教师、培养理想的学生。在教师观上，他认为一名理想的教师，其素养必须包括专门知识、特殊技能和职业情意三个方面。作为教师应该追求的理想是：智慧语文教学，人文关爱满怀。

（四）李海林

1. 学术简介

李海林（1963—　），黑龙江省虎林县人。1983年湖南师范大学毕业后，进入一所中学担任教职，成了当地最年轻的副校长。后辞职来到湖南理工学院教育系，从一名普通教师成长为一名系主任。1999年调入岳阳市教育局担任副局长。2003 年成为浙江师范大学人文学院的一名教授。2006 年，李海林调入上海洋泾中学担任校长。2011 年辞去洋泾中学校长之职，进入上海师范大学教育学院，担任课程与教学论教授、硕士生导师。2016 辞去上海师范大学教授职务，出任一所全新的民办双语学校的掌门人。兼上海市写作学会副理事长。李海林主要研究领域是语文课程与教学论、学校管理与教师专业发展。

李海林撰写了《言语教学论》《语文课程论稿》《语文教学科研十讲》《李海林讲语文》《语文课程与教学原理探析》（合著）等多部专著，主编《语文教育研究大系·理论卷》《立言·立人·立心——王尚文语文教育思想研究》等著作。主持或参与多项国家级和省级课题，曾获国家级教学成果二等奖、省级一等奖。

2. 语文教育思想

李海林的语文研究特色在于他的理论意识与逻辑能力。他的语文教学研究从反思开始，并贯穿其研究的始终。他反思整个语文人的群体教学行为，反思语文界的教学研究行为。他对工具论的批判，乃至他对言语教学论的建构，都是建立在反思与批判的基础之上。李海林重视逻辑的力量，教学研究重视学理的推进，他将语文教学当作一门真正的学术来研究。

李海林的语文教学研究涉及四个方面，一是对语文教学研究的研究，二是语感论的研究，三是言语教学论研究，四是新课程论研究。语文教学科学化、学理化，是贯穿四个方面的基本思想，也是李海林语文教学研究的核心价值。在语文教学内容上，主张语文教学要从传统的"经义教育"走向"语言教育"，提倡语感论，重视语感的训练与学习。李海林的言语教学论，是语感论外延的扩大，但直抵语文教学的本体论问题。他用言语"统摄"文字、文章、文学、文化等诸多概念，将言语教学的重点由言语要素拨正到言语功能，这是他言语教学论最重要的语文教学本体论价值。他还将语文教学内容从泛人文转向了言语角度，认为"言语"才是教学的中心。他主张语文教学内容要从知识性向功能性转变，认为教学的本体是言语而不是语言，因此语文教学重点应是言语素养的养成。他还主张语文教学方式要从传授性、感染性转向实践性。

第十章

语文教育专著

对语文教育的研究，我国早已有之，并且历来十分重视，这从历代出现的语文教育著作当中可见一斑。因此，对历代的语文教育著作作一归纳和评述，汲取其中的思想和有益的经验，无疑将对我们今天的语文教育有着重要的意义。本章首先按照历史分期，将我国的语文教育著作分为古代、现代、当代、新世纪四个时期；其次，根据历史的发展，对每个时期的语文教育著作又分成若干个阶段进行介绍；最后，在具体到各个阶段时，先对这一阶段所出现的有关语文教育的著作进行整体概述，然后再对影响较大的著作进行专门评述，突出重点。

第一节 古代语文教育专著

一 先秦时期的语文教育专著

（一）先秦时期语文教育著作概况

我国古代语文教育的思想大都散见于我国古代教育家的著述当中。《论语》《墨子》《庄子》《孟子》《荀子》《吕氏春秋》等均是包含深刻而丰富的语文教育思想和经验的著作。

《论语》对语文教育的主要贡献表现在两个方面。第一，谈到"言"和"文"教育的重要，并指出了"言"和"文"教育的目标和教育的途径。第二，提出了很多宝贵的教育方法，如启发诱导、循循善诱、因材施教、以身作则等。

《墨子》关于教育、教学具体经验的资料保留不多，也不够完整。他的教育思想，主要反映在他的学术论文和论辩文之中，其中涉及语文教育的表现主要体现在四个方面："强说人"的主动精神；"述而又作"的创造性精神；"察类明故"的逻辑思维；"强力而行"的刻苦磨炼精神。

《庄子》虽没有直接谈教育，但他的思想对我们后代的文学及其教育产生了重大的影响，主要体现在高尚品格和人格的教育。庄子超凡的想象力，启迪我们的思维和智慧，他以他自己的语言文学的魅力，长久地影响着后人。

《孟子》提出了许多教育学生的主张，但是对语文教育而言，可继承的主要表现在两个方面：（1）"知言""养气"说。这一学说，对于我们认识语文教育的文道关系，有重要意义。（2）雄辩的论证艺术。在语文教学的听、说、读、写教学中，注意学生的雄辩能力的训练，孟子的论证艺术是很值得学习的。

战国时期的"百家争鸣"使语文教育更趋多样和成熟。出现了《学记》《大学》《中庸》《弟子规》等许多教育专著。其中《学记》是迄今世界最早的自成体系的完整的教育专著。

(二)《学记》

《学记》是《礼记》中的一篇，现在普遍认为是战国末期思孟学派的著作。这是世界教育史上第一部教育学专著，也是我国古代教育史上著述最早而内容又最为完整的一部教育理论专著。我国古代教育主要是语文教育，为此，可以说《学记》是我国最早的语文教学论专著。《学记》仅 1229 字，较全面地总结和概括了先秦的教育理论和教育实践。其主要对教育的作用、任务和目的，以及教育制度、教学内容、原则和方法等进行了系统的阐述，也谈到了教师和学生关系。

关于教育目的，《学记》指出，"君子如欲化民成俗，其必由学乎"，"古之王者，建国君民，教学为先"。教学不单是普通的教育现象，更是治国安邦的大事。教育者所从事的也是一项伟大的事业。

关于教育制度和管理，《学记》总结出"大学之道"的基本框架：小成阶段七年，大成阶段二年。前七年又分为四段：第一段一年，是"视离经辨志"；第二段二年，是"视敬业乐群"；第三段二年，是"视博习亲师"；第四段二年，是"视论学取友"。经过这样七年的学习，达到了目标，算是小成。到第九年，学习能够做到触类旁通，闻一知十，算是大成。古代的语文教育，就是这样内含在"离经辨志""敬业乐群""博习亲师""论学取友"之中的。

关于教学原则，《学记》提出了"教学相长""长善救失""善教善喻""预、时、孙、摩""藏息相辅"等原则。"教学相长"，突出了教与学相互促进，辩证统一的关系；"长善救失"，指教师要根据学生的心态，充分发挥他们的优点，并克服他们的缺点；"善教善喻"，强调了教学方法的示范性和原则性；"预、时、孙、摩"，总结了何时"兴"教、何时"废"教的经验，教师应好好把握，知"兴"知"废"；"藏息相辅"，指出学习要做到课内外相结合。

关于教学方法，《学记》中总结了一些教学方法，这对学习语文，学习一般文化知识，都是很可贵的。如重视讲解：要求教师的讲解做到"约而达、微而臧，罕譬而喻"；提倡问答：一方面要求教师要"善问"，"如攻坚木，先其易者而后其节目"，另一方面又要求"善待问，如撞钟"，"小叩小鸣，大叩大鸣"；运用比较：教师要善于运用类比法，人才就成长快。

总之，《学记》总结了我国古代语文教学论的若干问题，包括语文教学思想、原则、方式、方法等。直到今天，这些教学原则和方法仍有一定的实用价值，有许多值得借鉴的经验。但是，它所反映的毕竟是奴隶社会和封建社会的教育思想，存在局限也是不可避免的，因此，对于其中的语文教育思想，我们要辩证地继承。

二　秦汉时期的语文教育专著

（一）秦汉时期语文教育著作概述

秦汉时期是我国封建教育走向制度化和定型化的关键阶段。秦代语文教育的主要目的体现在识字写字的教学上，没有出现对当代语文教育有启发意义的教育著作。汉承秦制，但汉武帝采纳董仲舒的建议，"罢黜百家，独尊儒术"，设置博士，教授弟子。当时，《诗》《书》《礼》《易》《春秋》每经只有一家，分置一博士，各以家法教授，故称五经博士。这个时候，语文教育开始变成经学的附庸，在这样的历史背景下，很难出现有对语文教育有建设性意见的著作。直到东汉，才出现了《论衡》这样的富有进步意义和战斗精神的重要著作。

（二）《论衡》

《论衡》为东汉王充所著，内容涉及经学、史学、哲学、文学、艺术、教育等各个方面。其中的语文教育思想，值得现当代学习的地方主要体现在以下几个方面。其一，倡导博览全书，但又不能死守章句，束缚自己的思想。其二，崇实尚用，主张学有所知、学有所用。其三，关于文章的内容和形式的关系，主张文外实内，外内相符。认为内容和形式二者统一。"实诚在胸臆，文墨著竹帛，外内表里，自相副称。"（《论衡·超奇》）其四，对语文的学习，他倡导耳闻目见，身体力行。《论衡》这部著作的语文教育思想，对当时和后世的语文教育都产生了深远的影响。

三 魏晋南北朝时期的语文教育专著

（一）魏晋南北朝时期语文教育著作概述

魏晋南北朝时期长期的社会动乱和国家分裂，导致此时的教育也呈现出衰落的趋势，表现最为明显的就是当时的官学。这一时期教育的另一个特点就是家学的盛行。陈寅恪在《隋唐制度渊源略论稿》中说，"盖自汉代学校制度废弛，博士传授之风气止息以后，学术中心移于家族，而家族复限于地域，故魏晋南北朝之学术、宗教皆与家族、地域两点不可分离"①，"公立学校之沦废，学术之中心移于家族，太学博士之传授变为家人父子之世业，所谓南北朝之家学者是也。"② 这时期的语文教学中，家学也相当盛行。这直接体现在当时出现了一些教诲子孙的书籍，其中颜之推的《颜氏家训》就是此类书籍的代表。

此外，这段时期对语文教育产生过较大影响的教育论著还有：曹丕的《典论·论文》；陆机的《文赋》；范晔的《后汉书》；颜延之的《庭诰》；沈约的《四声谱》。此外，刘勰的《文心雕龙》和钟嵘的《诗品》都对语文教育产生过较大影响。《文心雕龙》对过去文学创作的经验教训进行了总结，全面论述了文章写作的技巧。《诗品》是针对当时诗歌评论缺乏明确的标准而提出的，希望以此为诗歌写作、学习和诗歌评论树立一个标准。

---

① 陈寅恪：《隋唐制度渊源略论稿》，中华书局 1963 年版，第 17 页。
② 同上书，第 19 页。

（二）《颜氏家训》

《颜氏家训》为著名的历史学家、文字音韵学家和教育思想家颜之推所著。《颜氏家训》是现存的内容最为详备的一部教诲子孙的书。该书对作者生平的学问与见解进行了记录，是一本影响颇大的家教教科书；同时，该书也反映了作者的语文教育思想。

《颜氏家训》虽不是专门论述语文教育的书，但却与语文教育关系密切。在这本家训中，有许多篇章涉及到对语文学习的要求，如互相切磋、学用结合、博学多闻、目视耳闻等。颜之推认为，读书不能只限于《五经》，还要涉及百家。他在《勉学》篇里说："夫学者，贵能博学也。"他批判邺下"俗间儒士，不涉群书。经纬之外，义疏而已"[①]。强调博学多闻，反对死守章句。他还对当时文人靠道听途说获得学问的做法提出批判，"是犹欲饱而懒营馔，欲暖而惰裁衣也"[②]。他强调读书要多下文字功夫，"夫文字者，坟籍根本，世之学徒，多不晓字"。他提出凡做学问，既要"眼学"，又要"耳受"。他认为，"目能视而见之，耳能听而闻之"。见闻结合，才能获得真正的学问。同时，他也指出阅读要好问求教，与良师益友互相学习切磋。他在《勉学》篇中说："《书》曰：'好问则裕。'《礼》云：'独学而无友，则孤陋而寡闻。'盖需切磋相起明也。见有闭门读书，师心自是，稠人广坐，谬误差失者多也。"[③]闭门读书难免会理解片面，广泛交流，则可以纠正片面性。除此之外。他还主张学用结合。他在《勉学》篇里说，"世之读书者，但能言之，不能行之……问其造屋，不必知楣横而棁竖也。问其为田，不必知稷早而黍迟也"[④]。他认为只空口说白话，不脚踏实地，理论脱离实际，是不可取的。

在谈到文章的写作时，颜之推批判当时文人"趋末弃本"的做法，

---

① （南北朝）颜之推：《颜氏家训》，见王利器《颜氏家训集解》（增补本）卷3《勉学》，中华书局1993年版，第183页。

② （南北朝）颜之推：《颜氏家训》，见张隆华《语文教育史纲》，湖南师范大学出版社1991年版，第115页。

③ （南北朝）颜之推：《颜氏家训》，见董志先、王志宇《笃学名言》，白山出版社2013年版，第175页。

④ （南北朝）颜之推：《颜氏家训》，见张隆华《中国语文教育史纲》，湖南师范大学出版社1991年版，第115页。

在《文章》篇中提出："文章当以理致为心肾，气调为筋骨，事义为皮肤，华丽为冠冕。今世相承，趋末弃本，率多浮艳。辞与理竞，辞胜而理伏；事与才争，事繁而才损。放逸者流宕而忘归，穿凿者补缀而不足。时俗如此，安能独违。但务去泰去甚尔。必有盛才重誉，改革体裁者，实吾所希。古人之文，宏材逸气，体度风格，去今实远。但辑缀疏朴，未为密致尔。今世音律谐靡，章句偶对，讳避精详，贤于往昔多矣。宜以古之制裁为本，今之辞调为末，并须两存，不可偏弃也。"①意思是说：思想内容、才气风骨，是文章的"本"；用典使事，辞藻声律，是文章的"末"。他并不反对文章中用典使事和辞藻声律，但是反对这种本末倒置的做法。关于用典使事，他认为要亲自查对出处，"谈说制文，援引古昔，必须眼学，勿信耳受"②。

总之，《颜氏家训》虽侧重于封建家庭的道德品质教育，但对我们今天的语文教育依然有很多值得借鉴的地方。他强调的发奋求学、博学多闻、言行结合等对今天青年的学习仍然是很有益的。

四　隋唐时期的语文教育专著

(一) 隋唐时期语文教育著作概述

隋唐时期共 379 年（581—960），其中隋朝比较短暂，只有 37 年，所以隋朝时期教育几乎没有什么发展。后来五代十国的 53 年间，藩镇割据，战乱频繁，教育也没有获得实质的发展。因此，这一时期教育的发展主要集中在唐朝。唐朝国力强盛、文化先进。在结束南北朝的动乱和分裂后，唐对内加强了各民族的团结和合作，对外经济往来和文化交流也日趋频繁。在这种背景下，唐代的语文教育得到了较大的发展。出现了一些对后世有重大影响的语文教育著作，主要有《昌黎先生集》《河东先生集》和《答进士梁载言书》等。

(二)《昌黎先生集》《河东先生集》和《答进士梁载言书》

《昌黎先生集》集中体现了韩愈的文学成就和其在语文教育方面的

---

① （南北朝）颜之推：《颜氏家训》，见曹惠民注译《颜氏家训》，中国社会科学出版社 2003 年版，第 114 页。

② （南北朝）颜之推：《颜氏家训》，见谢小庚《颜氏家训名句》，天地出版社 2013 年版，第 80 页。

贡献。这本书，系统地反映了韩愈的阅读和写作教学思想。在阅读方面，他对阅读的目的、内容、原则和方法，以及阅读与写作的关系等有不少精到的论述。他提倡读书要精读，要反复诵读、反复咀嚼，深入体会词语和思想内容，汲取精华。同时，也强调要博览群书，《昌黎先生集·序》中就提到"诸史白子，皆搜抉无隐"。阅读的内容主要是经书和古文。为达到上述目标，他认为读书要刻苦，要专心致志。在写作方面，他给写作制定了一个"闳中肆外"的理想标准。"闳中"就是思想内容要博大精深，"肆外"就是语言表达要汪洋恣肆。他在《答尉迟生书》里说，"夫所谓文者，必有诸其中。是故君子慎其实。实之美恶，其发也不掩"①，指的就是这个道理。

《河东先生集》即为柳宗元文集，是刘禹锡所编。柳宗元的语文教育思想主要散见于这本集子当中。与韩愈不同的是，柳宗元好佛，又"参之庄老以肆其端"。从这可以看出，柳宗元所明之"道"并不全是儒家之"道"。在写作技巧方面，他认为用词造句应该符合语法，但是又不主张刻意雕琢。对于那些"怪诞"的文章，他明确地表示反对。在《答吴武陵书》中就提出："夫为一书，务富文采，不顾事实，而益之以'诬怪'，张之以'阔诞'，以炳然诱后生而终之以僻，是犹用文锦覆陷阱也。不明而出之，则颠者众矣。"②

《答进士梁载言书》是最集中反映李翱语文教育思想的一本著述。书中谈到了他对阅读和写作的一些主张。李翱认为文章词语问题的关键是"工"，而要做到词语的工，就应该努力创造一些新的词语，避免陈词滥调，以适应当时的需要。由于他创作实践所取得成就的局限，因此他的这些主张对后世影响不大。

五　宋元时期的语文教育专著

（一）宋元时期语文教育著作概述

宋元时期（960—1367）的学术思想相当活跃，极大地推动了语文

---

① （唐）韩愈：《答尉迟生书》，见李志敏《唐宋八大家散文总集》卷1《韩愈柳宗元》，京华出版社2013年版，第52页。

② （唐）韩愈：《答进士梁载言书》，见冯中一《中国名人名言荟萃》，山东教育出版社1993年版，第435页。

教育的发展。在这种情况下，出现了一系列的教育家和学者，他们从不同的角度来论述语文教育，阐发他们的语文教育思想。产生了一些探讨语文教育的著作，其中就包括胡瑗的《安定学案》，张载的《经学理窟》《正蒙》，方颐孙的《文章百段锦》，陈骙的《文则》，吕祖谦的《古文关键》，朱熹的《四书集注》《朱子读书法》，陈绎曾的《文说》《文鉴》，程端礼的《程氏家塾读书分年日程》等著作。这其中影响较大的当属《朱子读书法》和《程氏家塾读书分年日程》。

（二）《朱子读书法》

《朱子读书法》是由宋代著名学者、教育家朱熹所著。朱熹从事讲学 50 年，为元代四大理学流派的"闽"学之首。《朱子读书法》是朱熹谈读书方法的书，共四卷，4 万余字。元代程端礼在《程氏家塾读书分年日程》中记载道："门人与私淑之徒，荟萃朱子平日之训，而节取其要，定为读书法六条：曰循序渐进，曰熟读精思，曰虚心涵泳，曰切己体察，曰着紧用力，曰居敬持志。"[1] 现将这六条读书法简介如下。

1. 循序渐进

这一条指读书须有顺序，采用渐进式，应先读通一本再读另外一本。即使读一本书，也要按顺序读，直至读懂。制订读书计划时，也要遵循一定的原则，既要抓紧，又不要急于求成，需按部就班，有条不紊地扎实读下去。

2. 熟读精思

这一条强调读书不仅要读得熟，还要精于思考。只有在反复阅读的过程中，不停思考，才能逐渐领悟书中的真意，从而形成或获得独到的理解。他提倡的读法是"学者观书，读得正文，记得注解，成诵精熟，注中训释文意、事物、名件发明相穿纽处，一一认得，如自己做出来的一般，方能玩味反复，向上有通透处。若不如此，只是虚设议论，非为己之学也"[2]。这反映了他并不赞同死记硬背地多读，而主张熟读与精思结合，强调了读与思的辩证关系。

---

① （元）程端礼：《程氏家塾读书分年日程》，见（清）陈宏谋《养正遗规》，中国华侨出版社 2012 年版，第 95 页。

② （宋）朱熹：《学规类编》，转引自张霆《历代家教宝典》，中州古籍出版社 2006 年版，第 111 页。

3. 虚心涵泳

虚心涵泳是指读书要虚怀入谷，反复咀嚼，不能穿凿附会。他认为，"读书须是虚心，方得圣贤说一字是一字。自家只平著心去秤停他，都使不得一毫杜撰。学者看文字，不必自立说，只记前贤与诸家说便了。今人读书，多是心下先有个意思了，却将圣贤言语来凑，其有不合，便穿凿之使合"①，他认为读书要随时纠正偏见，接受新见解。读书也要静心思考，解决疑难。他说："至于文义有疑，众说纷错，则亦虚心静虑，勿遽取舍于其间"，解决疑难问题可采用自解法、比较鉴别法、先易后难法和缓解法等。

4. 切己体察

这一条是指读书要学会反省，要将书中所讲道理用来检点并指导自己的道德行为。他主张"学者读书，须是将圣贤言语体之于身"，"读书穷理，当体之于身"。他认为读书与做事是一致的："读书便是做事。凡做事有是有非，有得有失，善处事者不过称量其轻重耳。读书讲究其义理，判别其是非，临事即此理"②，也就是说，读书是探求做事之理，而做事又是对书中道理的实践，要把"读"与"用"结合起来。

5. 着紧用力

这一条是指读书要抓紧时间，不可放松，要有刚毅果决的阅读态度，不可三心二意，同时，也要有追究到底的阅读精神。"为学正如撑上水船，一竿不可放缓"，读书要有一种穷追不舍的劲头，"看文字须如酷吏治狱，直是推勘到底"。又说："做功夫一似穿井相似，穿到水处，自然流出来不住"，即以探寻到底、直穿到底的精神去探究，才能获得长进。

6. 居敬持志

这一条强调读书要专静纯一，全神贯注，同时要有远大志向，不能瞎读书。"居敬"指的是收下心来，用心专一地阅读。只有这样一心一意地读，才能收到预期的成效。"持志"指的是树立一个远大的目标，并矢志苦读去追求实现。"持志"的另一个意思是：阅读目标不能分散，应作一意而求之。

---

① （清）陈宏谋：《养正遗规》，中国华侨出版社 2012 年版，第 99 页。
② （宋）朱熹：《朱子语类》卷 10，见徐时仪《〈朱子语类〉词汇研究》（下），上海古籍出版社 2013 年版，第 592 页。

总之，《朱子读书法》总结了前人的读书经验，有其教育史上的价值。但他把读书的总目标放在"穷天理"之上，其"天理"又是指封建的政治和道德的规范。这种主张自然会产生很多消极作用，束缚了读书人的思想，对他的读书主张，我们要有选择地加以批判和吸收。

（三）《程氏家塾读书分年日程》

《程氏家塾读书分年日程》，编撰者为元代的程端礼。该书按照朱熹"读书明理"的教育思想，从当时学子学习的缺点方面立论，强调学习要遵从一定的程序。这是一部系统的研究古代教学程序的专著，向我们展现了古代语文教育的大观，有很多值得借鉴之处。全书共三卷，约 6 万余字。本书集纳了许多传统的读书法，引导学生提高阅读能力。如"首次强记法""圈点评注法""比赛正误法""问难自学法""破釜沉舟法""思路探寻法""抄读法""精读体验法""贴壁熟读法""自学检查法"和"以读促写法"等。

六　明清时期的语文教育专著

（一）明清时期语文教育著作概述

明清时期共 543 年（1368—1911）。这一时期，在文化教育方面，革新派主张经世致用。在批判程、朱理学的基础上，革新派建立了自己的学术，并与保守派展开了激烈的思想论争。科举制度在这一阶段越来越僵化，教学内容也日渐空疏，私学义学则变得更普及，书院讲会也更昌盛。此外，多民族的文化交流也给当时的封建文化带来了新的活力和生机。这些都对当时及以后的语文教育产生了直接的或间接的影响。当时的教育著作中涉及语文教育的主要有《社学教条》《明夷待访录》《日知录》《天下郡国利病书》《肇域志》《韵补正》《亭林诗文集》《读通鉴论》《家书》《幼训》《少学》《学海津梁》《家塾读书法》《文学蒙求》《教童子法》等著作。其中影响较大的有《社学教条》《幼训》《少学》《学海津梁》《家塾读书法》《教童子法》。

（二）《社学教条》

《社学教条》的作者是王守仁。王守仁虽为官僚，却长期从事教育工作并卓有成效。《社学教条》是《训蒙大意示教读刘伯颂等》与《教约》的合称，是当时各社学蒙师的教学规则。它给我们的经验是：根据儿童的心理和思想特点，诱之歌诗，导之习礼，讽之读书，批判教条式教学和体罚，倡导学生应立志。该书也规约了教学的几点原则。并规范了歌诗、习礼、授书的基本做法和原则，这些规范对于今天的语文教学仍然有很强的借鉴意义。

（三）《幼训》《少学》

《幼训》《少学》，包括后面要评述的《学海津梁》，这三部书都是清代学者崔学古论语文教育的著作。《幼训》共 28 节，是崔学古长期从事蒙馆教育的经验总结。书中对读书、识字和教书分别提出了不同的要求。关于读书，他倡导：读书不要增加字，也不要减少字，要专心去读，一字一声，字字着落，高低快慢要符合文章的情境；关于教书，他反对老师灌输式传讲，要求学生自己反复诵读琢磨，不仅用"口耳"，还要用"心目"。《少学》一卷，分督责初功、开示路数、八法、五要、四十字诀、行文变化六个部分，基本上是论述作八股文的方法。但不能一概加以排斥，也有一些值得借鉴的地方。

（四）《家塾读书法》

《家塾读书法》是清初教育家唐彪的一套谈家塾语文教育的论著，它包括《读书作文谱》和《父子善诱法》两部分。本书对弟子如何作八股文进行了指点，这显然是为了科举的需要。从今天语文教育思想的角度看来，没有多少可以学习的东西。但从方法学的角度说，仍然有不少值得学习的地方。比如阅读教学要注意深度与广度；正确处理"学"与"问"的关系；正确解决因材施教的问题，教学既要按统一计划进行，也要注意因人而异，符合学生的水平特点。在写作教学方面教师首先要帮助学生克服怕作文的心理障碍。修改作文要注意以下几点。（1）改文时要精思细致。（2）待心意虚平时细改。用现代的学习心理学观点来说，即有效地克服思维定势的消极影响后，才能发现自己的毛病所在。（3）修改文章勿追求靡丽。总之，作者在阅读与写作教学方面，有许多的宝贵的经验，当中许多是符合教育教学规律和教学心理的，特别是倡导学子自改作文的经验，对当前也有借鉴意义。

总而言之，《家塾读书法》是我国第一部以"读书法"命名的著作，比较全面地论述了古代家塾语文教育的许多问题，虽是为了科举的需要，但对语文教育来说也有不少可取之处。

（五）《学海津梁》

《学海津梁》体现了崔学古在阅读教学和写作教学方面的思想。

在阅读教学方面的主张有：一是"量资循序"。他认为讲读课文应采取"探读""自读"等方法，即"探读数篇，篇只求明，不求先熟，明则自然而熟。明后复讲完篇。或正在读时，提一句责令自讲，讲后再读。熟后再温，得趣全在涵泳"①。这种考虑学生学习心理，因材施教地进行讲读教学的主张，是合情理的。二是要结合教材特点。他把教材分为本领之文、材料之文两大类。本领之文，贵寻脉理。材料之文，贵善剪裁。这样，讲读课文时，有的要以剖析思路为主，有的要以剖析材料结构为主，注意克服一般化的模式。三是处理好教学环节。"教书时，缓缓朗诵，勿恃自己书熟，令童子追续不上。又教时，便将书义粗粗训解，难者罕譬而喻，令彼明白，则后来受用。"② 在串讲课文时，做到"贯其神理"，举一反三。在复习阶段，强调要随时温习旧书，他认为"凡课读必兼理熟书，不得一本放空……各随生熟而多寡之……随读随理，旋转不穷，则书无不熟也"。从上述几个环节用力，学生的读书本领才会有长进。四是以课外带课内，做到"随机利导"以求"闻见拓充"，这种课内课外结合的观点，是可取的。

崔学古在写作教学方面有如下主张：一是以读促写，以写促读。读书对字、词、句等要有真正理解。读、写要紧密结合。二是重视整体构思。(1) 凝定精神血脉（即主旨），(2) 理会题目要旨，(3) 通贯全篇脉络，(4) 整体构思包括凝定精神血脉（即主旨）、理会题目要旨、通贯全篇脉络、琢磨文章字句四方面内容。三是在炼字、修辞上下功夫。他认为炼字、修辞对于写文章十分重要，应有意地去做。四是改文要顺乎学生的"资禀"，助其发展。要结合学生练习写作的心理，因材施教。

（六）《教童子法》

《教童子法》记录了清末文字学家、语文教育家王筠指导小学识字、写字、读书、作文、作诗的方法，可以说是我国最早的一部小学语文教学法的专著。这本书系统地论述了小学识字、写字、读书、作文、

---

① （清）崔学古：《檀几丛书要录·少学》，见嵊县教育局教研室编《古代语文教学言论选注》，浙江人民出版社 1983 年版，第 135 页。

② （清）崔学古：《学海津梁》，见张隆华《中国语文教育史纲》，湖南师范大学出版社 1991 年版，第 135 页。

作诗等的训练，指出了它们之间的联系和区别。在晚清的蒙学教育中，有相当大的影响。

王筠的文学、文字学造诣颇高，《教童子法》中对语文教学的论述见解独到。在教识字方面，书中说："先取象形、指事之纯体教之。识日月字，即以天上之日月告之；识上下字，即以在上在下之物告之，乃为切实。纯体字既识，乃教以合体字，又须先易讲者，而后及难讲者。"这显然很符合教学的原则。在教读文方面，要先易后难，要熟读并要用心读，他说："即读经书，一有所见，即写之书眉，以便他日涂改；若所读书都是干干净净，绝无一字，可知是不用心也。"在教作文方面，作者倡导"先放后收"。就是说，开始要让学生放手去写，写的越多越好。在写作能力得到加强后，学生自然会收束，这符合作文教学的规律。在学写字方面，他主张不可过早，先学大字再学小字，还要注意"字品"（"字品"就是字风所表现出来的"人品"，或者叫作人的品格、精神、思想、气志）。在教师和教学法方面，作者倡导教学要启发诱导，循序渐进；同时学生在学习时也要一心一意，步步踏实。此外，作者还尤其重视学生的学习兴趣，极力反对强迫儿童呆读死背。

现今看来，由于时代的局限，本书的有些观点并不全对。但是，不论在教学思想上，还是在教学的方式方法上，也都有许多值得借鉴的地方。这些都是值得我们加以研究，甚至改造后加以应用的。

第二节　现代语文教育专著

一　独立设科初期的语文教育专著

（一）独立设科初期的语文教育著作概述

中国的现代语文教育起始于癸卯学制国文独立设科，当时清末政治经济的腐朽与衰落，导致了教育制度的空疏、无用，学术思想的封建专制主义。语文单独设科，是伴随废科举、兴学堂的教育制度改革而出现的。语文单独设科后，一些语文教育家和文学家也开始从新的视角重新审视语文教育。部分师范学堂和一般学校附设的师范科里，也陆续开设了教学法的课程。1903年两广初级师范简易科馆编写的《教授法》除了论述各科教学问题外，还专门另附一篇《国语科教授法》，提出了许多建设性的意见，开语文教授法研究之先河。这一时期具有代表性的语文教育著作和论文还有：徐特立的《国文教授之研究》和《小学各科教学法》，刘半农的《应用文之教授》以及鲁迅的《人生识字糊涂始》《古书与白话》《十四年的"读经"》《不应该那么写》等。

其中，徐特立在《国文教授之研究》一书提出了国文科的教授要旨："一知普通之言语，二知日常之文字文章，三养成表彰正确思想之能力，四启发其智德。"① 这个"要旨"对语文教育目标和多种教育因素进行了总结，不仅把语文知识教育、语文能力训练作为教育目标，而且将启发智慧也列入教育目标，体现了科学的语文教育观。

蒋维乔在《论小学校以上教授国文》中明确指出了当时国文教学的症结是国文教员自身的不足。教员必须是能文之士，但能文之士为教员往往有两大弊端：不屑于研究教法，重讲解而轻诵读。文章认为教员不仅要是能文之士还必须熟谙教授法才能成为良师。文章还强调了诵读的重要性："教授国文，读法、讲法、作法、写法，缺一不可，且学生至成篇而后，再求进步，尤宜置重诵读。"行气的方法，在讲求声调，讲求声调最重要的又在诵读。他把诵读分为机械读法、论理读法、审美读法三类，认为中学生应注重审美读法。蒋维乔所强调的读法，已经形成了一个初步的阅读理论体系。

（二）《中学国文科教授之商榷》

《中学国文科教授之商榷》由原北京高等师范附属中学的国文教员夏宇众著，由北京高等师范学校教育研究会于 1918 年出版。全书共八个部分，分别是：中学国文科教授不良现象及商榷；中学校国文科教授之标准；教材；方法；教授文法要略之商榷；教授文字源流之商榷；中学校文学史教科书之改良；中学校四年级当增授伦理学大纲。本书当中所体现出来的语文教育思想归纳为以下几点。

1. 克服中学国文科教学质量不高的关键是改革教学方法。国文教员教法不当是国文教学效果不好的主要原因。文中认为教员大致有两类，一类是"昔日之老师宿儒"，他们以"科举时代之陈法"执教，学

---

① 湖南长沙师范学校编：《徐特立文集》，湖南人民出版社 1980 年版，第 2 页。

生"每多不能接受";一类是"今日由学校出身,略解教授之法",他们只适宜教授高小,造成"学生又无兴趣进步之可言"。前者在教法上"失之过高",而后者又"失之过低"。因此要对中学国文科教授之标准、教材之选择、讲读与作文教法之改良、国文课程之开设等问题进行新的思考。

2. 注意研究中学国文与高小、专科国文的区别与衔接,掌握好较合理的中学国文科教学的标准。在文中他具体分析了不同学段对国文教学要求的区别与联系。

3. 国文教学要符合学生的学习心理。在选择教材时要以"确为该时期生徒之学历所能感受者为主",教材排列"当按深浅递进","全视学生感受之难易而定"。

该书是我国现代最早的一部全面论述中学语文教育的专著,书中对中学国文科教授的标准、教材、教法以及当时规定的"文法要略""文字源流""中国文学史"等学科的内容进行了探讨。夏宇众的这些论述比较浅显,在广度和深度上都不及后来语文教育家的著作。但作为较早的一部语文教育研究专著,对开语文教学法研究风气起到了先驱的作用。

二　20 世纪 20 年代的语文教育专著

(一) 20 年代的语文教育著作概述

五四新文化运动给封建文化教育以沉重的打击,这极大地推动了语文教育的发展。20 世纪 20 年代,我国语文教育的研究有了新的进展,特别是语文教学法的研究成果相当可观,一批研究成果陆续问世,并颇具影响力。如吴研因的《小学国语国文教学法》,黎锦熙的《新著国语教学法》,张士一的《小学"国语话"教学法》,梁启超的《中学以上作文教学法》,吴研因、舒新城的《小学国语教学法概要》,王森然的《中学国文教学概要》,周铭三、冯顺伯的《中学国语教学法》,夏丏尊的《文章作法》,等等。

其中,吴研因在《小学国语国文教学法》和《小学国语教学法概要》中对小学国语话法教材的编选与话法教学、读文教材的编选与研究、国语教学课内外结合等,都提出了很多精妙的见解。

(二)《文章作法》

《文章作法》以夏丏尊先生在长沙第一师范和白马湖春晖中学的讲义稿

为原型，于 1922 年由开明书店初版，后经教育家刘薰宇先生修改编辑成书。这本书对记叙文、说明文、议论文等的具体写作方法做了总结，解答了如何迅速提高写作能力等实际问题，针对写作中常遇到的问题也提出了精辟又独到的意见。这本书还简要评析了鲁迅、冰心等名家及其名作。

（三）《新著国语教学法》

在当时教学法的著作中，最具代表性的是《新著国语教学法》。可以说这部书初步建立起了语文教学法的理论体系，在语文学科的发展史上功不可没。这本书是现代著名语言文字学家、语文教育家、语文教学法的奠基人之一的黎锦熙于 1924 年所著，是我国第一部语文教学法专集。该书主要是针对小学教学而编著的，到了三四十年代，随着黎锦熙对国文国语教学的探索的加深，作者于 1950 年又对其进行了修订，编写了《新国文教学法》，极大地丰富和完善了原有的《新著国语教学法》。受五四新文化运动与国语运动的影响，该专集最大的特点就是既重文字教育，又重语言教育，并力图改革千百年来的"语""文"脱节的不合理现象，促使"言""文"统一和国语统一。

该论集有着较为系统的理论体系，并针对当时国语教学的成就和不足从方方面面进行了分析，它所体现出来的语文教学思想大致如下。

1. 语文是一门工具性与人文性并重的学科

黎锦熙强调文字、语言是研究学问、表情达意的工具，同时也是代表事物与思想的符号。他既注重语文的听、说、读、写的工具性，又强调语文的人文性，并且关注学生道德、人格的培养和个性、情趣的陶冶。

2. 语文教材既要符合国情也要适合学生需要

黎锦熙认为，在编写教材的众多标准中有两条最为重要。即编写教材要"合于本国的教育宗旨"以及"适应儿童身心发展及生活需要的程序"。按照这个标准，该书就编写教材的体例、分量的斟酌、插图的选用、种类的多少、教材在具体年级的分配、正读本与副读本的形成以及使用教材应该注意的事项等方面都做了比较全面、具体的阐述。同时，他还指出，在编写教材的过程中，要注意统筹分配、适应形势、学习趣味和学习效率等原则。

3. 语文教学的程序要建立在科学基础之上

语文教学不仅要批判地继承、发展我国传统的语文教学方法，也要敢于吸收国外先进的教育理论与教育方法。因此，他注意总结我国传统语文教学的经验，并在此基础上进行发展，如诵读法、美读法、回讲法、缀文法等。同时，作者对语文教学的改革与实验也特别重视，并将其上升到理论的高度，如对注音字母教法、标准口语的教法、江苏女师二附小读写结合教法等实验成果的总结。此外作者还将国外先进的教育理论运用到语文教学中来。比如在分析话法教学的心理反映特点时，运用心理学中直觉冲动反射学说；在设计书法测量、缀文测量、语法测量、默读与朗读测量及基本字词量表时，他运用了教育心理测量统计学的研究成果；在构思拼音教学的标示法、合音法以及读文教学的诵读法时，还努力吸收了现代语言学的一系列研究成果。黎锦熙正是以此为教学设计的基础，详尽地阐述了读法、话法、作法和写法几种教学程序。其中，读法、话法与作法部分，更为精当。

在读法教学方面，提出了"自动主义的形式教段"的主张。第一段是理解（包括指示目的、预习和整理），第二段是练习（包括比较和应用），第三段是发展（包括创作和活用）。1950年重新编订的《新国文教学法》对这一教学程序又做了较大的改革。将"理解""练习""发展"的三段变为"预习""整理""练习""发展"的四段法，并对每一教段，各学段的每一步尽可能做到具体指导。

该书将话法教学摆在与阅读、写作教学同等重要的地位上，并提出以下主张：（1）首先要做的就是话法训练。他认为，一切教学入手的基础是话法教学，而一切教学又处处都有施行话法教学的机会。（2）将标准语（国语）作为话法标准。他详尽说明了以北京话作为统一标准音的原由。（3）话法教学的途径广阔。他认为要努力创造各种环境，做到听话与说话训练的结合，课内与课外训练的结合。

在写作教学方面，他主张语法知识教学应与作文教学相结合，作文训练也应与话法、读法训练相结合，并且作文的教学要有序列性。

（四）《中学以上作文教学法》

《中学以上作文教学法》为我国著名的政治活动家、文史学者梁启超所著。该讲演记录最初发表于《改造》第4卷第9号，后又做了若干增补收录于《饮冰室合集》第15册。1925年，内容上又做了重要修改，作为单行本由中华书局正式出版。此书始于1922年梁启超在南京高等师范针对当时中学作文教学中的盲目性、随意性等问题做了《作文教学法》的专题演讲，详细地讲解了中学生怎样从经典中学习作文的方法。他认为语体文的应用问题是小学应主要解决的问题，相对的，中学以上学校则要重视文言文的读写问题。他还主张"读"的目的是为了提高"写"的水平，"读"的注意中心应该在如何写上，所以他的这本书定名为《中学以上作文教学法》。该书在小引之后，分成两大部分，作文法和教授法。作者在文章中提出了许多与当时的流行观点不同的观点。全书是梁启超对中学作文教学的构想，大致可以概括为以下四个方面。

1. 实用是作文教学的重点

梁启超对当时的作文教学不求实用提出了批判。他从文章的内容、功能和结构着眼，把所有文字划分为记载之文、论辩之文、情感之文三大类，他反对让学生脱离内容而胶着于文体。他说："作文教学，本来三种都应教，都应学，但第三种情感之文，艺术性含得格外多，算是专门文学家所当有的事，中学学生以会作应用文为最重要，这一种不必人人都会。"[①] 梁启超这种视作文为"作事学问"以应世之需的观点，客观上是对封建传统教育和"新学"中形式主义教育强有力的否定。

2. 作文教学要明"规矩"

梁启超认为文章作得好不好关乎天资，是教不出来的。但是对于如何做成一篇文章，这是规矩范围内的事，是可以教可以学的，教学生作文，是要教学生懂得作文的"规矩"。规矩就是作文的规则。中学以后，作文法就要专从全篇结构上讲，要教给学生怎样构成一篇文章的规矩。学生懂得了这些规矩才能写出相对好的文章。

3. 作文教学要注重质量

梁启超认为作文教学不能片面追求数量，而要注重质量。他主张作文训练的重点是功夫要细而不在于篇数，反对不讲"实效"的"多写"，认为写得多但是草率应付，还不如精写精练，抓细抓实，少写几篇但是做一篇有一篇的收获。他的这一套作文训练思想与方法，在教学和教育方面都十分讲究实效。

---

① 梁启超：《梁启超选集》，北京出版社 1999 年版，第 40 页。

4. 作文教学要注重指导

梁启超认为出个题目让学生凭空瞎想，是作文教学的大忌。作文教学一要"求真"，二要"求达"。教师要重视取材方法的指导和直接提供材料。学生在提笔作文之前，不要浪费时间苦思冥想或者说凭空瞎想，而要多花时间搜集材料。此外，教师还应引导学生多角度理解题目。

（五）《中学国文教学概要》

《中学国文教学概要》是王森然于 1927 年编写的，由商务印书馆于 1929 年出版，全书分为六篇。第一篇，绪论。论述国文在教学上的价值；国文教师的责任；国文教学上的主张。第二篇，目的与课程。第三篇，教材与材料。第四篇，教学与方法。第五篇，作文与试验。第六篇，结论。论述师生间的关系，国文教师的工作态度。这本教学法专著，结构完整，材料充实，立论科学。梁启超为该书作序，并赞扬作者"用意之善，用力之劬"，阮真也评价这本书"兼收并蓄，搜集宏富"。

王森然的《中学国文教学概要》，代表了当时语文教学法研究的高水平。这本著作在语文教学法学科的建设上以及语文教育理论研究领域，都有着重要的地位。《中学国文教学概要》与当时的同类著作相比，有三个突出特点：首先，它高度总结了五四以来进步的思想文化对中学语文教学的影响，对中学"国文"一科的特殊地位予以充分肯定；其次，它尝试结合国外的教育理论和我国的实际情况，并以此寻找到解决国文课教材教法问题的方法，使人感觉耳目一新；最后，它广征博采，提供了从实践中积累起来的大量具体材料给从事国文教学改革的人们，使得这本书的理论价值与资料价值都很高。

三　20 世纪 30 年代的语文教育专著

（一）30 年代的语文教育著作概述

在 20 年代末至 30 年代中期的七八年间，语文教育的研究有了新的发展。此时的语文教学法被当作一门科学来进行深入、系统的研究，研究氛围非常浓厚，可以说是语文教学法研究的一个高峰。这一时期出现的主要研究成果有：袁哲的《国语读法教学原论》、赵欲仁的《小学国语科教学法》、顾子言的《小学国语教学法》、曹凤兰的《高小国语教学法》、权伯华的《初中国文实验教学法》和阮真的《中学国文教学法》，等等。

此外，在这个时期的国语教学研究论著中，还有很多专题性的专论。如由王文新编《小学分级字汇研究》，是专门研究小学分级字汇的，1930 年由上海民智书局出版；由宋文翰编《小学作文教学概论》，是专门研究小学作文教学的，1931 年由商务印书馆出版；由阴景曙编《小学说话教学论》，是专门研究小学说话教学的，1934 年由上海大华书局出版。这些著作由于是就专题本身进行的论述，因此，内容比较充分，论述也比较详备。

（二）《中学国文教学法》

《中学国文教学法》是我国现代著名语文教育家阮真的集大成之作。作者在 20 世纪 20—30 年代出版过多部语文教育研究专著。而其中以《中学国文教学法》对后世影响最大。此书 1936 年由正中书局出版，1947 年再版。作者自称：自"五四"以来，全方位地研究中学国文教学问题的，十余年间"惟王森然氏与作者二人而已"。他还认为，王氏的《中学国文教学概要》虽有"兼收并蓄，搜集宏富"之长，但逻辑的系统性不强。的确，《中学国文教学法》这本书是扬其长而避其短之作，对于后来的语文教育很有借鉴意义，特别是对于人们研究二三十年代的语文教育很有帮助。

（三）《国语读法教学原论》

《国语读法教学原论》为语文教育家袁哲所著，1936 年由商务印书馆出版。

《国语读法教学原论》是在 20 世纪 30 年代的研究成果中颇具特色的一例。书名就标明这是一部阅读教学法方面的专著，是把"读法"作为一个独立的科学领域进行研究的。它主要有两大特点。其一，将语文教学研究与心理学的研究成果相结合，专设"心理论"一编，从培养能力和心理学角度来研究阅读教学。其二，宣扬"全文法"的阅读教学法。"全文法"是针对我国传统的程式化的"文字—语句—段落—全篇"的阅读教学法而提出的，以欧美先进的读法教学为基础，主张要从文章的总体认知出发，将文章作为一个统一的整体来进行阅读教学。

四　20 世纪 40 年代的语文教育专著

（一）40 年代的语文教育著作概述

抗战开始之后，我国语文教育研究进入了低谷。30 年代末至新中国建立前出版的语文教育研究的著作，根据现有资料统计只有蒋伯潜的《中学国文教学法》、魏应鳞的《中学师范国文作文教学法》、朱自清的《国文教学》、阮真的《中学读文教学研究》、沈百英的《小学说话科教材和教法》、张粒民的《小学作文科教材和教法》、潘仁的《小学初级国语科教材和教法》、朱智贤的《小学写字科教材和教法》以及叶圣陶与朱自清合著的《精读指导举隅》《略读指导举隅》《经典常谈》等。这些著作对中小学的语文教学进行分别研究，内容翔实全面，资料真实可靠，既有对语文教学的研究，也有对语文教材的研究。此外，《国文教学》《精读指导举隅》《略读指导举隅》《经典常谈》则是朱自清、叶圣陶从语文教育实践的角度来对语文教育提出的一些设想和建议。这些研究成果对当时的语文教育的发展有着重要的影响。

（二）《中学国文教学法》

《中学国文教学法》是蒋伯潜在上海大厦大学讲授"中学国文教学法"这门课程时所编撰的，1941 年由中华书局出版。本书突出地反映了蒋伯潜的语文教育思想，主要有以下几点。1. 国文教学的核心问题是国文教学的目的。他认为国文教学的目的可分为正目的和副目的。"正目的是学生对于生活所需的工具——国文能运用，能理解，且能欣赏。副目的又可分为两项：（1）使学生了解我国固有文化之一部分——学术和文学的流变。（2）使学生明了我国固有道德底观念及修养的方法，并培养或训练其思辨的能力。"① 2. 培训教师的中心问题是国文教师的修养和职责。中学国文教师的职责有三：课文讲读、作文与作业的指导与批改、课外指导。3. 在教学中倡导比较法。这种比较法包括：中心异同比较法、文体异同比较法、感情异同比较法和作法异同比较法等。运用比较法进行语文教学，有助于培养学生的思辨能力，至今在单元教学中仍广泛应用，可见其影响。4. 强调课外指导的重要。

---

① 张隆华：《中国语文教育史纲》，湖南师范大学出版社 1991 年版，第 303 页。

书中从课外阅读、课外作业、课外习字和课外活动四个部分详细论述了课外指导。这种对语文课外活动的认识，很有远见。

（三）《精读指导举隅》和《略读指导举隅》

《精读指导举隅》《略读指导举隅》为叶圣陶与朱自清合著，是著于战火纷飞年代的指导文章阅读法和阅读教学法的重要著作。《精读指导举隅》于 1942 年 3 月由商务印书馆出版，《略读指导举隅》于 1943 年 1 月由商务印书馆出版。《精读指导举隅》和《略读指导举隅》用文字记录了他们深刻的阅读教学思想，书中阅读教学方法与建议是切实可行的，如作者所说"那些标准也绝不只是理想的"。即使是在进入 21 世纪的今天，《精读指导举隅》和《略读指导举隅》中所倡导的阅读教学观对当下的阅读教学仍然具有巨大的借鉴和指导意义。

《精读指导举隅》既是文章阅读学的宝典，又是阅读教学法的教材，且具有研讨内容系统、全面，阅读指导细致、透彻的特点。从文章阅读学的视角看，叶圣陶和朱自清深入调查，潜心研究，将他们积累的 20 多年的阅读经验总结在这本书中。关于文章阅读的一系列论理性认识也是从典型示例中概括出来的；从阅读教学法的视角看，《精读指导举隅》从培养学生阅读能力着眼，对阅读教学的过程和规律进行了全面探讨，有实例的示范和解说，为中学国文教师正确指导学生阅读指出了方向和途径。书中所选的例文长短兼有，各体兼备，中外齐全，在弘扬革命的、爱国的、进步的思想的同时对各种倾向的文字也都有涉及。该书不仅范围广而且内容深，书中"指导大概"中的一些内容，简直近乎于咬文嚼字，对文章语言的分析与解说极其细致和透彻。对修辞、逻辑、语法知识的解说也很实际。可以说《精读指导举隅》阅读教学观对当下阅读教学具有重大启示作用。

《略读指导举隅》则是迄今为止唯一的一部理论与实践紧密结合的略读指导的专著。这本书从略读地位、含义以及教师指导略读的内容、过程与评价等方面，全方位地解说与规定了略读方法、略读课本、略读课型等要素。这对当今开发与构建略读课程具有重要的指导意义。略读课文是教材的重要组成部分，它给予学生更多发挥探索的空间，让学生理清思绪，掌握阅读技巧，能够在阅读中找到需要着重探究的内容和略读之处。略读教学一直是学生实现自主阅读的重要途径，无论是对学生阅读能力的提高，还是对其知识的扩充，都起着极为重要的作用。

《精读指导举隅》和《略读指导举隅》是集我国两位语文教育大家的心血之作，包含了他们丰富的教学实践经验和对语文阅读教学的深入思考。虽然两本著作的出版距今已有 75 年之久，但其中闪耀的学术之光仍熠熠生辉，对指导我国语文阅读教学研究道路的探索起着无可替代的积极作用。

第三节　当代语文教育专著

一　新中国成立 30 年的语文教育专著

（一）新中国成立 30 年的语文教育著作概述

新中国刚刚成立，百废待兴，语文教育也不例外，但随后而来的"大跃进"和"文化大革命"给语文教育以沉重的打击，因此，在这一时期内出现的语文教育著作非常有限，其中，有影响较大的要数张志公的《传统语文教育初探》。

（二）《传统语文教育初探》

《传统语文教育初探》是著名语言学家、语文教育家张志公的著作，是我国第一部全面系统研究传统语文教育的专著，1962 年由上海教育出版社出版。该书通过系统研究蒙学和蒙书，深刻地总结了中国传统语文教育的实践和经验。全书分为序言、引言、正文、结语四大部分，其中正文部分主要论述集中识字、进一步的识字教育、读写基础训练、进一步的阅读训练和作文训练四个方面。其中对集中识字的探讨分为两个部分：（1）集中识字的主要教材；（2）集中识字问题的探讨。对进一步的识字教育的探讨分为六个部分：（1）从"三百千"到读写训练；（2）朱熹《小学》和种种"类小学"——失败的尝试；（3）韵语知识读物；（4）训诫类；（5）李翰《蒙求》和种种"类蒙求"；（6）经验和问题。对读写基础训练问题的探讨分为四个部分：（1）阅读散文故事；（2）读诗；（3）属对；（4）知识书和工具书。对进一步的阅读训练和作文训练的探讨分为两个部分：（1）阅读训练；（2）作文训练。总之，该书对传统语文教育经验作了较为全面的总结，为当代的语文教育提供了极其可贵的借鉴。

二　20 世纪 80 年代的语文教育专著

（一）80 年代的语文教育著作概述

"十年动乱"之于语文教育同样是一场浩劫，它不但使中学生的整体语文水平急剧下降，而且给学生的思想造成了极其不良的影响。1978年关于真理标准的讨论和对"两个凡是"的错误论断的否定，为我们客观、正确总结了新中国成立 30 年来语文教育的成绩和教训，给全方位进行语文教育改革奠定了思想基础。随着叶圣陶《大力研究语文教学，尽快改进语文教学》和吕叔湘《语文教学中两个迫切问题》的相继发表，新时期语文教学改革终于掀开了序幕。这一时期也是语文教育研究成果的多产期，出现了一系列对教学实践的研究和对教学理论的研究，影响了我国新时期语文教育。其中具有代表性的有：《中学语文教育概说》《叶圣陶语文教育论集》《吕叔湘语文论集》《语言和思维的训练》《语文导读法探析》《吕叔湘论语文教学》《张志公语文教育论集》等。

（二）《中学语文教育概说》

《中学语文教育概说》为东北师范大学中文系朱绍禹所著。此书论涉中西，笔及今古，博采众长。全书贯穿着辩证唯物主义的指导思想，在总结语文教学经验的基础上，对语文教学中的一些带有根本性问题，进行了新的研究和探讨，是一本有学术价值，且能对中学语文教学实践起指导作用的书。本书的总论部分阐述了语文学科几个带有共性的问题：中学语文学科的性质和任务；中学语文学科的内容和教材、教学原则和过程等等。在分论的构架上熔铸了作者颇费心力的探索，编排也很有特色，显现了与同类书中的总分论体系既相同而又有所不同之处。其特色是，分论的每一内容均有理论阐述、典型教例及其分析和结论三大部分组成。这一构架是作者对语文教学法学科纵向整体化探索的结晶。

此书是作者在主编改革开放后第一部语文教学法全国协编教材即（十二院校本）后的一部代表性语文教学法专著，是影响深远的一部语文教育学论著，对后来的语文学科教育学的奠基起了积极的作用。

（三）《叶圣陶语文教育论集》

《叶圣陶语文教育论集》收录了叶圣陶自 1919 年以来论述语文教育

的文章112篇，书简36封，由教育科学出版社于1980年出版。该书由吕叔湘作序，分为六部分：语文教育和语文学习的论述；作者编辑的和参加编辑的各级学校语文课本的例言、序言等；阅读和文章分析；写作、写作教学和作文评改；语言文字和修辞；语文教育书简。每一部分各按年代顺序编排，从报纸杂志或手稿录载的，以发表日期或写作日期为序，从单行本录载的，以出版的年月为序。

论集里的文章，涉及面宽，性质多样，有对语文教育的理论原则的商讨，也有只谈论一篇文章或者评议一两个词语的。通观叶圣陶的语文教育思想，最重要的有两点。（1）关于语文学科的性质：语文是工具，是人生不可缺少的工具。（2）关于语文教学的任务：教语文是帮助学生养成使用语文的良好习惯。过去语文教学的成绩不好，主要是由于对这两点认识不清。

（四）《吕叔湘语文论集》

《吕叔湘语文论集》为著名语言学家、语文教育家吕叔湘所著，1983年由商务印书馆出版。全书共收文章50多篇，分为九组：（1）语言研究；（2）语言文字；（3）语法的研究和教学；（4）词典和词义；（5）写作和编辑；（6）语文教学；（7）语言和社会；（8）翻译；（9）古书标点。

在论文集中，"语文教学"部分的论文最能代表他的语文教育思想。在《关于语文教学的两点基本认识》一文中，吕叔湘阐述道："第一，我认为每一个做教学工作的人必须首先认清他教的是什么。"[1] 这是语文学科的一个根本问题。吕叔湘认为语文是"语言"和"文字"："这里所说的'语言'是'口语'的意思，这里所说'文字'是'书面语'的意思"[2]。"其次，我认为从事语文教学必须认清人们学会一种语文的过程。"[3] 吕叔湘认为"语文的使用是一种技能，一种习惯，只有通过正确的模仿和反复的实践才能养成"[4]，就是说语文教师要处理

---

[1]　吕叔湘：《关于语文教学的两点基本认识》，见《吕叔湘语文论集》，商务印书馆1983年版。

[2]　同上。

[3]　同上。

[4]　同上。

好"讲"与"练"的关系。"讲解和练习都是为了教好语文，很难分主次。但是如果要追问两者之间的关系，恐怕只能说是讲为练服务，不能说是练为讲服务。"① 所以，语文教学要做到"少而精，少讲，精讲""讲为练服务"，培养语文技能的最基本的途径是多练多实践。

此外，这本语文论集还对语言、写作、汉语拼音、当前语文教学中的种种问题等作了讨论，表达出吕叔湘对语文教学的独到而深刻的见解。

三　20 世纪 90 年代的语文教育专著

（一）90 年代的语文教育著作概述

1992 年，我国经济体制的改革既为深化教育改革增添了活力，也对教育提出了更高的要求。语文教育家们以此为契机，创作了一系列的语文教育专著。这一时期的语文教育专著呈现出两种不同的发展趋势：一方面是对语文教育实践研究的专著相继问世，另一方面是语文教育理论专著层出不穷。有关语文教育实践研究的专著有：魏书生的《语文教学探索》、于漪的《于漪语文教育论集》、黄春玲的《小学语文情境教学》、李镇西的《爱心与教育》、张富的《张富教学法》及《张富中学语文教学法新探》。关于语文教育理论研究的专著有：朱绍禹的《美日苏语文教学》、刘国正的《实和活：刘国正语文教育论集》和阎立钦的《语文教育学引论》等。

（二）《于漪语文教育论集》

《于漪语文教育论集》是著名语文特级教师于漪众多语文教育著述中的比较有代表性的一部。该书共选文 120 余篇，1996 年由人民教育出版社出版。全书共八个部分：（1）对语文教学改革的总体思考；（2）关于教书育人；（3）语文课堂教学的设计；（4）阅读教学问题；（5）关于语文教材；（6）写作教学问题；（7）教学备课杂谈；（8）语文教师的自我塑造。

（三）《实和活：刘国正语文教育论集》

《实和活：刘国正语文教育论集》为著名语文教育家刘国正所著，是一本能较全面反映他的语文教育思想的学术论文集，1995 年由人民

---

① 吕叔湘：《关于语文教学的两点基本认识》，见《吕叔湘语文论集》，商务印书馆 1983 年版。

教育出版社出版。全书选文 100 余篇，分成两部分：第一部分为"教材·教法研究"，第二部分为"序跋·记述·赏析"。"教材·教法研究"部分的文章，比较全面地反映了他的语文性质观、教材观、教法观、阅读教学观和写作教学观以及语文教学改革观；"序跋·记述·赏析"部分的文章，主要反映的是他的作文教学观、阅读教学观和他对一些书籍作的序跋以及对一些人物的记述和诗文赏析。这部论集最突出的特点是在中学语文课的基本训练上，强调一个"实"字和一个"活"字。"实"，主要指要下苦功夫、笨功夫在语言训练上。语文教学，要指导学生扎扎实实地练好字、词、句、篇，听、说、读、写等基本功，每一样都要扎实。求"实"的同时，还要求"活"。求"活"要把握三点：(1) 语文是活的学习对象；(2) 学生是活的教学对象；(3) 语文教学应该同生活密切地联系起来。论集里的文章兼具感染力与说服力，充分地体现了一个语文教育家的深厚的语文功底。

（四）《美日苏语文教学》

《美日苏语文教学》由朱绍禹主编，韩雪屏、吴其馥、赵北柯等国内著名语文比较教育研究专家参编。该书 1991 年由吉林文史出版社出版，全书除前言外，分三个部分：美国语文教学、日本语文教学、苏联语文教学。前言是一篇很有分量的中外语文教育比较研究的论文，在吸收和借鉴国外语文教育经验、介绍和研究外国语文教育的历史和现状等方面有很多新见。正文的三个部分基本都是按照"概述""阅读教学""写作教学""听说教学""语文知识教学"的顺序编写的。内容全面系统，资料翔实可靠，是国内第一本对外国语文教育进行系统研究的专著。

第四节　21世纪语文教育专著

一　21世纪语文教育著作概述

伴随着世纪末的那场语文教育大讨论和 20 世纪初新课程改革在全国的实施，人们对语文教育的关注程度进一步加深，语文教育的专家学者们开始重新审视语文教育，一大批优秀的语文教师也反思了语文教育。在这种情况下，相继问世了一系列影响重大的语文教育专著。其中比较有代表性的有：倪文锦的《语文教育展望》、李海林的《言语教学论》、王尚文的《语感论》（修订本）、李维鼎的《语文言意论》、韩雪屏的《语文教育的心理学原理》、王荣生的《语文科课程论基础》、郑国民的《新世纪语文课程理论研究》和《从文言文教学到白话文教学——我国近现代语文教育的变革历程》、潘新和的《语文：表现与存在》、孙绍振的《直谏中学语文教学》、钱理群的《语文教育门外谈》、章熊的《思考·探索——章熊语文教育论集》、顾黄初的《顾黄初语文教育论集》和周庆元的《语文教育研究概论》等著作。

王尚文的《语感论》（修订本）是新世纪的一项富有开拓性、独创性的学术成果。20世纪初，语文教学成了世纪性的难题。在这本书中，作者对如何治好语文之病给出了自己的回答："病根在现代语文教学对其本身所蕴含的人文性的漠视。相应的，建立一个包容人的情感、体验和实践的对象是语文教学的关键，这个对象就是语感。"作者对语感的研究是对语文人文性研究的深化，为语文教学探索出一条新的出路。李海林的《言语教学论》在批判旧说，梳理源流的基础上，以"言语"概念为核心，层层深入，为语文教育学建构了一个全新的理论体系，点明了当代语文回归自身使命后理论和实践发展的线索。李维鼎的《语文言意论》，则着重于系统地分析和阐述我国语文教育的理论与实践，认定了"语文课"就是"言语课"的基本事实。从这三本著作中我们可以看到两种基本的理念。其一，语文课是言语课，不是语言课。语文教学的目的是培养学生的语言运用能力。其二，语言运用是人的生命活动，不是工具使用，应该培养人的智慧而不是工具能力。这两个理念的提出，对于结束语文理论界关于语文课程性质的混乱的局面、指导一线语文教师的教学实践起到了积极的作用。

倪文锦的《语文教育展望》则通过对当今世界发达国家与地区关于语文教育的材料的研究，剖析它们的传统与变革、理论与实践，以全球化的视野审视了当前的语文教育。所以，这本书既是一部语文教育导论，又是一部外国语文教育发展史。

郑国民的博士学位论文《从文言文教学到白话文教学——我国近现代语文教育的变革历程》深入研究了中国语文教育走向现代化的变革历程，对变革的背景、动因和演进的轨迹做了深刻地揭示，特别对语文教科书和语文教学法的变革做了深入的探讨。这项研究，明晰了文言白话之争，为解决长期以来语文科教育质量低下的问题提供了一些新的思路。

韩雪屏的《语文教育的心理学原理》从教育心理学角度切入语文教育研究和实践中亟待解决但又相对薄弱的方面，对我们正确认识语文能力训练的规律，合理形成促进听说读写之间"协同发展"的教学思路提供教育心理学的依据，具有较高的学术品位。

钱理群的《语文教育门外谈》一书收录了他关于语文教育和青少年素质培养的精彩论述。在这部书中，钱理群疾呼："中学语文教育的根本在于引导中学生感悟汉语之美，感受正确而自如地用汉语表达自己的快乐，建立与母语的血肉联系，将母语所蕴含的民族文化、民族精神的根扎在心灵的深处，并在此基础上构造起自己的精神家园。"[1] "语文教育的任务，是要通过'立言'来'立人'。"[2]

潘新和的《语文：表现与存在》融合了语文的人文性和当代哲学、语言学、文学、研究的最新成果，深入研究并改革了当代文学理论落伍和与实际脱节的症状，从理论和实践两个层面对传统的语文学和写作学进行了深入的研究。

二　21世纪的语文教育专著举隅

（一）《思考·探索——章熊语文教育论集》

《思考·探索——章熊语文教育论集》是著名语文教育家章熊先生的著作，于2002年由人民教育出版社出版。该书选文只有60篇，但篇幅长达800余页。选文分为三个板块："理论探讨""语文知识·练习设计""教材编写·序·其他"。第一板块，包括探讨语言和思维的关系、读写测试以及对中学语文教学的回顾与反思等方面的论文。第二板块，包括对语文知识及其教学的研究、语文练习的设计及其研究两个部分。第三板块的重点在"教材编写"，编写特点上既有理论探讨，又有编写示例。

---

① 钱理群：《建构孩子自己的精神家园》，《教师之友》2003年第6期。
② 钱理群：《语文教育门外谈》，广西师范大学出版社2008年版，第28页。

（二）《语文科课程论基础》

《语文科课程论基础》是由我国大陆课程与教学论专业语文教育方向的第一位博士生王荣生的博士学位论文。该书原题为《语文科课程论建构》，2003 年上海教育出版社在出版时建议更名为《语文科课程论基础》。倪文锦、王尚文为其作序。全书分为九章，第一章，导言：语文科课程论。第二章，破解语文科的"性质"难题。第三章，语文课程目标分析框架的破与立。第四章，层叠蕴涵分析框架运行：课程取向。第五章，层叠蕴涵分析框架运行：文化意识。第六章，层叠蕴涵分析框架运行：知识状况。第七章，语文教材的两个理论问题。第八章，语文教材的选文类型鉴别。第九章，代结语：对语文课程改革的建议。这是一本讲究科学性的著作，其科学性首先体现在它走出了"文人知识言说"，而进入真正的"科学知识言说"，为语文教学研究提供了一组"工作概念"和前所未有的系统的认知分析框架。这本书在开篇就指出语文教学研究有七个层面（人—语文活动、人—语文学习、语文科、语文课程具体形态、语文教材具体形态、语文教学具体形态、语文教育评价）和五种类型（事实研究、价值研究、规范研究、多元视野、学派立场）。在论述过程中，作者严谨、细致地几乎重新梳理、辨析、界定了每一个语文教学研究的概念，据此，我们可以切实地理解"语文教学研究"。此外，他几乎对语文教学的每一个问题都做了新的辨析和和深入研究。倪文锦高度评价这本书为"一部填补我国语文课程论空白的力作"，王尚文说该书"以新的方法、新的思路、新的框架为语文教育理论的研究提供了一个新的视野"。这些至高的评价，确非虚言。这本书既是以往语文教学研究的"集大成者"，也是我国语文课程与教学论研究的奠基性著作。

（三）《新世纪语文课程改革研究》

《新世纪语文课程改革研究》是北京师范大学教授郑国民的著作，于 2004 年由北京师范大学出版社出版。全书共七章，分别是：第一章，语文课程理论的探索。第二章，语文课程目标。第三章，识字与写字教学改革。第四章，阅读教学的改革。第五章，写作教学的改革。第六章，语文学习方式的改革。第七章，语文教材与语文课程资源的开发和利用。此著是郑国民教授在近五年来研制语文课程标准和参加语文课程实验工作过程中的一些心得与思考。该书从语文教育史的角度，深入探讨了 21 世纪语文课程改革所涉及的主要问题。对语文课程改革的课程目标、识字写字教学、阅读教学、写作教学、语文学习方式和语文教材等具体方面做了详细系统的分析，并以这些具体的改革内容在历次语文课程标准或教学大纲中演变、发展的轨迹为基础，阐释了改革的依据，提出了实际操作的建议，解答了"语文教育是什么""为什么教学语文""语文教育要教学什么""怎样教学语文"等语文教育界的经典问题。为我国当前的语文教育做出了重要贡献。

（四）《语文教育研究概论》

《语文教育研究概论》是湖南师范大学教授周庆元的著作，由湖南人民出版社于 2005 年出版。全书由绪论、语文教学原理研究、语文课纲教材研究、语文教学操作研究、语文学科德育研究、语文教师教育研究、余论七篇组成，吸纳了广大教育理论工作者和实践经验工作者的实践经验和研究成果。该书的理论体系建构非常完满，对指导一线语文教师的实践也有积极的意义。它的与众不同之处在于四个"有机结合"。第一，史论结合：该书从历史与现实两个维度梳理了语文课程教学论的学科归属和学术发源、语文学科的性质等问题。特别是对语文人文性的争论予以专节介绍，不仅描述了论争的大致过程，也介绍了各方观点，分析了前因后果，正本清源，探幽发微，既能使人了解相关问题的来龙去脉，也能使读者获得令人信服的总体把握。第二，理论与实践相结合：该书不仅从语文知识教学的课程价值、发展价值和历史价值三方面进行了理论探讨，而且对语文知识教学的内容做了具体的阐述，回答了"语文知识教学有何价值"和"什么样的语文知识最有价值"这两个语文教育哲学层面的问题。最后还结合实例介绍了语文知识教学的通用策略。这种理论与实际的有机结合不仅给语文教育理论工作者以重要启示，对语文教育实践工作者也有切实的指导意义。第三，宏观研究与微观研究相结合：作者在该书中不仅从宏观层面论述了语文学科的意义、内容和特征，还结合具体的教学案例予以细致剖析。使读者能一眼看懂。第四，既有成果与新的创见相结合：该书中不仅有语文教学基本常识性的命题，还有作者在此基础上所作的进一步拓展。特别是"余论"中对语文教育发展的研究，深入探寻了语文教育的真谛。可以说该书既有对百年语文教育历程的回顾，也有对 21 世纪语文教育发展的展望；既是高屋建瓴的鸟瞰，也是孜孜以求的突围；既是心灵的结晶，更是智慧的闪光！

参考文献

［1］王松泉等主编：《中国语文教育史简编》，社会科学文献出版社 2001 年版。

［2］夏丏尊：《夏丏尊谈教育》，辽宁人民出版社 2015 年版。

［3］顾黄初：《语文教育论稿》，人民教育出版社 1995 年版。

［4］陈翊林：《最近三十年中国教育史》，上海太平洋书店 1930 年版。

［5］范文澜：《中国通史简编》第二编，中国民主法制出版社 1965 年版。

［6］张中原、徐林祥：《语文课程与教学论新编》，江苏教育出版社 2007 年版。

［7］池小芳：《中国古代小学教育研究》，上海教育出版社 1998 年版。

［8］张惠芬、金忠明：《中国教育简史》（修订版），华东师范大学出版社 2001 年版。

［9］张志公：《传统语文教育教材论》，中华书局 1992 年版。

［10］吕达：《课程史论》，人民教育出版社 1994 年版。

［11］黎锦熙：《黎锦熙论语文教育》，河南教育出版社 1990 年版。

［12］叶至善、叶至美、叶至诚编：《叶圣陶集》第 16 卷，江苏教育出版社 2004 年版。

［13］叶苍岑编著：《论语文教学改革问题》，大众出版社 1954 年版。

［14］谢奇勇：《中小学语言知识教学研究》，湖南师范大学出版社 2014 年版。

［15］［美］小威廉姆·E. 多尔：《后现代课程观》，教育科学出版社 2000 年版。

［16］张隆华、曾仲珊：《中国古代教育史》，四川教育出版社 2001 年版。

［17］王重民：《敦煌遗书论文集》，中华书局 1984 年版。

［18］舒新城：《中国近代教育史资料》（中），人民教育出版社 1961 年版。

［19］李伯棠：《中学教材语文简史》，山东教育出版社 1985 年版。

［20］刘华：《小学语文课程与教学导引》，江苏大学出版社 2015 年版。

［21］沈红：《语文课程与教学研究》，浙江大学出版社 2009 年版。

［22］周庆元：《语文教育研究概论》，湖南人民出版社 2005 年版。

［23］吕叔湘：《中国语文教育史纲》，湖南师范大学出版社 1988 年版。

［24］孙培青主编：《中国教育史》，华东师范大学出版社 2009 年版。

［25］游国恩等：《中国文学史》，人民文学出版社 1963 年版。

［26］曾祥芹：《古代阅读论》，大象出版社 2002 年版。

［27］张萧：《哲语解悟·两汉卷》，安徽人民出版社 2012 年版。

［28］张鸿苓、李桐华编：《黎锦熙论语文教育》，河南教育出版社 1990 年版。

［29］李杏保：《二十世纪前期中国语文教育论集》，四川教育出版社 1991 年版。

［30］李杏保、顾黄初：《中国现代语文教学史》，四川教育出版社 2004 年版。

［31］倪文锦、欧阳汝颖主编：《语文教学展望》，华东师范大学出版社 2002 年版。

［32］中国教育科学研究院：《叶圣陶语文教育论集》，教育科学出版社 1980 年版。

［33］朱永新：《叶圣陶教育箴言》，福建教育出版社 2013 年版。

［34］韩雪屏：《中国当代阅读理论与阅读教学》，四川教育出版社

2000 年版。

　　［35］宁鸿彬：《宁鸿彬文选》，漓江出版社 1996 年版。

　　［36］顾黄初主编：《中国现代语文教育百年事典》，上海教育出版社 2001 年版。

　　［37］张志公：《张志公语文教育论集》，人民教育出版社 1994 年版。

　　［38］毛礼锐等主编：《中国教育通史》卷 2，山东教育出版社 1985 年版。

　　［39］潘新和：《高等师范写作三能教程》，人民教育出版社 2002 年版。

　　［40］朱永新：《叶圣陶教育箴言》，福建教育出版社 2013 年版。

　　［41］于成鲲等编著：《题型写作教程》，语文出版社 1994 年版。

　　［42］叶圣陶：《阅读与讲解》，生活·读者·新知三联书店 2012 年 9 月第 1 版。

　　［43］陈寅恪：《隋唐制度渊源略论稿》，中华书局 1963 年版。

　　［44］张隆华：《中国语文教育史纲》，湖南师范大学出版社 1991 年版。

　　［45］钱理群：《语文教育门外谈》，广西师范大学出版社 2008 年版。

　　［46］刘占泉：《汉语文教材概论》，北京大学出版社 2004 年版。

后　记

中国语文教育发展史是语文课程与教学论（学术型硕士研究生）和语文学科教育学（专业型硕士研究生）专业必修主干课程之一，也是高等院校汉语言文学师范类语文教育专业必修课程之一。它以语文教育发展的历史为研究对象，一方面反映语文教育的历史轨迹，总结语文教育发展进程中的经验与教训，另一方面努力探求语文教育发展的历史规律。其目的在于，让学生了解我国语文教育的历史沿革，学习传统语文教育的成功经验，了解我国语文教育走过的弯路和存在的问题，更好地探索语文教育的科学规律，提高语文教育的质量和效率。

本书的写作缘起 2011 年初，我从苏州大学博士毕业不到一年，有幸和安徽师大的倪三好老师相识。因为是同行，我们聊得很投缘。我们聊各自学校所开设的课程，聊到我们都在教的《中国语文教育发展史》这门课程时，我们竟同时感慨没有一本系统的教材可用。现有的比较具有代表性的语文教育史方面的著作或是纲要、简史（如张隆华主编之《中国语文教育史纲》），或是仅论述某一时代的语文教育（如陈必祥主编之《中国现代语文教育发展史》），却没有一本能跨越各个时代，包容语文教育各个专题的研究性著作。这给教师选择教材和学生查阅资料都带来了困难。特别是语文课程标准的颁布，使语文课程的改革进入了全新的阶段，而大多数语文教育史的著作没有对此进行梳理。为此，我们便萌发了撰写此书的念头。经过之后反复研讨，几度增删，才正式敲定本书的提纲。此后将近十个月的时间里，我们各自分工专心撰写书稿，中途，我们多次分析、讨论、修改。在多方面力量的大力支持下，终于在 2011 年的 11 月，我与倪老师共同完成了此书。在初稿撰写过程中，我们各自的研究生，江民耀、杨朝青、夏彬、邱志飞、胡海霞、刘敏、杨艳等为搜集材料和初稿写作，付出了大量的劳动。在此一并表示感谢！

　　书稿虽暂告完成，但我们对语文教育的研究还会继续深入。我们期待：在 21 世纪之初，语文教育改革在走向本体研究的途中开出丰盛而美丽的花朵！

欧阳芬

2011 年 12 月 3 日于江西师范大学青山湖校区

　　初稿付梓后，不知不觉过去五年多了，在走过的岁月里，书稿在每一届全日制语文教育专业的研究生教学中成为了我上课的讲义。在使用过程中自然也发现了的一些问题，现在重新进行了修订并正式出版，希望能对同人有一些史料作用。

　　拙作出版，首先要感谢与我共同奋战的倪三好老师，我与他分工明确，配合默契，合作愉快。我还要衷心感谢我所在的江西师范大学文学院。文学院承载着我学生生涯的美好回忆，更是我工作后成长的沃土，院里的领导一直对我的教学和科研关爱有加。本书自动笔以来，一直受到我院领导詹艾斌教授、李小军教授等人的关心与帮助，现在得以出版，也算是交上了一份答卷。在此，我对各位领导表示衷心的感谢！在本书的写作过程中，我们也参阅了许多相关研究成果和资料，特别是王松泉老师关于语文教育发展史分期原则的研究成果，在此特别说明并向各位作者表示感谢！2016 年 9 月以来，我的在读研究生邹颖君、袁丽珍、张沛、张学瑾还有张义生博士核对了全书的文献注释并协同我校对了书稿，谢谢他们的辛勤工作！此外，本书的写作和出版一直受到中国社会科学出版社编审的垂爱与帮助，在此致以诚挚的谢意！

欧阳芬

2017 年元月于江西师范大学瑶湖校区名达楼 3515 工作室